高等院校经济管理类专业“互联网+”创新规划教材

国际结算

（第3版）

主　编　张晓芬　徐春祥
副主编　田　琨　韩　涌

内容简介

本书通过对国际结算的基本理论、基础知识和国际惯例的讲解，使学生对国际结算知识有全面系统的了解和认识，并能熟练地进行国际结算的实际业务操作。本书主要包括国际结算概述、国际结算中的票据、国际结算基本方式和其他方式、国际结算单据、跟单信用证项下的单据审核、国际贸易融资、跨境贸易人民币结算、互联网金融等内容。为了使学生学有所专、学以致用，本书在阐述基本原理的同时，列举了对国际结算业务有借鉴意义和指导作用的典型案例和操作实例。

本书既可作为高等院校国际经济与贸易专业及其他经管类专业教材，又可作为国际贸易与金融从业人员培训用书，还可作为进出口单位相关工作人员的业务参考用书。

图书在版编目(CIP)数据

国际结算/张晓芬，徐春祥主编. —3版. —北京：北京大学出版社，2022.6
高等院校经济管理类专业"互联网+"创新规划教材
ISBN 978-7-301-32300-7

Ⅰ. ①国… Ⅱ. ①张… ②徐… Ⅲ. ①国际结算—高等学校—教材 Ⅳ. ①F830.73

中国版本图书馆CIP数据核字(2021)第131899号

书　　名　国际结算（第3版）
　　　　　GUOJI JIESUAN（DI-SAN BAN）
著作责任者　张晓芬　徐春祥　主编
策划编辑　王显超
责任编辑　李瑞芳　李婷婷
数字编辑　金常伟
标准书号　ISBN 978-7-301-32300-7
出版发行　北京大学出版社
地　　址　北京市海淀区成府路205号　100871
网　　址　http://www.pup.cn　http://www.pup6.com
电子邮箱　编辑部 pup6@pup.cn　总编室 zpup@pup.cn
电　　话　邮购部 010-62752015　发行部 010-62750672　编辑部 010-62750667
印 刷 者　河北滦县鑫华书刊印刷厂
经 销 者　新华书店
　　　　　787毫米×1092毫米　16开本　20.25印张　506千字
　　　　　2007年8月第1版　2011年9月第2版
　　　　　2022年6月第3版　2024年8月第2次印刷
定　　价　56.00元

未经许可，不得以任何方式复制或抄袭本书之部分或全部内容。
版权所有，侵权必究
举报电话：010-62752024　电子邮箱：fd@pup.cn

第3版前言

党的二十大报告提出了“有序推进人民币国际化”战略。这一决策是人民币国际化作为国际货币体系改革的成果，也是我国应对世纪变局、把握发展主动权、彰显大国担当的重要决策，也为国际结算方式的创新提供了一个重要的视角。

国际结算作为一种跨国经济行为，是国际金融领域的一个重要分支，是从微观角度研究国际资金流动顺利进行、债权债务按期清偿、货币收付及时实现的学科。它包含对国际结算中的票据、国际结算方式，以及以银行为中心的转账结算支付体系的研究。

本书自2007年出版以来，得到了广大师生的好评。为更好地满足教学和国际结算业务部门的需求，我们对本书进行了修订。

本书为第3版，仍然以科学性、实用性和新颖性为特色，阐明国际结算的理论和实践，具体介绍如下。

(1) 完善教材结构体系，强调科学性、通用性。本书符合专业学科的课程设置要求，以高等教育的培养目标为依据进行编写，考虑到非贸易国际结算操作起来相对简单，所以删除这一章节内容。本书以阐述国际结算的票据、结算方式为主要内容；突出重点，以分析信用证方式下的单据制作和审核为要点，突出可操作性，满足同类专业不同层次院校的需求。

(2) 理论联系实际，加强实用性。国际结算是一门理论与实务相结合的课程，尤其强调理论在实际业务中的应用。因此，本书面向实际，突出应用，采用大量的案例来解释、分析国际结算业务的操作要点。对结算方式的操作流程录制了微视频，并附有各种票据和单据的实例，对票据的签发审核、单据的制作审核进行了强化训练。书中还配备了相应的拓展知识，读者扫描二维码即可获取。

(3) 补充结算的新做法，突出新颖性。为及时反映该学科的发展现状和前沿动态，本次修订增加了互联网金融内容。从互联网金融产生及其兴起原因入手，对互联网金融的基本问题进行了梳理和归纳，对第三方支付的运营模式进行了详细的讲解与分析，让读者全面了解互联网金融的发展。

跨境贸易人民币结算是当今国际结算发展新趋势，自2009年试点以来，在国际贸易结算和国际投资中，使用量稳步上升。2015年11月末，国际货币基金组织宣布将人民币纳入“特别提款权”(SDR) 货币篮子，成为可自由使用的货币。这标志着人民币是继美元、欧元、英镑和日元之后的全球主要储备货币。本次修订也增加了跨境贸易人民币结算的章节，详细梳理了跨境贸易人民币结算业务流程，进一步介绍了新型跨境贸易人民币融资产品现状，并介绍了协议融资在跨境贸易人民币融资中的应用。

本书的具体编写及修订分工如下：沈阳理工大学张晓芬教授编写了第1章和第6章，修订了第7章；沈阳理工大学徐春祥教授编写了第4章、第5章；辽宁工业大学田琨博士修订了第9章，并编写了10章和第11章；沈阳理工大学韩涌博士修订了第2章、第3章和第8章。本书由张晓芬教授负责全书结构的设计、组织编写工作和最后的统稿定稿工作。

在本书编写过程中，参考了有关书籍和资料，在此向相关作者表示衷心的感谢！在本书出版过程中，得到了中国建设银行东陵支行、锦州和葫芦岛校友企业、北京大学出版社的大力支持和帮助，在此一并表示感谢！

由于编写时间仓促，编者水平有限，书中难免有疏漏之处，欢迎广大读者批评指正。

编　者

2021年10月

资源索引

本书课程思政方案

本书课程思政元素从“格物、致知、诚意、正心、修身、齐家、治国、平天下”的中国传统文化角度着眼，再结合社会主义核心价值观“富强、民主、文明、和谐、自由、平等、公正、法治、爱国、敬业、诚信、友善”设计出课程思政的主题，然后紧紧围绕“价值塑造、能力培养、知识传授”三位一体的课程建设目标，在课程内容中寻找相关的落脚点，通过案例、知识点等教学素材的设计运用，以润物细无声的方式将正确的价值追求有效地传递给学生，以期培养学生的理想信念、价值取向、政治信仰、社会责任，全面提高学生缘事析理、明辨是非的能力，把学生培养成为德才兼备、全面发展的人才。

每个思政元素的教学活动过程都包括内容导引、展开研讨、思政落脚点等环节。在课堂教学中，教师可结合下表中的内容导引，针对相关的知识点或案例，引导学生进行思考或展开讨论。

本书课程思政元素汇总（共20个）如下。

序号	内容导引 (案例或知识点)	展开研讨（思政内涵）	思政落脚点
1	国际结算的演进与发展	1. 中国改革开放40多年来，对外贸易取得哪些发展？ 2. 国际结算和国际贸易是怎样的关系，国际结算的发展趋势如何？	制度自信 经济发展 辩证思想
2	国际结算业务的发展趋势	新冠肺炎疫情背景下，货物贸易跨境收支可以使用电子单证吗？存在哪些问题？如何解决？	适者生存 科技发展
3	国际结算中的银行 亚洲基础设施投资银行简介（二维码）	1. 银行在国际结算中起到什么作用？ 2. 首个由中国倡议设立的多边金融机构亚洲基础设施投资银行成立的宗旨是什么？	经济发展 大国复兴
4	环球银行金融电信协会	1. 中国实施数字人民币，对于外汇结算和SWIFT有什么影响？ 2. 美国试图将中国香港排除出SWIFT系统，可能吗？	适应发展 自主学习 外部威胁
5	阅读案例：涉外票据的诈骗案	1. 生活中你有被骗的经历吗？你是如何处理的？ 2. 国际贸易中票据风险有哪些？遇到票据风险如何防范？	专业能力 法律意识 终身学习
6	阅读案例：远期汇票承兑后谁来支付货款？	1. 汇票当事人的债务债权关系。 2. 如果你是业务人员，能够掌握汇票被拒付的处理方法吗？	实战能力 逻辑思维

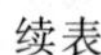

续表

序号	内容导引（案例或知识点）	展开研讨（思政内涵）	思政落脚点
7	支票的种类	开立空头支票有哪些严重后果?	诚信 个人管理
8	汇款在国际贸易中的应用	1. 为了开发新的国际市场，你会采取哪些结算方式? 2. 你了解我国企业在国际结算中汇款的使用情况吗?	专业能力 企业文化 科学精神 自主学习
9	阅读案例：错选代收行酿苦果	代收行未征求托收行意见便放单给付款人，代收行有无过错?	专业能力 求真务实
10	托收的特点及出口商面临的风险及防范	1. 日常生活中，别人对你有没有（你自己是否存在）不守信用的情形? 2. 随着国外疫情的严重，国内多家企业反映某些国外进口商使用托收方式拖欠货款问题，企业应如何防范?	诚信 法律意识 沟通协作
11	信用证涉及的当事人	1. 在日常生活中，你是否喜欢特立独行? 2. 信用证涉及若干当事人，每个当事人是否只需做好自己的工作?	团队合作 沟通协作 职业精神
12	合格单据的制作要求	1. 如何理解“单证一致、单单相符”? 2. 在单据制作中如何体现工匠精神?	工匠精神 专业能力
13	单证必须符合国际惯例的规定	1. 我们常说遵守单位（学校）的各项规章制度，你是怎么做的? 2. 请解释国际贸易惯例的法律地位和作用	规范与责任 社会责任感
14	单证审核的顺序和方法	1. 常见的单据不符点有哪些? 2. 银行单据审核中怎样体现求真务实精神?	求真务实 职业精神
15	阅读案例：保函项下付款注意问题	1. 你了解我国经济合作的现状吗? 2. 在国际经济交往中，交易双方互不了解，为了规避可能的问题，通常会采取什么措施?	风险意识 经济发展 自主学习
16	银行保函业务的风险与防范	1. 你知道银行保函对于银行本身而言存在的利弊吗? 2. 你了解金融机构在保函业务中的防范措施吗?	专业能力 风险意识

续表

序号	内容导引（案例或知识点）	展开研讨（思政内涵）	思政落脚点
17	跨境贸易人民币结算的含义	1. 人民币国际化面临哪些发展机遇？我国银行采取哪些政策优化跨境人民币业务？ 2. 结合跨境贸易人民币结算的含义要点，讨论人民币国际化的发展现状和面临的障碍	大国风范 人类命运共同体 制度自信
18	跨境贸易人民币结算模式的发展方向	1. 跨境平台与传统跨境贸易融资方式相比，具备哪些优势？ 2. 跨境平台参与主体有哪些？	专业能力 职业精神 文化传承
19	主流第三方支付平台	1. 中国的“新四大发明”有哪些？ 2. 支付宝是如何成功抵御国外第三方支付 PayPal 在我国的扩张的？	现代化 适应发展
20	国际结算全面电子化的条件日趋成熟	数字货币和传统货币究竟有何区别？	科技发展 终身学习

目　录

本书思维导图

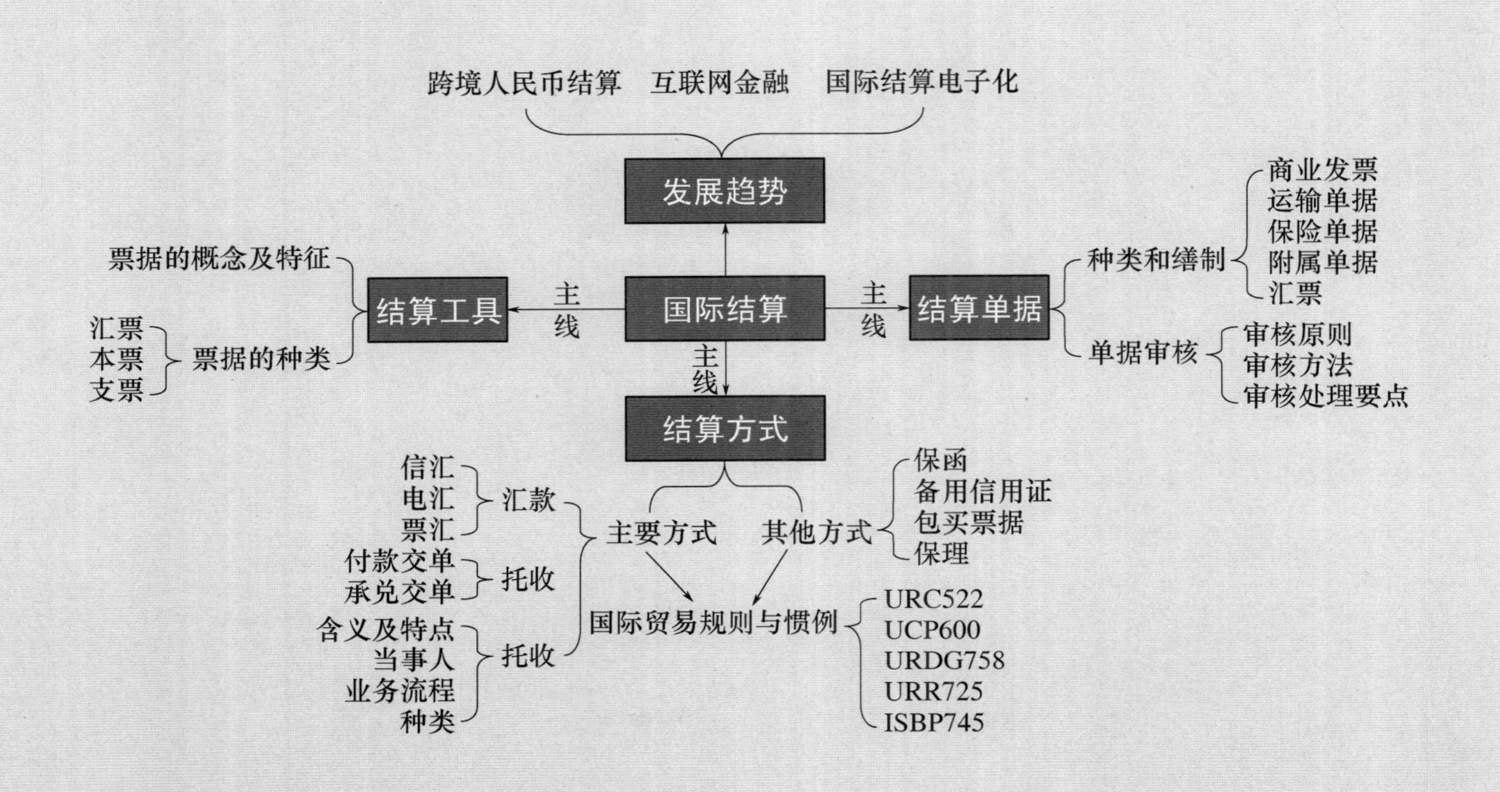

跨境人民币结算
互联网金融
国际结算电子化
发展趋势
国际结算
主线
结算工具
票据的概念及特征
票据的种类
汇票
本票
支票
结算单据
种类和缮制
商业发票
运输单据
保险单据
附属单据
汇票
单据审核
审核原则
审核方法
审核处理要点
结算方式
主要方式
汇款
信汇
电汇
票汇
托收
付款交单
承兑交单
托收
含义及特点
当事人
业务流程
种类
其他方式
保函
备用信用证
包买票据
保理
国际贸易规则与惯例
URC522
UCP600
URDG758
URR725
ISBP745

第1章 国际结算概述

教学目标

通过本章的学习，掌握国际结算的基本概念及国际结算的基本内容，了解国际结算产生与发展过程，理解国际结算业务方式、适用的法律体系和惯例，熟悉国际结算中的银行体系、种类、账户关系，对国际结算这门课程的性质、内容与学习方法有一个整体的了解。

教学要求

知识要点	能力要求	相关知识
国际结算的基本概念	学会分析比较国际贸易结算和非贸易国际结算，掌握国际结算的基本内容	国际结算的含义、种类及基本内容
国际结算的演进与发展	了解国际结算发展过程，掌握国际结算的最新动态，培养独立分析、判断及解决问题的能力	国际结算产生与发展的相关背景知识，国际结算的发展趋势
国际结算的当事人及相互关系	能够在实际业务中选择适合的银行为国际结算服务	国际结算中的银行之间的关系，贸易商与银行之间的关系

【拓展知识 学习网站推荐】

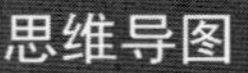
思维导图

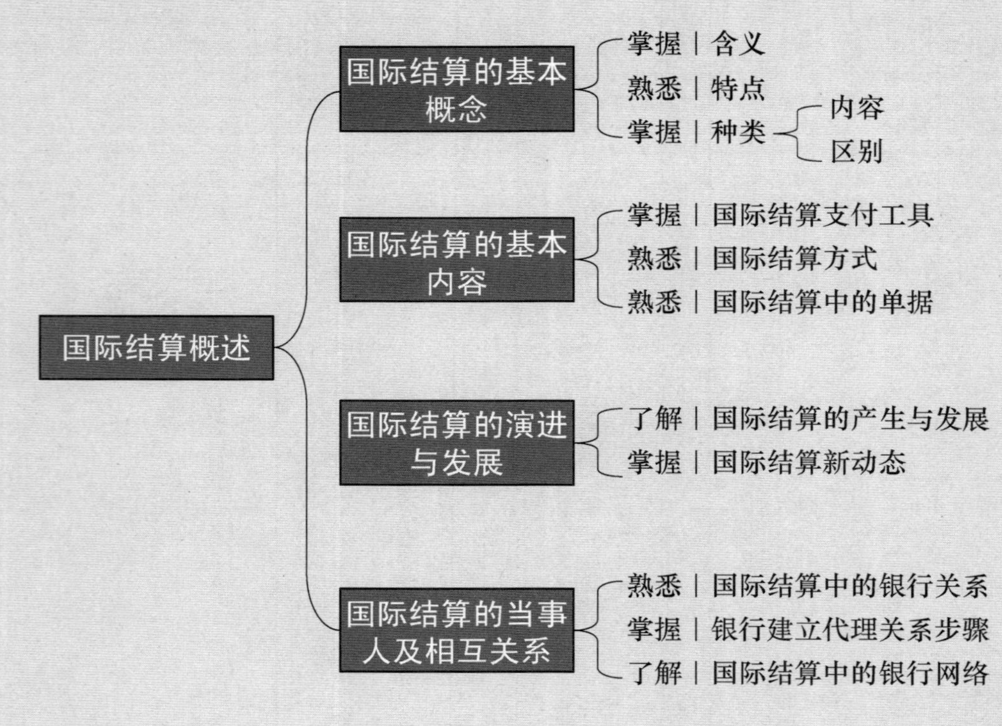
国际结算概述
国际结算的基本概念
掌握 | 含义
熟悉 | 特点
掌握 | 种类
内容
区别
国际结算的基本内容
掌握 | 国际结算支付工具
熟悉 | 国际结算方式
熟悉 | 国际结算中的单据
国际结算的演进与发展
了解 | 国际结算的产生与发展
掌握 | 国际结算新动态
国际结算的当事人及相互关系
熟悉 | 国际结算中的银行关系
掌握 | 银行建立代理关系步骤
了解 | 国际结算中的银行网络

中国上海TEX公司在2004年广州春交会上结识了俄罗斯Ladimir公司。Ladimir公司求购节能灯，共计3个40尺集装箱的货物，总金额为83 456.79美元，并坚持采用100%货款在装运后30天内付清。由于这是初次交易，TEX公司不敢贸然接受100%商业信用的结算方式，要求修改结算方式为100%货款采用即期信用证在装运后30天付款。Ladimir公司同意了TEX公司的要求，按期通过德意志银行莫斯科分行开来了信用证，信用证指定中国银行上海分行为通知行。TEX公司在收到信用证后开始组织生产，生产完毕后，按照合同和信用证的要求，及时向中国银行上海分行办理了交单。由于资金紧张，TEX公司同时向银行提出了融资的要求。中国银行上海分行审核单据后，认为"交单相符"，并在第二天接受了融资要求，给其办理了出口押汇，TEX公司获得70%的出口融资。35天后，中国银行上海分行从开证处收回了全部货款，将余额扣除本金后，支付给了TEX公司，该笔出口业务顺利完结。

资料来源：徐进亮，2007. 国际结算惯例与案例（2007年版）[M]. 北京：对外经济贸易大学出版社.

从这个案例可以看出，国际结算是通过银行进行的，国际结算的方式不同，银行所起的作用就不同。那么银行之间如何建立代理关系，实际业务中选择什么样的结算方式？让我们带着这些问题学习"国际结算"这门课程。

1.1 国际结算的基本概念

伴随着国际交往日益增加以及经济全球化的深入发展，商品货款及劳务价款的索取与偿付、国际资金的单方面转移与调拨、国际银行间资金的转账与划拨等货币收付活动越来越频繁。国际结算在促进各国经济和国际贸易发展等方面发挥了很大作用。

1.1.1 国际结算的含义

国际结算是指处于两个不同国家（地区）的当事人（包括个人、企业、其他法人组织或政府等），因为商品买卖、服务供应、资金调拨、国际借贷等活动，通过银行办理的两国间货币收付业务。

国际结算是一项极其重要的跨国经济行为，是保障与促进国际各项活动与交往正常进行的必要手段。它的主体是处于两个不同国家（地区）的当事人，而银行是国际结算的枢纽。国际结算的目的是以有效的方式和手段来实现国际上以货币表现的债权债务的清偿。

1.1.2 国际结算的种类

1. 按照产生债权债务原因划分

跨国收付的原因很多，所以国际结算的范围很广，可按照产生债权债务原因的不同分为国际贸易结算和非贸易国际结算。

(1) 国际贸易结算

国际贸易结算是指基于国际商品贸易而形成债权债务所进行的货币收付业务。国际贸易结算是国际结算的基础，在国际结算中具有主导地位，包括所有商品贸易方式的结算。其结

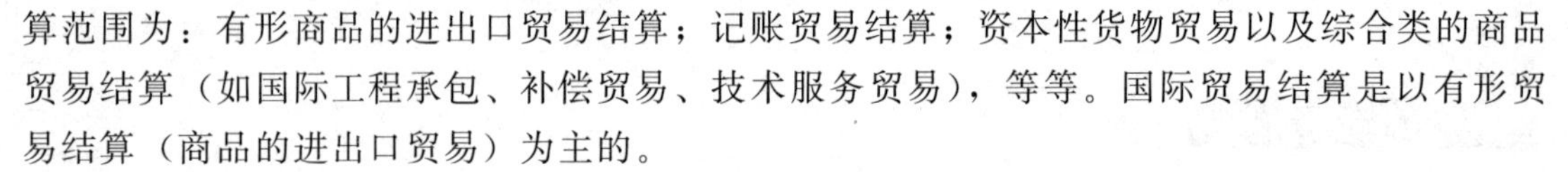

算范围为：有形商品的进出口贸易结算；记账贸易结算；资本性货物贸易以及综合类的商品贸易结算（如国际工程承包、补偿贸易、技术服务贸易），等等。国际贸易结算是以有形贸易结算（商品的进出口贸易）为主的。

（2）非贸易国际结算

非贸易国际结算是指由国际贸易以外的其他经济活动，以及政治、文化等交流活动而引起的货币收付。它包括以下内容。

① 无形贸易结算，主要是劳务的进出口交易，此外还包括非贸易因素所形成的债权债务，如学费、差旅费等。

② 金融交易类结算，是指国际上各种金融资产买卖的结算，如外汇、证券、股票等金融工具的买卖，也包括期权、期货等衍生工具的买卖等。其特点是数额比较庞大。

③ 国际资金单方面转移结算，是指发生在政府与民间的各种援助、捐助、赠款以及各种资金调拨行为等。

此外，还有国际商品经济活动引起的资金跨国流动，如侨汇业务、信用卡及旅行支票业务等。非贸易国际结算的主体是服务贸易。

近年来，随着国际信贷、外汇买卖等金融交易量的迅速增加，非贸易国际结算的笔数和金额均已超过了国际贸易结算。但是国际贸易结算在整个国际结算中仍然占据着重要地位。就国际结算实务而言，国际贸易结算较之非贸易国际结算要复杂得多。国际贸易结算是本书学习的重点。

2. 按照结算中使用的支付手段划分

按照结算中使用的支付手段的不同，国际结算可以分为以下4种。

（1）现金结算

现金结算是最原始的国际结算方式，在早期的国际结算贸易中，买方一手交钱，卖方一手交货，货款两清。随着国际贸易量的不断增加，这种结算的弊端越来越多，如运送货币的风险较大、成本过高、识别货币真伪有一定困难等，所以在当今的国际贸易中，很少使用这种现金结算业务，它通常用于非贸易国际结算中且金额较小。需要注意的是，国际结算中使用的结算货币，必须是可自由兑换的货币。

（2）票据结算

国际贸易结算基本上是非现金结算，即使用以支付货币为目的并且可以流通转让的债权凭证——票据（包括汇票、本票和支票）作为主要的结算工具清偿债务。票据的使用，极大地提高了国际结算的效率和安全程度。

（3）凭单付款结算

国际贸易双方订立销售合约后，卖方有交货义务，买方有付款义务。国际商会制定的《国际贸易术语解释通则2020》（International Rules for the Interpretation of Trade Terms 2020，以下简称INCOTERMS 2020）中，对于每项贸易条件都确定了买卖双方的责任，尤其是在使用“象征性交货”的价格术语时，信用证结算方式是典型的凭单付款结算。卖方只需在合同规定的时间和地点完成装运，并向付款银行提交符合信用证规定的包括物权凭证在内的有关单据，才算完成了交货义务。银行审核所有单据准确无误后，支付货款。

（4）电讯结算

随着科学技术的不断发展和进步，国际结算已开始进入电讯结算阶段，其中一个非常成功的例子是环球银行金融电信协会（Society for Worldwide Interbank Financial Telecommunications，SWIFT）系统的使用，计算机系统具有自动储存信息、自动加押、核押、以密码处理电文、自动将文件分类等许多功能。依赖这个通信（电子信息技术）网络，各国银行之间能快速传递信息，高效率地处理国际银行间的资金清算。随着经济全球化、金融一体化程度的深入推进，新一代贸易与结算合一的系统 BOLERO. NET 已在全球出现并开始运行。

1.1.3　国际结算的业务特点

1. 国际结算需按照国际法规和国际惯例进行

国际结算涉及多边关系，因此公认的法规和惯例成为国际结算业务顺利开展的前提。国际结算中适用的国际、国内法规和国际惯例通常包括以下几种。

（1）国际法规

①《联合国国际货物销售合同公约》。该公约规范了国际货物买卖合同双方当事人之间的权利和义务，一般也适用于当事人在国际结算业务中的行为。

②《日内瓦统一汇票本票法公约》和《日内瓦统一支票法公约》。这两个公约统称为《日内瓦统一法》，现在已被法国法系和德国法系的大多数国家所接受，因此大陆法系各国的票据法基本趋于统一。

（2）国内法规

国际结算涉及的国内法主要是各国的民法和商法，如我国的《中华人民共和国票据法》（以下简称《票据法》）是调整国际结算当事人关系的主要依据，此外有关国际结算的法律法规还有《中华人民共和国外汇管理条例》以及《结汇、售汇及付汇管理规定》。

（3）国际惯例

国际惯例是国际组织或权威机构为了减少贸易争端、规范贸易行为，在长期、大量的实践基础上制定出来的，在法律上没有明文规定但为国际普遍接受的通行做法。国际贸易与结算所涉及的国际惯例很多，但通常要遵守下面几项国际惯例。

① 现行的《托收统一规则》（国际商会第 522 号出版物）（The Uniform Rules for Collection，ICC Publication No. 522）（以下简称 URC522），是 1995 年修订，并于 1996 年 1 月 1 日起实施。该规则自实施以来，已被各国银行和贸易商广泛采用。

②《跟单信用证统一惯例》（Uniform Customs and Practice for Documentary Credits，UCP），原名为《商业跟单信用证统一规则》，此后经过多次修改，定名为《跟单信用证统一惯例》，是国际银行界、律师界、学术界自觉遵守的“法律”，对信用证的争议或纠纷乃至诉讼通常援引它作为依据，是全世界公认的、到目前为止最为成功的一套非官方规定。目前，大家熟悉并使用的是于 2007 年 7 月 1 日正式实施的，顺应时代变迁和科技发展的《跟单信用证统一惯例》（国际商会第 600 号出版物）（以下简称 UCP600），这是 UCP 自 1933 年问世后的第六次修订版。

③ 现行的《国际备用证惯例》（国际商会第 590 号出版物）（International Standby Practice 1998，ICC Publication No. 590）（以下简称 ISP98）于 1999 年 1 月 1 日起生效，在全世界推广使用。它填补了备用信用证在国际规范方面的空白。

④ 现行的《跟单信用证项下银行间偿付统一规则》（国际商会第725号出版物）（The Uniform Rules for Bank-to-Bank Reimbursements under Documentary Credits，ICC Publication No. 725，以下简称URR725）是对1996年生效的URR525重新进行了修订，于2008年10月正式生效。URR 725主要解决了银行间偿付的程序问题，有利于推动银行间偿付在世界范围实行标准化的进程。

⑤ 现行的《见索即付保函统一规则》（国际商会第758号出版物）（The Uniform Rules for Demand Guarantees，ICC Publication No. 758，以下简称URDG758），是对1992年4月出版发行的URDG 458的修订，并于2010年7月1日起实施。URDG758不仅为银行、保险公司等金融机构以及从事国际借贷、项目融资、工程承包、招投标、租赁、劳务输出及技术合作的企业提供了帮助，而且为律师、法院和仲裁机构提供了解决相关争议的依据。

⑥ 现行的《关于审核跟单信用证项下单据的国际标准银行实务》（国际商会第745号出版物）（International Standard Banking Practice for the Examination of Documents Under Documentary Credits，ICC Publication No. 745，以下简称ISBP745），是对2002年出版发行的ISBP645的首次修订，于2013年正式启用。该版本提供了一套审核适用UCP600的信用证项下单据的国际惯例，对于各国正确理解和使用UCP600、统一和规范各国信用证审单实务、减少拒付争议的发生具有重要的意义。

⑦ 现行的《国际贸易术语解释通则2020》于2020年1月1日正式生效，是国际贸易的基础性国际通行规则。为适应国际贸易实践发展的需要，国际商会于1936年制定，先后进行过多次修订和补充。INCOTERMS 2020在2010版本的基础上更进一步明确了买卖双方的责任，其生效后对贸易实务、国际结算和贸易融资实务等方面都将产生重要的影响。价格术语解决了买卖双方在货物交接过程中的责任、风险、费用划分问题，为国际结算提供了方便。

在国际贸易和结算领域，以UCP为核心，还有许多配套的规则，其中之一是《UCP电子交单增补》（Supplement to the Uniform Customs and Practice for Documentary Credits for Electronic Presentation，eUCP），eUCP1.1版是专门针对UCP600的升级版本，共有12个条款，作为UCP600的补充，但是UCP很多条款并不对电子交单产生影响，所以要与eUCP一起使用，在电子交单或电子与纸质单据混合使用方式提交单据时，要同时使用eUCP和UCP两个规则；其中之二是ISBP及其修改。ISBP作为UCP必不可少的补充，于2002年首次通过后就得到各界广泛的接纳，ISBP共分为11部分，包括200个条文，不仅规定了信用证单据制作和审核所应该遵循的一般原则，而且对跟单信用证的常见条款和单据都作出了具体的规定。涉及先期问题、一般原则、汇票与到期日的计算、发票、海洋/海运提单（港到港运输）、租船合约提单、多式联运单据、空运单据、公路、铁路或内河运输单据、保险单据和原产地证明。ISBP较UCP500增加了许多新的内容，如原产地证明、缩略语、未定义的用语、语言、数学计算、拼写错误及/或打印错误、多页单据的附件或附文、唛头等。

2007年7月1日，国际商会通过了与UCP600精神相一致的ISBP681，删除了旧版ISBP中与UCP600不相匹配的段落，在语法、标点等方面做了一定的技术性调整，修订了在新版UCP中不再有效的部分。ISBP681在实施一年多后，为了适应不断发展的信用证审单实务，于2008年正式发起动议，修订起草新版即ISBP745，于2013年正式生效，强调了ISBP745仅仅描述UCP600下没有被信用证明确修改的审单实务，必须结合UCP600进行解读，并澄清了开证行应该如何执行申请人不清晰指示，即必须在申请人没有明确表示相反意见的情况下，补充和细化该指示的内容，从而得以使用；同时，确认了信用证项下开证行必须对信用证的不清晰条款和矛盾条款承担责任。

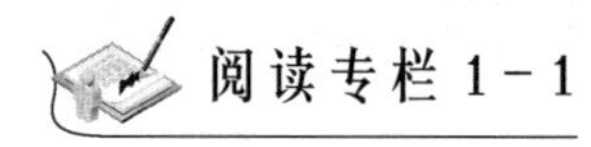
阅读专栏 1-1

国际商会

国际商会是为世界商业服务的国际民间经济组织，是联合国经济理事会的一级咨询机构。国际商会于1919年在美国发起，1920年正式成立，总部设在法国巴黎。国际商会的基本目的是为开放的世界经济服务，坚信国际商业交流将促进国家之间的和平。国际商会在国际范围内代表商业界，特别是对联合国和政府专门机构充当商业发言人，它的宗旨是推动国际经济的发展，促进建立在自由和公正竞争基础上的世界贸易和投资、市场经济的繁荣，发展会员之间的经济往来，协助解决国际贸易中的纠纷，制定有关贸易、金融、货运方面的规章制度。经常组织举办各种专业讨论会和出版发行种类广泛的出版物。

自20世纪70年代起，我国经过与国际商会多次谈判，于1994年11月成为该组织的成员，1995年1月1日成立国际商会中国国家委员会，即中国国际商会。

资料来源：ICC | International Chamber of Commerce [EB/OL]. [2021-05-14]. https://iccwbo.org/.

2. 国际结算以可兑换货币为媒介

【拓展知识《品谈 ISBP745》】

可兑换货币也称自由外汇，一种货币只要不受限制可以自由兑换成其他货币，即可兑换货币。作为可兑换货币必须具备以下3个条件：①能自由兑换成其他货币；②对国际性经常项目（即贸易与非贸易项目）的支付不受限制；③该货币国的管理当局不采用或不实行多种汇率制度或差别汇率制度。

目前，可自由兑换货币很多，但是要注意的是，不是所有的可自由兑换货币均可用于国际收支和国际结算。由于世界各国经济发展的不平衡性，最终用于国际支付和国际结算的货币总是集中在少数几种可兑换货币上，如美元、欧元、英镑等，它们是国际结算的主导货币。

随着中国综合国力日渐强盛和国际金融经济一体化的逐渐加深，人民币跨境支付结算逐步成为全球经济贸易的新选择。SWIFT数据显示，2021年5月，在基于金融统计的全球支付货币排名中，人民币在全球支付中的份额占比为1.9%，业务范围已覆盖150多个国家和地区。未来，随着相关金融基础设施的持续完善，人民币支付的全球排名有望继续提升。

3. 国际结算以银行为中介

商业银行是国际结算业务的连接纽带。在现代国际结算中，不同国家间的债权债务关系的清偿都是通过银行作为中介实现的。银行的介入大大提高了结算效率，降低了结算风险，并为进出口双方提供了资金支持。虽然有时在国际结算中银行提供了以自身信用为主体的多样化服务，如信用证、保函等，但是银行在国际结算中的中介代理人地位是根本的，在清算债权债务的活动中，商业银行提供服务、承担风险的根本目的是获得一定利润。

4. 国际结算以国际贸易为基础

在进出口交易的整个环节中，贸易货款收付是合同中最重要的条款之一。出口方按照合同要求按时、按质、按量交付了货物，收回货款是出口商的根本目的和主要权利，支付货款是进口方的主要义务。于是出口方就成为债权方，进口方就成为债务方，国际结算也就有了存在的基础。国际结算服务于国际贸易，国际贸易的发展对国际结算提出了新的要求。目前，买方市场在全球贸易中逐步形成，出口竞争的方式日益多元化，竞争的层次也越来越深，国际结算中的附属结算方式，如保理、保函和包买票据等，它们作为新的结算方式，越来越多地被企业广泛采用，甚至可以说，正在逐步取代信用证成为主流的结算方式。

5. 国际结算比国内结算复杂

因为国际结算是跨国界进行的，国际贸易的交易双方处在不同国家和地区，各国的政治制度、法律体系不同，文化背景存在差异，这使得国际结算的有关各方在语言及文字沟通、信息了解、运输与保险的操作、外汇管制等许多方面存在困难。如果出现争议和纠纷，没有统一的法律管辖，在实际业务中很难处理。

1.1.4 国际结算的基本内容

本书主要介绍由国际货物买卖所引起的国际贸易结算实务知识及相关理论。对涉及国际贸易结算各当事人之间权利义务关系的法律规则和国际惯例，也有论述。

国际结算主要包括以下 3 个部分。

1. 国际结算工具

国际贸易货款结算工具有货币和票据。在实际业务中，以货币结算货款的情况比较少，仅限于小额支付，大多情况下采用票据进行结算。因此，票据的运作规律、行为、法律、种类等是国际结算研究的第一个对象。票据是具有一定格式、明确规定金额、期限，到期由付款人对持票人或其指定人无条件支付一定款项的信用凭证。票据有汇票、本票、支票 3 种主要形式，还有旅行支票、信用卡等其他形式。票据的广泛应用使国际结算更加迅速、安全。

2. 国际结算方式

国际结算方式是按照一定条件、采取一定形式、使用相应的信用工具实现国际货币收付的方式。国际结算方式的产生、发展、应用及创新是国际结算研究的第二个对象。

国际贸易与非贸易往来的债权债务需要通过一定的方式进行结算。按照资金流向与结算工具传送方向是否一致，国际结算方式可分为顺汇和逆汇两大类别。

① 顺汇，由债务人或付款人主动将款项交给银行，委托银行使用某种结算工具，支付一定金额给国外债权人或收款人的结算方法。汇款中的信汇、电汇均属此类。

② 逆汇，由债权人以出具票据的方式，委托银行向国外债务人收取一定金额的结算方式。托收、信用证业务均属此类。

按结算工具和使用方法划分，国际结算可分为汇款、托收、信用证、银行保函、保理等，这是最常用的分类方法。

按信用工具的性质划分，分为商业信用结算和银行信用结算。前者由出口商和进口商相互提供信用，包括汇款和托收；后者则由银行提供信用来进行债权债务的清偿，包括信用证、银行保函、信用卡等。在上述结算方式中，国际贸易使用最普遍的是信用证结算方式。

3. 国际结算单据

单据的传递与使用是实现国际结算的必备条件之一，在国际贸易结算中，单据具有举足轻重的作用。特别是以跟单信用证结算货款时，出口商提交的单据合格与否，成为其能否收回货款的决定性因素。因此，单据的种类、制作要求等内容是国际结算研究的第三个对象。单据包括运输单据、商业发票、保险单据等，也包括进口商根据进口国的规定、货物性质或其他需要而要求出口商特别提供的附属单据，如海关发票、领事发票、产地证书、卫生检疫证明等，以及附属于商业发票的单据，如包装单、尺码单、检验证等。

随着现代化通信技术的发展，货物单据化的事实将有所改变，国际电讯划拨系统的开通与使用加快了单据传送与资金划拨的速度，一些国家已经简化了单据的使用程序。特别是电子单据的问世与推广应用，将引发国际贸易及其结算的传统单据运作体系的重大变革。

图 1.1 所示为国际结算的内容结构图。

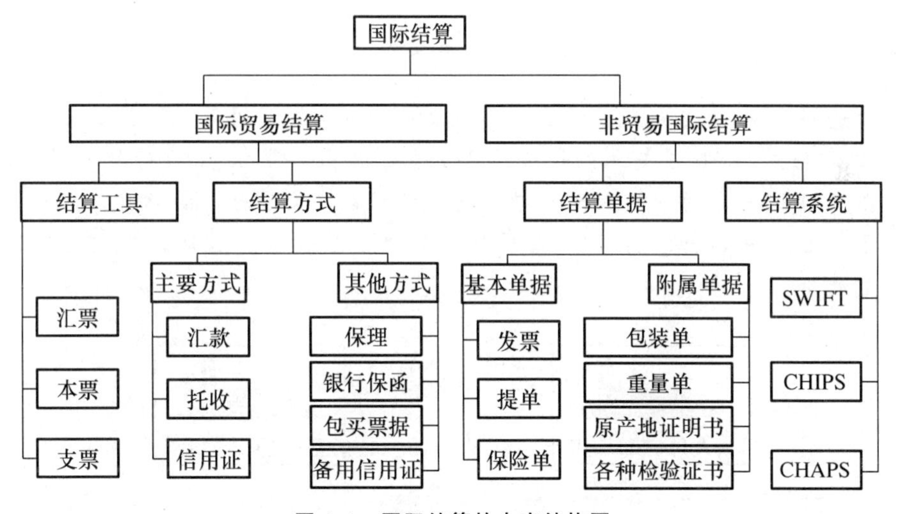

图 1.1　国际结算的内容结构图

1.2　国际结算的演进与发展

1.2.1　国际结算的产生与发展

国际结算是以国际贸易的产生和发展为前提的，但它们不是同时产生的。国际结算的产生虽然落后于国际贸易，但是国际结算方式创新又促进了国际贸易的发展。

1. 由物物交换发展到现金结算

国际结算最早源于国际商品买卖，当时国际贸易是通过以物易物形式进行的，物品被用作交换的支付手段。后来通过长期实践，人们意识到金属更适合作为货币，尤其是黄金和白银，因为它们具有质地均匀、体积小、价值大、便于分割、易携带等特点，这样一般等价物的职能就长期地固定在金银上，金银就从商品世界中分离出来，成为货币。但是这种支付方式需要买方把作为货币的贵重金属运送到卖方那里，在途时间较长，不安全，费用也高，占用资金的时间长，而且存在难辨真伪、不易清点的问题。

2. 由现金结算过渡到非现金结算

随着国际贸易的扩大，运送金银货币偿还债务不能满足贸易发展的需要，就出现了用商业票据来结算债权债务的形式。在 11 世纪，商人们开始使用“字据”来代替现金，这是票据结算的雏形；在 15 世纪末 16 世纪初，国际商品交换的种类、范围及交易量都有了飞速发展，出现了以不附带货运单据的汇票结算的方式，并广泛流行。

16—17 世纪，票据结算形式已被广泛使用。票据是一种书面形式，上面记载着所有者拥有的货币或财物的权利，并且票据能够以简便方式转让这种所有权，使债权债务能够得到清偿。票据具备了流通转让和融资的功能，成为有效的结算工具。

阅读专栏 1-2

最早的汇票流通过程

美国的进口商 A 向澳大利亚的出口商 B 购买 20 万美元的羊毛，澳大利亚进口商 C 向美国出口商 D 购买 20 万美元的小麦。B 发货后开出一张以 A 为付款人的 20 万美元的汇票，然后通过一定的中间人或直接将其卖给了 C，收回自己的货款，而 C 用这张汇票支付给 D，最后由 D 持汇票要求 A 付款，如图 1.2 所示。这样，异国结算因为使用了汇票而转化为国内结算。

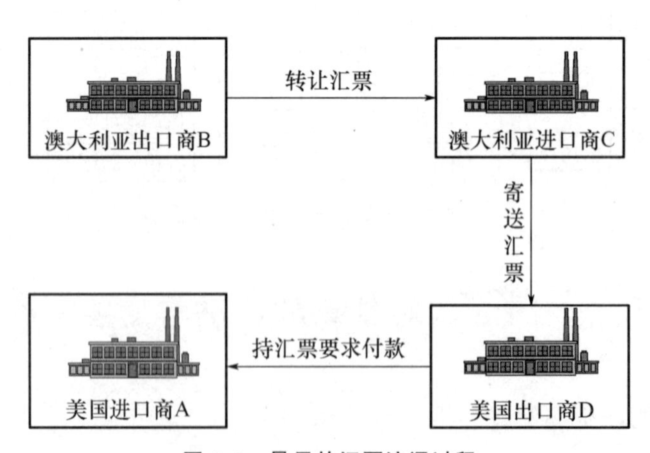

图 1.2 最早的汇票流通过程

3. 由凭货付款发展到凭单付款

进入18世纪，随着科学技术的进步，运输和通信工具也得到了进一步发展，国际贸易条件发生了巨大变化。商人从事海上贸易时大部分采用FOB价格术语条件，不再自己运送货物，而是委托船东运送货物，买方自始至终在船上监督交货的情况，并对货物进行检查，如果他认为货物与他事先看到的样品相符，就在当时当地偿付货款，这是一种典型的买卖双方直接结算的方式。到19世纪中叶，随着航运单据和保险单据条款的日趋完善和标准化，海运提单和保险单据成为可转让的票据，在CIF价格术语条件下，卖方凭单交货，买方凭单付款，使商品的买卖可以通过单据的买卖与交割得以实现，从而使国际贸易由以货物为依据发展到以单据为依据。

4. 由买卖双方的直接结算向有银行介入的结算发展

19世纪末20世纪初，随着金融业的兴起和发展，国际贸易中逐渐出现了银行间的相互代理，使国际结算由单纯的商人间直接结算逐渐转变为以票据为主要结算工具通过银行来完成的间接结算。银行最初介入国际结算，主要是接受进出口商委托代汇、代付货款，商人只是利用银行进行收付和融资，但在国际贸易中，商人往往互不信任，这就要求银行为其开出以银行保证付款的凭证，以促成交易的达成，信用证随之出现。在银行信用证业务中，银行以"本人"的身份介入买卖双方之间的结算，对进口商交付合格单据以保证收到货物，而对出口商予以付款保证，从而使原始的国际结算方式逐步过渡到现代国际结算方式，即以银行为中心的国际结算体系。

现在由于银行拥有高效率的资金转移网络、安全的保障系统和良好的信誉，买卖双方还可以要求银行为其融资。国际贸易融资是国际商业银行的一项重要任务，所有商业银行都把贸易融资放在重要地位，并且贸易融资方式更加多样化，除了传统的短期贸易融资，如进出口押汇、票据贴现、打包贷款，中长期贸易融资也得到了快速发展。

5. 由传统的手工结算向利用互联网结算发展

随着通信技术和计算机的发展，各种电子单据应运而生，同时，国际电讯划拨系统的开通与使用加快了单据传送与资金划拨的速度，从而使国际结算利用电讯网络，向着更快捷、更安全、更高效的方向发展。

1.2.2　国际结算业务的发展趋势

1. 国际结算电子化程度越来越明显

目前，商业银行国际结算及贸易融资集中化处理系统，基本实现了银行内部各总行、分行、支行间国际结算及贸易融资信息传递的无纸化。但要更进一步实现整个国际结算及贸易融资系统全面的电子化，就必须将远程国际结算及贸易融资系统功能延伸到客户端，使进出口商和银行，以及其他所有参与机构和部门（如保险公司、运输公司）等，都能通过一个安全可靠的信息技术平台实现单证及相关业务资料的无纸化传递，从而实现客户在线开户、授信、开证、制单、交单、单据预审、审单、融资、收付汇、外汇资金清算、外汇义务性报告、反洗钱、外汇申报、查询、查复等一系列功能，即做到国际结算及贸易融资全流程、全产品、全系统、全客户电子化。

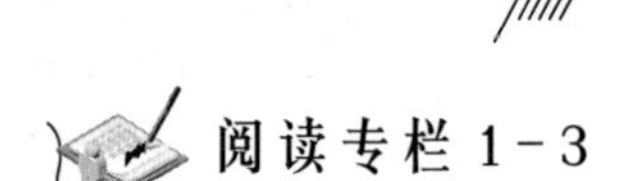

国际结算 BPO 方式

国际贸易和国际结算领域的电子化水平不断深化发展，借助电子化手段处理国际结算业务的银行越来越多，企业的相关需求亦越发强烈。银行付款责任（Bank Payment Obligation，BPO），是由 SWIFT 组织研发并推出的一种新型贸易金融工具，指进口方付款银行（Obligor Bank）通过支持信息交换核对功能的电子化平台（Transaction Matching Application，TMA），向出口方收款银行（Recipient Bank）作出的独立的、不可撤销的即期或延期付款承诺。为规范 BPO 业务管理，ICC 专门制定了《BPO 统一规则》（Uniform Rules for Bank Payment Obligations，URBPO），为 BPO 业务提供了规则依据。BPO 是由付款银行向收款银行作出的具有"支付条件"的不可撤销的承诺。"支付条件"指的是出口方的收款银行向 TMA 提交的单据数据信息与双方银行事先已在 TMA 中建立的基础交易信息匹配一致。与跟单信用证结算方式不同的是，BPO 没有进出口企业的参与，最终受益人是出口方的收款银行。

申请办理 BPO 业务时，进口商需要与进口方付款银行签订协议，使银行承担第一性付款义务，并按比例交纳保证金。出口商需要与出口方收款银行签订协议，转让应收账款权利。与赊销一样，实体单据的传递不经过银行，出口商在发货完成后，直接将单据寄送给进口商。BPO 的付款环节由进出口双方指定的银行通过 TMA 完成，并受 ICC 制定的 URBPO 的规范和约束。但与赊销不同的是，BPO 加入了银行付款承诺的信用保障，降低了风险系数。BPO 的设计很好地满足了企业对于贸易金融的两个诉求：高效率与低风险。它本质上为传统赊销业务附加一个安全付款承诺，这种付款保证的效力能够与信用证对等，甚至在某些情况下优于信用证。

与传统的结算方式比较，BPO 可以被总结为具有"SAS"优势。第一个"S"代表迅速(Swift)，即缩短资金流周期。因为 BPO 业务并不依赖于对实物单据与结算凭证的对比而完成承付，而是在 TMA 中进行数据匹配。从发起 BPO 基础交易信息到数据匹配并形成付款行不可撤销的付款责任，均是通过信息数据完成，提高了业务结算效率。这种效率的提升主要来自两项时间的节省：一是实物单据的寄送时间，通常为 2～5 天；二是进口方银行在收到单据后的审核时间，通常为 5 个工作日。"A"代表准确（Accurate）。BPO 业务的单证比对由 TMA 系统实现，数据由进出口方银行提供，其可信度极大提高，同时也减少因主观因素造成的不符点被拒付的情况。第二个"S"代表节省（Saving）。目前国际上设定的 BPO 的常规费用基本与信用证持平，大大低于保函、保理。另外，实际结算周期的缩短也会减少 BPO 项下的贸易融资成本。

资料来源：郑沛楠，2014. 关注国际结算新产品 BPO [J]．农业发展与金融，(12)：89-90.

2. 信用证结算方式面临新的变革

长期以来，信用证这种以银行信用作为付款保证的支付方式，一直处于主导地位，20 世纪 60—70 年代，全球进出口贸易额的 85%以上都是采用信用证方式来结算的。但进入 20

世纪90年代以后，世界经济的发展已造就一个全球性的买方市场。买方更愿意选择对其有利的商业信用支付方式，而不愿采用对其约束力强、费用高的信用证支付方式。出口商积极采用商业信用支付方式，其目的就是适应竞争的需要，提高竞争力，扩大出口机会。信用证在欧美国家的使用比率逐渐下降，亚太国家中许多企业亦采用托收或赊销方式。信用证支付方式的使用率迅速下降，而非信用证支付方式，如付款交单、汇款以及赊销等以商业信用为付款保证的支付方式逐渐成为国际贸易中的主流支付方式。

3. 国际保理、保函以及混合结算方式日益增多

国际保理、包买票据及保函等国际结算中新的结算方式逐渐盛行。例如，国际保理业务作为贸易融资中的一种主要产品，能够帮助出口商获得无追索权的、手续简便的贸易融资，出口商出口货物后，一般可获得80%的预付款融资和100%的贴现融资。保理业务是一项集商业资信调查、催收货款、应收账款管理、信用风险担保及贸易融资为一体的新型结算方式。因而增强了产品出口的竞争力，进口商可以以有限的资金购进更多的货物，加快了资金和货物的流动，增加了利润。

在买卖双方为支付条件而僵持不下时，很多企业都采用多种支付相结合的方式，双方互相妥协，在安全与及时收汇间取得平衡。例如，实务中常见的50%货款采用信用证结算，50%货款采用汇款；或者一部分货款采用信用证结算，另一部分货款采用跟单托收结算；或者部分货款采用前电汇方式，剩余的货款采用跟单信用证等多种支付结合的方式。

4. 跨境贸易人民币结算日趋普遍

2008年12月，国务院宣布对广东和长江三角洲地区与港澳地区、广西和云南与东盟的货物贸易进行人民币结算试点。2009年4月8日，国务院决定在上海市和广东省内4个城市（广州、深圳、珠海、东莞）开展跨境贸易人民币结算试点。我国香港、澳门地区和东盟国家为境外人民币贸易结算试点地区。2009年7月1日，中国人民银行、财政部、商务部、海关总署、国税总局、银保监会共同制定了《跨境贸易人民币结算试点管理办法》（以下简称《办法》），期待已久的跨境贸易人民币结算试点具体操作办法终于出台。2011年8月23日，《关于扩大跨境贸易人民币结算地区的通知》（银发〔2011〕第203号）发布，明确了跨境贸易人民币结算境内区域扩大到全国。

跨境贸易人民币结算指将人民币直接用于跨境贸易，进出口均以人民币计价和结算，居民可向非居民支付人民币，允许非居民持有人民币存款账户。通俗地说，就是在国际贸易结算中所使用的货币是人民币，进出口双方用人民币计价，出口方收到的货款是人民币，进口方付出的货款也是人民币，同时在本国居民与非本国居民之间的货币往来也可使用人民币。

【拓展知识　国际结算发展方式研究】

1.3　国际结算的当事人及相互关系

国际结算是在一定规则下由当事人在分工明确的基础上共同完成的一项行动。在不同的国际结算方式下，当事人的叫法也不同，但基本涉及4个当事人，即进出口双方和各自所在地的银行。

1.3.1 国际结算中的银行

1. 国际结算中的银行关系

国际结算是通过银行进行的货币收付活动，在实际业务中是由一家银行从付款人处收到款项，然后通过该银行海外分支机构和代理行的合作来完成。银行在国际结算中发挥着很大的作用，不但为进出口商提供服务乃至资金融通，增加了进出口商在交易中的安全感，并且有利于资金的周转，使国际贸易量大大增加，进一步推动了国际贸易的顺利发展。以中国银行为例，截至2019年年底，其在全球61个国家和地区设有机构，覆盖了纽约、伦敦、东京、法兰克福和新加坡等主要国际金融中心，形成了强大的国际结算网络。

党的二十大报告提出要深化金融体制改革和扩大金融制度型开放，对我国金融工作开展提出了更高水平、更现代化的要求，金融制度型开放是我国金融业融入全球经济体系的重要举措。通过扩大开放，可以引进更多的外资金融机构和先进经验，促进我国金融业与国际接轨，提升我国金融业的国际竞争力。同时，开放也有助于推动我国金融机构走出去，参与全球金融市场的竞争与合作。

根据与本行的关系可以将往来银行分为联行和代理行。

（1）联行

联行即银行在国内外设置的分支机构，包括分行、支行之间的横向关系，也包括总行与下属分行、支行之间的纵向关系，其中分行之间的关系是联行的主体。根据设立地点不同，联行可分为国内联行和海外联行，国际结算中所涉及的都是海外联行。设立海外联行的目的主要是开拓海外市场，方便国际结算，扩大银行业务范围，更好地促进国际贸易发展。

① 分行。设在国外的分行是总行的经营性机构，无论是在法律上，还是在业务上，它都是总行的有机组成部分，不是独立的法律实体，没有独立的法人地位，不但受其所在国家的金融管理法令和条例的约束，也受其营业所在地的管理法令和条例的约束。它的资金由其总行提供，盈亏由总行承担，主要部门负责人也由总行委派。

分行下设的营业机构即支行，直接属分行管辖，规模比分行小一些，层次比分行低一些。

② 子银行。子银行是按东道国法律注册的一家独立的经营实体。其资本全部或大部分属于其母银行，母银行对它有控制权。子银行的经营范围很广，可从事东道国国内银行所能经营的全部业务，在某些情况下，还能经营东道国银行不能经营的业务，如证券、投资、保险业务等。

③ 代表处。代表处是总行在国外开设的代表该银行的办事机构，代表处本身不经营业务，仅为其总行提供当地的各项信息。

此外，还有代理处、联营银行、银团银行等形式。其中，代表处、代理处和分行不是独立的法人，总行完全可以对其进行控制。在办理结算和外汇业务时，分行、子银行的经营范围较广。

（2）代理行

代理行是指接受其他国家或地区的银行委托，代办国际结算业务或提供其他服务，并建立相互代理业务关系的银行。我们把建立了业务关系的我国港澳地区及国外银行，或我国不同系统的银行在我国港澳地区及国外的分支机构称为代理行。但是在实际业务中，我们所说的代理行通常为我国港澳地区及国外银行。代理行又分为一般代理行和账户代理行。

① 一般代理行。代理行之间关系一般由双方的总行直接建立，分行、支行一般不能独立对外建立代理关系。选择一般代理行应从3个方面考虑：一是选择合适的国家和地区，在业务往来较多的国家和地区建立；二是选择国际性大银行，其资金实力雄厚、信誉好、风险低；三是选择对我国友好的银行。

银行建立一般代理关系的具体步骤如下。

首先，签协议（即双方的合同）。代理协议的主要内容有：双方银行名称、地址、相互代理业务范围、各自的责任、协议生效日期、代理期限等。

其次，交换控制文件。为确保业务安全、顺利完成，双方银行在签订代理协议后，还必须交换控制文件。控制文件（安全措施）分3个方面。一是签字样式，即印鉴，是银行有权签字人的签字式样。银行之间的信函、凭证、票据等，经有权签字人签字（手写的字，不易模仿）后，寄至收件银行，由收件银行将签名与所留印鉴进行核对，如果相符，即可确认是真实的。代理行印鉴由总行互换。二是密押。银行之间传递业务信息，主要是通过电报或电传进行的，为了确保该份文件是来自对方银行，银行之间互相交换了类似密电码之类的东西，发报银行在每一份电文前列加上一行从密码本算出来的数字和字母（就是所谓的密押），收报银行用密码本对“密押”进行核对，确保无误后才进行业务处理。近年来，国际银行间已普遍使用SWIFT系统（可称为全球银行间的内部互联网），传递的信息由计算机系统自动加密和核对，非常方便，但为了防止密押被破译，应当及时更换。三是费率表，它是银行办理代理业务时收费的依据，一般由总行对外制定并公布。

一般代理行在双方订立代理协议并互换了控制文件后，即建立了代理关系。

② 账户代理行。在国际经济交易中，无论双方当事人以何种支付方式进行结算，资金必须在银行之间调拨，这种银行之间的资金转移是通过银行账户进行的。

账户代理行是在建立了代理关系后，代理行之间单方或双方互相在对方银行开立了账户的银行，是为了解决双方在结算过程中的收付而建立的特殊关系，账户行业务资金都可直接进行。

选择账户代理行的原则是在选择一般代理行的前提下，再选择同我方业务往来密切、资信可靠、经营作风正派、提供服务好、条件优惠的代理行做账户行；在账户币种选择方面，以可自由兑换的国际通用货币为主。

随着世界经济的迅猛发展，全球经济一体化程度的提高，国外代理行往来将更为频繁，在国际结算业务中的作用将更加重要。目前，国外代理行往来根据账户设立情况的不同，主要分为存放国外同业、国外同业存款和国外协定银行往来3种类型。

第一种，存放国外同业。存放国外同业是指银行存放在境外账户行的外汇款项和往来业务。日常往来款项应设置“存放国外同业”账户核算。该账户是资产类账户，用以核算本行存放在国外代理行的款项及收付情况。存入外汇资金时，记入借方；支用外汇资金时，记入贷方；期末余额在借方，表示存放在国外代理行的现汇款项结存数。该账户按国外代理行设分账户，开户时，由总行集中对外办理开户手续，开户后，有关分支行可共同使用该账户。对日常账户往来的核算视经办行与国外代理行关系的不同而采用不同的核算形式。

第二种，国外同业存放。国外同业存放是指银行接受国外代理行的外汇款项存放和往来业务。该种形式是银行筹集资金、增加资金来源的重要渠道。日常往来款项可设置“国外同业存放”账户核算。该账户是负债类账户，用以核算国外代理行以自由兑换货币存入的款项及收付情况。国外代理行存入外汇资金时，记入贷方；支取外汇资金时，记入借方；期末余

额在贷方，表示国外银行存入现汇款项的结存数。“国外同业存放”账户按国外银行设立分账户，其开户与记账由总行统一掌握，以便全面了解通过此账户办理资金结算的情况及控制账户的透支，有关分行、支行可共同使用总行账户。

【拓展知识 亚洲基础设施投资银行简介】

第三种，国外协定银行往来。国外协定银行往来是指缔约国双方银行根据双方政府签订的贸易和支付协定或贸易议定书所开立的双边或单边清算货币账户，办理协定项下贸易和非贸易账务处理和资金结算的业务。对协定项下的日常往来款项可设置“国外协定银行往来”账户核算。该账户是资产负债共同类账户，用以核算政府间签订的贸易和支付协定项下或贸易议定书项下的协定记账结算的资金，发生应收债权时，记入借方；发生应付债务时记入贷方；期末余额在借、贷双方分别反映。本账户使用记账外汇，不能自由支付使用，不能转让给第三国使用，只能用于双边结算。银行利用该账户可以了解各协定执行情况和平衡情况，并为政府协定清算提供依据。

2. 国际结算中的银行网络

随着计算机和通信技术的发展，一些国家的银行组织建立了国际性的银行电信网络。国际银行之间通过这种电信网络传递信息，提高了业务处理的标准化程度，缩短了结算时间，促进了国际贸易的发展。

(1) 环球银行金融电信协会

环球银行金融电信协会（SWIFT）是一个国际银行间非营利的合作组织，成立于1973年5月，总部设在比利时的布鲁塞尔，在荷兰和美国设有运行中心，在各会员国设有地区处理站。SWIFT把银行业务分为客户汇款、银行间头寸调拨、外汇业务、托收业务、证券业务、贵金属和银团贷款业务、信用证和保函业务、旅行支票及银行账单处理业务九大类。其中，第一类格式代码为MT1××，用于客户汇款与支票业务，如MT199通常用于电汇业务；第七类格式代码为MT7××，用于跟单信用证及保函业务，如开立跟单信用证的格式代码为MT700/MT701，MT710是通知由第三家银行开立的跟单信用证报文格式。SWIFT具有自动存储信息、自动加押、自动核对密押的功能，加之SWIFT的通信是标准化的，会员之间的资金转移只需几分钟就能完成，全世界已有200多个国家的8 000多个银行在使用SWIFT协议。中国是SWIFT会员国，中国银行、中国工商银行、中国农业银行、中国建设银行、中国交通银行等均加入了SWIFT组织，开通了SWIFT网络系统。

(2) 国际性支付系统

国际性支付系统主要处理国际上各种往来所产生的债权债务清偿和资金转移，大致有两种类型。一类是由某国清算机构建立并运行的支付系统，由于该国的金融及货币在世界经济中占有重要地位，因此，逐步被沿用至国际支付清算领域，如美国的纽约清算所银行同业支付系统（Clearing House Interbank Payment System，CHIPS）、英国的自动支付清算系统（Clearing House Automated Payment System，CHAPS）以及日本的外汇日元清算系统（Foreign Exchange Yen Clearing System，FEYCS）等。尽管这三个系统分属美、英、日三国，但却处理着目前国际上绝大部分美元、英镑、日元交易的支付清算。另一类是由不同国家共同组建的跨国支付系统，如泛欧实时全额自动清算系统（The Trans-European Automated Real-time Gross settlement Express Transfer，TARGET），于1999年1月1日建在德国法兰克福。任何一家金融机构，只要在欧元区所在国家的中央银行开立汇划账户，即可通过与 TARGET 相连接的所在国的清算系统进行欧元的国内或跨国清算。欧洲中央银行及各成员国中央银行负责监督 TARGET 的运营，并作为清算代理人直接参与 TARGET 运行。TARGET 系统的业务范围包括与欧洲中央银行执行统一货币政策有关的欧元资金收付、银行间的大额欧元清算、银行客户间的大额欧元收付结算等。

1.3.2　进出口商与所在地银行

进出口商与所在地银行在办理国际结算时的关系体现在两方面：一是进出口商对银行的选择，二是银行对进出口商的选择和支持。

1. 进出口商对银行的选择

在国际结算中，进出口商是重要的当事人，双方在合同中必须明确所使用的支付方式。银行是国际结算的中心枢纽，应按照结算方式中的要求办理有关货款的收付。进出口商与银行之间的业务往来应以双方签署的有关文件（合同或协议）来约束和保障有关当事人的权利和义务。通常情况下，进出口商与银行之间签署的有关文件如下。

一是双方就各自行为的范围、方式以及在行为过程中能获得的利益和有关免责条款达成的一致，往往采用协议书或合同的形式。如在托收方式下，出口方委托所在地银行办理托收业务，是以托收委托书（收款委托书）指示为准的，一切寄出的托收单据均须附有托收指示。托收指示是银行及有关当事人办理托收的依据。

二是银行向进出口商所发出的有关文件。如在信用证支付方式下，受益人（即买卖合同中的卖方）有权享有信用证的利益。受益人接受了开证行开出的不可撤销的信用证，双方便形成了以信用证条款为内容的合同关系。受益人只有按照信用证的要求办理货物出口手续，才能得到货款。

无论采取什么结算方式，当进出口商与银行对结算具体运作方式达成一致理解后，业务便可顺利进行。一旦双方出现分歧，或者对代理人选择不慎，进出口商的权益就会受到损害。因此，进出口商对银行的选择要考虑双方是否存在长期的业务关系，该银行是否具备良好的信用记录等，应选择合适的银行进行货款结算。

2. 银行对进出口商的选择和支持

银行在国际结算中，也会慎重而有选择性地向客户提供其服务，以保障和实现银行的利益。银行选择进出口商时主要考虑以下几个方面的因素。

① 长期的业务关系。长期而稳定的业务关系，使银行对客户的信誉、经营状况有一定了解。银行会选择信誉良好、长期合作的客户提供金融产品，如银行给予客户的信用证的授信额度、信托收据、票据承兑、银行保函、出口信贷、押汇等，无不体现出银行对客户的选择和支持。

② 良好的信用记录。进出口商在与银行的合作中以及与其他客户的交往中有着良好的信用记录。

③ 较雄厚的实力。在国际结算中，越是实力雄厚、信誉卓越的大商家，越是容易获得银行资金及信誉方面的支持。在实际业务中，大的贸易商和银行往往会签订银贸合作协议，以求双方共同发展。银行一方面通过主动选择推销其金融产品，另一方面作为代理人接受客

户的委托。在接受客户委托的过程中，银行也会通过不断改进和提高服务质量，来进一步稳定和争取客户，对客户提供支持，如为客户提供咨询，对客户提供的单据进行审核等。

总之，进出口商与银行之间是一种互动合作的关系。一方面，进出口商谨慎选择银行来代理完成货款的收付；另一方面，银行也会选择性地向客户提供其金融产品，以保障和实现银行利益。

本章小结

国际结算是指处于两个不同国家（地区）的当事人，因为商品买卖、服务供应、资金调拨、国际借贷等活动，通过银行办理的两国间货币收付业务。实质上是货币的跨国收付活动，是一项极其重要的跨国经济行为。

国际结算分为国际贸易结算和非贸易国际结算。国际结算是伴随国际贸易的发展而产生发展的。从买卖双方的传统现金结算、直接结算，向有银行介入的间接结算、凭单付款结算发展，随着国际贸易的各个环节向电子化方向发展，国际结算电子化将最终替代纸质单据成为国际结算的主要形式，一些著名的跨国支付系统如CHIPS、CHAPS等在国际资金转移支付中发挥着关键作用。

银行在国际结算中处于中介代理地位，办理国际结算业务的银行必须有广泛的海外机构网络，包括联行和代理行。联行是基础，代理行是主体，代理行又分为一般代理行和账户代理行，只有账户代理行才能直接转账收付货款。代理行在处理业务时要相互发送控制文件，包括密押、印鉴、费率表。

进出口商与银行之间是一种互动合作的关系，且这种互动合作是在一定条件下的互动合作。

国际结算是以金融、贸易为基础的交叉学科，着重研究国际债务的清偿问题，课程主要包括国际结算工具、国际结算方式、国际结算单据和国际结算融资等内容。

关键术语

国际结算　International Settlement　　国际贸易结算　International Trade Settlement

非贸易国际结算　International Non-trade Settlement

有形贸易　Visible Trade　　无形贸易　Invisible Trade

可兑换的货币　Convertible Currency　　国内联行　Domestic Inter Bank

海外联行　Overseas Sister Bank　　代理行　Correspondent Bank

电子数据交换　Electronic Data Interchange，EDI

环球银行金融电信协会　Society for Worldwide Interbank Financial Telecommunication，SWIFT

综合练习

一、简答题

1. 简述国际结算的含义与种类。
2. 国际结算研究的内容有哪些？
3. 目前适用于国际结算的国际惯例与规则有哪些？

4. 代理行之间的关系是如何建立的？

5. 控制文件包括哪几个方面？分别起什么作用？

二、案例分析题

根据以下案例所提供的资料，试分析：国际结算业务中选择银行应考虑哪些因素？

我国某银行曾收到一份由印尼雅加达亚欧美银行发出的要求纽约瑞士联合银行保兑的电开本信用证，金额为600万美元，受益人为广东某外贸公司，出口货物是200万条干蛇皮。但查银行年鉴，没有该开证行的资料，稍后，又收到苏黎世瑞士联合银行的保兑函，但其中的两个签字，仅有一个相似，另一个无法核对。此时，受益人称货已备妥，等待装运。为慎重起见，该银行一方面劝阻受益人暂不出运，另一方面抓紧与纽约瑞士联合银行和苏黎世瑞士联合银行联系查询，先后得到的答复是“从没听说过开证行情况，也从未保兑过这一信用证，请提供更详细的资料以查此事”。至此，可以确定，该证为伪造保兑信用证，诈骗分子企图凭此骗我方出口货物。

试分析国际结算业务中选择银行时应该考虑哪些因素？

【附录 银行代理协议样本】

【第 1 章　在线测试】

【第 1 章 习题参考答案】

第2章　国际结算中的票据

教学目标

通过本章的学习，要求了解票据的概念和法律体系，掌握3种国际结算支付工具的含义、特点。掌握汇票的记载项目、票据行为及汇票当事人的权利和义务；掌握本票的含义、记载内容及种类；掌握支票的含义、必要记载内容及当事人责任；掌握3种票据的异同。

教学要求

知识要点	能力要求	相关知识
票据概述	掌握票据的含义及票据的权利和义务	票据的概念和特性，票据的权利与义务，票据的法律体系
汇票	掌握汇票的含义、内容，能够使用汇票处理实际业务	汇票的概念，汇票的记载项目、票据行为及汇票当事人的权利和义务
本票	掌握本票的含义、内容，能够分析汇票、本票和支票的差异	本票的概念，本票的记载内容及当事人责任
支票	掌握支票的含义、内容，能够使用支票处理实际业务	支票的概念，支票的记载内容及种类

思维导图

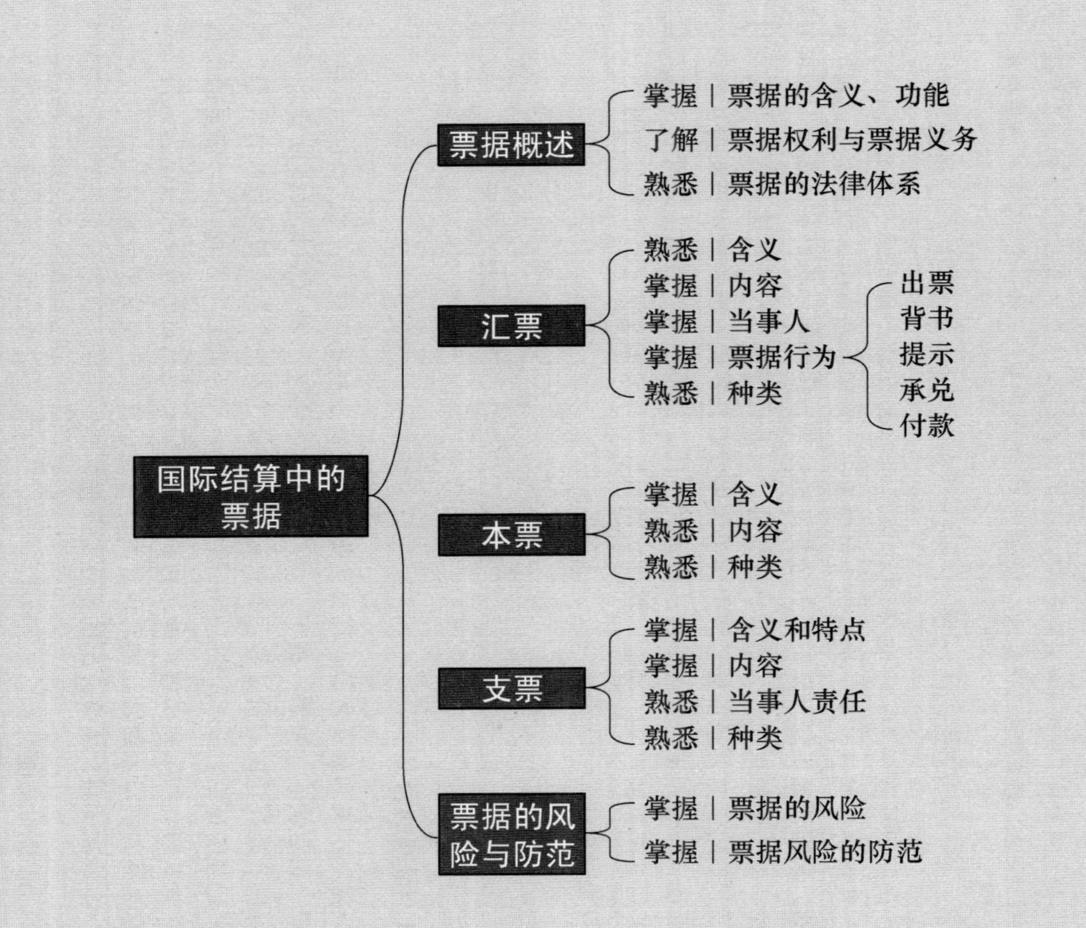

国际结算中的票据
票据概述
掌握｜票据的含义、功能
了解｜票据权利与票据义务
熟悉｜票据的法律体系
汇票
熟悉｜含义
掌握｜内容
掌握｜当事人
掌握｜票据行为
出票
背书
提示
承兑
付款
熟悉｜种类
本票
掌握｜含义
熟悉｜内容
熟悉｜种类
支票
掌握｜含义和特点
掌握｜内容
熟悉｜当事人责任
熟悉｜种类
票据的风险与防范
掌握｜票据的风险
掌握｜票据风险的防范

甲商交给乙商一张经过银行承兑的远期汇票，作为向乙商订货的预付款，乙商在票据背书后转让给丙商以偿还原先欠丙商的借款，丙商于到期日向承兑银行提示取款，恰遇当地法院公告该行于当天进行破产清算，因而被退票。丙商随即向甲商追索，甲商以乙商所交货物质量差为由予以拒绝，并称10天前通知银行止付，止付通知和止付理由也同时通知乙商。在此情况下，丙商再向乙商追索时，乙商以汇票是甲商开立为由推诿不理。丙商遂向法院起诉，被告为甲商、乙商和银行三方。最后，甲商清偿票款，甲商与乙商的纠纷另案处理。

（资料来源：张晓明，刘文广，2019. 国际结算 [M]. 2版. 北京：清华大学出版社.）

在国际贸易业务中，一般不直接以现金结算货款，而是通过可以替代现金的信用工具——票据进行结算。从上述案例中可以看出，在国际结算中，掌握票据的相关知识是必不可少的。票据流通不仅可以节省资金和流通费用，还能够加快资金的周转。票据既是反映现代化经济生活中债权债务关系的重要凭证，又是促进市场经济高速高效运行的支付工具、流通手段和信用工具，是市场经济中货币信用发展到现代阶段的产物。票据从签发、背书、承兑、保证，一直到支付等各阶段的行为和责任，都是在相关票据法的管辖下规范运作的。本章主要讲述票据的含义、功能、特性，票据权利与票据义务；3种票据的性质、当事人、票据行为和内容。

2.1 票据概述

2.1.1 票据的含义

票据有广义和狭义之分。广义票据指代表商业权利的凭证，泛指有价证券和多种凭证，如股票、企业债券、发票、提单、保险单等有价证券。狭义票据仅指以支付一定金额为目的，可以流通转让的有价证券。有价证券是一种代表财产所有权或债权各种票据的，以一定金额来记载的证书。《中华人民共和国票据法》（以下简称《票据法》）规定的票据，是指由出票人签发的、约定自己或者委托付款人在见票时或指定的日期向收款人或持票人无条件支付一定金额并可以流通转让的有价证券。它是以支付一定货币金额为目的的特定证券，包括汇票、本票和支票。本章介绍的是狭义票据。

2.1.2 票据的功能

票据是商品经济中的重要工具，票据制度与公司制度都是市场经济的支柱。从经济角度来讲，票据具有汇兑、支付、流通、信用和融资四大基本功能。

1. 汇兑功能

汇兑功能是票据的原始功能，其作用是解决资金支付的空间间隔问题。由于商品交换活动的发展，商品交换规模和范围不断扩大，经常会产生在异地或不同国家之间的兑换和转移货币的需要，直接携带或运送现金很不方便。在这种情况下，可以在甲地将现金转化为票据，再在乙地将票据转化成现金或票款，通过票据的转移、汇兑实现资金的转移，不仅简单、方便、迅速，而且很安全。

2. 支付功能

支付功能是票据的基本功能。在现实经济生活中，随时都会发生支付的需要，如果都以现金支付，不仅费时、费力，而且成本高、效率低。如果以银行为中介、以票据为手段进行支付，只需办理银行转账即可。也就是说，票据在一定条件下，可以和现金一样，具有支付的功能，这种支付方式方便、准确、迅速、安全。从单边支付角度看，非常便利；从多边结算角度看，可以解决交叉的债权债务关系。以票据作为支付工具，不仅可以进行一次性支付，还可以经过交付转让，票据的出票人是付款人的债权人，收款人又是出票人的债权人，因此，债务人就可以凭借票据的流通清偿债务。因此，从支付角度讲，票据被誉为“商人的货币”。

3. 流通功能

在票据史上，自背书转让制度出现以后，票据就可以流通转让，并且由于背书人对于票据的付款负有担保责任，票据的背书次数越多，则负担保责任的人越多，因而该票据的可靠性就越强，票据的价值就越高。流通性是票据特别是汇票的显著特征，出于这种流通性，任何持票人都可以通过向债权人转让票据来清偿其债务。这样，票据作为流通工具，完善了自身的支付功能，扩大了市场的流通手段。

4. 信用和融资功能

票据是建立在信用基础上的书面支付凭证，信用功能是票据的核心功能，被称为“票据的生命”。

在现代商品交易活动中，信用交易是大量存在的，卖方常常因竞争需要等原因向买方提供商业信用。这种信用保障程度较低，并且难以转让和提前收回资金，从而阻碍商业信用的发展。但是如果使用票据结算，票据一经开出，则可使债权表现形式明确，保障性增强，清偿时间确定，转让手续简便。

在现代贸易中，单据代表货物，可以通过单据抵押进行融资。现代票据市场一方面可以买卖到期票据，另一方面可以贴现未到期票据，使资金周转灵活。

2.1.3 票据的特性

票据是以收付一定货币金额为目的的有价证券，无条件支付一定货币金额是票据含义的最核心内容。在履行票款支付义务时，出票人可以自己付款，也可以委托他人付款。

票据作为一个整体，具有无因性、要式性、流通转让性、设权性、可追索性、文义性、提示性、占有性、返还性，其中无因性、要式性、流通转让性是票据的基本特性。

1. 票据的无因性

票据的无因性是指票据是否成立完全不受票据原因的制约，这里所说的原因是指产生票据权利和义务关系的原因。就是说票据一旦做成，票据上的权利即与其原因关系相分离，债务人无权了解持票人取得票据的原因，应无条件支付款项。如果收款人将票据转让给他人，对于票据受让人来说，他无须调查票据原因，只要是合格票据，他就能享受票据权利。票据权利的内容，完全依票据上所记载的内容确定，不能进行任意解释或者根据票据以外的其他文件来确定。

2. 票据的要式性

票据的要式性是指票据必须依法定形式制作才能具有法律效力。票据上面记载的必要项目必须齐全且符合规定。各国法律对票据必须具备的形式条件和内容都做了详细规定，票据当事人必须严格遵守这些规定，不能随意更改。

只有形式和内容都符合法律规定的票据，才是合格的票据，才会受到法律的保护，持票人的票据权利才会得到保障。

3. 票据的流通转让性

票据具有流通转让性，流通转让是票据的基本特性。票据可通过背书或交付转让，在市场上自由流通。票据的流通主要通过票据转让来实现，不附加任何限制条件的自由转让是票据实现各项功能的客观要求。但是，基于票据权利的私权利性质，以及维护票据信用和票据安全的需要，法律在保障票据流通性的同时，又规定了对票据流通的某些限制。

票据转让不同于一般债权和书面凭证的转让，其流通转让具有以下特点。

(1) 票据转让不必通知债务人

根据《中华人民共和国民法通则》规定，一般债权的债权人在转让其债权时，必须及时通知债务人。而票据权利的转让，可以通过直接交付或背书后交付即可完成，根本无须通知债务人。票据债务人不得以没收到通知为由拒绝承担票据义务而仍向原权利人清偿。如果受让人取得票据权利后遭到拒付，有权对所有当事人提起诉讼。

(2) 正当持票人的权利不受前手票据权利缺陷的影响

正当持票人是指善意并付对价的票据受让人。

① 受让人付对价。受让人获得票据时必须向前手票据受让人支付一定代价。这个代价可以是一定价值的货物、服务及货币。付对价后的受让人称为付对价持票人。

受让人支付的对价可以是全部对价，也可以是部分对价，并不一定要求是十足的对价。受让人支付的对价可以是直接的也可以是间接的，如我国《票据法》规定，因税收、继承、赠予可以依法取得票据，不受给付对价的限制。但是，所享有的票据权利不得优于其前手权利人。

我国《票据法》还规定，以欺诈、偷盗、胁迫等手段取得票据的，或明知有前列情形，出于恶意取得票据的，不得享有票据权利。

② 受让人善意取得票据。如果受让人在支付对价后取得了表面完整、合格并且未过期的票据，而且未发现票据本身或票据转让人的权利有缺陷或有任何可疑之处，则该受让人为正当持票人。正当持票人的权利不受前手票据权利缺陷的影响。

③ 票据受让人获得全部票据权利。票据受让人成为正当持票人后，就能获得全部票据权利，并且在必要时能以自己的名义提出起诉，要求票据义务人履行票据义务。

4. 票据的设权性

票据发行的目的，主要不在于证明已经存在的权利与义务关系（一般债权债务关系），而是设定一种新的权利与义务关系（票据权利义务关系）。票据的设权性是一种根本的票据设权行为。票据上的权利与义务关系在票据做成之前并不存在，它是在票据做成的同时产生的。这种票据一旦成立，即成为一种独立的以票据本身为凭据的索偿权利。以票据代替现金充当支付手段，更加安全、方便、灵活。

票据权利义务关系不同于一般债权债务关系，其权利和义务更受法律的保障和约束。票据权利人（持票人）的权利保障性更强，相对比较安全；票据义务人的约束更强，他们必须依法承担相应责任。

5. 票据的可追索性

票据具有可追索性，可追索性是指票据的付款人或承兑人如果对合格票据拒绝承兑或拒绝付款，正当持票人为维护其票据权利，有权通过法定程序向所有票据债务人起诉、追索，要求得到票据权利。

6. 票据的文义性

票据上的权利义务只依票据上文字的记载来确定，票据文义以外的任何事实与证据皆不能作为认定票据上的权利和义务的证据。只要持票人合法善意地取得票据，向付款人提示后，付款人就得按票据上记载的内容无条件地向持票人付款，而不能以票据以外存在民事关系为由来对抗票据权利的行使。

7. 票据的提示性

债权人（持票人）请求债务人（付款人）履行票据义务时，必须在规定的时间、地点向付款人出示票据，才能主张付款的权利，否则，持票人的票据权利不可能实现。因此，出示票据是持票人行使票据权利时不可缺少的前提条件。

8. 票据的占有性

票据权利人行使票据权利时，必须实际占有票据。如果票据失窃、毁损、灭失或出质，则无法向付款人主张权利。因此，票据权利主张须以占有票据为前提。

9. 票据的返还性

票据的占有性和提示性决定了票据必须具有返还性，即持票人收到款项后，应该在票据上签收并将票据还给付款人，从而结束该票据的流通。

2.1.4　票据权利与票据义务

1. 票据权利

（1）票据权利的特征

票据权利是依票据而行使的，以取得票据金额为直接目的的权利。票据权利是基于票据行为人的票据行为而发生的，是与票据义务相对存在的。当票据行为人的票据行为（如出票）完成时，发生了行为人自己的票据义务，同时也发生了相对人（收款人）的票据权利。

票据权利是指持票人向票据债务人请求支付票据金额的权利。它首先应当要求票据的主债务人（付款人、承兑人）向其偿付，如果主债务人没有或无法（如账上无款支付或者破产

等）偿付，持票人才有权要求其他付款义务人（背书人、保证人、出票人）向其偿付票款。票据权利的本质反映为请求支付票据金额的可能性。

票据权利的性质是债权，但又不同于一般民事债权，它具有以下特征。

① 票据权利具有证券性。由于票据行为具有无因性、要式性和独立性，由此产生的票据权利就成为比一般民事债权效力更强的一种权利，即证券性权利。票据权利是债权和证券所有权的统一，是债权的物权化，这种权利一经产生，就同作为证券的票据合二为一。要享有票据权利，必先取得票据，失去了票据，也就失去了票据权利。票据权利将无形的债权转化为有形的票据所有权，并通过票据所有权来实现票据上的债权。

② 票据权利具有单一性。票据权利与票据本身的不可分割性，使票据权利不能共享，其所有者只能为一人。同一票据不可能有两个或两个以上所有者，也不可能同时存在两个以上的票据权利。

③ 票据权利具有二次性。票据权利不同于一般的债权：一般债权只有一个债务人，只有一次性的权利，债权人只有一次请求权；而票据债权可能有多个债务人，债权人可行使二次请求权。债权人（持票人）首先向主债务人（由付款人代为履行）行使一次请求权（即请求付款权），又可在付款请求权受挫时，向从债务人（如背书人）行使二次请求权（即追索权）。

④ 票据权利具有期待性。票据权利是二重性权利，追索权是在付款请求权未能实现时，即票据被拒绝承兑或者拒绝付款，或者有其他法定原因而使债权人的付款请求权落空时，债权人才对从债务人享有的请求其支付票据上所载金额的权利。也就是说，票据权利是一种期待性权利。

⑤ 票据权利具有无因性。票据权利是一种债权人单凭票据享有请求债务人支付一定金额的权利，不得为其他请求。债权人享有票据权利只以持有票据为必要，至于债权人取得票据的原因、票据权利发生原因，债权人既无说明的义务，债务人也无审查的权利。这些原因存在与否、合法与否，对票据权利不产生影响。只要债权人以票据文义或票据法规证明自己为债权人，债务人须无条件支付票面金额。

（2）票据权利的种类

票据权利依行使的顺序不同，可分为以下 3 种类型。

① 主票据权利。主票据权利是指持票人对主义务人（出票人、承兑人等）或委托人（付款人）所享有的、依票据而请求支付票据上所记载金额的权利。主票据权利一般包括对本票出票人、汇票付款人、支票付款行的请求权。

主票据权利是第一次请求权，持票人必须首先向主义务人行使第一次请求权，而不能越过它直接行使其他请求权。

② 副票据权利。副票据权利是指在主票据权利未能实现时发生的由持票人对从债务人所享有的请求偿还票据金额及其他有关金额的权利。副票据权利是第二次请求权，一般包括追索权与再追索权。

③ 辅助票据权利。辅助票据权利是指在主票据权利未能实现时发生的由持票人对特定的从义务人所享有的请求支付票据金额及其他有关金额的权利。辅助票据权利一般包括持票人对参加承兑人和保证人的付款请求权。

(3) 票据权利的取得与行使

① 票据权利的取得，是指依一定法律事实而享有票据权利。票据权利的取得主要有两种途径，即原始取得（出票）和继受取得（受让）。

票据权利的原始取得是指持票人不经任何其他前手权利人直接从出票人处取得票据，包括发行取得与善意取得。发行取得，是权利人依出票人的出票行为而取得票据。出票是设立票据权利的票据行为，通过出票行为，收款人占有票据从而取得票据权利，是主要的原始取得方式，也是其他取得方式的基础。善意取得，是票据受让人依我国《票据法》规定的转让方式，善意地从无权处分人手中取得票据，从而享有票据权利。所谓善意指的是无恶意或重大过失，判断受让人是否善意应以其取得票据时的情况为标准，且仅限于对其直接前手。

票据权利的继受取得是指持票人从票据的前手权利人受让票据，从而取得票据权利，即通过背书转让或交付转让取得票据权利。

② 票据权利的行使，是指票据权利人请求票据义务人履行义务的行为，其方式是提示票据。所谓提示票据就是持票人向债务人出示票据供其观看，请求其付款。提示包括承兑提示和付款提示。若付款请求权不能实现，则持票人可以持票向所有前手权利人行使追索。持票人如未在《票据法》规定的时期内提示票据，则其追索权的效力丧失。按期提示票据既是付款请求权的行使，也是追索权的保全行为。持票人行使票据权利必须遵守法定形式，完成必要的保全手续，如提示票据做成拒绝证书等。

【拓展知识 票据权利转移等】

2. 票据义务

票据义务是票据债务人应负的责任。

(1) 票据义务的特征

票据义务是票据债务人应负的责任。按照在票据关系中所处地位，分为主债务人和次债务人，主债务人直接承担票据付款的责任，次债务人主要是负有票据承兑和付款的担保责任。票据义务不是票据债务。票据义务是相对于票据权利而言的。

票据义务具有以下特征。

① 票据义务具有单向性。在票据权利义务关系中，从履行票据义务的角度来讲，票据义务人必须对正当持票人承担无条件支付票款的义务，而不能以此为条件对票据权利人主张一定的权利。

从经济活动的其他角度来讲，票据义务人通常是有一定权利的，如得到相应的货物、服务或货币。

② 票据义务具有连带性。在通常情况下，票据权利人只能有一个，而票据义务人可能有多个。凡在票据上进行必要事项的记载并完成签名者，都是票据义务人。票据义务人主要有出票人、背书人、承兑人、保证人、保付行和参加承兑人等。

票据义务人之间对票据债务负有连带偿还的责任，在某一票据义务人无力偿还时，其他票据义务人都有代其偿还的责任。

③ 票据义务具有双重性。票据义务具有付款和担保双重义务性。付款义务是主要义务，

担保义务是从属义务。票据义务人要向收款人、持票人担保票据真实、有效，以及付款人按规定履行票据义务，否则应直接承担付款义务。

（2）票据义务的种类

票据义务的种类与票据权利的种类是相对应的。

① 主票据义务。主票据义务是主义务人或其委托人（付款人）依票据记载所承担的付款义务。通常认为，本票出票人、汇票承兑人、支票保付行是主债务人，承担直接、绝对的付款责任；承兑之前的汇票付款人、未进行保付的支票付款行虽不是主债务人，但他们作为出票人的委托者，应首先接受持票人提示，因此也可认为他们所承担的是主票据义务，不过他们所承担的并不是绝对的付款责任，也就是说，他们可以拒付。

② 副票据义务。副票据义务是指背书人作为被追索人所承担的付款义务，在主票据义务未能履行时，副票据义务人应履行付款义务。

③ 辅助票据义务。辅助票据义务是指参加承兑人或保证人作为特定义务人所承担的付款义务。

3. 票据抗辩

票据抗辩是指票据义务人提出相应的事实或理由，拒绝履行票据义务的行为。票据抗辩是票据义务人的自我保护方式，是票据义务人所拥有的权利。

（1）对物抗辩

票据抗辩主要是对物抗辩，即因票据本身所存在的事由而发生的抗辩，是一种效力较强的抗辩。对物抗辩又可分为以下3类。

① 对票据记载的抗辩，是指因票据上所存在的记载内容而发生的对物抗辩。它包括票据绝对必要记载欠缺抗辩、票据未到期抗辩、背书不连续抗辩等。

② 对票据效力的抗辩，是指因票据义务所赖以成立的实质性要件无相应效力而发生的对物抗辩。它包括票据无权代理抗辩、票据伪造或变造的抗辩、票据行为人欠缺行为能力的抗辩等。

③ 对票据义务灭失的抗辩，是指因票据义务虽曾存在，但基于某种情况已归于消灭而发生的对物抗辩。它包括票据义务因时效届满而消灭的抗辩、票据义务因保全手续欠缺而造成的抗辩等。

（2）对人抗辩

对人抗辩是指因票据义务人与特定票据权利人之间的法律关系而发生的抗辩。如票据义务人可对以欺诈、偷盗或者胁迫手段取得票据的持票人主张抗辩。

对物抗辩可以对所有的票据权利人主张，对人抗辩只能对相应的当事人主张。例如，对于获得窃取票据的善意持票人，票据义务人不能主张抗辩。

2.1.5 票据的法律体系

1. 票据法的概念

票据在国际结算乃至社会经济生活中都发挥着重要的经济作用，各国为保障并促进票据的流通使用、保护当事人的权利，相继立法确立票据的流通规则。所谓票据法就是关于票据种类、形式、内容、票据行为以及票据当事人权利义务等内容的法律规范的总称。规定当事人的权利和义务是票据法的核心内容。票据法包括广义和狭义的票据法。

广义的票据法，是指调整票据关系的全部法律规范的总称。它既包括票据的专门立法，又包括民法、商法、刑法、诉讼法和破产法中关于票据的法律规定。

狭义的票据法，是指关于票据的专门立法，即各国政府为促进商品贸易的发展所规定的关于汇票、本票及支票的流通规则的法律规定。通常我们所指的票据法为狭义票据法。

2. 三大票据法体系

（1）法国票据法体系

法国票据法体系又称拉丁法系，是最早形成的票据法体系。

早在1673年，法国路易十四颁布的《商事敕令》中就对汇票及本票的签发和流通进行了规定，这是近代各国票据法的开端，也是法国票据法的基础。1807年法国又颁布了《法国商法典》，该法典在继承路易十四《商事敕令》的基础上，进行了若干个别性修订。1865年随着银行制度的发展，法国制定了《支票法》。

法国票据法的特点是仅将票据作为替代现金运输的工具，并作为证明原因关系的契约，强调票据当事人之间必须先有资金关系，即出票人必须在付款人处存有资金的情况下，付款人才承担汇票或支票的付款义务，而对票据的形式要求并不严格。这种把属于原因关系的资金关系当作票据的必要条件加以规定，实质上导致了票据与原因关系的不可分离，从而妨碍了票据的使用与流通。为了适应商品贸易发展的需要，法国于1935年以《日内瓦票据法公约》为基础，修订其商法典，并于1936年颁布施行。

（2）德国票据法体系

德国票据法体系又称日耳曼法系，是继法国票据法体系之后形成的有重要影响的票据法体系。德国票据法体系是在统一德国各邦地方票据法的基础上经多次修订而形成的，1871年正式定名为《德国票据法》，内容仅限于汇票和本票。1908年德国单独制定了《支票法》。

《德国票据法》的特点是较为注重票据的流通和信用功能，将票据关系与作为其发生基础的原因关系完全分离，撇开当事人之间的资金关系，强调票据的无因性，而且还规定严格的票据形式，强调票据的要式性和文义性，认为缺乏必要的形式要件，票据即丧失其效力，从而促进了票据的使用和流通。这些特点与现代票据制度的基本特点是完全一致的。

德国票据法体系的形成推动了欧洲各国票据法的发展，奥地利、瑞士、瑞典、丹麦、葡萄牙、挪威等国均仿效《德国票据法》制定了本国的票据法。先前仿效法国票据法的国家也都先后以《德国票据法》为蓝本修改了本国的票据法。这样，德国的票据法体系最终成为大陆法系票据法的代表。

德国现行的《德国票据法》和《支票法》是1933年公布的。

（3）英国票据法体系

最早的《英国票据法》是詹姆士爵士于1882年制定公布的，不仅包括汇票和本票，还包括支票（是作为汇票的一种来规定的）。1957年英国公布了《支票法》，作为对1882年《英国票据法》的补充。

《英国票据法》对美国、加拿大、印度、澳大利亚、新西兰等国影响很大。美国于1986年仿效《英国票据法》制定了统一的美国票据法——《统一流通证券法》，1897年在纽约州

采用，这一法律经多次修改后，被纳入美国《统一商法典》，包括汇票、本票、支票和存单4种。

【拓展知识 英美法系和大陆法系的区别】

一般认为，目前国际上尚存的票据法体系只有两个，即以《德国票据法》为基础的欧洲大陆法系和以英国、美国票据法为基础的英美法系。这两大票据法体系在基本方面是相同的，但也有一些差异，如关于票据的分类就有区别：英美法系认为汇票是基本票据，本票和支票是派生票据，只是因为当事人不同而分为汇票、本票、支票；大陆法系将票据分为两类，一类是汇票和本票，另一类是支票，其对两类票据分别单独立法，如《德国票据法》仅包含汇票和本票，关于支票是另外立法的。

3. 国际票据法

19世纪末20世纪初，随着产业革命的完成，资本主义由自由竞争阶段向垄断竞争阶段过渡，国际贸易得到了极大发展，并形成了全球统一的世界市场。这使得票据的使用更加频繁，使用范围不断扩大，日益成为国际重要的信用和结算工具。与此同时，三大票据法体系的存在以及同一法系中不同国家的规定又不尽相同，都给票据在国际经济贸易中的流通和使用带来很多不便。因而，票据法的国际统一势在必行。从1880年起，国际法协会、国际法学会提出过几次统一法草案，国际联盟成立以后，又开始着手票据统一问题。到目前为止，票据法的国际统一经过了3个阶段，并产生了3个正式国际票据法。

(1)《海牙统一票据法》

20世纪初至第一次世界大战之前为国际统一票据法的第一阶段。1910年和1912年，国际法学会先后在荷兰海牙召开了两次国际统一票据法会议，有30多个国家参加了会议，会议拟定了《统一汇票本票法规则》《统一汇票本票法公约》和《统一支票法规则》，这些规则和公约被称为《海牙统一票据法》。

当时有德国等27个国家签字，但在签字国尚未全部完成本国家的批准手续时就发生了第一次世界大战，《海牙统一票据法》未正式生效。

(2)《日内瓦统一票据法》

第一次世界大战后至第二次世界大战前为国际统一票据法的第二阶段。自1920年起，国际联盟即着手进行因战争而停止的国际票据法统一工作。1930年和1931年，国际联盟在日内瓦召开统一票据法国际会议，有30余个国家的代表参加了会议，签署了有关支票的3个公约，即《日内瓦统一支票法公约》《解决支票法律冲突公约》《支票印花税法公约》。这3个公约也是相互独立的，各国可分别加入。以1930年的《日内瓦统一汇票本票法公约》和1931年的《日内瓦统一支票法公约》为主体的各公约规定，通常被称为《日内瓦统一票据法》。

以德国、法国为首的大多数欧洲大陆国家，亚洲的日本，拉美的巴西、秘鲁、哥伦比亚、厄瓜多尔等国，均签署并批准了《日内瓦统一票据法》的各公约，并以此为基础修改了本国原有的票据法。英国、美国及其殖民地、附属国派代表参加了会议，但因对《日内瓦统一票据法》有不同看法而未签署公约，致使统一票据的立法又未取得完全成功。

(3)《联合国国际汇票和国际本票公约》(以下简称《国际汇票本票公约》)

20 世纪 70 年代以后，国际统一票据法进入了第三个阶段。第二次世界大战以后，票据的国际流通更加广泛，但日内瓦统一票据法体系和英美票据法体系并存，使得在票据上发生的争议很难获得统一的解释。因此，迫切需要制定一个统一的国际票据法规。

自 1972 年起，联合国国际贸易法委员会即开始着手进行统一国际票据法的工作，并起草了《国际汇票本票公约》，经过十多年的讨论、修改，终于在 1987 年最后通过了公约草案。1988 年 12 月，在联合国第 43 次大会上，正式通过了《国际汇票本票公约》。

《国际汇票本票公约》是在考虑日内瓦统一票据法体系与英美票据法体系之间的差异基础上制定的，但其目的并不在于直接调和两大票据法体系，而仅仅着眼于解决国际贸易中汇票和本票使用上的不便。因而，该公约的适用范围及法律效力都不同于《日内瓦统一票据法》。《国际汇票本票公约》仅限于“国际票据”，即出票地、付款地不在同一个国家之间的票据，却不能适用于缔约国国内的票据法规范。《国际汇票本票公约》对缔约国的当事人不具有强制适用的效力，只有在有关当事人选择适用于该公约的规定时，该公约的规定才具有约束力；而《日内瓦统一票据法》对缔约国的当事人具有强制适用的效力，不管当事人是否愿意，有关规定均对其具有约束力。

阅读案例 2-1

涉外票据的诈骗案

案情简介

某年 5 月，我国 A 公司与某外商 B 公司签订了一份进口乳胶垫的合同，合同总金额为 200 万美元，支付方式为 D/P，允许分批装运。按照合同的规定，第一批价值 20 万美元的货物准时到货。经检验，A 公司认为质量良好，对双方的合作非常满意。但是，在第二批交货期前，B 公司向 A 公司提出：“鉴于双方的友好合作，A 公司目前的资金周转压力较大，我方允许贵公司采用远期付款，贵公司作为买方可以给我方开出一张见票后一年付款 200 万美元的汇票，请 Y 银行某市分行承兑。承兑后，我方保证将 200 万美元的乳胶垫在一年内交货，贵公司收到全部货物后，再付给我方 200 万美元的货款。”

A 公司认为现在不用付款，只需要开出一张远期票据就可以得到货物在国内市场销售，利用这一年的时间，还可以再投资，机会难得，于是接受了 B 公司的建议，给 B 公司签发了一张见票后一年付款 200 万美元的汇票。但是之后 A 公司迟迟没有收到剩余的货物，多方联系，毫无结果。事实上，B 公司将这笔巨款骗到手之后就失踪了。

一年后，一家美国银行持那张已经承兑的远期汇票请 Y 银行某市分行付款。原来，B 公司将这张经过承兑的远期汇票在其本国的美国银行贴现 160 万美元。尽管 B 公司没有交货，Y 银行某市分行却不得以此为由拒绝向善意的持票人美国银行支付票据金额。最后，由 Y 银行某市分行付给美国银行 160 万美元而结案。

案例分析

本案例中，对于这张远期汇票，A 公司为出票人，B 公司为收款人，Y 银行某市分行为付款人。A 公司和 B 公司的贸易合同是该票据的原因关系，A 公司与 Y 银行某市分行有业务往来，Y 银行某市分行愿意向 A 公司提供信誉，承兑这张远期汇票。美国银行与 B 公司

有对价关系，美国银行善意地付了160美元的对价而受让，从而成为这张汇票的善意持有人。但是，汇票的特点是，票据法律关系一旦成立，就与基础关系分离。票据基础关系的成立和有效与否并不对善意持票人的票据权利产生影响。因此，B公司实际没有交货，或者A公司没有足够的美元存在Y银行某市分行，都不影响美国银行对承兑人的付款请求权。对美国银行来说，汇票只要注明“见票后一年支付200万美元”就可以。B公司就是利用票据这种特性进行诈骗的。

【拓展知识 票据伪造的责任】

资料来源：编者根据百度文库相关资料整理。

2.2 汇 票

2.2.1 汇票的含义

汇票是历史悠久的流通票据形式，是国际结算中使用最广泛的一种票据，也是其他票据的基础。

根据我国《票据法》第19条规定，汇票是出票人签发的，委托付款人在见票时或者在指定日期无条件支付确定的金额给收款人或者持票人的票据。

根据《英国票据法》的定义：汇票是由一人向另一人签发的，要求即期、定期或在可以确定的将来时间向某人或某指定人或持票人无条件支付一定金额的书面命令。

以上两种定义的实质是相同的。综合上述汇票的定义，可以看出汇票具有以下特点。

① 汇票是出票人签发的书面命令。汇票的基本关系人有3个，即出票人、付款人和收款人。汇票必须是书面的，而不是口头的，否则无法签字。

② 汇票是一种委托他人付款的票据。出票人签发的票据，是命令付款人向收款人付款的书面指示，或者说是出票人命令他人付款，而不是自己付款。

③ 汇票的付款命令是无条件的。无条件意味着付款不能有限制或附带条件，即没有先决条件，汇票是命令，而不是请求、商量、征求意见等。如果汇票的付款命令附加了条件，则这张汇票就是无效汇票，不具备法律效力。

④ 汇票的金额是确定的。

⑤ 汇票在见票时或者在指定的日期得到兑现。

2.2.2 汇票的内容

汇票的内容是指汇票上记载的项目。根据其性质及重要性不同，这些项目可以分为以下几种。

1. 绝对必要记载项目

绝对必要记载项目是汇票必须记载的内容，必要记载项目的内容是否齐全直接关系到汇票是否有效。

根据我国《票据法》规定，汇票应包括“汇票”字样、无条件付款命令、确定的金额、付款人名称、收款人名称、出票日期、出票人签章等内容。

（1）必须写明“汇票”字样（Bill of Exchange）

它的主要目的是表明票据的性质和种类，以区别于其他票据。关于这项内容，《日内瓦统一票据法》和我国《票据法》的规定一致，《英国票据法》没有这项要求。

（2）无条件付款命令（Unconditional Order）

书面付款命令或付款委托应该是无条件的。这里所说的无条件，是指汇票上不可以有任何支付的附加条件，否则汇票无效。如：“交付的货物符合合同要求即付款 10 万美元”“从壹号账户付 2 万美元”等都是有条件的付款命令，因为如果货物与合同不符、壹号账户没有 2 万美元，就无法付款。当然最简明的方式是“付××元”。

（3）确定的金额（Amount）

票据上的权利必须以金额表示，不能用货物数量等表示。汇票的金额包括货币名称和金额，并且金额必须确定，不能模棱两可，如“付大约 2 000 美元”“付 5 000 美元加利息”等都是不确定的。

在实际中防止涂改，票据的金额还必须同时用大、小写记载。如果大小写不一致，《英国票据法》和《日内瓦统一票据法》都规定以大写为准；我国《票据法》则认为该种情况下票据无效。若在金额后附带有利率条款，必须注明利率，否则视为无效汇票。

（4）付款人名称（Name of Drawee）

付款人指汇票命令的接受者，即受票人。但受票人不一定付款，因为他可以拒付，也可以指定担当付款人。

汇票上付款人通常是进口商或银行，付款人的记载要有一定的确定性，以便持票人能顺利找到。实务上一般都注明准确的名称和详细地址，特别是以在同一城市有许多机构的银行为付款人时，一定要仔细注明。

（5）收款人名称（Name of Payee）

汇票上关于收款人的记载又称为“抬头”、受款人，是汇票的主债权人，在取得票款前，对出票人保留追索权。它应像付款人一样有一定的确定性，不过实务中一般只写一个完整的名称，不强求写明地址。我国《票据法》认为不记载收款人名称的汇票无效。

汇票“收款人”的填写方法主要有 3 种。

① 限制性抬头。这种抬头的汇票只限于付给指定的收款人，即票据的义务人只对记明的收款人负责。

限制性抬头的表示方法有以下几种：a. 仅付 A 公司（Pay to A Only）；b. 付给 B 公司，不能转让（Pay to B，Not Transferable）；c. 付给 C 公司（Pay to C），但在票据其他地方有“不可转让”（Not Transferable）的字样。

限制性抬头的票据不可流通转让，所以在一定程度上限制了汇票支付功能的发挥，因此这种汇票在实务中的使用并不普遍。

② 指示性抬头。这是指可以由收款人或其委托人、指定人提示取款的汇票。指示性抬头汇票并不强求一定要收款人本人亲自收款，收款人可以通过背书和交付的方式将汇票转让给他人，由受让人以持票人身份收款。

实务中，指示性抬头有 3 种表示方法：a. 付给 A 的指定人（Pay to the Order of A）；b. 付给 B 或其指定人（Pay to B or Order）；c. 付给 C（Pay to C），这种抬头虽然没有指定人字样，但收款人仍有权将票据背书转让。

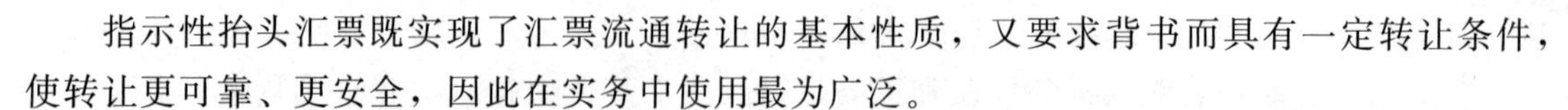

指示性抬头汇票既实现了汇票流通转让的基本性质，又要求背书而具有一定转让条件，使转让更可靠、更安全，因此在实务中使用最为广泛。

指示性抬头汇票并不是非转让不可，是否实际转让取决于收款人的意愿。

③ 来人抬头（Bearer Order）。它又称持票人抬头或空白抬头，不管谁持有来人抬头票据，都有权要求付款人付款。这种抬头汇票无须背书即可转让，即只要通过简单交付就可实现转让。

实务中来人抬头汇票有两种表示方法：a. 付给来人（Pay Bearer）；b. 付给 A 或来人（Pay to A or Bearer）。

由于来人抬头汇票容易因丢失而被他人冒领，收款人的权利缺乏保障，实际中使用较少，并且有些票据法如《日内瓦统一票据法》和我国的《票据法》规定，不允许汇票做成来人抬头的方式。

（6）出票日期（Date of Issue）

出票日期是指汇票签发的具体时间。出票日期有以下 3 个重要作用。

① 决定到期日。远期汇票到期日的计算是以出票日为基础的，确定了出票日及相应期限，也就能确定到期日。

② 决定汇票的有效期。持票人如不在规定时间内要求票据权利，票据权利自动消失。《日内瓦统一票据法》规定，即期汇票的有效期是从出票日起的 1 年时间；我国《票据法》规定，见票即付的汇票有效期为 2 年。

③ 决定出票人在签发汇票时是否具有行为效力。若出票时出票人已宣告破产或清理，则汇票不能成立。

（7）出票人签字（Signature of Drawer）

汇票填写完毕，出票人要在汇票上签字盖章，签字原则是《票据法》最重要和最基本的原则之一，票据责任的承担以签字为条件，票据必须经出票人签字才能成立。出票人签字是承认了自己的票据义务，收款人才因此有了票据权利。如果汇票上没有出票人签字，或签字是伪造的，票据都不能成立。因此，出票人签字是汇票最重要的和绝对不可缺少的内容。

2. 相对必要记载项目

除以上必须记载的内容外，还有付款日期、出票地点、付款地点 3 个“相对必要记载项目”。这些项目如果不记载也不会影响汇票的法律效力，因为这些内容可以间接确定。

（1）付款日期（Tenor）

付款日期即付款到期日，是付款人履行付款义务的日期。汇票的付款期限包括即期付款和远期付款。

① 即期付款。即期付款又称见票即付，指出票完成后即可要求票据权利（票款）。在持票人向付款人做付款提示时，付款人应马上付款。汇票未记载付款日期，是即期付款。各国票据法都是如此规定的。

② 远期付款。远期付款指出票完成后不能马上要求，而只能在规定日期要求票据权利。

远期汇票的到期日有 3 种确定方法：a. 定日付款，即汇票上规定有确切的付款日，付款人到期付款，这种汇票一般需要单独提示承兑，如 2019 年 3 月 12 日付款；b. 出票后定期付款，又称出票远期付款，这种汇票是以出票日为基础，一段时期后付款，一般需要单独提示承兑，如出票后 30 天付款；c. 见票后定期付款，又称见票远期付款，须首先由持票人在规定时间内向付款人作承兑提示，然后以承兑日为起点推算到期日，这种汇票必须单独提示承兑，如承兑后 30 天付款。

（2）出票地点（Place of Issue）

出票地点指出票人签发汇票的地点。它对国际汇票具有重要意义，因为票据是否成立是以出票地法律来衡量的，但是票据不注明出票地并不会影响其生效。

我国《票据法》规定，汇票上未记载出票地，则以出票人的营业场所、住所或者经常居住地为出票地。

（3）付款地点（Place of Payment）

付款地点是指持票人提示票据请求付款的地点。到期的计算、在付款地发生的承兑、付款等行为都要适用付款地法律。因此，付款地的记载是非常重要的，付款地址一般是附在付款人名称后面的地址，但是不注明付款地的票据仍然成立。

根据我国《票据法》规定，汇票上未记载付款地的，付款人的营业场所、住所或者经常居住地为付款地。

3. 任意记载项目

当事人根据需要记载的一些其他内容称为“任意记载项目”，是由出票人等根据需要记载的限制或免除责任的内容。这些项目一旦被接受即产生约束力。

（1）担当付款人

担当付款人是出票人根据与付款人的约定，在出票时注明或由付款人在承兑时指定的代付款人，其目的是方便票款的收付。

（2）预备付款人

汇票可以指定在付款地的第三人为预备付款人，预备付款人相当于汇票的第二付款人。在付款人拒绝承兑或拒绝付款时，持票人就可以向预备付款人请求承兑或付款。预备付款人参加承兑后成为票据债务人，到期要履行付款责任。

（3）必须提示承兑及其限期

远期汇票并不一定都要求承兑，但如果汇票上有“必须提示承兑”记载，持票人就一定要作承兑提示。如果汇票上还记载了提示承兑的期限，则持票人的承兑提示还必须在此规定时间内作出。

（4）不得提示承兑

如果汇票上记载有“不得提示承兑”的字样，持票人就不能作承兑提示。如果付款人对该汇票拒绝承兑，则不会构成拒付。

（5）免做拒绝证书

拒绝证书是由付款人当地的公证机构等在汇票被拒付时制作的书面证明。在通常情况下，持票人追索时要持此证书。如果汇票载有免做拒绝证书的内容，则持票人在被拒付时无须申请此证书，追索时也无须出示此证书。

(6) 免做拒付通知

拒付通知是持票人在汇票被拒付，按规定制作的通知前手做偿还准备的书面文件。如果汇票载有免做拒付通知文句，持票人在汇票被拒付时就不必做此通知。

2.2.3 汇票的当事人

汇票的基本当事人有3个，即出票人、付款人和收款人。

1. 出票人

出票人是指开立汇票发出付款命令的人，即签发并交付汇票的当事人。在进出口贸易中，通常是卖方。出票人在汇票上签章，即对汇票承担付款责任，向收款人或者持票人保证在提示时，付款人一定付款或者承兑。若汇票未获付款，则在持票人完成必要的法律程序后，出票人将偿付票款给持票人。出票人在承兑前是主债务人，在承兑后是次债务人。

2. 付款人

付款人是指接受无条件支付命令的当事人，即受票人。因为付款人被记载于汇票上，就取得对汇票予以承兑或者予以付款的职能，所以被称作付款人。但是付款人不一定就承兑或者付款，票据法没有规定因为出票人赋予付款人这一职能，付款人就必须对票据承担付款的责任。付款人不是票据的债务人，付款人有选择不付款或者不承兑的权利。持票人不能强制付款人承兑或者付款。若付款请求权不能实现，持票人就可以对出票人等票据债务人行使追索权。

远期汇票的付款人一旦承兑汇票，就成为票据的主债务人，即承兑人。承兑人在汇票上签章，表示接受出票人的无条件支付命令，应当保证按照其所承兑的文义于到期日自己付款。汇票的出票人、被迫付款的背书人，均可凭票向承兑人主张权利。

3. 收款人

收款人是指收取票款的当事人，是第一持票人和第一背书人。出票人签发并交付汇票给收款人，收款人就取得了票据上的权利，即付款请求权和追索权，成为票据的债权人。收款人可以自己持票向付款人主张权利，也可以将票据的权利通过背书转让给他人。

汇票进入流通领域之后，还包括下列有关当事人。

4. 背书人

背书人是指收款人或持票人不凭票取款，而是在票据背面签章，将票据权利通过背书转让给他人的人。收款人将汇票背书转让给他人后成为第一背书人，受让人依次将票据背书再转让，相应成为第二背书人、第三背书人等。背书人在票据背面签章，即对受让人承担保证其所持汇票承兑和付款的责任。背书人在汇票得不到承兑或者付款时，应当向持票人或者被迫付款的后手背书人清偿票款。背书人是票据的次债务人。

5. 被背书人

被背书人是指接受票据背书转让的受让人。被背书人通过受让票据的权利，成为票据的债权人，有权持票对付款人或者其他票据债务人主张付款请求权和追索权。被背书人若不想凭票取款，也可以转让汇票给他人，而自己做另一个背书人。

6. 保证人

保证人是指对汇票的出票人、承兑人、背书人或者参加承兑人的票据行为等任何对票据负有付款责任的人作保证的人。保证人必须在汇票上或汇票的粘单上记载相应保证事项。保证人的责任与被保证人相同。

7. 参加承兑人

参加承兑人是指当票据提示被拒绝承兑时，在票据上签章、表示参加承兑汇票的人。参加承兑人是票据的债务人，当票据到期、付款人拒绝付款时，由参加承兑人承担支付票款的责任。

8. 持票人

持票人是指现在正持有汇票的人，一般是票据的权利人。持票人可能是汇票的收款人，也可能是汇票流通过程中的被背书人或者来人。《英国票据法》对持票人有对价持票人和正当持票人之分，不同持票人享有的票据权利不同。

2.2.4　汇票的票据行为

1. 出票

出票是指出票人在汇票上填写付款人、付款金额、日期、地点及收款人名称等内容，并签字后交给收款人的行为。出票包括开票并签字、交付。交付是物权的自愿转移，是票据生效不可缺少的行为。在汇票、本票、支票的使用中，都存在出票行为。

本票和支票都是只开单张，汇票的开立可以是单张，也可以是两张或两张以上。英、美国家的国内汇票多为单张汇票。国外跟单汇票一般可开成多份，每张汇票都具有同等效力。其中一张付讫后，其余几张自动失效，所以每张上要注明是第几份，并说明“付一不付二”［Pay the First（Second Being Unpaid)］或“付二不付一”［Pay the Second（First Being Unpaid)］的字样。

出票完成后，出票人就成为汇票的主债务人，承担担保承兑和付款的责任。若付款人不承兑或者不付款，则出票人应当承担清偿票款的责任。而收款人取得出票人的票据后，即取得票据上的权利。出票是基本的票据行为，是设立票据权利的行为。

2. 背书

（1）背书的概念

背书是指持票人在票据背面签名，并交付给受让人的行为。背书的基本目的是转让票据及票据权利。经背书后汇票的收款权利便转让给受让人，受让人还可以通过背书方式再次转让，这样汇票可以通过背书不断转让下去。在国际金融市场上，汇票既是一种支付凭据，又是一种流通工具，可以流通转让。

背书行为的完成包括两个动作。一是在票据背面或者粘单上记载有关事项并签名。根据我国《票据法》规定，背书必须记载签章、背书日期、被背书人名称等。二是将汇票交付受让人。背书日期，背书人可以不记载，未记载背书日期的，视为到期日前背书。

汇票、本票、支票都可以经过背书而转让，但并不是所有票据都能背书转让，对于限制性抬头或记载有“不得转让”字样的票据是不可以背书转让的，而对于来人抬头票据，不需背书即可转让。因此，背书转让的只是指示性抬头票据。

（2）背书的种类

背书可以分为以下几种类型。

① 记名背书和无记名背书。记名背书又称为特别背书、正式背书、完全背书。记名背书的特点是背书内容完整、全面，包括背书人签名、被背书人或其指定人、背书日期等。背书日期可有可无，如果没有记载背书日期，则视为在票据到期日前背书。例如：

> Pay to the order of B Company
> For A Company，ShangHai
> (signed)

记名背书表示收款人 A 公司将票据权利转让给 B 公司。A 公司为背书人，而 B 公司就是指定的被背书人。被背书人 B 公司可以继续通过背书转让该汇票，见表 2－1。

表 2－1　记名背书转让汇票

当事人	第一次	第二次	第三次	第四次	第五次
背书人	A	B	C	F	G
被背书人	B	C	F	G	H

无记名背书又称空白背书、略式背书。它是指仅在票据背面签名而不注明被背书人的背书。

② 限制背书和有条件背书。限制背书是指背书人在票据背面签字、指定某人为被背书人或记载有“不得转让”字样的背书。例如：

> Pay to D Company only
> For B Company
> (signed)

对于限制背书的受让人能否将票据转让，各国票据法有不同规定：根据《英国票据法》，限制背书的被背书人无权再转让票据权利；《日内瓦统一票据法》和我国《票据法》承认不得转让的背书，规定限制背书的票据仍可由被背书人进一步转让，但原背书人（即作限制背书的背书人）只对直接后手负责，对其他后手不承担保证责任。

有条件背书是指对被背书人享受票据权利附加了前提条件的背书。大多数国家的票据法都规定，有条件背书的背书行为是有效的，但附加的背书条件不具有汇票上的权利。

对有条件背书的受让人而言，在行使票据权利或再将票据背书转让时，可以不理会前手附加的条件，因为这些条件不具有法律效力。

③ 委托收款背书和设定质押背书。委托收款背书是指记载有“委托收款”字样的背书，背书人的背书目的不是转让票据权利，而是委托被背书人代为行使票据权利，即代为收款。委托收款背书的被背书人不得再以背书转让票据权利，因为票据的所有权仍属于背书人而不是被背书人，主要用于银行间的代理业务。

设定质押背书是指记载有“质押”字样的背书，被背书人只有在依法实现其质押权时，才可行使票据权利。在其他任何情况下，票据的所有权都属于背书人，被背书人不得侵犯背书人的票据权利。

除了以上分类，还有回头背书、部分背书及分割背书、“不得追索”字样的免责背书等类型。

3. 承兑

(1) 承兑的概念

承兑是指远期汇票的付款人在汇票上签名，明确表示同意按出票人指示到期付款的行为。对于付款人而言，承兑就是承诺付款，付款人成为主债务人，出票人处于从属债务人地位。

承兑行为的完成包括两项内容。首先是完成记载及行为人签名。承兑时，可以写明已承兑并签名，也可仅签名。承兑日期视情况而定，见票后定期付款汇票必须记载承兑日期。此外，还可以加上担当付款人或付款处所（地址）的记载。汇票一般是两张一套，付款人只需承兑一张。其次是完成交付。承兑的交付有两种：一种是实际交付，即付款人在承兑后将汇票退还给持票人；另一种是推定交付，付款人在承兑后将所承兑的汇票留下，而以其他方式通知持票人汇票已承兑并告知承兑日期。

在承兑的交付中，通知一般以书面形式为主。另外，我国《票据法》对承兑日期作了如下规定。

① 定日付款或出票后定期付款的汇票，持票人应在汇票到期日前作承兑提示。

② 见票后定期付款的汇票，持票人应在出票后 1 个月内作承兑提示。

③ 付款人应在收到提示承兑的汇票 3 日内承兑或者拒绝承兑。

(2) 承兑的种类

汇票的承兑有两种。

① 普通承兑。普通承兑即一般承兑，它是指付款人对出票人的指示不加保留、无条件地予以确认的承兑。

② 保留承兑。保留承兑是指付款人在承兑时，对汇票的到期付款加上了某些保留条件或对票据文义有修改意见的承兑，目的是利于履行票据义务。

常见的保留承兑有以下几种：有条件承兑、部分承兑、修改还款期限的承兑、限制地点的承兑等。

我国《票据法》规定，付款人承兑汇票，不得附有条件。承兑附有条件的，视为拒绝承兑。但国外一些票据法规定，对于保留性承兑，持票人有权拒绝接受，也可以接受。如果持票人接受了保留性承兑，在付款人拒付的情况下，持票人不能向出票人或背书人追索。

4. 参加承兑

参加承兑是指在汇票不获承兑，持票人尚未追索时，其他人要求承兑汇票的行为。只有在远期汇票中才可能有参加承兑行为。参加承兑的目的是阻止持票人追索，维持特定债务人的信誉。

我国《票据法》暂时还没有关于参加承兑方面的规定。《日内瓦统一票据法》对参加承兑人资格的规定是，他可以是除承兑人以外的任何人，包括出票人、背书人、保证人、预备付款人等。《英国票据法》认为，参加承兑人应是票据债务人以外的其他当事人。

5. 保证

保证通常是指非票据债务人为出票、背书、承兑、付款等发生的债务承担保证的票据行为。其目的是增强票据的可接受性，使之便于流通和融资。在汇票、本票和支票的使用中，都可以存在保证。

作保证时，保证人应在票据或粘单上记载保证字样、保证人名称和住所、被保证人名称、保证日期，并由保证人签名。如果未记载被保证人，对于已承兑的汇票，应以承兑人为被保证人；对于其他票据，则以出票人为保证人。如果未记载保证日期，出票日期即保证日期。

保证不得附带条件。附有保证条件的，不影响对票据的保证责任，但保证条件无效。

6. 提示

提示是指持票人向付款人出示票据、要求其履行承兑或付款票据义务的行为。提示是持票人要求票据权利的行为。

提示分为承兑提示和付款提示。

① 承兑提示是指持票人在票据到期前向付款人出示票据，要求其承兑或承诺到期付款的行为。承兑提示只是针对远期票据（主要是汇票）而言的，即期汇票、本票、支票不必做承兑提示。

② 付款提示是指持票人在即期或远期票据到期日向付款人出示票据要求其付款的行为。汇票、本票、支票均需做付款提示。

7. 付款

付款是指在即期票据或到期的远期票据的持票人向付款人出示票据时，付款人支付票款的行为。付款是票据流通过程的终结，是票据债权债务的最后清偿。汇票、本票、支票都存在付款行为。

在付款时，付款人必须做到以下几点。

① 对票据权利所有人付款。首先，付款人在付款时是出于善意，即不知道持票人权利的缺陷；其次是要鉴定背书的连续性。只有在符合以上两个要求的情况下，付款人的付款才被称为正当付款，至此付款人才可以免除债务。

② 立即付款。当持票人按规定向付款人做付款提示时，付款人应在数小时内付款。我国《票据法》规定付款人在付款提示当天付款。

③ 支付货币。票据权利是一种货币权利，付款人必须支付货币。如果票据上规定了支

付货币的种类，付款时应支付规定货币；如果没有规定支付货币的种类，一般应支付本国货币。我国规定应按付款日的外汇牌价以人民币支付。

④ 到期日付款。付款人只能在票据到期日向持票人支付票款，如果付款人在到期日前支付了票款，应承担由此产生的一切后果。

⑤ 足额付款。我国《票据法》规定，付款人必须足额支付票款，不能作部分付款。国外法律的规定有所不同，如《日内瓦统一票据法》规定，持票人不得拒绝部分付款，《英国票据法》规定，持票人可以接受部分付款，也可以拒绝。在接受部分付款时，债务并不能完全了结，因此持票人仍需保留票据。

⑥ 注销票据。付款人作正当付款后，应要求收款人在票据背面签字作为收款证明并收回票据，注上“付讫”字样，此时票据就“注销”。票据注销后，不仅付款人的付款义务被解除，所有债务人的责任都因此消灭。

8. 参加付款

参加付款是指在票据不获付款、持票人尚未行使第二次权利（追索）时，其他人要求付款的行为。参加付款与参加承兑的目的和作用相同。

9. 拒付

拒付又称退票，是指付款人在持票人按票据法规定作提示时，拒绝承兑和拒绝付款的行为。汇票、本票和支票都有可能发生拒付。如果即期汇票和承兑前远期汇票以及支票发生拒付，持票人可依法行使追索权；如果承兑后的远期汇票和本票发生拒付，持票人可分别对直接承兑人和出票人起诉。

拒付包括以下3种情形。

① 持票人到期不获承兑或付款。持票人到期不获承兑或付款包括下面几种情形：付款人明确表示拒付；虽未明确拒付，但在规定时效内未做承兑或付款；承兑人或付款人避而不见；做部分承兑或付款。

② 承兑人或付款人死亡、破产或因违法被责令终止业务活动。

③ 在非承兑票据的出票人破产时，付款人大多会拒付。

10. 追索

(1) 追索的概念

追索是持票人在票据被拒付时，对背书人、出票人及其他债务人行使请求偿还汇票金额及费用的行为。它是持票人在特殊情况下要求票据权利的一种手段和方式。

持票人在追索时必须具备一定条件。

① 持有合格票据，指票据的记载和背书的连续两方面合格。

② 持票人尽责，指持票人已在规定的时间内做了提示，做成拒绝证书和拒付并通知前手。拒付证书一般由拒付地点的法院公证人作出证明拒付事实的文件。

③ 守时。追索必须在规定的时间内进行。

(2) 追索的金额

对于追索的金额，可分为以下两种情况。

① 追索金额。持票人行使追索权时，追索金额包括：被拒付的票据金额；票据金额自

到期日或提示付款日起到清偿日的利息；取得有关拒绝证明和发出通知书的费用。

② 被追索人的再追索金额包括：已清偿的全部金额；前项金额自清偿日起至再追索清偿日止的利息；发出通知书的费用。

2.2.5 汇票的种类

1. 根据出票人划分

根据出票人是否为银行，汇票可分为银行汇票和商业汇票。

① 银行汇票是一家银行向另一家银行签发的书面支付命令，其出票人和付款人都是银行。银行汇票由银行签发后交汇款人，由汇款人带往或寄往收款人，收款人持票向付款行请求付款，付款人在审核无误后即予付款。银行汇票的信用基础是银行信用。

② 商业汇票是由公司、企业或个人签发的汇票，其付款人可以是公司、企业、个人，也可以是银行。商业汇票的信用基础是商业信用，其收款人或持票人承担的风险较大。但是，对商业汇票进行承兑，可在一定程度上降低收款人的风险。

2. 根据汇票承兑人划分

根据承兑人是否为银行，汇票可分为银行承兑汇票和商业承兑汇票。

① 银行承兑汇票是指由公司、企业或个人开立的以银行为付款人并由付款银行承兑的远期汇票。银行对商业汇票加以承兑，改变了汇票的信用基础，使商业信用转换为银行信用。汇票经过银行承兑后，持票人通常能按期得到票款，从而增强了商业汇票的可接受性和流通性。

② 商业承兑汇票是以公司、企业或个人为付款人，并由公司、企业或个人进行承兑的远期汇票。商业承兑并不改变汇票的信用基础，是建立在商业信用基础上。

3. 根据付款时间划分

根据付款时间不同，汇票可分为即期汇票和远期汇票。

① 即期汇票是载明付款人在见票或持票人提示时，立即付款的汇票，也称见票即付汇票。未载明具体付款日期的汇票也是即期汇票。

② 远期汇票是载明在一定期间或特定日期付款的汇票。根据付款期限的表示或确定方法不同，远期汇票有定日付款、出票后定期、见票后定期 3 种形式。

4. 根据汇票是否附有商业单据划分

根据收付款时是否附有商业单据，汇票可分为光票和跟单汇票。

(1) 光票指无须附带任何商业单据即可收付票款的汇票。这类汇票全凭票面信用在市面上流通而无物权单据作保证，所以一般不用于收取货款，而用于收取运费、保险费、利息等。

(2) 跟单汇票是指附带有关商业单据的汇票。跟单汇票一般为商业汇票。跟单汇票的流通转让及资金融通，除与当事人的信用有关外，更取决于附属单据所代表货物的价值及单据质量。

阅读案例2-2

远期汇票承兑后谁来支付货款?

案情简介

K公司与D公司达成买卖镀锌铁皮的贸易合同，按合同规定2个月后付款。K公司开具一份期限为2个月的汇票，其付款人是D公司，但收款人是C公司。该汇票经过D公司承兑，C公司在汇票到期时向D公司提示要求支付款项，但是D公司以K公司没有交付货物为由拒付汇票金额。在此情况之下，C公司能否得到货款?该汇票的主债务人是谁，原因是什么?

案例分析

C公司应该得到货款，该汇票的主债务人是D公司。因为在远期汇票承兑之后，主债务人就发生了变化，票据的主债务人从承兑前的出票人变成承兑后的承兑人，也就是说D公司成为主债务人，而不是K公司，况且，远期汇票在承兑之后就是不可撤销的，所以C公司应该得到货款。

【拓展知识汇票样本】

资料来源：王菲，李庆利，2014. 国际贸易结算［M］. 北京：经济管理出版社.

2.3　本　　票

2.3.1　本票的含义

根据《英国票据法》规定，本票是一人向另一人签发的，约定即期或定期或在可以确定的将来时间向指定人或根据其指示向来人无条件支付一定金额的书面付款承诺。

根据我国《票据法》规定，本票是出票人签发的，承诺自己在见票时无条件支付确定金额给收款人或者持票人的票据。

2.3.2　本票的必要记载内容

根据我国《票据法》规定，本票的绝对必要记载内容有5个方面：表明“本票”字样；无条件支付的承诺；确定的金额；收款人名称，地址；出票日期和出票人签章。以上条款，缺一不可，否则本票无效。本票比汇票少了一个必要项目——付款人。本票中关于付款地、出票地等事项的记载也应清楚明确，不过没有记载也不影响本票的效力。本票上未记载付款地的，出票人的营业场所为付款地，未记载出票地的，出票人的营业场所为出票地。

《日内瓦统一票据法》与我国《票据法》的规定相似，指出本票应包括：“本票”字样、无条件支付、付款期限、付款地点、收款人、出票地点与日期、出票人签字。它比我国《票据法》的规定多了付款期限。

2.3.3　本票的种类

1. 根据出票人划分

根据出票人是否为银行，本票可以分为商业本票和银行本票两种。

(1) 商业本票

商业本票又称一般本票，是指公司、企业或个人签发的本票。国际结算中开立本票的目的是清偿因国际贸易而产生的债权债务关系。

商业本票的信用基础是商业信用，出票人的付款缺乏保证，因此其使用范围渐趋缩小。中、小企业很少签发本票，一些大企业签发本票通常也限于出口买方信贷的使用。

（2）银行本票

银行本票是指银行签发的本票。它通常被用于代替现金支付或进行现金的转移。即期的银行本票习惯称为“出纳发出的命令”，意即上柜即可取现。因此，银行本票多为即期本票，远期本票则严格限制其期限，如我国《票据法》规定，本票自出票日起，付款期限最长不超过两个月。由于银行本票在很大程度上可以代替现金流通，各国为了加强对现金和货币金融市场的管理，往往对银行发行本票有一些限制。在进出口业务中，银行本票常用于票汇业务。

根据我国《票据法》规定，本票仅指银行本票。

2. 根据付款期限划分

根据本票的付款期限不同，本票可分为即期本票和远期本票。远期本票多以融资为目的，即期本票多以支付为目的。银行本票一般是即期本票。

3. 特殊本票

（1）银行券

银行券是金本位制下银行发行的纸币，持币人可随时将纸币兑换成金银货币。其特点是定额、不记名（来人抬头）、无利息、通过交付完成转让。

（2）国库券

国库券是财政部代表一国中央政府签发的一种政府债券，是一种特殊本票。其特点是定额、大额、不记名、折价发行、可流通和抵押。

2.4 支　票

2.4.1 支票的含义和特点

《英国票据法》的定义简单、明确：支票是以银行为付款人的即期汇票，是银行存款户向该银行签发的授权其对某人或其指定人或来人无条件即期支付一定金额的书面命令。

我国《票据法》认为：支票是出票人签发的，委托办理支票存款业务的银行或者其他金融机构在见票时无条件支付确定的金额给收款人或者持票人的票据。

支票具有以下几个特点。

（1）支票出票人应具备一定条件

① 必须是银行的存款户，即在银行要有存款，在银行没有存款的人绝不可能成为支票的出票人。开立支票账户时，客户应当预留其本名的签字式样和印鉴。

② 要与存款银行订有使用支票的协定，即存款银行要同意存款人使用支票。

③ 支票的出票人必须使用存款银行统一印制的支票。支票不能像汇票和本票一样由出票人自制。

（2）支票为见票即付

支票都是即期付款，所以付款银行必须见票即付。

（3）支票的付款人仅限于银行

支票是以银行为付款人的即期汇票。

（4）出票人是否为主义务人

通常情况下，支票的出票人都是主义务人，但保付支票除外，后者的主义务人为保付银行。

2.4.2　支票的必要记载内容

我国《票据法》规定，支票必须记载以下事项：表明“支票”的字样；无条件支付的委托；确定的金额；付款人名称和地址；出票日期和出票人签章。

以上内容缺一不可，否则，支票无效。不过，支票上的金额可以由出票人授权补记。除必要项目外，收款人、付款地、出票地都是支票的重要内容。支票上未记载付款地的，以付款人地址为付款地；未记载出票地的，以出票人的营业场所、住所或者经常居住地为出票地。

《日内瓦统一票据法》规定，支票应包括的条款有：“支票”字样、无条件支付金额的命令、付款人、付款地、出票日期与地点、出票人签名。

2.4.3　支票主要当事人责任

1. 出票人的责任

支票出票人必须对所出支票担保付款，其责任具体包括以下几点。

① 不得开立空头支票。空头支票是指出票人在付款行处没有存款或存款不足的情况下，签发的超过存款余额及银行透支允许范围的支票。各国法律均严格禁止签发空头支票。

② 如果付款行拒付，支票签发人应负偿还之责。如果由于某种原因造成支票付款行拒付，支票出票人仍应承担票款的支付责任。

③ 支票提示期限过后，出票人仍应承担票据责任。

《日内瓦统一票据法》规定了支票的提示期限：国内支票为出票日起 8 天；出票地和付款地在同一洲的不同国家的为 20 天；不同洲的为 70 天。

如超过提示期限，支票过期作废，但出票人的责任并不因此消失，他们应对持票人承担票据责任。我国《票据法》规定，持票人对支票出票人的权利，自出票日起 6 个月内仍有效。如果过期仍不行使其权利，则票据权利自动消失。

2. 付款行与收款人的责任

付款行的责任是审查支票是否合格，特别是核对出票人签字的真实性。只有当支票上的出票人签字与支票开户人留在银行的印鉴相符时，付款行才付款。如果错付，银行应承担赔偿责任。此外，付款行在付款时还应要求持票人做收款背书。不过，支票的付款行一般不是票据义务人，也可以由于各种原因不付款。

收款人的主要责任是在规定时间、地点提示合格支票，否则就可能会发生票据抗辩。

2.4.4　支票的种类

1. 记名支票和无记名支票

根据收款人抬头不同，可分为记名支票和无记名支票。

(1) 记名支票指注明收款人姓名的支票。除非记名支票有限制转让的文字，否则记名支票即指示性抬头支票，可以背书转让。

记名支票在取款时，必须由收款人签章并经付款行验明其真实性。

(2) 无记名支票又称空白支票或来人支票，它是没有记明收款人的支票，只写“付来人”。任何人只要持有此种支票，即可向银行要求付款，且取款时不需要签章。银行对持票人获得支票是否合法不负责任。

从实质上讲，支票也可以分成限制性、指示性和来人抬头3类。

2. 普通支票和划线支票

根据对付款有无特殊限制，支票在国外可分为普通支票和划线支票。

(1) 普通支票，是指无两条平行线的支票或对付款无特殊限制或保障的一般支票。普通支票的持票人可以持票向付款银行提取现款，也可以通过其往来银行代收转账。

(2) 划线支票是指由出票人或持票人在普通支票上划有两条平行线的支票。划线支票的持票人只能委托银行收款，不能直接提现。划线支票是为了在支票遗失或被人冒领时，有可能通过银行代收的线索追回票款，可以起到防止遗失后被人冒领、保障收款人利益的作用。

3. 现金支票和转账支票

根据对付款有无特殊限制，支票在国内分为现金支票和转账支票。

(1) 现金支票。我国的现金支票相当于国外的普通支票，持票人可以选择提取现金或做成转账收款。

(2) 转账支票。我国与现金支票相对应的是转账支票。转账支票是由发票人或持票人在普通支票上载明“转账支付”的支票。如果支票标有“转账支付”的记载，付款银行只能通过银行转账收款，不能提取现金。

4. 保付支票

保付支票是指由付款银行加注“保付”字样的支票。由于普通支票仅仅是出票人向银行发出的支付命令，出票人是否在银行有足够的存款、银行是否能够承担付款责任，对于持票人来说，并无确实的保障。如果付款行对支票进行了保付，就是承担了绝对付款的责任，从而使持票人在任何情况下都能保证获得支付。这样可以避免出票人开立空头支票。银行在保付时，需要核查出票人的支票存款账户 ，并将相应余款转入保付支票账户下。

5. 银行支票

银行支票是以银行为出票人，并由银行任付款人的支票。我国的定额支票就属于这一性质。定额支票是由有关单位将款项交存银行后，由银行开出的、统一载明确定金额的支票。这种支票通常用于农副产品收购的价款支付。

2.4.5 汇票、本票和支票的区别

汇票、本票和支票之所以能成为不同的票据，是因为它们都有其独自的特点，彼此之间存在差异。

1. 性质不同

汇票和支票都是无条件的支付命令；本票是无条件的支付承诺。前者是出票人命令他人

付款，后者是出票人承诺自己付款。

2. 当事人及相互之间的关系不同

汇票和支票各有3个基本当事人，本票有两个。签发支票时，其出票人与付款人之间必先有资金关系；汇票则没有要求；本票是自己付款，无所谓资金关系。

3. 主债务人不同

本票和支票的主债务人一直是出票人；汇票则有两种情况，即期汇票和承兑前的远期汇票的主债务人是出票人，承兑后的主债务人是承兑人。

4. 出票份数不同

汇票的出票一般是一式两份；本票和支票则是一式一份，没有副本。

5. 记载的必要项目不同

汇票必须记载的项目较全，包括汇票名称、无条件支付的委托、确定的金额、付款人、收款人、出票日期、出票签章共7项；本票的必须记载项目不包括付款人名称；支票的必须记载项目不包括收款人名称。

6. 付款人的性质不同

支票的付款人必须是银行；而汇票和本票的付款人可以是银行，也可以是企业或个人。

7. 付款期限种类不同

支票是见票即付，无到期日的记载；汇票和本票有即期和远期付款之分，一般应记载到期日。

8. 票据行为不同

本票无承兑、参加承兑；支票无承兑、参加承兑、参加付款行为；汇票则全有。

【拓展知识 国外不法商人以伪造支票诈骗】

9. 追索对象不同

本票和支票的持有人只对出票人有追索权；汇票的持有人在有效期内对出票人、背书人、承兑人有追索权。

2.5　票据的风险与防范

2.5.1　票据的风险

票据的风险是由多种原因引起的。

1. 票据的伪造和变造

假借他人名义签发票据的行为称票据的伪造。其行为有伪造他人签名和印章、盗用他人真正印章后签发票据等。由于票据伪造不易被发现，会使票据债务人以及许多人继续接受该票据，成为该票据直接或间接受害者。因为许多国家规定，票据发生伪造后并不影响真正签

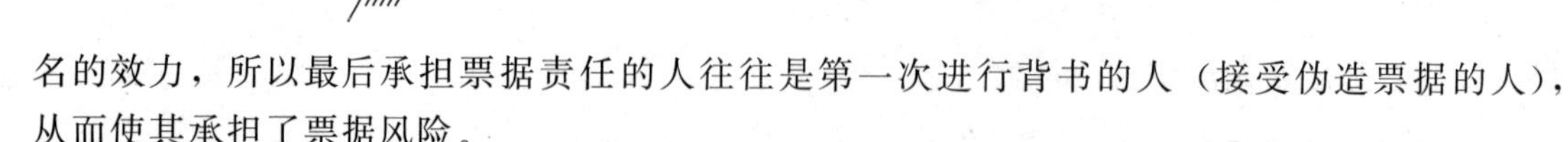

名的效力，所以最后承担票据责任的人往往是第一次进行背书的人（接受伪造票据的人），从而使其承担了票据风险。

另外，未经授权擅自变更票据上依法记载的有效要件的行为称为票据的变造。例如，变更票据的到期日期、票据的金额等。票据变造后，一部分票据关系人的利益会受到影响。

2. 持票人享有的票据所有权有缺陷

如果票据是以欺诈、暴力或恐吓等手段，或以不合法的支付对价，或在流通转让过程中违反诚信原则，或在相当于欺诈的情况下取得的，这类票据持有人享有的票据权利有缺陷，在票据取得和流通的过程中就会损害一部分人的利益，从而产生票据风险。

2.5.2 票据风险的防范

票据风险的防范主要有以下几点。

① 出口方应认真选择客户，对新客户一定要加强资信调查，做到心中有数，防患于未然。

② 要了解票据本身的特性和票据签发机构的可靠性，精通票据业务是非常重要的。

③ 对客户提交的票据应委托银行检验其真实性，即使收到以世界资信最好的银行为付款行的票据，也不能掉以轻心。

④ 贸易成交前，买卖双方一定要签署平等互利的销售合同。

⑤ 在银行未收妥票款之前，不要过早发货，以免钱款两空。

本章小结

在国际结算中，票据是非常重要的结算工具。票据结算代替现金流通加快资金周转，进一步促进贸易的开展。我国《票据法》规定的票据，是指出票人约定自己或委托付款人见票时或在指定时间向收款人或持票人无条件支付一定金额并可以流通转让的有价证券。它是以支付货币为目的的特定证券，包括汇票、本票和支票。

票据作为结算工具，要式性、文义性、无因性和流通性是其最重要的特点。只有要项齐备、出票人签字真实有效的票据才具有法定的效力。票据凭背书和交付得以流通。票据当事人在票据的流通过程中，根据票据文义和票据行为来确定各自的权利或责任。无论哪一种票据，其最终目的都是实现票据的支付，因此，票据当事人通过正当的票据行为（出票、背书、提示、承兑、追索等）可以达到这一目的。目前在国际结算中使用最多的是汇票。汇票是出票人命令他人无条件付款的票据，其基本当事人有3人：出票人、收款人、付款人。汇票可以按出票人、承兑人、付款期限、是否跟单进行分类。本票和支票各自都有不同的种类，在使用不同的票据进行结算时，需要注意它们的特点。世界各国的票据立法以英美法系和大陆法系为主要参照，多数基本原则是相同的，但也存在一定的差异和冲突。

关键术语

票据　Bill　　　　汇票　Bill of Exchange

本票　Promissory Note　　　　支票　Cheque/Check

无因性 Non-causative Nature
流通性 Negotiability
要式性 Requisite in Form
出票人 Drawer
付款人 Drawee
收款人 Payee
背书人 Endorser
被背书人 Endorsee
承兑人 Acceptor
持票人 Holder
保证人 Guarantor
参加承兑人 Acceptor for Honor
出票 Issue
背书 Endorsement
提示 Presentation
承兑 Acceptance
付款 Payment
追索 Recourse
保证 Guarantee
拒付 Dishonor
参加承兑 Acceptance for Honor
限制性抬头 Restrictive Order
指示性抬头 Demonstrative Order
来人抬头 Bearer Order
出票日期 Date of Issue
付款日期 Tenor
出票地点 Place of Issue
付款地点 Place of Payment
银行汇票 Banker's Bill
商业汇票 Commercial Bill
银行承兑汇票 Banker's Acceptance Bill
商业承兑汇票 Commercial Acceptance Bill
光票 Clean Bill
跟单汇票 Documentary Bill
即期汇票 Sight Bill
远期汇票 Time Bill
商业本票 Trader's Note
银行本票 Banker's Note
银行券 Central Banker's Note
国库券 Treasure Bill
记名支票 Check payable to Order
无记名支票 Check payable to Bearer
普通支票 General Check
划线支票 Crossed Check
现金支票 Open Check
转账支票 Transfer Check
保付支票 Certified Check
银行支票 Banker's Check

【第 2 章 在线测试】

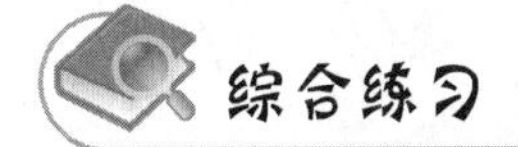

一、名词解释

票据　票据权利　票据的特点　票据义务　出票　背书　承兑
保证　汇票　本票　支票

二、简答题

1. 什么是票据？票据有哪些功能？
2. 简述汇票的票据行为。
3. 简述背书的几种形式。
4. 汇票上付款人的表示方法有几种？承兑汇票的转让有什么影响？
5. 根据我国《票据法》规定，试述支票的必要项目。
6. 简述支票、汇票和本票的区别。

三、案例分析题

A 公司签发一张 B 公司为收款人，C 公司为付款人，甲银行为承兑人，面额 6 万美元的

90天支付的远期汇票。B公司因欠D公司销售款8万美元，将A公司开出的6万美元的汇票和2万美元货款抵付对D公司的欠款，后来D公司又将汇票背书转让给E公司，E公司于到期日向甲银行做提示，甲银行以联系不到C公司为由拒绝付款。试问：甲银行的做法是否合理？E公司的正确处理方法是什么？

四、实际操作题

辽宁华夏进出口公司向伦敦ABC公司出口一批皮包，金额为10万美元。假定辽宁华夏进出口公司签发以其作为指定收款人的远期汇票，根据以下信息，试代替辽宁华夏进出公司完成以下业务。

Date and place of Issue	5th Feb. 2018，shenyang
Tenor	60 days after sight this draft
Payee	Liaoning Huaxia Imp. and Exp. Co.
Amount	USD100 000.00
Drawer	Liaoning Huaxia Imp. and Exp. Co.
Drawee	ABC Imp. and Exp. Co. London

① 填写远期汇票。

② 假如指定付款人于2018年2月25日承兑该汇票，试完成汇票的普通承兑行为。

③ 计算汇票的付款日。

【第2章 习题参考答案】

第3章 国际结算基本方式——汇款

教学目标

通过本章的学习，对国际结算的基本方式——汇款有一定的了解和认识。掌握汇款的含义，了解汇款的基本当事人及其责任，熟悉电汇、信汇、票汇的含义及业务流程，理解汇款的头寸调拨方式及退汇方法，熟悉汇款方式在国际贸易中的实际应用，掌握汇款申请书的填写及审核要点，并能针对具体情况分析选择使用汇款的方式。

教学要求

知识要点	能力要求	相关知识
汇款概述	理解汇款的含义，了解基本当事人的责任	汇款的含义，汇款的基本当事人及责任
汇款的方式及业务流程	能够根据业务情况选择合适的汇款方式及填写汇款申请书，能够正确办理汇款解付业务	汇款的方式，不同汇款方式的业务流程
汇款的头寸调拨与退汇	能够选择汇款最佳调拨方式并能够正确办理退汇业务	头寸调拨的概念，头寸调拨的不同方式，退汇的概念及方法
汇款在国际贸易中的应用	能够根据业务选择使用预付货款或货到付款方式结算	预付货款、货到付款的概念和应用情况

思维导图

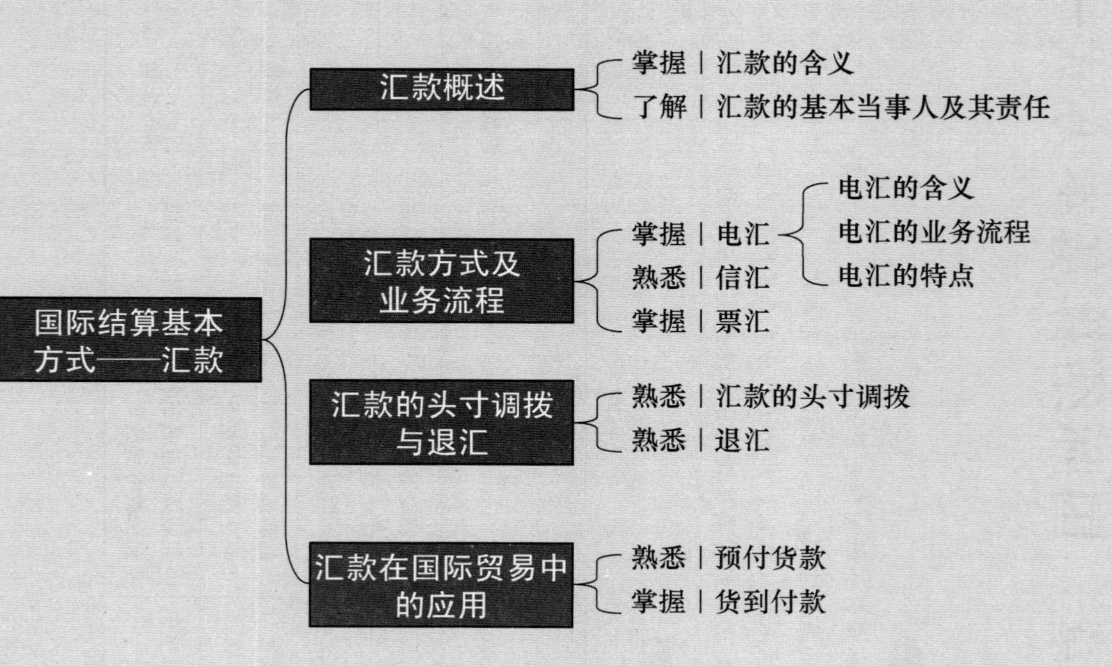
国际结算基本方式——汇款
汇款概述
掌握 | 汇款的含义
了解 | 汇款的基本当事人及其责任
汇款方式及业务流程
掌握 | 电汇
电汇的含义
电汇的业务流程
电汇的特点
熟悉 | 信汇
掌握 | 票汇
汇款的头寸调拨与退汇
熟悉 | 汇款的头寸调拨
熟悉 | 退汇
汇款在国际贸易中的应用
熟悉 | 预付货款
掌握 | 货到付款

国内某市进出口公司向国外推销某种商品，经过一段时间的努力，在国外的销售市场逐渐打开，销售情况良好，已经成为畅销货物。这时国外的客户发来订单，订货数量较大，但是要求采用汇付的方式。我方希望采用信用证结算，但是外商的态度非常坚决。在这种情况之下，我方公司内部就货款支付方式出现了不同的意见：有的业务人员认为汇付的风险较大，最好不采用，坚持主张使用信用证结算；有的业务人员则认为，汇付可行；还有的人主张使用托收方式。

在国际结算中，都有哪些结算方式？不同的结算方式存在的风险又如何？这家进出口公司应该选择哪种结算方式更安全？

资料来源：许南，2015. 国际结算案例与分析［M］. 北京：中国人民大学出版社.

汇款作为一种国际结算方式，由于其手续简便、成本低而被大量采用。因此，本章将详细介绍汇款的含义、种类、业务流程、头寸调拨和退汇的方法等内容，并通过实例分析，使大家更好地了解汇款在国际贸易结算中的作用和过程。

3.1 汇款概述

3.1.1 汇款的含义

汇款也称为汇付，是指持款人主动将款项交付给银行，委托银行将该款项调拨到国外，通过该银行的联行或代理行将款项付给收款人的一种结算方式。

本章讲述的是国际汇款或称境外汇款，即汇款人与收款人身处不同的国家。对于银行而言，汇款业务又分为汇入汇款业务和汇出汇款业务。银行应持款人的请求，按照汇款申请书办理汇出资金的业务，这样的业务称为汇出汇款业务，如图 3.1 中的中国银行办理的此类业务。银行接受国外银行的委托，将收到的款项付给收款人的业务是汇入汇款业务，如图 3.2 中的中国银行国内分行办理的此类业务。

3.1.2 汇款的基本当事人及其责任

汇款的基本当事人有汇款人、汇出行、汇入行（解付行）、收款人。

1. 汇款人

汇款人即主动将款项交付给银行，委托银行办理汇出款项业务的人。在国际贸易中，汇款人通常为进口商。

汇款人的责任如下。

① 认真填写汇款申请书（一式两联），明确各委托事项。汇款申请书是汇款人与银行的契约，银行将严格按照汇款申请书办理汇款业务，因此，汇款人必须保证汇款申请书的内容正确完整。如果因为汇款申请书的填写错误而使汇款不能及时到达或汇错，银行将不承担任何责任。因此，在办理汇款业务之前，进口商应了解出口商（收款人）及其开户行的详细信息，如出口商的名称、地址、国别、账号、开户行名称及地址、开户行的代理行名称及地

址、汇款用途等。

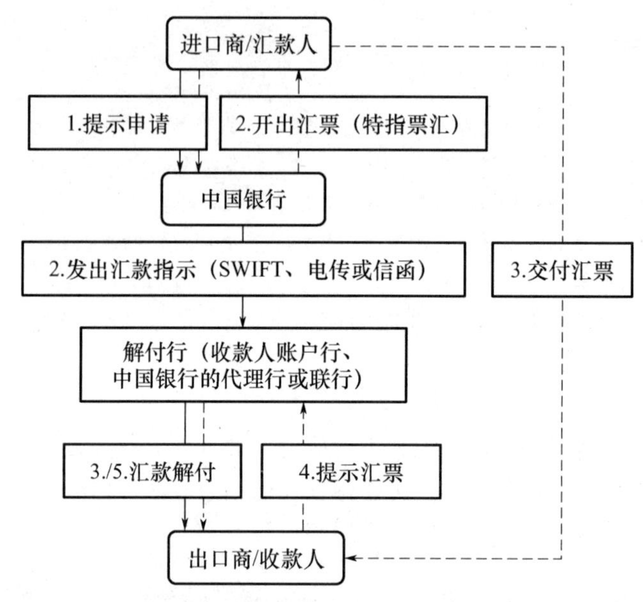

图 3.1　中国银行办理的汇出汇款业务（引自：中国银行网站）

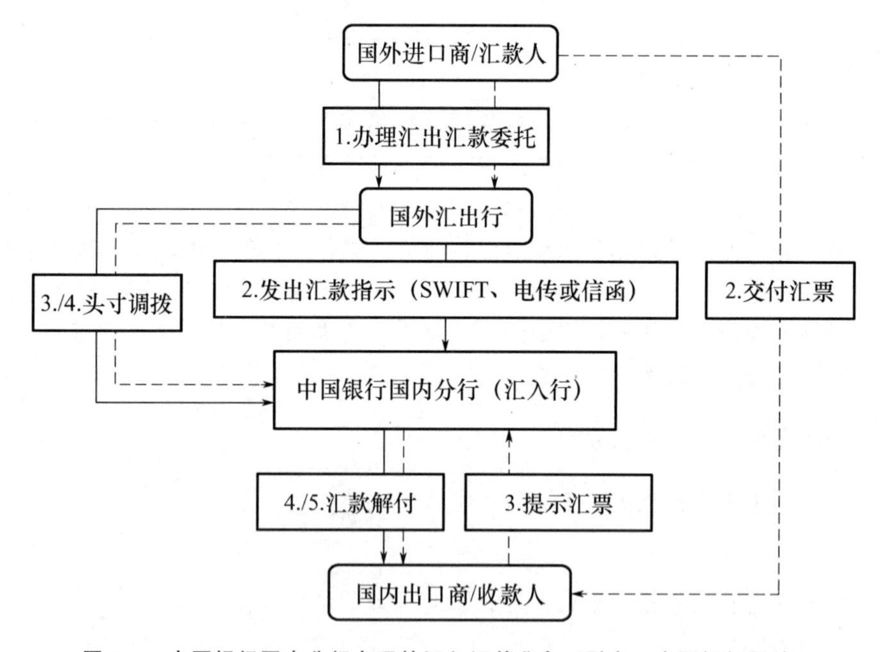

图 3.2　中国银行国内分行办理的汇入汇款业务（引自：中国银行网站）

② 交款付费。将所汇款项交付给银行并按照要求支付银行费用。如果选择由对方付费，则必须在汇款申请书中明确。

2. 汇出行

汇出行即接受汇款人的委托，为汇款人办理汇出款项业务的银行，通常是进口商的往来银行。

汇出行的责任如下。

① 审核汇款申请书，指出汇款申请书中的错漏及模糊之处并要求汇款人改正或完善汇款信息，如果没有问题，则在汇款申请书上签章，与汇款人订立办理汇款业务的契约。

② 严格按照汇款申请书办理汇出汇款业务。按照汇款申请书选择结算工具（如电汇、信汇或票汇），将款项通过一定的方式调拨至国外；正确发出付款指示，指示国外联行或代理行付款给确定的人。

3. 汇入行

汇入行也称解付行，即应国外联行或代理行（汇出行）的委托，将收到的款项解付给收款人的银行。在国际贸易中通常是出口方所在地银行，即通常是出口商的往来银行。

汇入行的责任如下。

① 审核汇出行付款委托的真实性。核对汇出行所寄付款委托书或支付电文的印鉴或密押，确认该付款委托真实有效。如果不能确认该委托或对该委托的指示有疑惑，必须通过最快的方式与汇出行联系确认。

② 严格按照汇出行的付款委托书办理业务，及时将款项按指示解付给收款人。

4. 收款人

收款人即收到款项的人。在国际贸易中，收款人通常为出口商，其有权利凭证取款。在汇款业务中，汇款人和收款人是债权债务关系。

收款人的责任有：检查所到款项是否足额，是否应为自己所收，如有疑问及时与汇款人联系解决。

3.2　汇款方式及业务流程

在接受汇款人的委托后，汇出行需要委托国外联行或代理行向收款人解付该笔款项，需要发送付款委托书。发送付款委托书主要有 3 种方式，也就是通常所说的汇款的 3 种方式：电汇、信汇及票汇。这 3 种方式在结算速度及安全性等方面均有差异，其中电汇是目前贸易汇款中使用得比较多的方式，票汇在因私汇款中使用较多，而信汇则因为速度慢、容易遗失等缺点基本退出了结算舞台。

3.2.1　电汇

1. 电汇的含义

电汇即汇出行应汇款人的要求，使用加押电报、电传、SWIFT 等电信方式委托汇入行将一定款项解付给收款人的汇款方式。这种方式因为速度快、安全性高目前被广泛使用。缺点则是银行费用较其他两种方式高。

在过去，银行间电信网络尚未十分发达，汇款行通过派发电报或电传的方式，委托汇入行解付款项给收款人，电报以字数计费，电传则以派发的时间来计费，因此费用特别高。而近几十年来，由于计算机技术在银行的广泛应用以及计算机网络的普及，银行间通信已不采

用电报或电传方式。SWIFT组织是非营利组织，费用不高，安全快速，目前，在汇款业务中改用SWIFT方式。

2. 电汇的业务流程

电汇的业务流程如图3.3所示。

① 汇款人根据合同的约定，到银行填制汇款申请书，申请办理电汇业务，交款付费。

② 汇出行接受汇款申请书，在收妥款项和银行费用后在汇款申请书签章，将汇款回执交回汇款人。

③ 汇出行缮制付款委托书，以电信方式（主要是SWIFT）将付款委托书发给汇入行，同时调拨该笔款项给汇入行。

④ 汇入行核对电文密押无误，通知收款人款项到达或直接将款项打入收款人账户。

⑤ 款项不直接入账的收款人在收款收据上签章并交付银行。

⑥ 汇入行解付款项给收款人。

⑦ 汇入行发送扣款通知（借记通知）给汇出行。该笔汇款业务结束。

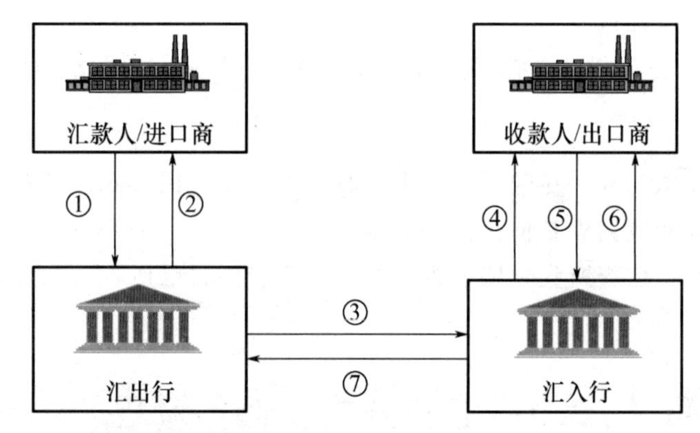

图3.3 电汇的业务流程

【扩展视频 电汇支付】

通常电汇采用的SWIFT报文格式为MT103（Model Tape 103）或MT202（Model Tape 202）。MT103为单个客户汇款，单个客户可以是个人也可以是机构。MT202是单笔普通金融机构头寸调拨，通常与另一报文格式连用，可以是因汇款而调拨资金，也可以是因其他原因而调拨资金。

MT103格式必选项目见表3-1。

表3-1 MT103格式必选项目

必选项（M）	栏位	栏位名称
M	20	Sender's Reference（发报行编号）
M	23B	Bank Operation Code（银行操作代码，表示操作类型）
M	32A	Value Date，Currency，Interbank Settled Amount（起息日，货币，银行间清算金额）

续表

必选项（M）	栏位	栏位名称
M	50a	Ordering Customer（汇款人）
M	59a	Beneficiary Customer（收款人）
M	71A	Details of Charges（收费详情）

MT202 格式必选项目见表 3-2。

表 3-2　MT202 格式必选项目

必选项（M）	栏位	栏位名称
M	20	Transaction Reference Number（发报行编号）
M	21	Related Reference（相关交易编号。如与 MT103 连用，则为 MT103 的 20 栏编号）
M	32A	Value Date，Currency Code，Amount（起息日，货币代码，金额）
M	58a	Beneficiary Institution（收款人银行）
M	59a	Beneficiary Customer（收款人）
M	71A	Details of Charges（收费详情）

3. 电汇的特点

（1）速度快，资金在途时间短

在 3 种汇款方式中，电汇的速度最快，通常两三天内款项即可到账。当收款人所在国与汇款币种发行国一致时（如汇美元至纽约）或汇出行与汇入行之间有账户关系时，汇款甚至当天即可入账，因此大大减少了资金的占用时间。

（2）安全可靠

现在银行大多通过 SWIFT 发送支付报文，SWIFT 可以自动加押、自动核押，减少了邮寄环节，极大地增强了银行间直接通信的安全保密性。同时，SWIFT 的标准电文格式也使银行间的信息传递更为准确。

（3）费用较高

虽然目前银行间使用 SWIFT 方式费用大大降低，但与信汇及票汇相比，除同样要对汇出金额按比例收取手续费外，银行还要额外收取电信费用，所以电汇的费用仍相对稍高。而 SWIFT 以发报笔数计费，单笔汇款的金额越大，汇款的成本越低，因此大金额款项或是急用款项采用电汇更为合适。不过，在国际贸易汇款实务中，由于资金及时到位而产生的收益（如利息收入、资金使用的高效率等）对客户的吸引力通常都会大于降低汇款成本的考虑，因此对多数企业客户而言，电汇已成为首选。

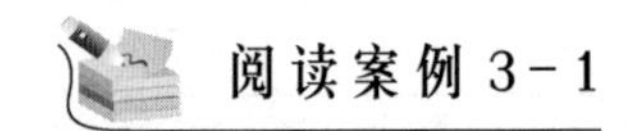

阅读案例 3-1

电汇结算的风险及其防范

案情简介

2015 年 7 月，安徽省一家外贸企业 C 公司跟韩国一家公司签订了一批 1 000 只轮胎的出口合同，双方约定的付款条件是货物出运后见提单副本后使用电汇付款。货物实际出运后，C 公司将提单副本通过邮件发给买方，买方收到后表示将尽快安排付款。随后几天买方一直未说明付款情况，直到货物即将到港的时候，买方才将一份付款水单的扫描件发给 C 公司，并且要求立即安排提单电放，理由是货物即将到港，他们不想支付额外港口费用。此时，卖家并没有实际收到货款，但是考虑到客户已经提供付款水单，而且货物确实即将到港，于是同意了买方的要求，安排了提单电放。然而在后续的几天内，C 公司始终没有收到这笔货款。为此，C 公司尝试找买方沟通，要求买方到他们那边的银行查询，搞清楚原因，刚开始买方还表示将协助核实，但是后来就再也没有任何消息。

案例分析

案例中由于韩国距离中国很近，货物抵达目的港以后还未完成付款，C 公司在没有充分了解买方资信的情况下，仅凭买方提供的付款水单就安排了提单电放造成钱货两失。因此出口商在事前应对买方进行认真细致的调查，包括买方的企业信誉、资金实力和经营状况等信息，调查以后可以对客户建立信息数据库并随时更新。对于评估信用等级低的客户，要尽量采取措施降低可能的风险。

资料来源：陈爽，2017. 结合案例分析出口商使用电汇结算的风险及其防范 [J]. 智富时代，(11)：16.

3.2.2 信汇

信汇即汇出行应汇款人的要求，使用航空信函方式将信汇委托书或付款委托书发给汇入行，委托汇入行将一定款项解付给收款人的汇款方式。

信汇的业务程序与电汇基本一致，区别仅在于发送解付指示的方式不是电信，而是信函邮寄。汇出行的有权签字人必须在信汇委托书或付款委托书上签字，汇入行收到委托书后核对印鉴无误，即可通知收款人取款或直接为收款人入账款项。

信汇的优点是费用低；缺点是速度慢，资金在途时间长，信函还可能在途中遗失，安全性较差。目前我国的大多数商业银行已基本不提供信汇服务。

3.2.3 票汇

1. 票汇的含义

票汇是汇出行应汇款人的请求，开出以汇入行为付款人的银行即期汇票交给汇款人，由汇款人自带或邮寄给收款人，由收款人持汇票自行向汇入行提示请求付款的汇款方式。这种方式因为费用低、可以背书流通、方便灵活等优点被个人客户广泛采用。在国际贸易中，当汇款金额较小（如支付佣金）或不急于用款时，票汇方式才会被进出口商采用。

2. 票汇的业务程序

票汇的业务流程如图 3.4 所示。

① 汇款人填制汇款申请书，申请办理票汇业务，交款付费。

② 汇出行开出银行即期汇票交回汇款人。

③ 汇款人自带或邮寄汇票给收款人。

④ 收款人向汇票上的付款行（即汇入行）提示。

⑤ 汇入行核对汇票印鉴无误，解付款项给收款人。

⑥ 汇入行发送扣款通知（借记通知）给汇出行。

票汇业务中，汇出行开出银行即期汇票后，必须由有权签字人在汇票上签字，付款行必须在核对汇票的印鉴无误后，才能将款项解付给收款人。如汇票金额较大，汇出行会主动发送 SWIFT 报文给付款行以证实汇票的真实性。如汇出行未发证实报文，付款行会发报询问，或待汇款头寸收妥才解付。

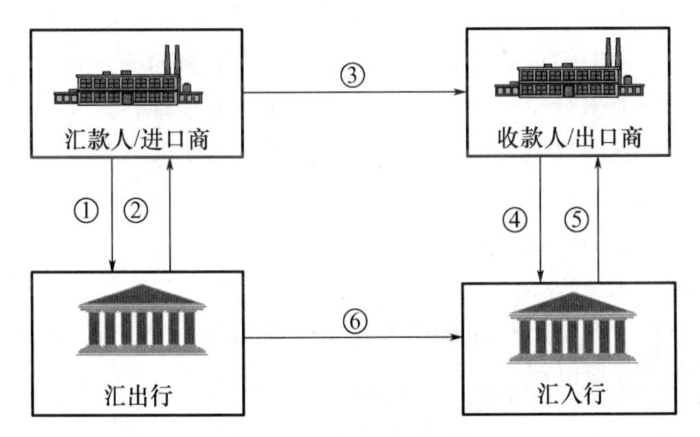

图 3.4　票汇的业务流程

3. 中心汇票

为加快票据清算速度，方便持票人在任何一个地方向当地银行提示汇票，现在汇出行常常将汇票的付款行做成汇出行在汇款货币清算中心的联行或代理行。如美元的清算中心是纽约，而收款人所在地是美国以外的地区，那么通过中国银行办理票汇时，汇票的付款行可能被做成中国银行纽约分行，而非收款人所在地的银行。此时收款人可以向当地银行提示汇票，通过当地银行向中国银行纽约分行办理托收来收到款项。

中心汇票的业务流程如图 3.5 所示。

① 汇款人填制汇款申请书，申请办理票汇业务，交款付费。

② 汇出行开出中心汇票交回汇款人。

③ 汇款人自带或邮寄汇票给收款人。

④ 收款人向当地银行提示。

⑤ 当地银行向付款行（即在货币清算中心所在地的银行）托收汇票。

⑥ 付款行核对汇票印鉴无误，向收款人所在地银行（即托收行）付款。

⑦ 收款人所在地银行解付款项给收款人。

⑧ 付款行发送扣款通知（借记通知）给汇出行。

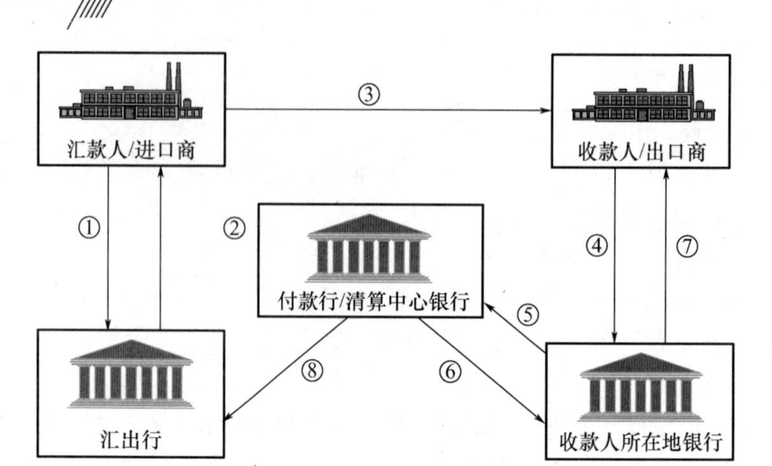

图 3.5 中心汇票的业务流程

中心汇票的优点如下。

① 收款人可以在任何一个地方向当地银行提示汇票要求付款。收款人若持有的是普通银行汇票，则必须向汇票上的付款行提示，这就限制了汇票的提示地与收款地。而中心汇票则不同，由于付款行是汇出行在该货币清算中心的联行或代理行，所有该货币的清算都要通过清算中心银行进行，这样收款人既可以直接向其提示汇票要求付款，也可以向其以外的任何一家银行提示，通过它们向清算中心银行办理汇票托收，从而可以在任何一个地方取得票款，极大地方便了该汇票的流通转让。

② 中心汇票的清算速度较快。通常汇出行会在清算中心银行开有往来账户，清算票款时可由清算中心银行直接在汇出行的账户上扣款（即借记），而不需要汇出行特别调拨资金（头寸），节约了资金的在途时间。

4. 票汇的特点

(1) 费用低

除手续费外，无须支付其他费用，因此较电汇成本低，适合只在乎汇款成本而不在乎到款时间的客户选择。

(2) 可以流通转让

电汇及信汇均不签发汇票，无可以融资的手段，而票汇不同，汇票本身是传统的结算工具，可流通转让是它的基本特点。汇出行开出的银行汇票信誉较商业汇票高，在贴现市场上也较受欢迎，因此收款人以该汇票融资相对容易。汇票在流转时持续的时间越长，对银行越有利，票汇为银行提供更多的利润。

(3) 汇款时间长

汇出行开出汇票后还需要汇款人将汇票通过不同方式交给收款人，收款人才能向付款行提示汇票要求付款，如果付款行不是采用立即贷记方式，还需要办理托收，待汇出行调拨的款项到达才解付，这个过程可能持续 1～2 个月。因此使用票汇，款项的到账时间可能比信汇更长。而在这段时间，银行可以免费占用客户的汇款资金，因此对银行有利，对收款人不利。

(4) 无须通知收款人取款

票汇的解付前提是收款人向付款行提示即期汇票，因此，付款行无须像电汇或信汇那样通知收款人款项到达，收款人自行持票到汇入行取款。

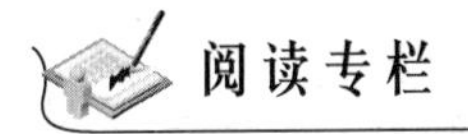

GPI 全球汇款创新

中国银行作为国际化和多元化程度最高的银行，一直秉承“建设新时代全球一流银行”的宗旨，始终坚持科技引领，顺应金融科技发展浪潮，加速推进跨境支付领域的创新升级。2017 年 1 月 11 日，中国银行成功叙做首笔 SWIFT GPI（Global Payments Innovation，真实发展指数）国际汇款业务，实现了 GPI 业务全球首发。GPI 是由 SWIFT 组织发起、全球大型银行参与的全球支付创新项目。旨在通过提高汇款速度、透明度和端到端信息追踪，以实现资金当日到账、收费透明、状态实时查询、信息完整传递等功能，从根本上提升客户跨境支付体验。

中国银行作为全球 21 家试点银行之一，依托 GPI 项目率先在国内推出“中银全球智汇”产品，成为全球 GPI 项目实施进度最快并首批投产的银行。使用“中银全球智汇”产品，从款项汇出到收到准确入账信息，最快仅需几分钟，相比普通国际汇款，GPI 带给客户的跨境支付体验是全新的。截至 2017 年年底，“中银全球智汇”产品已覆盖中国银行境内外 72 家机构，业务量居全球 GPI 业务前列、境内结算银行第一，可支持包括美元、欧元、英镑、日元、人民币等 13 种货币在内的汇款业务办理，率先实现了与人民币跨境支付系统（Cross-border Inter bank Payment System，CIPS），以及法兰克福、伦敦、悉尼、新加坡、约翰内斯堡、匈牙利等多个本地清算系统的对接，是全球首家可对客提供 GPI 到账通知的银行，已有近 40%的 GPI 业务实现了 2 小时以内到账。2018 年，中国银行跨境汇款创新服务将持续升级。“中银全球智汇”将推出全新的费用预知子产品和全额到账子产品，通过“云数据库”的全球应用，将实现跨境汇款的全链条可追踪、可止付，并进一步提高资金清算效率。随着“中银全球智汇”产品功能的进一步丰富和完善，依托全球化清算网络和最为广泛的海外机构布局，中国银行国际汇款产品将全方位满足公司、个人、金融机构等多元客户需求，使客户在中国银行办理跨境汇款业务获得更多优质服务体验。

资料来源：马金露．2018. 中银全球智汇——GPI 全球汇款创新 [J]．贸易金融杂志，(4)：70.

3.3　汇款的头寸调拨与退汇

3.3.1　汇款的头寸调拨

1. 汇款头寸调拨的含义

头寸可以理解为款项。在向汇入行发出付款委托后，汇出行必须将相应的汇款金额拨付给汇入行，以偿付汇入行对收款人的解付，称为头寸调拨。

每一笔汇款都会引起汇出行对汇入行的偿付行为，头寸调拨就不可避免。汇款的偿付既是汇出行的责任，也是衡量其信誉高低的重要标志。由于汇入行通常会在收妥头寸后才向收款人解付汇款，因此采取合适的头寸调拨方式、拉直汇款线路、缩短资金

到账时间对汇出行的信誉就极为重要。同时，不同的头寸调拨方式也可能造成不同的后果：收款人收到的款项可能是汇出金额全额，也可能小于汇出金额，关键在于头寸调拨过程中是否经过汇出行和汇入行以外的其他银行，如果经过，就会随之产生中间行费用。

2. 汇款的头寸调拨方式

在国际结算实务中，头寸调拨有两种方式：第一种是先拨后付，就是汇出行在受理一项汇款业务时，先将头寸拨给汇入行，汇入行在收到头寸后才同收款人解付，这是最常见的头寸拨付形式；第二种是先付后拨，在某些情况下，汇入行也可能先行解付汇款，而后才向汇出行索偿，但这种方式的风险较大，一般较少被采用。

为明确汇款头寸的偿付方式，汇出行会在付款委托书上作出偿付指示。偿付指示中常涉及两个词：借记与贷记。站在银行的角度，借记指从账户中转出款项，即账户中的金额将减少；贷记则指向账户中转入款项，账户中的金额将增加。

根据账户关系的不同，汇款的头寸调拨方式可以分为以下几种。

（1）由汇出行直接贷记汇入行账户（图 3.6）

当汇入行在汇出行开有往来账户时，在发出付款委托后，汇出行会主动将头寸贷记汇入行账户。付款委托书上会说明该头寸偿付的方法：In cover，we have credited the sum to your account with us.（关于头寸偿付，我行已贷记你行开在我行的账户。）

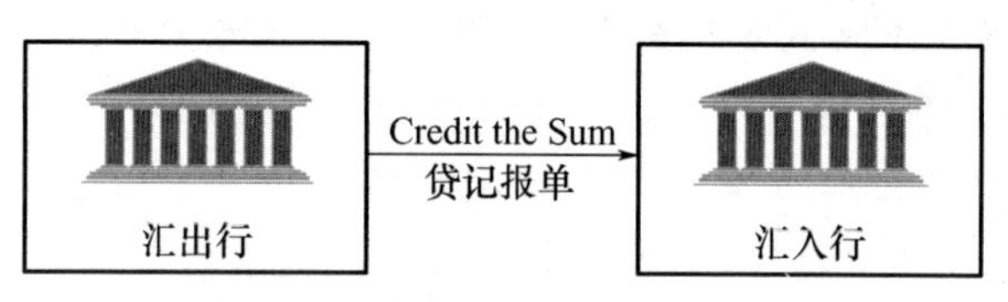

图 3.6　由汇出行直接贷记汇入行账户

（2）由汇入行直接借记汇出行账户（图 3.7）

当汇出行在汇入行开有往来账户时，汇出行会在付款委托书上授权汇入行借记自己开在汇入行的账户。偿付说明：In cover，please debit the sum to our account with you.（关于头寸偿付，请借记我行开在你行的账户。）汇入行在解付款项的同时就会将该头寸从汇出行的账户中转出。

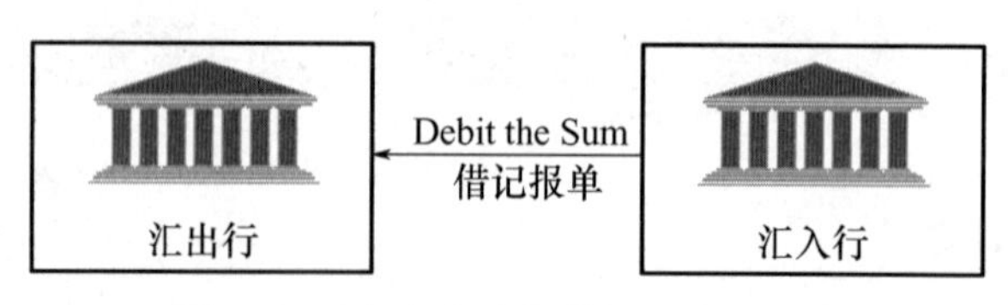

图 3.7　由汇入行直接借记汇出行账户

（3）通过同一账户行转账（图 3.8）

当汇出行与汇入行无直接账户关系，但两行在同一家第三方代理行（俗称碰头行）开有往来账户时，可以通过这家代理行进行头寸的偿付。偿付说明：In cover，we have authorized A bank to debit our a/c and credit your a/c with them.（关于头寸偿付，我们已授权 A 银行借记我行的账户并贷记你行的账户。）在这里，A 银行即为碰头行，汇出行与汇入行都在A银行开有账户，因此A银行在收到指示后，将从汇出行的账户上借记头寸并贷记相同头寸至汇入行账户，而后向汇出行发出借记报单，向汇入行发出贷记报单。

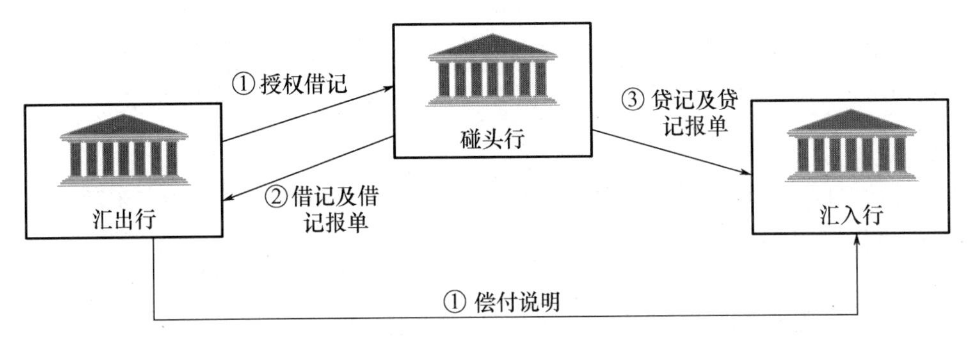

图3.8　通过同一账户行转账

(4) 通过各自的账户行转账（图3.9）

当汇出行与汇入行既没有账户关系，又没有碰头行，则需要通过它们各自账户行的共同账户行来拨交头寸。汇出行通过自己的账户行将头寸拨至汇入行的账户行，前提是这两家账户行必须建有账户关系。因此汇出行必须事先向汇入行查询，了解各自的账户关系。偿付说明：In cover，we have instructed the bank of A，New York，to pay the proceeds to your a/c with the bank of B，New York.（关于头寸偿付，我们已指示A银行纽约分行将款项付至你行开在B银行纽约分行的账户。）

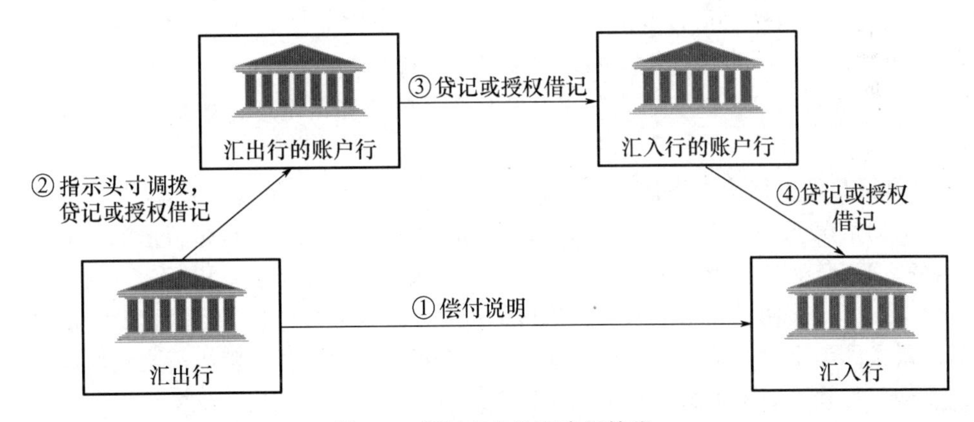

图3.9　通过各自的账户行转账

在这几种方式中，第一、二种头寸调拨方式路线最直、时间最短、成本最低，也是汇出行最喜欢采用的方式，但由于这两种方式都依赖于汇出、汇入行双方账户关系的建立，因而并不常用。在汇款实务中，头寸调拨涉及的银行越多，费用越高，时间也相应较长，对收款人也就越不利，同时也相应影响汇出行的声誉。因此在决定拨头寸的方式时必须掌握最新的汇出、汇入行账户关系，从尽量采用第一、二种方式到向后选择。

另外，还有更复杂的头寸调拨方式，这里不再一一介绍。

3.3.2 退汇

在汇款解付以前，无论是汇款人还是收款人都可以向银行申请退回该笔汇款给汇款人，即退汇。大多数情况下，退汇主要由汇款人向汇出行提出；也有少数情况，收款人不愿意接受汇款，要求退汇；还会有由汇入行提出退汇的情况。办理退汇最重要的前提条件是汇款尚未解付，如果汇款已经解付，则无论哪一方提出退汇，汇款都无法撤销。

1. 汇款人退汇

因为种种原因，汇款人可能在汇出汇款后向汇出行申请退回该笔汇款。汇款人办理退汇的处理流程如图 3.10 所示。

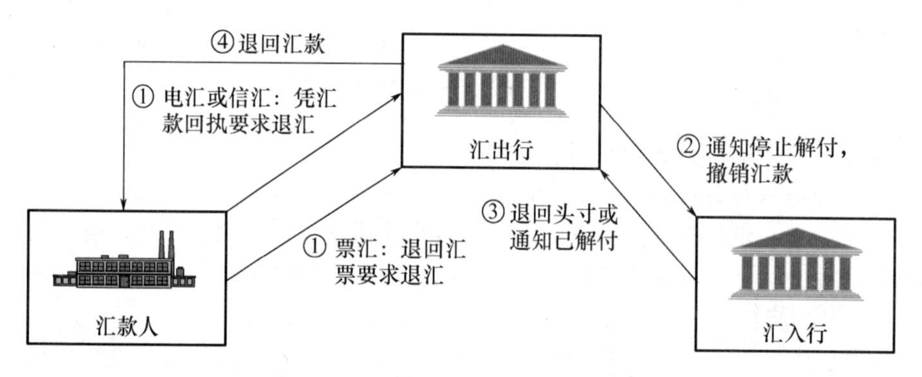

图 3.10 汇款人办理退汇的处理流程

① 汇款人填写退汇申请，电汇或信汇将汇款回执退回，票汇则将汇票退回。

② 汇出行向汇入行发送退汇通知，请求停止解付。

③ 汇入行查验该笔汇款状态，如果已解付，及时通知汇出行；如果未解付，将头寸退回汇出行。

④ 汇出行扣除银行费用将款项退回汇款人。

在票汇的情况下，汇款人在未寄出汇票之前可以持汇票到汇出行进行退汇，汇出行通知汇入行将有关汇款通知注销退回。但是，如果汇款人将汇票寄出，汇出行为了维护票据的信誉，一般不能办理退回。如果汇款人无法提供正本汇票，通常汇出行不会接受退汇申请，因为作为出票人的汇出行必须维护自己的信誉，汇票可以流通转让，汇出行必须保证当有人提示汇票时给予付款。如果汇款人提出汇票遗失或被窃，必须向汇出行证实，在按法定程序挂失后，由汇款人出具担保书，保证如有重付，由汇款人赔偿银行损失，汇出行可以为汇款人办理退汇手续。

2. 收款人退汇

因收款人拒收汇款而申请退汇的，办理相对简单。如汇款头寸已收妥而款项未解付，在电汇或信汇的情况下，由收款人出具书面申请，注明拒收原因，汇入行查实后给予退汇。在票汇的情况下，收款人必须将汇票退回汇款人，由汇款人向汇出行申请退汇，收款人无法自己完成。

3. 汇入行退汇

因收款人名称、账户、地址不清而无法解付的汇款，汇入行可以向汇出行查询，查询没有结果，汇入行可以主动将头寸退回汇出行，注销该笔汇款。或是收款人逾期不来领取汇款，汇入行也可以主动退汇。如汇入行决定不解付汇款，收款人不可以强迫汇入行解付，而应该与汇款人联系，由汇款人向汇出行申请解决。

阅读案例 3-2

结算方式选择的风险

案情简介

某外贸进出口公司与国外进口商首次达成一笔进出口交易，结算方式采用即期信用证付款。合同履行过程中，由于外商的原因，迟迟没有开来信用证，在我方的多次催促下，外商在合同规定的装运期前3天才开来信用证，而且，信用证条款中存在多处不符点，如果不修改信用证，我方面临不能安全收汇的风险，并且船期有限，我方面临装船时间和收汇时间拖延的问题。我方坚持不修改信用证就不能交货，在我方的坚持之下，对方提出改用电汇方式，待我方收到电汇传真后再发货。我方第二天就收到了对方的汇款凭证传真，经银行审核签证无误。同时，运输部门催促我方抓紧装运，我方业务人员认为对方已经汇出货款，就按时发运了货物，并向外商发出装运的通知。货物发出一个月我方仍然没有收到到款通知，经查询，发现外商只是购买了一张有银行签字的汇票传真给我方作为汇款的凭证，在收到装运通知后，就将本该寄给我方的汇票退还给了银行，撤销了这笔汇款。外商的欺诈行为造成了我方的巨大损失。

案例分析

在本案例中，我方在不得已的情况下同意改变结算方式，但是，外商是有意的欺诈行为。预付货款本来是对出口商有利的结算方式，但是出口商应注意，在贸易合同结算条款中不仅要明确汇款方式的选择，还要明确到款的时间和期限，做到款货衔接。在票汇条件下应该在确认收妥票汇的款项后再发货，至少要收到有效的银行汇票后再发货，避免由于对方有意欺诈，使用伪造的票据而收不到货款。

【拓展知识 用科技创新开启跨境支付新时代】

在国际贸易中，如果买卖双方是首次合作，对对方的资信状况不是非常了解，要做好风险防范，通常不要使用基于商业信誉的结算方式，尤其不要使用货物和款项交接风险不平衡的方式来结算货款。

资料来源：胡丹婷，2011. 国际贸易实务［M］. 2版. 北京：机械工业出版社.

3.4 汇款在国际贸易中的应用

在国际贸易中使用汇款结算方式结清债权债务关系时，因为汇款时间与货物运送时间的先后差别，分为预付货款和货到付款两种。前者为进口商先付款，出口商后交货；后者为出口商先交货，进口商后付款。

3.4.1 预付货款

1. 预付货款的含义

预付货款是出口商未交货之前，进口商将一部分或全部货款提前支付给出口商，出口商收到款项后按照约定发运货物的结算方式。预付货款是对进口商而言，对出口商即为预收货款。

2. 预付货款的应用

① 出口商对进口商不够信任，要求预付定金。如成套设备进口，一般会要求进口方预付一定比例的定金，一些临时的、应急性的采购也往往需要预付部分定金。

② 买卖的货物在国际市场上是紧俏商品，出口商以预收货款作为担保，进口商迫切需要取得高额利润，预付货款可以吸引出口商成交。

③ 出口商与进口商关系密切，相互信任。一些跨国公司的母子公司和关联公司间的进口有时采用预付货款方式，以体现对对方的支持。

3. 预付货款的特点

① 对出口商有利。预先收到货款，货物出口已有保障，降低出口风险；可以利用进口商的资金备货出货，等于从进口商处得到无息贷款，资金负担较轻。

② 对进口商不利。先行付款而使资金被占用，造成周转困难和利息损失；同时要承担出口商不交货、迟交货或货物质量不合格等风险。

4. 进口商采用预付货款的风险规避

事先了解出口商的资信状况，以决定是否采用预付货款。如果决定采用预付货款，应采取相应的保护措施来防止出口商违约，如要求出口商提供银行履约保函来担保出口商收款后按时交货、要求出口商提交银行质量保函来保证出口货物的质量等，在出口商违约的情况下，进口商可获得担保银行（也称担保行）的赔付。

3.4.2 货到付款

1. 货到付款的含义

货到付款是出口商先交货，待进口商收到货物之后立即或在一定时间内付款的结算方式，具有延期付款的性质。这种结算方式属于交货付现或记账赊销。

2. 货到付款的应用

（1）寄售

寄售是出口商将准备销售的货物先行运往国外，委托当地的销售商按照寄售协议规定的条件在当地市场上销售，商品售出后，代销商扣除佣金和其他费用，将货款交付给寄售人（出口商）的一种交易方式。

寄售的应用范围：①商品为展销品、滞销品；②着眼于新市场的开拓。通过寄售商品，从而树立企业形象，建立客户关系。

（2）售定

售定是指货物出运前买卖双方已经成交，付款时间及货价都已确定，等进口商收到货物后，用汇款方式将货款汇交出口商。

由于路程较短，通过银行寄单往往晚于货到时间，影响货物的及时交接，同时鲜活商品的数量不确定，因此实务中单据往往由出口商随货物直接交给进口商，进口商收到货物后再按实际货物数量核算货款，在约定期限内通过银行汇交出口商。

3. 货到付款的特点

① 对进口商有利。进口商先收货再付款，无须承担货物质量风险、出口商违约风险，资金负担较轻。

② 对出口商不利。出口商要承担进口商收货后少付款、迟付款、不付款等风险，资金负担较重。

4. 出口商采用货到付款的风险规避

（1）风险回避

了解进口商的资信状况。如果采用寄售，应了解寄售当地的市场情况，选择信誉较好的代销人。如果货款金额较大，出口商还可以采取相应的保护措施来防止进口商违约，如在合同中要求进口商提供银行付款保函来担保进口商收到货物后按时付款，否则由担保银行赔付。

（2）风险转嫁

合理使用结算方式，可以转嫁风险。在采用先出后结的情况下，出口商可以采用保理等方式来转嫁风险。先出后结可与银行保函配合使用，要求进口商开具银行保函。如果进口商到期拒付，由银行保函的开证银行承担付款责任，从而降低卖方收汇的风险。出口商尽量自己办理货物保险，采用 CIF 或 CIP 贸易条件，这样如果货物发生损失可以由保险公司赔偿。出口商还可以投保出口信用保险，转嫁进口商不付款的风险。

（3）风险控制

企业应在损失发生前采取各种具体措施消除或减少可能引起损失的各种因素，以降低风险发生的可能性，如争取预付或降低先出后结的比例。如果是为买方需要而特殊加工或订制的特殊商品，或者是市场畅销而又稀缺的商品，又或者是特别贵重的商品，卖方应要求汇付方式采用“随订单付现”；卖方应尽量避免 100%货款采用先出后结的方式，特别是针对大额贸易。为降低先出后结的比例，卖方可以要求买方预付一定比例的货款（如 30%），一旦客户拒收货物，卖方也不用归还预付款。

从上述汇款业务的特点可以看出，汇款业务属于商业信用，无论是预付货款还是货到付款，进出口双方在履行合同办理货物运输与货款结算的过程中，风险始终不平衡，一旦付款或者发货就失去了对对方的控制，总有一方的资金负担更重，风险更大。如果进出口双方互不了解，采用汇款方式结算就要承担很大的风险。

不过，在国际贸易中，汇款业务由于费用低廉、操作简便，受到不少企业客户的青睐，长期合作的上下游企业和跨国企业集团内部交易多采用赊销方式，用汇款和托收结算。随着我国对外贸易的发展，越来越多的外贸企业建立起了自己的客户群，进出口商之间合作时间长，彼此了解对方的资信状况，汇款方式就成为进出口业务中较好的结算方式。因此，汇款方式也已成为我国国际结算的主流。

【拓展知识 跨境汇款反洗钱风险分析及对策】

本章小结

本章介绍了国际贸易结算的基本方式——汇款。汇款是持款人将款项交付给银行，委托银行将该款项调拨到国外，通过该银行的联行或代理行将款项付给收款人的一种结算方式。

汇款业务中的基本当事人有4个：汇款人、汇出行、汇入行或解付行、收款人。汇款方式主要有电汇、信汇和票汇。其中，电汇因为速度快、安全性高在国际贸易中使用最广泛；信汇已基本退出结算舞台；票汇在私人汇款中使用较多，国际贸易中只有在汇款金额小、时间性要求不强的情况下才会被进出口商所采用。

汇款的头寸调拨有不同的方法：由汇出行直接贷记汇入行账户，由汇入行直接借记汇出行账户，通过同一账户行转账，通过各自的账户行转账等。

在汇款尚未解付之前，汇款人、收款人可以申请办理退汇，汇入行也可以在无法解付的情况下主动退汇。汇款在国际贸易中应用广泛。它以商业信用为基础，风险较大，进出口双方资金和风险负担不平衡，但费用低廉，操作简便。因此在长期合作的上下游企业间可以使用汇款结算，如果贸易关系建立不久，以其他方式结算更为适宜。

关键术语

汇款 Remittance
汇款人 Remitter
汇出行 Remitting Bank
汇入行或解付行 Paying Bank
收款人 Beneficiary/Payee
付款委托书 Payment Order
电汇 Telegraphic Transfer (T/T)
信汇 Mail Transfer (M/T)
信汇委托书 M/T Advice
票汇 Demand Draft (D/D)
头寸调拨 Reimbursement of Remittance Cove
预付货款 Payment in Advance
货到付款 Payment after Arrival of the Goods
交货付现 Cash On Delivery (C. O. D)
记账赊销 Open Account (O. A.)
寄售 Consignment
借记 Debit
贷记 Credit

【第3章 在线测试】

综合练习

一、简答题

1. 什么是汇款？汇款的基本当事人有哪些？
2. 汇款方式的种类有哪些？简述其业务流程。
3. 票汇申请退汇的业务程序是什么？
4. 简述汇款方式的应用。如何防范风险？
5. 画图说明汇款头寸的偿付方式。

二、案例分析题

吉林某出口公司甲与美国的进口公司乙签订了一份进出口合同，合同规定支付条件为

10月1日之前15天电汇付款。但是，履行合同时乙公司延迟到10月15日才通过邮局寄来一份银行汇票。为保证按期装运，甲公司在收到汇票后即将货物装运，同时委托中国银行代为收取票款，一个月后，即11月15日中国银行通知甲公司，该汇票系伪造，已被退票。此时，货物已到达目的港，并被乙公司凭借甲公司自行邮寄的提单提走。事后甲公司进行追偿，但乙公司已人去楼空，甲公司遭遇钱货两失的重大损失。

试分析本案例中甲公司出现经济损失的原因和教训。在国际贸易的结算中，什么情况下，出口商可以采用汇款结算方式？

三、实际操作题

天津金华机电有限公司（Tianjin Jinhua Electro-Mechanical Co.,Ltd.）向美国ADD公司出口整套机电设备，金额50万美元，双方约定ADD公司预付20%的货款，通过电汇方式支付。

请作为天津金华机电有限公司（以下简称金华公司）业务员的身份负责与美国ADD公司的结算。

（1）金华公司的开户行是中国银行天津分行，账号是123456789，请详细列明应提供给ADD公司的美元汇款线路（可上中国银行的网站查询）。

（2）在完成机电设备的出口后，金华公司必须支付60 000港元的佣金给香港地区的HD公司，同样用电汇支付。HD公司在香港汇丰银行（HSBC Hong Kong,No. 1 Queen's Road Central,Hong Kong SAR）开有港币账户，账号是H0034－58765421。香港汇丰银行的SWIFT代码是HSBCHKHH。金华公司通过开在中国银行的港币账户汇出，账号是333666789。请按照以上信息填写中国银行的境外汇款申请书。

【第3章 习题参考答案】

第 4 章　国际结算基本方式——托收

教学目标

通过本章的学习，对国际结算的基本方式之一——托收有一定的了解和认知，能掌握托收的含义、种类及业务流程，理解托收业务涉及当事人的基本义务，了解托收业务中可能存在的风险并能够采取相应的防范措施。

教学要求

知识要点	能力要求	相关知识
托收概述	掌握托收的基本概念，明确当事人的基本义务	托收的含义，托收的基本当事人，托收当事人的基本义务
托收的种类及业务流程	分清托收的种类，能够在实际业务中办理托收业务	托收的种类，托收的业务流程
托收的特点及出口商风险防范	运用所学知识分析各种案例，学会在实际业务中防范各种托收风险	托收的特点，出口商面临的风险及风险防范措施

思维导图

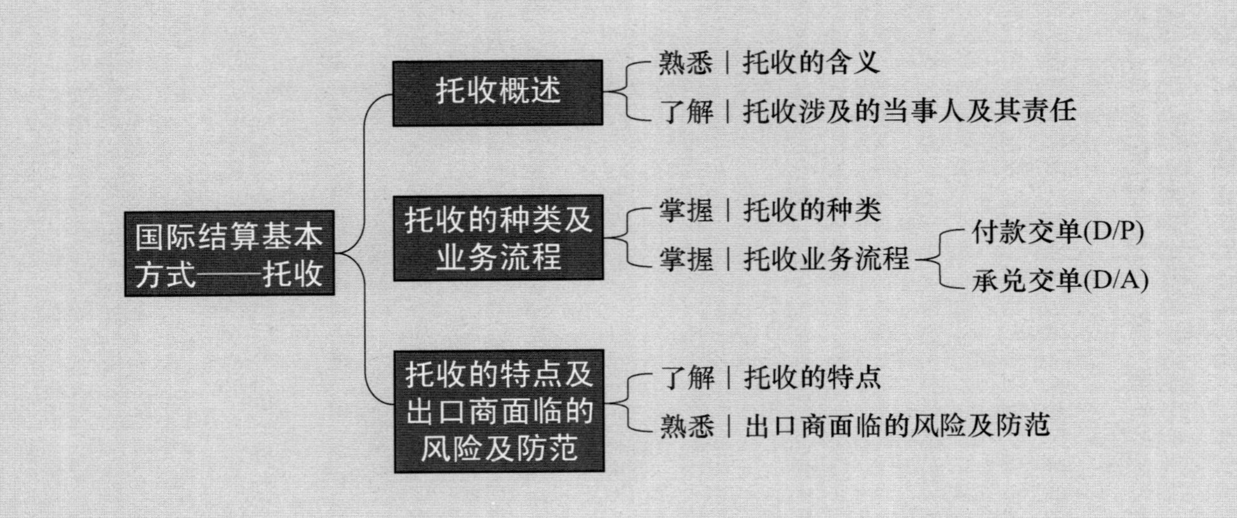

国际结算基本方式——托收
托收概述
熟悉 | 托收的含义
了解 | 托收涉及的当事人及其责任
托收的种类及业务流程
掌握 | 托收的种类
掌握 | 托收业务流程
付款交单(D/P)
承兑交单(D/A)
托收的特点及出口商面临的风险及防范
了解 | 托收的特点
熟悉 | 出口商面临的风险及防范

托收是国际货物贸易中常见的一种结算方式，业务流程比汇款稍显复杂，涉及委托人、托收行、代收行、付款人这4个基本当事人。要使一笔托收业务顺利进行，各方当事人都必须各司其职，相互配合。作为委托人的出口商应该向托收银行提供办理托收业务所需的详细资料，并且最好明确指定国外代收行。托收行应严格按照委托人的指示办理业务，如果委托人没有指定代收行，托收行可代其选择，但也要征得委托人的同意。代收行在收到托收行的指示后，应严格执行，如有不清楚的地方或不能执行的指示，应及时反馈给托收行，不能延误。

本章将详细介绍托收的含义和种类，托收业务流程及各方当事人的权利与责任，托收业务的特点，出口商在办理托收业务过程中所面临的风险及应采取的风险防范措施。

阳光农产品公司（简称阳光公司）向法国TT公司出口一批龙井茶叶，价值6 800.00欧元，以托收方式进行结算。合同规定付款条件为：The Buyers shall duly accept the documentary draft drawn by the Sellers at 30 days sight upon first presentation and make payment on its maturity. The shipping documents are to be delivered against acceptance.（买方对卖方开具的见票后30天付款的远期跟单汇票，于第一次提示时即予以承兑，承兑后交单并于汇票到期日予以付款。）

这是一笔托收业务中的承兑交单（D/A）业务。阳光公司装运完毕，备齐各种单据于4月15日向国内G银行申请办理D/A 30天的托收手续。G银行选择法国F银行作为代收行，并寄单委托其收款。5月25日，买方TT公司来电称，经与船方联系，货已到港多日，但其往来银行H银行至今未收到有关该笔货物的托收单据。5月26日，阳光公司去电告知对方，其已于4月15日委托G银行办妥D/A 30天的托收手续，并于4月16日寄出单据。5月29日TT公司再一次来电称，经查询，其往来银行H银行根本没有收到该笔托收单据。阳光公司接电后，立即与G银行联系。这时G银行也接到国外代收行F银行的电文，称托收委托书上的付款人地址不详，无法取得联系，请速告知如何处理。

经调查，阳光公司的业务经办人未将付款人的详细地址告诉G银行的结算人员，导致托收委托书上的付款人地址不详，而且阳光公司在申请办理托收时又未指定H银行为代收行，所以托收行G银行自行选择了与其业务往来较多的F银行作为代收行。于是，阳光公司请G银行电告F银行将相关单据转交H银行向付款人提示。但是，由于单据的延误，TT公司未能按时接货、报关并提取货物，需向海关交纳一笔不菲的滞港费和仓储费。对此，TT公司拒绝对几经辗转交来的单据进行承兑、付款。

这是一起由于我方业务人员对托收业务不熟练导致的纠纷。我方业务人员存在以下工作上的疏漏。

一是办理托收委托时，没有明确指定法国TT公司的业务往来行H银行作为代收行，导致国内G银行自行选择了与其业务往来较为密切的F银行作为代收行；二是托收委托书上有关付款人的地址不详，导致F银行无法准确通知付款人。当然，作为托收行，我国G银行也存在一定疏忽，即选择的代收行应征得委托人同意，至少应及时通知委托人。

对法国TT公司来说，它是无辜的。此案经阳光公司多方协调，最终只好将货物降价卖给TT公司，以补偿TT公司的滞港费和仓储费等损失，G银行也没有收取任何托收费用。

资料来源：杨巧，蒋勇，2019. 国际结算［M］. 2版. 南京：南京大学出版社.

4.1 托收概述

4.1.1 托收的含义

托收是委托收款的简称，也是国际货物贸易中常见的一种货款结算方式。托收是指出口商在货物装运后，根据发票金额开具以进口商为付款人的汇票，连同合同中要求的其他有关运输单据（包括提单、发票、装箱单、保险单、原产地证书等）一起交给本地银行（托收行），委托其通过在进口商所在国的往来行（分行或代理行，即代收行）向进口商收取货款的一种结算方式。

国际商会制定的URC522对托收的定义如下：托收是指由接到托收指示的银行（托收行）根据所收到的指示处理金融单据或商业单据以便取得付款/承兑，或凭付款/承兑交出单据，或凭其他条款或条件交出单据。

其中，金融单据主要指汇票、本票、支票、付款收据或其他类似用于取得付款的凭证；商业单据主要指发票、运输单据、物权单据或其他类似单据，或除金融单据以外的其他单据。

托收通常通过银行办理，因此又称银行托收。银行托收的一般做法是：出口商（委托人）根据合同出运货物，之后开立以进口商为付款人的汇票，连同商业单据（光票托收时只开立汇票）向出口商所在地银行（托收行）提出托收申请，委托托收行通过其在进口地的往来行（代收行）向进口商（付款人）收取货款。

4.1.2 托收涉及的当事人及其责任

从托收的定义中可以看出，托收结算方式涉及的基本当事人有4个：委托人、托收行、代收行和付款人。

1. 委托人

委托人是在托收业务中委托银行向进口商收取货款的人，一般是出口商。委托人又是汇票的出票人。

委托人主要承担两方面的责任：一是履行与进口商签订的贸易合同的责任，按照合同的规定按期、按质、按量装运货物，并提供与合同相符的单据；二是履行与托收行签订的委托代理合同的责任，委托人在办理托收委托时，通常要填写“托收申请书”，该申请书是委托人和托收行之间权利义务关系的法律文件，委托人应在委托书中详细说明自己的要求，因为银行只根据“托收申请书”所给予的指示办理托收事宜。

2. 托收行

托收行是接受委托人委托代为收款的出口地银行，通常是委托人的业务往来银行。

托收行与委托人之间是一种委托代理关系，托收行根据委托人的指示、按照国际商会URC522处理托收业务，对单据的正确性不负责任。在收回款项后扣除托收费用，将余款及时解付给委托人。托收行如在业务处理过程中有过失，需要为其承担责任。

3. 代收行

代收行是接受托收行的委托代向进口商（付款人）收取货款的进口地银行，通常是托收行的国外分行或代理行。代收行最好选择付款人的业务往来银行。

代收行应按托收行的指示尽快向付款人提示汇票，要求付款人付款或承兑，付款人付款或承兑后，代收行应毫不延迟地通知托收行，并在发生拒付或延迟付款时谨慎处理货物。

4. 付款人

付款人一般是进口商，也是托收业务中汇票的受票人。

付款人的基本责任是在审查并接受单据后履行付款或承兑义务，不得无故拒付或延迟付款。

除前面 4 个基本的当事人之外，托收业务通常还涉及提示行和需要时的代理人两个当事人。

5. 提示行

提示行是向付款人提示单据，要求付款人进行付款或承兑的银行。

提示行一般由代收行兼任，当指定代收行与付款人不在同一城市时，代收行可选择付款人所在地的分行或代理行作为其提示行，这时提示行与代收行是两家银行。

6. 需要时的代理人

需要时的代理人是指经委托人指定，当发生拒付时在付款地代为办理货物存放、保险、转售、运回等事宜的人。

如果委托人指定了一名需要时的代理人，他必须在托收指示中明确且充分地注明该代理人的权限，如是否有权提货、指示减价、修改交单条件等，否则银行将不接受该代理人的任何指示。

托收业务的实质是银行作为进出口双方的中间代理人，根据委托人和付款人相应的指示和要求，进行相关单据的交付和资金的划拨，使当事人之间的债权债务得以清偿的过程。

阅读案例 4-1

错选代收行酿苦果

案情简介

A 公司向美国进口商出口黄桃罐头，约定结算方式为 D/P AT SIGHT。A 公司发货后，将两套单据交到 B 银行办理出口托收，金额合计 119 276.00 美元，提单收货人均为进口商。B 银行处理时发现，A 公司提供的代收行 C 实际上是一家非银行机构，无法查到其资信状况。B 银行再三提示风险，但 A 公司仍坚持按照进口商提供的非银行机构名称和地址寄单，并且书面承诺风险自担。

托收单据寄出后，一直未收汇。A 公司多方打听，才得知代收行 C 在进口商未付款的情况下，已将全套单据放给进口商，导致托收项下货物被进口商提走。A 公司通过多种渠道调查追踪，后得知进口商涉嫌勾结代收行C以办理托收方式实施诈骗，已在美国被捕，并找到了货物存放地点。但A公司要赎回货物，需在美国走司法程序，耗时长、费用高，困难重重，处境十分被动。

案例分析

本案例中，A公司考虑到结算方式为D/P付款交单，认为风险可控，不顾托收行好言相劝，执意选择不知名的非银行机构作为代收行。而该代收行既不遵守托收指示，也不遵循国际惯例，甚至涉嫌与进口商串通欺诈，最终出口商只能自食其果。这反映出的非银行机构风险值得警惕。由此可见，出口托收能否顺利收汇，不仅与交单方式有关，很大程度上也取决于代收行是否能够严格按照托收行指示及国际惯例行事。若代收行是非银行机构或资信较差、缺乏经验的银行，出口收汇的风险就会大大增加。

【拓展知识 托收申请书的主要内容】

资料来源：招商银行总行单证中心课题组，2018. 托收风险启示录［J］. 中国外汇，(22)：55－57.

4.2　托收的种类及业务流程

4.2.1　托收的种类

根据委托人开立的汇票是否附有商业单据，托收分为光票托收和跟单托收两种。其中，光票托收使用的汇票不附任何商业单据，在国际贸易业务中，光票托收用于收取货款的尾数、佣金、样品费，以及其他贸易从属费用等小额款项，使用较少；跟单托收使用的汇票附有商业单据，在国际贸易业务中使用较多。因此，这里仅介绍跟单托收。

根据交单条件的不同，跟单托收又分为付款交单和承兑交单两种。

1. 付款交单

付款交单是指出口商交单以进口商付款为条件，即出口商发货后，取得全套商业单据，开出汇票（即期付款交单项下出口商可不必开立即期汇票）委托银行办理托收，指示银行只有在进口商付清货款后，才能交出商业单据，这时汇票上通常记有“D/P”字样。

理论上讲，付款交单按付款时间不同，分为即期付款交单和远期付款交单两种。但远期付款交单由于在实际业务中不好操作现已基本被淘汰，在URC522中也少有提及。

（1）即期付款交单

即期付款交单是指出口商装货后取得运输单据，通过银行向进口商提示商业单据，进口商见单后填写“对外付款/承兑通知书”（一式四联，第一联为到单通知银行/客户留存联；第二联为银行留存联；第三联为外汇局留存联；第四联为申报主体留存联），并在付清货款后领取商业单据提货。

（2）远期付款交单

远期付款交单是指出口商出运货物后取得运输单据，开立远期汇票，通过银行向进口商提示汇票和商业单据，进口商审核无误后承兑汇票，并于汇票到期日付清货款，领取商业单据提货。国际货物贸易货款结算中，采用远期付款交单意义并不大。

无论是即期付款交单还是远期付款交单，都是在进口商付清货款后方可取得商业单据、提取或转售货物。

2. 承兑交单

承兑交单是指出口商的交单以进口商的承兑为条件，即出口商发货后，取得运输单据，开出远期汇票，连同要求的商业单据一起交托收行委托办理托收，指示银行只要进口商在远期汇票上予以承兑并填写“对外付款/承兑通知书”各项内容，代收行即可将商业单据交给进口商用于提货，后者于汇票到期再履行付款义务。这时汇票上通常记有“D/A”字样。

 阅读案例 4-2

D/P、D/A 风险大不同

案情简介

2017 年 3 月和 5 月，北京友谊服装公司（以下简称友谊公司）分别向西班牙 ROPA 公司出口了两次衬衣，合同金额共为 22 000 欧元，都是以 D/P at Sight 方式结算，交易很顺利，双方合作愉快。2017 年 8 月，ROPA 公司向友谊公司预订男式高级衬衣 40 000 件，合同金额 600 000 欧元，并提出要以 D/A 60 天的方式进行结算。友谊公司接到如此大的订单，分外欣喜，又考虑到以往良好的合作基础，欣然应允，并赶工发货。ROPA 公司在单据寄达后履行了承兑手续，凭从代收行处得到的货运单据提取了货物。60 天后，代收行提示 ROPA 公司付款，却发现 ROPA 公司已人去楼空，友谊公司损失惨重。

案例分析

D/A 是远期托收，即收货人在代收行提示单据和远期汇票时，只要作出到期付款的承诺，就可以获得单据而提走货物。如果汇票到期收货人不来付款的话，那么对于卖方来说将是鸡飞蛋打，钱货两空。

资料来源：徐春祥，等，2018. 国际贸易实务［M］. 2 版 . 北京：机械工业出版社 .

可以看出，付款交单（D/P）和承兑交单（D/A）对买卖双方的影响是不同的。在即期付款交单方式下，卖方在买方付款赎单以前始终控制着货物，在买方付款以后能迅速收回货款，是托收方式中资金使用效率最高、风险最低的一种；在远期付款交单方式下，卖方虽然在买方付款赎单以前也始终控制着货物，但要等到远期汇票到期、买方付款以后才能收回货款，资金使用效率不如即期付款交单方式高；而在承兑交单方式下，卖方在买方履行承兑手续后即丧失对货物的控制权，并且要等到远期汇票到期、买方付款后才能收回货款，是托收方式中风险最高、资金使用效率较低的一种。

因此，对于卖方而言，最理想的托收方式是即期付款交单，其次是远期付款交单，最后是承兑交单；对于买方而言，最理想的托收方式是承兑交单，其次是远期付款交单，最后是即期付款交单。

4.2.2　托收业务流程

1. 即期付款交单

即期付款交单（D/P at Sight）业务流程如图 4.1 所示。

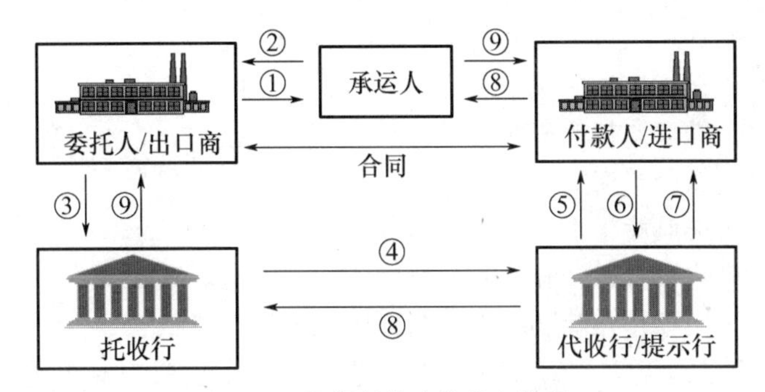

图 4.1　即期付款交单业务流程

即期付款交单业务流程如下。

① 买卖合同中约定采用 D/P at Sight 付款，出口商按合同规定装运货物。

② 取得运输单据。

③ 托收申请。填制“托收申请书”，连同商业单据一起交托收行，委托代收货款。

④ 托收行接受委托人委托，缮制“托收委托书”，连同商业单据一起寄代收行。

⑤ 代收行收到托收委托书及商业单据，向付款人（进口商）提示付款。

⑥ 进口商填写“对外付款/承兑通知书”各项内容，并付清货款。

⑦ 代收行交单。

【拓展视频 托收申请与托收指示】

⑧ 进口商持单提货；代收行通知托收行款已收妥，并办理转账（贷记）。

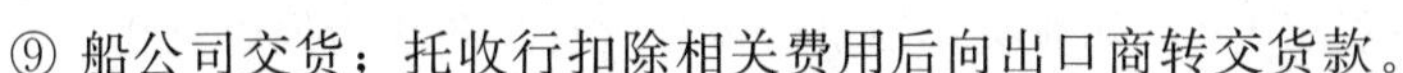

⑨ 船公司交货；托收行扣除相关费用后向出口商转交货款。

2. 承兑交单

承兑交单（D/A）业务流程如图 4.2 所示。

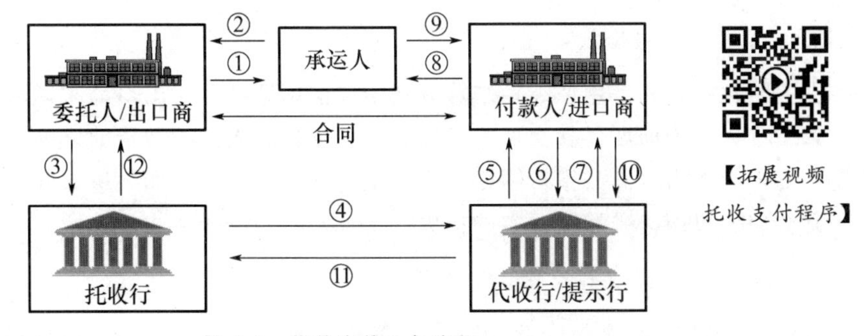

【拓展视频 托收支付程序】

图 4.2　承兑交单业务流程

承兑交单业务流程如下。

① 买卖合同中约定采用 D/A 付款，出口商按合同规定装运货物。

② 取得运输单据。

③ 托收申请。填制“托收申请书”，开立远期汇票，连同商业单据一起交托收行，委托代收货款。

④ 托收行接受委托人委托，缮制“托收委托书”，连同汇票、商业单据寄代收行。

⑤ 代收行收到托收委托书、汇票及商业单据，向付款人（进口商）提示承兑。

⑥ 进口商承兑汇票并填写“对外付款/承兑通知书”。

⑦ 代收行交单。

⑧ 进口商持单提货。

⑨ 船公司交货。

⑩ 进口商于汇票到期日付款。

⑪ 代收行通知托收行款已收讫，并办理转账。

⑫ 托收行扣除相关费用后向委托人转交货款。

【拓展知识 填写托收申请书注意要点】

由于承兑交单结算方式下，进口商承兑汇票后有可能到期拒付货款，对出口商来说，就会钱货两空，因此承兑交单对卖方风险较大。

4.3 托收的特点及出口商面临的风险及防范

4.3.1 托收的特点

作为国际贸易货款结算方式之一，托收具有以下特点。

1. 以商业信用为基础

托收最为显著的特点是属于商业信用。银行尽管参与了托收业务，但银行办理托收业务时，只凭委托人的指示办事，没有检查单据的义务，也不承担付款人必须到期付款的义务。

在进口商拒不付款赎单的情况下，除非事先约定，银行没有义务代为保管货物。如货物已经抵达，还要发生在进口地办理提货、交纳进口关税、存仓、保险、转售，甚至被低价拍卖或被退运回国等费用和损失。特别是承兑交单项下，出口商的利益就更难以保障，因此托收的风险防范就显得至关重要。

2. 较汇款方式安全

在汇款、托收和信用证3种结算方式中，信用证结算对出口商来说最为安全，其次是即期付款交单，因为即期付款交单中，在进口商（付款人）结清货款之前，代表货物所有权的单据一直控制在出口商或银行手中。而在承兑交单方式下，如果进口商在汇票到期时拒付货款，则会使出口商遭受钱货两空的损失。

3. 较信用证方式操作简便、费用低

托收方式的业务流程较信用证方式简便，所需时间短，有利于小规模贸易货款的回收。由于银行在托收过程中不承担保证付款的责任，仅扮演中间代理人的角色，所以它只收取少量的代理手续费，从而使托收方式的运作成本较信用证方式的运作成本大大降低。

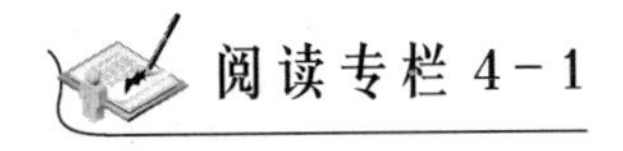

托收在实际业务中的运用

托收属于商业信用，银行尽管参与了托收业务，但银行没有检查单据的义务，也不承担付款人必须到期付款的义务。托收一般用于结算小额贷款、佣金、定金（Earnest 或 Down Payment）、尾款、样品费、代垫费等，由于这时往往没有单据，所以只能采用光票托收。

托收方式可以灵活运用，具体如下。

① 在“三来一补”的贸易方式中，可以将付款交单和承兑交单两种方式配合使用。对进口来料、来件、设备采用承兑交单，成品出口采用付款交单方式，这样就可以用出口成品的收汇来偿还进口来料、来件、设备的货款，而不必对开信用证。

② 将托收与信用证相结合使用，比例可视具体情况而定，如选择四六开、三七开或二八开。

③ 将托收与保函相结合使用，当进口商拒绝付款或拒绝承兑或承兑后拒绝付款，出口商可凭保函索取款项。

资料来源：徐春祥，等，2018. 国际贸易实务［M］. 2 版. 北京：机械工业出版社.

4.3.2 出口商面临的风险及防范

1. 出口商面临的风险

在托收业务的办理过程中，银行接受出口商的委托，既不承担保证委托人收到货款的责任，也不对单据的真伪负责，在没有特殊约定的情况下，也不对已到达目的地的货物负提取或看管的责任，出口商能否顺利收回货款，主要取决于进口商的商业信用，所以出口商作为委托人所面临的风险明显比进口商要大，归纳起来，主要有以下几种。

（1）进口商信用风险

进口商经营不善导致财务状况恶化甚至破产倒闭，延迟支付或无力支付货款；市场销售情况发生变化，进口商判断继续销售货物将无利或亏本，借故拒付；进口商恶意欺诈，在承兑交单方式下，在承兑后提货潜逃，使出口商钱货两空。

（2）代收行信用风险

代收行与进口商相互勾结，在明知进口商无力支付货款的情况下放单；代收行在收回货款后，不及时或不将货款划拨给托收行，会使出口商延迟收款或收不到货款。

（3）进口国的政治、法律风险

进口国的政策发生变动，实行外贸管制或外汇管制，进口商申领不到进口许可证或申领不到进口所需外汇。

2. 出口商风险防范

托收在我国对外货物贸易结算中也具有较为重要的地位，针对托收存在的一些风险，应注意以下几个方面的问题。

（1）深入调查进口商的资信状况和经营作风

在签订买卖合同前要对进口商的支付能力、商业信誉等进行全面了解，妥善掌握成交金额，最好不要超过其信用额度。

(2) 了解贸易国的相关规定

对于贸易管制和外汇管理较严的国家，不宜采用托收结算方式。

(3) 选择合适的交单条件

由于远期付款交单在实际业务中意义不大，因此就即期付款交单和承兑交单来讲，要明确前者的风险远小于后者。在贸易合同洽谈过程中，灵活运用各种谈判技巧，尽量争取对自己有利的交单条件。

(4) 选择信誉较好的托收行和代收行

虽然代收行只负责向付款人提示单据和催收货款，并不担保货款的回收，但其对货款回收的速度和程度起着很重要的作用。在实务中代收行与进口商相互勾结，恶意放单，拖欠货款或故意诈骗的案例并不鲜见。因此，出口商应尽量选择资信好、知名度高的银行作为代收行。如果对于代收行的情况不是很了解，也可要求托收行代为选择。

(5) 了解进口国的商业习惯，了解进口国的政治、经济动态

出口商应及时并详细了解进口国有关贸易、外汇方面的政策、法律的内容及变动的情况。由于国际市场行情的变动会对交易商品销售产生较大影响，进口商对该批进口货物所持的态度也会随着行情的变化而变化，所以在市场行情波动较大时，出口商要谨慎采用托收作为结算方式。

(6) 提单中收货人最好制成“凭发货人指示”(to Order of Shipper)

(7) 指定需要时的代理人

出口商可事先指定一个与之关系较好的进口地贸易商或代收行作为需要时的代理人，以便在发生拒付时，能及时为出口商办理货物仓储、转售、保险或运回等事宜，以减少损失和额外费用。

(8) 尽量以物权凭证作为跟单托收的附随单据

在航空运输、国际铁路联运等运输方式下签发的航空运单、铁路运单并不是物权凭证，进口商不是凭航空运单、铁路运单提货，而是凭航空公司、铁路部门向进口商签发的到货通知和有关身份证明提货。此时，出口商即使掌握航空运单、铁路运单也并不能控制货物。如果以此类非物权单据作为跟单托收的附随单据，进口商不用赎单即可提走货物，出口商利益得不到保证。此外，海运方式下签发的海运单、邮政包裹运输方式下签发的邮包收据都不是物权凭证。这些情况下，出口商不宜采用托收方式来进行结算，而应要求进口商预付货款或采用信用证方式，确保自身利益。

(9) 选择适合险别

保险选择方面，必要时应投保卖方利益险或出口信用保险。

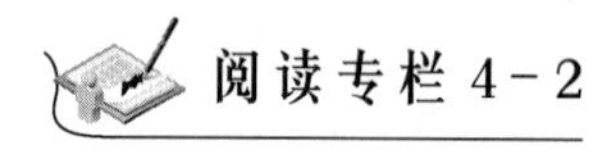

阅读专栏 4-2

出口托收押汇和进口代收押汇

在跟单托收业务中有两种押汇业务，即出口托收押汇和进口代收押汇。

出口托收押汇又称出口跟单托收(Outward Collection)押汇，是出口贸易融资方式之一，是指在托收结算方式下，出口商开出以进口商为付款人的汇票，委托托收行通过代收行向进口商(付款人)提示付款或承兑。托收行收到委托人(出口商)的汇票及全套运输单据

后，不是寄给代收行，而是根据出口商申请，按照汇票金额扣除从汇票付款日（买入汇票日）到预计收到票款日的利息及手续费，将余款先行垫付给委托人（出口商），出口商以其出口收汇款项归还托收行贷款的一种短期出口融资方式。

出口托收押汇实际上是托收行对出口商的一种垫款，是以汇票和单据作为抵押的一种短期放贷，是托收行向出口商提供的一种银行融资业务。押汇后，托收行成为汇票的善意持有人，之后将汇票和单据寄代收行，向付款人（进口商）提示，货款收妥后，即归还托收行的垫款。托收行押汇后，付款人（进口商）对汇票是否付款取决于进口商的信用，因此，托收行做出口押汇的风险较大。通常仅限于付款交单，且只发放汇票金额的一部分货款。

进口代收（Inward Collection）押汇是进口贸易融资方式之一，是指在进口代收业务中，代收行在收到出口商通过托收行寄来的全套托收单据后，根据"进口代收委托书"向进口商递交进口代收项下的单据和文件，进口商同意支付进口代收项下的货款，因资金短缺向代收行申请融资，代收行根据进口商提交的押汇申请及代收行与进口商签订的"进口代收押汇协议书"，将融资款用于支付进口代收项下的货款并放单，进口商凭单提货，用销售后的货款归还代收行押汇本息。

在远期付款交单结算方式下，代收行向进口商（付款人）提示汇票要求承兑后，进口商通常要等汇票到期日付款之后方可取得货运单据。而在进口代收押汇情况下，进口商希望在汇票到期付款前先行取得货运单据提货。具体做法是，进口商出具信托收据（Trust Receipt，TR）向代收行借取货运单据，先行提货。进口代收押汇实际上是代收行给予进口商（汇票付款人）的一种资金融通。

资料来源：徐春祥，等，2018．国际贸易实务［M］．2版．北京：机械工业出版社．

【拓展知识 托收风险启示录】

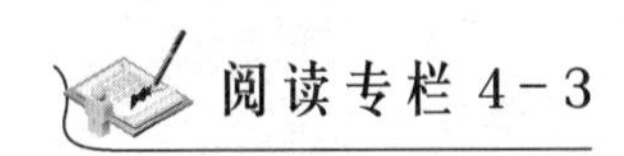
阅读专栏 4-3

国际商会《托收统一规则》

托收是国际货物贸易常见结算方式之一。各国银行在实际办理托收业务时，由于当事各方对权利、义务及责任的理解不同，加上各银行具体业务做法有差异，往往会导致误会、争议甚至纠纷。为此，国际商会于1958年草拟了《商业单据托收统一规则》（Uniform Rules for Collection of Commercial Paper），并建议各国银行采用。1967年，国际商会对该规则进行了修订。1978年，国际商会又一次对该规则进行了修订，并更名为《托收统一规则》（Uniform Rules for Collection，国际商会第322号出版物），更名后的《托收统一规则》于1979年起实施。之后，1993年国际商会再一次对《托收统一规则》进行修订，目的是适应20世纪80年代以来各国国内和国际上的国际托收程序、技术、法律和法规方面的变化，修订后的《托收统一规则》（URC522）（国际商会第522号出版物）于1996年1月1日起实施，作为对托收业务的指导性惯例。

URC522共26条，主要内容如下。

① 凡在托收申请书（委托书）中注明按URC522行事的托收业务，除非另有明文规定，本规则对有关当事人均具有约束力。

② 银行（托收行或代收行）应当善意而谨慎从事。银行的义务是严格按托收申请书内

容与 URC522 办理。

③ 除非事先已经征得银行同意，货物不应直接运交银行，也不得以银行或其指定人为收货人。否则，此项货物的风险和责任由发货方承担。

④ 银行必须确定所收到的单据与托收申请书所列内容完全一致，对于单据缺少或发现与托收申请书中所列的单据不一致时，必须毫不延迟地用电信或其他快捷方式通知发出托收申请书的一方。除此之外，银行没有进一步审核单据的义务。

⑤ 托收如被拒绝付款或拒绝承兑，提示行（代收行）必须毫不延迟地向发出托收指示书的银行（托收行）送交拒绝付款或拒绝承兑的通知。托收银行在收到此通知后，必须在合理时间内对代收银行作出进一步处理有关单据的指示。提示行如在送出拒付通知 60 天内仍未接到该项指示，可将单据退回托收行，而不负任何责任。

⑥ 托收不应含有凭付款交付商业单据指示的远期汇票。如果托收含有远期付款的汇票，该托收申请书中应注明商业单据是凭承兑交单（D/A）还是凭付款交单（D/P）。如果无此注明，商业单据仅能凭付款交单，代收行对因此迟交单据而产生的任何后果不负责任。

此外，URC522 还对托收费用、部分付款、拒付证明、托收情况的通知等问题作了具体规定。

URC522 是一项国际惯例，不具有强制性，当事人只有事先在托收申请书中约定以该规则为准时，才会受其约束。我国银行在进出口业务中，使用托收方式结算时，也参照 URC522 的相关解释办理。

资料来源：国际商会中国国家委员会（ICC CHINA）组织，2003. 国际商会托收统一规则. [M]北京：中国民主法制出版社.

本章小结

本章介绍了国际贸易结算基本方式之一——托收。托收是指债权人（一般为出口商）为了取得因商品、劳务或其他交易引起的应收款项，开立汇票或其他金融单据，单独或连同商业单据一起交给本地银行，委托该银行通过其在国外的分行或代理行，向债务人（一般为进口商）收取相应款项的方式。

托收业务中的当事人主要有委托人、托收行、代收行和付款人。托收可以分为跟单托收和光票托收，其中跟单托收在国际贸易中较常使用。跟单托收又可分为即期付款交单、远期付款交单、承兑交单，业务流程略有不同，风险度依次增加，进出口商可根据业务需求在国际贸易过程中灵活选用对自己有利的交单方式。

托收方式以商业信用为基础，风险比汇款方式低，费用比信用证方式低，操作也比信用证方式简便。但是，对于进出口双方来说，采用托收方式进行结算形成的资金和风险负担是不平衡的，出口商面临信用、政治、操作等多方面的风险。因此，出口商应采取防范措施，有效地规避或减少风险。

URC522 是国际商会制定的规范托收业务的国际贸易惯例，统一了各国对于有关托收的惯例和程序的理解和做法，对减少当事人在托收业务中的误解、争议和纠纷起到了较大作用。我国已经正式加入国际商会，我国银行在采用托收作为结算方式时，均按照 URC522 的原则和解释办理。

关键术语

托收　Collection　　跟单托收　Documentary Collection
光票托收　Clean Collection　　委托人　Principal
托收行　Remitting Bank　　代收行　Collecting Bank
付款人　Payee/Drawee　　提示行　Presenting Bank
付款交单　Documents against Payment，D/P
远期付款交单　D/P after Sight　　出口托收　Outward Collection
进口代收　Inward Collection　　提示　Presentation
通知　Advice　　金融单据　Financial Documents
商业单据　Commercial Documents　　托收申请书　Collection Order
需要时的代理人　Agent in Necessity　信托收据　Trust Receipt，T/R
托收统一规划　Uniform Rules for Collection，URC522

综合练习

【第4章 在线测试】

一、简答题

1. 什么是托收？托收涉及的主要当事人有哪些？
2. 托收的种类有哪些？简述其业务流程。
3. 试述托收方式的特点。
4. 出口商在采用托收作为结算方式的过程中会面临哪些风险？应该如何防范？
5. 付款交单和承兑交单同为托收方式，对于出口商来说，哪一方式风险较大？为什么？

二、案例分析题

1. 2019年2月，美国PLATELITE公司向浙江三旗公司采购两批总金额为166 186.22美元的发光面板，约定结算方式采用D/P at 120 days Sight。三旗公司交付货物后委托宁波招商银行办理跟单托收，并指定FROST NATIONAL BANK作为代收行向付款人美国PLATELITE公司收款。FROST NATIONAL BANK对托收委托书和相应的全套单据进行了签收。

然而，直到2019年10月，三旗公司仍未收到货款，FROST NATIONAL BANK对托收结果也一直未进行回复。三旗公司从其他渠道获悉美国PLATELITE公司提走了全部货物，货物承运人也已收回上述货物的全套正本提单。

问：谁应当对此承担责任？

2. 君诚公司与A国进口商B公司成交了一批衬衣，合同金额800 000美元，结算方式是D/P at Sight。B公司要求，货款须通过它在当地的开户银行C银行办理托收。君诚公司于2020年1月12日发货后即交单给当地D银行托收，在托收申请书上明确注明“D/P即期，通过A国C银行托收”。但是D银行仍按照通常渠道，委托它在A国的代理行E银行代收。单据于1月22日寄达E银行，因该行不在进口商所在地，E银行又委托其联行F银行代收。F银行收单后与B公司进行联系，但因君诚公司提供的商业发票上标明的是B公

司迁移前的旧地址,一时无法与B公司取得联系。F银行没有将此情况通知E银行，而是将单据搁置起来。按照惯例，D/P at Sight 在单据寄达后数天内可收汇，但到2月20日，C银行仍未收到货款，但C银行也未及时查询。适值A国政府准备宣告货币贬值，同时公布新的外汇管理办法。根据新办法，该笔货款政府不予供汇，B公司需向自由市场以议价购汇。B公司在货物抵港时寻找单据的下落，通过君诚公司向C银行查询，才发现原指定代收行已被改为E银行。B公司要求仍将单据转至C银行办理托收。待单据从F银行处转至C银行时，已是3月4日，A国货币已经贬值。B公司一方面以1美元折合9单位A国货币的比价向C银行交付7 200 000单位A国货币提货；另一方面向君诚公司提出索赔，要求赔偿由于单据迟交所造成的损失。经过君诚公司与B公司的多次函电往来，并通过我国驻A国商务参赞处与B公司直接协商，最后双方同意各承担50%汇价损失。

问：我们应该从此案例中吸取哪些教训？

3. 上海申达股份有限公司委托香港上海汇丰银行有限公司上海分行向美国万隆公司收取货款140 393.55美元，托收方式为即期付款交单。申达公司向香港上海汇丰银行有限公司上海分行提供了全套单据，但因香港上海汇丰银行有限公司上海分行错写了代收行地址，将原应寄给美国加利福尼亚州联合国民银行的托收单据误寄给了美国佛罗里达州梅隆联合国民银行。佛州银行收到托收单据后，未收妥款项便将单据寄交美国万隆公司。万隆公司提取货物后拒绝付款，申达公司诉请法院判令香港上海汇丰银行有限公司上海分行赔偿其托收款140 393.55美元及利息和退税损失人民币268 750.89元。法院以香港上海汇丰银行有限公司上海分行办理托收虽未尽到善意和谨慎的义务，但不负有对申达公司先行赔偿的义务为由，判决不予支持申达公司的诉讼请求。

问：法院的判决是否合理？

三、技能拓展题

陈天是北京开开贸易公司出口部职员，最近他所在的公司与美国T公司签订了一份瓷器出口合同，合同号KJM540－9973，合同金额350 000美元。双方谈妥以D/P at Sight 方式进行结算。现公司决定委托中国银行北京分行通过CITI BANK NEW YORK BRANCH来收取款项，由陈天来负责办理托收的相关手续。

如果你是陈天，你应该向哪家银行申请办理托收业务？应该向该银行提供哪些相关资料？应该在托收项下交单委托书上注明哪些有关事项？

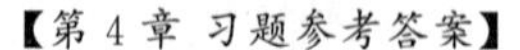

【第4章 习题参考答案】　　【附录】

第 5 章　国际结算基本方式——信用证

教学目标

通过本章的学习，理解信用证的含义及特点，理解信用证涉及的主要当事人及其权利与义务，了解信用证的分类，掌握不可撤销即期跟单信用证的业务操作流程，掌握开证申请书的填写方法，了解信用证的主要内容，了解信用证结算方式的风险及其防范，了解UCP600及其主要内容。

教学要求

知识要点	能力要求	相关知识
信用证的基本知识	理解信用证的含义与特点，在实际业务中明确不同种类信用证应用、涉及的当事人及各自的权利与义务	信用证的含义，信用证的特点，信用证涉及的当事人及各当事人的权利与义务，信用证的种类
信用证的业务流程	明确信用证的主要内容，掌握不可撤销即期跟单信用证操作流程，掌握开证申请书的填写方法	不可撤销即期跟单信用证操作流程，开证申请书的填写方法，信用证的主要内容
信用证业务的风险与防范	运用所掌握的风险与防范知识分析各种案例并在实际业务中能够规避各种风险	信用证项下的风险，信用证项下风险的防范

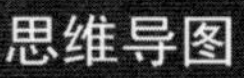
思维导图

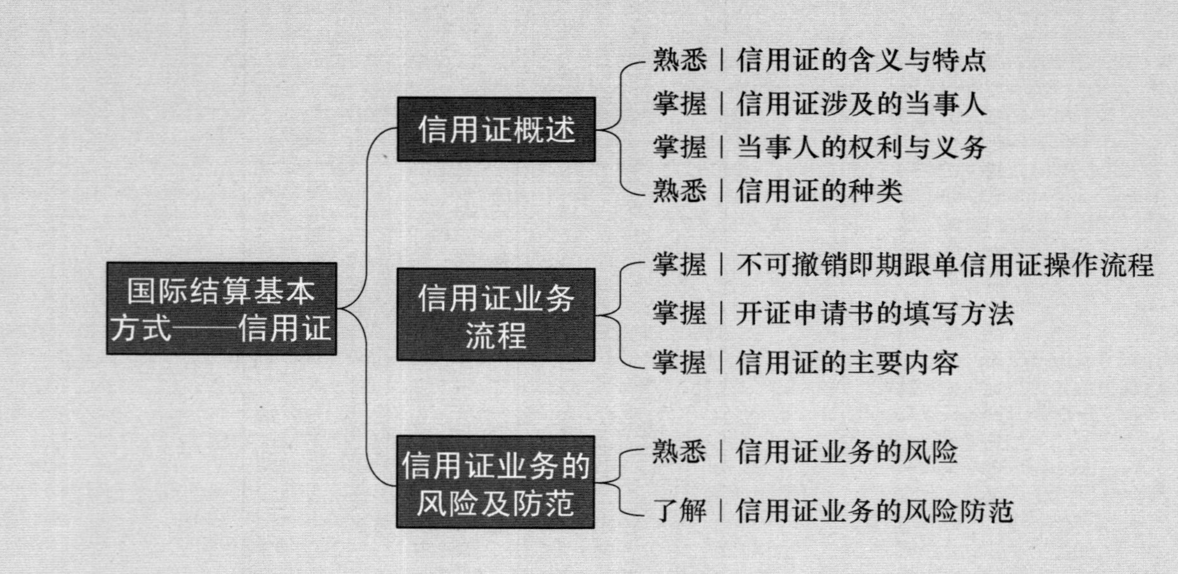

国际结算基本方式——信用证
信用证概述
熟悉 | 信用证的含义与特点
掌握 | 信用证涉及的当事人
掌握 | 当事人的权利与义务
熟悉 | 信用证的种类
信用证业务流程
掌握 | 不可撤销即期跟单信用证操作流程
掌握 | 开证申请书的填写方法
掌握 | 信用证的主要内容
信用证业务的风险及防范
熟悉 | 信用证业务的风险
了解 | 信用证业务的风险防范

我国某粮油食品进出口公司A向国外某贸易公司H出口2 500吨油籽产品，合同规定商品含油量最低为29%，支付条件为不可撤销远期信用证（L/C at 30 days Sight）。A公司按照信用证有关规定，在对方船舶到达港口时即装运货物。同时船公司要求提单上的运费条款必须填写“Freight payable as per charter party”（运费按照租船合同办理）。

A公司核查信用证发现，信用证对运费未规定具体填写要求，如果按船公司要求填写，与信用证要求并不抵触，所以A公司按船公司要求填写了提单。

当A公司装运完毕，并持单据向本地议付行要求议付，却遭到拒付，理由是：提单上列明的“运费按照租船合同办理”条款构成了租船合同提单，而UCP600规定，只有在信用证要求或允许提交租船合同提单时银行才能接受租船合同提单。然而，H公司开来的信用证上并未表示允许提交租船合同提单。A公司只得立即联系H公司，请求修改信用证为接受租船合同提单。但H公司提出：修改信用证将导致时间延误，而A公司已将货物装运，船不久可到港，届时货到港因无法提货，需额外支付一笔不菲的港口仓库保管费用。因此建议将结算方式改为承兑交单托收（D/A），由A公司通过H公司所在地的开证行以见票后30天付款的汇票办理托收。A公司考虑再三，也担心由于修改信用证而导致货物滞留港口、影响质量，于是同意了H公司关于改变结算方式的提议，改以承兑交单见票后30天付款办理托收。

谁知过了一个多月，A公司却接到银行通知：该托收付款人（H公司）拒付，其理由是货物品质不符合同。A公司不得不派人到国外与H公司当面交涉，发现对方是用另外一种检验方法得出的结论，无奈合同中又未对货物检验方法作出统一规定，几经与H公司交涉、商洽，最后A公司只好同意对方的要求降价25%进行结算，A公司损失20多万美元（包括利息、派出人员费用等）。

资料来源：袁永友，2001. 国际商务经典案例［M］. 北京：经济日报出版社.
杨巧，蒋勇，2019. 国际结算［M］. 2版. 南京：南京大学出版社.

本案需要思考的问题是，为什么将信用证结算改为托收结算后出口方就会变得非常被动，并最终招致重大损失？与托收方式相比，信用证结算方式到底有哪些优势？这些都是本章要回答的问题。本章将从基础知识、业务流程、风险与防范及操作惯例等几个方面对信用证结算方式做全面介绍。

5.1　信用证的含义与特点

信用证（Letter of Credit，L/C）是国际货物贸易货款结算中重要的结算方式之一。前面介绍的汇款和托收两种结算方式，银行仅提供结算服务，但没有提供任何信用，货物与货款能否如期实现对流，完全取决于买卖双方的商业信用。在买卖双方彼此缺乏信任和了解的情况下，一些结算方式就难以达成。在此情况下，非常需要一个买卖双方认可的第三方参与货款的结算，以解决买卖双方之间互不了解、互不信任的矛盾，这个第三方便是银行。

银行通过开立信用证向卖方提供银行信用，把进口商履行付款的义务转变为由银行（开证行或付款行）来履行，从而保证了出口商安全收汇，进口商按时收到商业单据并取得货物。

信用证使用非常广泛，国际商会于1930年拟订了一套完整的管理跟单信用证的统一规范，即《商业跟单信用证统一惯例》，并前后多次修订和完善，最新的一次修订始于2005年，形成了《跟单信用证统一惯例》（国际商会第600号出版物，UCP600）并于2007年7月1日生效实施。

5.1.1 信用证的含义

UCP600第2条对信用证定义为：信用证是一项不可撤销的安排，无论其名称或描述如何，该项安排构成开证行对相符交单予以承付的确定承诺。(Credit means any arrangement, however named or described, that is irrevocable and thereby constitutes a definite undertaking of the issuing bank to honour a complying presentation.）其中，“开证行”是指应（开证）申请人要求或者代表自己开出信用证的银行。“相符交单”是指与信用证条款、本惯例的相关适用条款，以及国际标准银行实务一致的交单。“承付”是指如果信用证为即期付款信用证，则即期付款；如果信用证为延期付款信用证，则承诺延期付款并在承诺到期日付款；如果信用证为承兑信用证，则承兑受益人开出的汇票并在汇票到期日付款。

简单地说，信用证是银行（开证行）应开证申请人（进口商）的申请，开立给受益人（出口商）的有条件承诺付款的书面文件。有时开证行可以不经客户申请，而根据自身业务需要，直接向受益人开立信用证，这种情况主要是银行为了向他人融资或购买物品时开立的备用信用证。

阅读专栏5-1

对于信用证含义的理解

第一，信用证是银行（开证行）作出的书面付款承诺。信用证与汇款和托收的根本区别在于，开证行以其自身的信用为担保，向受益人（出口商）作出一个付款承诺，这个承诺一经作出，银行则取代进口商成为第一付款人。

第二，开证行只在“指定的”条件下履行“有限的”付款责任。其中“指定的”条件包括3个：①受益人需提供指定的单据，也就是提交与信用证规定完全相符的单据；②受益人必须在信用证指定的时间提交单据；③受益人必须在信用证指定的地点提交单据。而“有限的”付款责任是指开证行支付的金额仅以不超过信用证金额为限。

5.1.2 信用证的特点

从UCP600关于信用证的定义（第2条），以及第4条和第5条中，可总结信用证具有以下几个特点。

(1) 信用证是一种银行信用

信用证结算方式下，开证行承担第一（首要）付款责任。信用证是开证银行作出的有条件付款的要约，这个条件是受益人提交符合信用证规定的商业单据（提单、商业发票、装箱单、原产地证书或其他单据）和金融单据（汇票），一旦受益人接受该条件，双方的契约关系即告成立。开证行以自己的信用作出付款保证，开证行对受益人付款后，即使开证申请人拒付货款，开证银行也不能以此向受益人追回已付的货款。

阅读案例5-1

开证申请人破产后的付款问题

案情简介

天津某公司收到国外客户开立的不可撤销信用证一份，并按来证要求装货出运，但在尚未将单据交中国银行天津分行议付之前，突然收到开证行通知，称开证申请人（买方）已经破产，为此开证行不愿再承担付款责任。请问我出口公司应如何应对？

案例分析

我出口公司仍然可以坚持向开证行索取货款。理由是，信用证是一种银行开立的有条件的承诺付款的书面文件，也是开证银行对受益人作出的一种保证，只要受益人履行信用证所规定的义务，即受益人只要提交符合信用证所规定的各种单据，开证行就必须付款。信用证的特点是开证行承担第一付款责任；另外，不可撤销信用证是指信用证开具后，在有效期内，非经信用证各有关当事人同意，任何一方不得片面修改或撤销。

结合本案例，虽然开证申请人破产倒闭，但由于采用的是信用证付款方式，开证行承担第一付款责任；另根据不可撤销信用证的规定，只要我方公司提供符合信用证的各种单据，开证行是不得拒付的。故我方公司应坚持向开证行索取货款。

资料来源：李秀芳，2015. 进出口贸易实务案例及问题解答 [M]. 北京：电子工业出版社.

（2）信用证是一种独立文件

UCP600 第 4 条规定：“就其性质而言，信用证与可能作为其开立基础的销售合同或其他合同是相互独立的交易，即使信用证中含有对此类合同的任何援引，银行也与该合同无关，且不受其约束。”换句话说，信用证的开立以双方签订的合同为依据，但信用证一经开立，就成为独立于销售合同之外的另一种契约，不受销售合同的约束，开证行和参与信用证业务的其他银行只按信用证的规定办理有关业务。

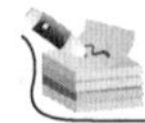

阅读案例 5-2

合约与信用证，究竟以谁为准？

案情简介

国内某出口企业 B 公司向南非 M 公司出口一批货物，合同签订后不久收到 M 公司委托南非某银行所开立的跟单信用证。B 公司经检查发现信用证内容中关于货物的起运港口与销售合同有不同之处：销售合同规定起运港为“QINGDAO”；而信用证却规定起运港为“MAIN PORT OF CHINA”，即允许 B 公司自由选择中国境内的主要港口出运。B 公司因考虑装运方便，遂从烟台起运。货物抵达南非后，进口商要求开证行以货物起运港非青岛而拒绝付款。开证行应该接受进口商的请求吗？

案例分析

不应该。因为根据 UCP600 的规定，银行只需确定单据与信用证相符，而不用理会与贸易合同有关的事项或货物本身的情况。本案中出口商完全按信用证条款的规定行事，因此应该得到开证行的付款，而开证行在付款后也应该得到进口商的偿付。

（3）信用证业务是一种单据业务

UCP600 第 5 条规定：“银行处理的是单据，而不是单据可能涉及的货物、服务或履约行为。”这就意味着，银行在处理信用证业务时，只凭单据而不问货物。采用信用证方式结算时，只要出口商提交的单据符合信用证的要求，银行就必须付款。反过来说，如果出口商提交的单据和信用证的要求不相符，即使所交付的货物与合同完全相符，银行也可能拒付货款。因此，信用证业务中，要求出口商向银行提交单证时，应保证“单证一致，单单相符”。

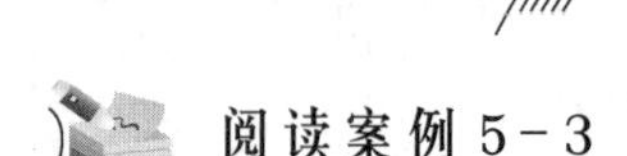

阅读案例 5-3

议付前货物灭失怎么办?

案情简介

2012 年 10 月，法国某公司（卖方）与中国某公司（买方）在上海订立了买卖 200 台计算机的合同，每台 CIF 上海 1 000 美元，以不可撤销的信用证支付，2012 年 12 月在马赛港交货。2012 年 11 月 15 日，中国银行上海分行根据买方指示向卖方开出了金额为 20 万美元的不可撤销的信用证，委托马赛的一家法国银行通知并议付该信用证。2012 年 12 月 20 日，卖方将 200 台计算机装船并取得信用证要求的提单、保险单、发票等各种单证后，即到该法国议付行进行议付。经审查，单证一致，银行即将 20 万美元扣除相关费用后支付给卖方。与此同时，载货船舶离开马赛港 10 天后，由于在航行途中遭遇特大风暴，轮船触礁后，连同货物一起沉入大海。此时开证行已收到了议付行寄来的全套单据，买方也获知货物全部损失的消息。中国银行上海分行拟拒付议付行支付的 20 万美元货款，理由是其客户不能得到所期待的货物。

案例分析

① 这批货物的风险自货物交到装货港船上起，就由卖方转移给买方。

② 开证行无权拒付。根据 UCP600 的规定，信用证独立于买卖合同，银行只负责审单。只要单据与信用证条款相符，银行（开证行）必须承担其付款义务。

③ 本案例中，买方可凭保险单及有关载货船舶沉没的证明，向保险公司进行索赔。

资料来源：李秀芳，2015. 进出口贸易实务案例及问题解答 [M]. 北京：电子工业出版社.

信用证的上述特点保证了受益人所得到的银行信用是充分、可靠、不受第三方干扰的，也保证了银行不会卷入可能的商业纠纷，从而使信用证业务具有良好的可操作性。

5.2 信用证涉及的当事人及其权利与义务

5.2.1 信用证涉及的当事人

信用证涉及的当事人是指参与信用证交易的有关各方。其中最基本的当事人是开证申请人、开证行和受益人。此外，信用证业务还会涉及一些当事人，如通知行、议付行、付款行等。

1. 开证申请人

开证申请人又称申请人，是指向银行提出申请开立信用证的人，一般是进口商。

2. 开证行

开证行是指接受开证申请人的委托，向受益人开立信用证的银行，一般是进口商所在地的银行，开证行对开出的信用证负有第一付款责任。

3. 受益人

受益人是指信用证上所指定的有权使用该信用证的人，一般是出口商。受益人通常是汇票的出票人。

4. 通知行

通知行是指接受开证行的委托，将信用证转交给受益人的银行。通知行一般是出口商所在地的银行，同时又是开证行的代理行或分支机构。通知行仅负责将开证行开来的信用证通知并转交给受益人以及审核信用证表面真实性，无须承担其他义务。

5. 议付行

议付行又称押汇银行，是指根据开证行的授权买入受益人开立的汇票以及受益人提交的符合信用证规定的单据的银行。议付行在扣除必要的费用后，将货款垫付给受益人。议付行一般是出口商所在地的银行，通常是通知行，也可能是其他银行。和开证行不同，议付行向付款行索汇不成，对受益人有追索权。

6. 付款行

付款行是指开证行在信用证中指定的、授权其在单据相符时对受益人的汇票进行付款的银行。付款行多数情况下就是开证行，当然也可以是其他银行。付款行付款后对受益人没有追索权。

7. 偿付行

偿付行是指信用证中指定的替开证行向议付行、承兑行或付款行付款的银行。偿付行不接受、不审核单据，若偿付行未能偿付，开证行不能解除自身的偿付责任。

8. 保兑行

保兑行是指应开证行的请求在信用证上加具保兑的银行。一般是出口地的通知行对信用证加以保兑。信用证一经保兑，保兑行就要对信用证负责，如果付款行不付款，保兑行就要承担付款责任。

9. 承兑行

承兑行是指开证行在承兑信用证中指定的对信用证项下的汇票加以承兑的银行。远期信用证项下承兑行可以是开证行本身，也可以是开证行指定的另外一家银行。

5.2.2 信用证当事人的权利与义务

信用证结算涉及开证申请人、开证行、受益人等多个当事人，了解信用证不同当事人的权利与义务，对进一步理解信用证结算方式具有现实意义。

1. 开证申请人的权利与义务

① 开证申请人有权在出口方未提供规定的履约保证金时不开立信用证。

② 开证申请人有权在出口方未按信用证装船、交单时，没收其保证金。

③ 开证申请人有权检验单据，若单证不符，有权拒绝赎取不符合信用证条款的单据，并拒绝付款。

④ 开证申请人履行付款后，有权检验货物。但开证申请人在提取货物后，如果发现货物规格、数量等与单据不符，不能向开证行追究责任和索还货款，只能根据过失责任，向有关方面（承运人、出口商或保险公司等）索赔。

⑤ 开证申请人应严格遵守合同条款，在合同规定期限内，通过银行开出与合同条款内容相一致的信用证，并交付押金，但不能以超出合同条款以外的内容对受益人（出口商）提出额外要求。

⑥ 在信用证与合同不符的情况下，当接到受益人符合合同规定的修改通知时，开证申请人应修改信用证。

⑦ 信用证如系不可撤销的，则一经开出，除非得到受益人同意，开证申请人不得擅自要求开证行修改或撤销。

⑧ 在开证行履行付款责任后，开证申请人应根据申请书的规定，在接到开证行的付款赎单通知书后，及时将货款付给开证行，赎取单据。即使银行由于种种原因（如倒闭）不能向受益人付款，开证申请人仍有偿付卖方货款的责任。

2. 开证行的权利与义务

① 开证行具有开立信用证的义务。开证申请人通过提交开证申请书与开证行之间确立合同关系，开证行必须严格按照申请书的指示开立信用证。

② 开证行在开立了信用证后，若对符合信用证规定的单据进行了付款，则开证行有权从申请人处获得偿付。但若开证行所开立的信用证背离了开证申请书，或开证行错误地兑付了单证不符的单据，申请人有权拒绝偿付。

③ 开证行有权向开证申请人收取手续费或预收押金。

④ 开证行有权以单据为依据，决定是否向议付行提出单证不符的异议，并拒付议付行或代付行收下的错误单据。

⑤ 在议付行对开证行使用电报索偿方式时，若发现单证不符，开证行有权追回已付款项。

⑥ 开证行具有付款的义务。信用证受益人提交的单据如果符合信用证规定，开证行就必须向受益人支付信用证金额或承兑受益人出具的汇票。开证行不得以进口商无付款能力、未交付押金或手续费、有欺诈行为及欺骗开信用证等借口，推卸信用证项下的付款责任。

⑦ 开证行在审核验单付款后，不能向受益人或议付行或代付行行使追索权，或改变付款责任要求退款。

⑧ 开证行具有审核单证的义务。审核单证是开证行的一项重要义务，审单时应遵循严格相符原则，即要求单据表面内容应与信用证内容严格一致。

⑨ 开证行具有保管单据的义务。受益人按信用证规定将全套单据提交给开证行，在开证行审核单据、兑付货款前的这段时间，开证行作为受益人的受托人有责任保管单据。因此，开证行必须对这期间单据的残缺、改动或损坏等负责。

⑩ 开证行在持有单据期间，不得擅自处置单据。如果开证行认为单据有不符点，就不应将单据正本寄交申请人，即使开证申请人宣称他需要检验货物，开证行也不应擅自做主。否则，由此引起的后果由开证行承担。

⑪ 开证行具有如下免责条款。第一，对单据有效性的免责。对于任何单据的形式、完整性、准确性、真伪性或法律效力，或对于单据上规定或附加的一般性或特殊性条件概不负责；对任何单据中有关货物的描述、数量、重量、质量、状况、包装、交货、价值或存在与否，或对于发货人、承运人、货运代理人、收货人、货物的保险人或其他任何人的诚信、行

为、疏忽、清偿能力、执行能力或信誉也概不负责。第二，对电文传递的免责。开证行对于任何电文、信函或单据传递中发生的延误或遗失所造成的后果，或对于任何电信传递过程中发生的延误、残缺或其他差错概不负责；银行对技术术语的翻译或解释上的错误，不负责任，并可不加翻译地传送信用证条款。第三，对不可抗力的免责。开证行对于天灾、暴动、骚乱、战争或银行本身无法控制的任何其他原因，或对于任何罢工或停工而中断营业所引起的一切后果概不负责。除非经特别授权，开证行在恢复营业后，对于在营业中断期间已逾期的信用证，将不再据以进行付款、承担延期付款责任、承兑汇票。

3. 受益人的权利与义务

① 受益人具有接受或不接受信用证的权利。在收到信用证时，发现信用证与合同不符，受益人有权要求修改信用证；如修改后仍然不符，受益人有权拒绝接受信用证，并有权不接受有关的信用证的修改。

② 受益人有按期备货装运的义务。受益人（出口商）应严格按信用证规定的要求备货和装运，以取得代表货物所有权的单据（提单），提单内容应与信用证要求一致。

③ 受益人具有向开证行提交合格单据的义务。受益人（出口商）应在信用证有效期内，向银行提供完整齐全的、符合信用证规定的单据，要求开证行付款。

④ 受益人具有获得货款的权利。受益人（出口商）按规定向开证行提交了符合规定的单据，开证行应按规定付款或承兑。通常情况下，出口商只能凭信用证获得付款，但如果出口商按信用证规定向开证行提出要求而未获得付款，也可以根据买卖合同直接向进口商要求付款。

⑤ 受益人具有在特殊情况下将货物转卖他人的权利。如进口商破产或开证申请人与开证行均倒闭破产，受益人有权行使留置权、扣押权及要求停运的权利。如在行使这些权利后，进口商未能在合理时间内付款或有满意的回复，受益人有权将货物转卖他人。

⑥ 受益人在特殊情况下的权利。在开证行倒闭、议付行向受益人追索的情况下，受益人有权持单据向开证申请人要求付款，即使开证申请人已交付了开证保证金，遭受了损失，也不影响受益人的此项权利；如信用证经过保兑，则开证行倒闭后，受益人可向保兑行要求付款。

4. 通知行的权利与义务

① 通知行可以拒绝接受有关信用证通知或修改的委托，但通知行必须毫不延误地告诉开证行；通知行决定通知信用证或信用证修改时，应合理审慎地核验所通知信用证的表面真实性，否则须承担法律责任。

② 通知行具有告知的义务。通知行如不能核验所通知信用证或修改的信用证的表面真实性，必须毫不延误地告知开证行；在此情况下，若通知行仍然决定将信用证或修改通知受益人，也必须将这一事实告知受益人。在国际贸易业务中，通知行一般在未能核对真实性的信用证或修改上加有“印押未符，请暂缓出运”或类似文句的专用章，以告知与警示受益人。

③ 通知行有收取通知费或因通知而产生的其他费用的权利。如信用证中规定“开证行以外的费用由受益人承担”，通知行因受益人拒付或其他原因收不到该项费用时，可以向开证行收取，开证行不得拒付。

5. 议付行的权利与义务

① 在信用证的有效期内，接受受益人提交的单据，进行审单并垫付款项。

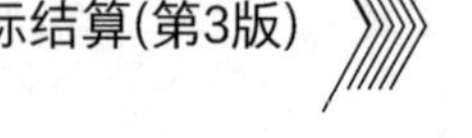

② 当发现单证不一致时，有权拒绝议付。

③ 有追索权。无论开证行由于何种原因拒付或倒闭，议付行均有权向受益人追回所垫款项；在需要汇票的信用证项下，议付行由于承购或贴现信用证项下汇票后即成为该汇票善意持有人或正当持票人，对开证行及付款行享有不受其他权益约束的请求权，对受益人也享有追索权。

6. 保兑行的权利与义务

① 保兑行有选择权。保兑行具有是否接受开证行的委托和请求，对指定信用证加具保兑的选择权，如认为开证行的信誉不佳，可拒绝接受开证行的加保要求。

② 保兑行具有不可撤销的责任。无论开证行发生什么变化，保兑行都不能单方面撤销或变更其保兑责任。

③ 保兑行具有审单权。对受益人或议付行或其他指定银行交来的单据，有义务按信用证的规定进行审核。

④ 对于与信用证条款不符的信用证，保兑行有要求受益人在一定期限内更改单据或对受益人作出拒付的权利。

⑤ 保兑行对不可撤销信用证加具保兑后，就构成了其对信用证在开证行以外的确定的付款责任，是信用证的第一付款人，对议付行和受益人独立负责。

⑥ 保兑行有权按约定向开证行收取酬金以及对单据进行付款清偿。

⑦ 保兑行在其已经议付或代为付款后，无论开证行倒闭还是保兑行付款后发现单证不符，都无权向受益人进行追索。

7. 偿付行的权利与义务

① 偿付行具有选择权。偿付行有权选择是否接受开证行的委托与要求作为指定信用证的偿付行。如认为开证行信誉不佳，可拒绝接受开证行的要求。

② 偿付行有收取偿付费用的权利。除非信用证另有规定，偿付费用由开证行承担。

③ 偿付行有追索权。偿付行凭议付行电报索偿指示或邮寄的指示付款，并不需要审核单据（通常在有偿付行的信用证中，单据被要求寄往开证行，因而偿付行也无法审核单据），因此，偿付行付款后，若开证行在见单后发现单证不符，偿付行可以直接向议付行追回已付的款项，行使追索权。

④ 偿付行的费用应由开证行承担。然而，假如费用系由受益人承担，则开证行有责任在信用证和偿付授权书中予以注明。如偿付行的费用系由受益人承担，则该费用应在偿付时从支付索偿行的金额中扣除。假如未发生偿付，开证行仍有义务承担偿付行的费用。

⑤ 假如偿付行未能于首次索偿时即行偿付，则开证行不能解除其自身的偿付责任。

8. 承兑行的权利与义务

① 承兑行具有选择权。

② 承兑行具有审核单据以决定是否承兑的权利。承兑行收到受益人提交的单据时，有审核单据的权利。若单据不符，可以拒绝承兑；若单据相符，再行承兑之责。

③ 承担到期付款的责任。若开证行的指定银行为承兑行，无论开证行倒闭或发生支付困难，承兑行都要履行付款的责任。

5.3　信用证的种类

信用证的种类是指信用证按不同标准的分类。了解信用证的种类对完整地理解信用证结算方式和正确填写开证申请书是很有帮助的。信用证可分为以下几种类型。

1. 不可撤销信用证和可撤销信用证

按开证行对所开立的信用证所负的保证付款责任性质来划分，信用证分为不可撤销信用证和可撤销信用证两种。

（1）不可撤销信用证

不可撤销信用证是指信用证一经开立，在有效期内未经受益人及有关当事人同意，开证行不得片面修改或撤销的信用证。只要受益人提交的单据符合信用证的规定和要求，开证行就必须履行付款义务。这种信用证在国际贸易中经常被采用。

（2）可撤销信用证

可撤销信用证是指信用证开立后，开证行不经受益人同意，也不必事先通知受益人，在议付行议付之前，可随时修改或撤销的信用证。这种信用证对受益人没有保障，很少使用。

UCP600 第 3 条规定："信用证是不可撤销的，即使未如此表明。"意思是，按UCP600规定开立的信用证都是不可撤销的信用证，这样，可撤销信用证实际上已经不再使用。

2. 跟单信用证和光票信用证

按信用证项下的汇票是否附有商业单据，信用证分为跟单信用证和光票信用证两种。

（1）跟单信用证

跟单信用证是指凭汇票和商业单据（提单、保险单、装箱单、发票以及原产地证书等）付款、承兑或议付的信用证。国际货物贸易货款结算中广泛使用跟单信用证。

（2）光票信用证

光票信用证是指开证行仅凭受益人开具的汇票而无须附上商业单据就予以付款的信用证。在采用信用证方式预付货款时，通常采用光票信用证。

3. 即期信用证和远期信用证

按付款时间不同划分，信用证分为即期信用证和远期信用证。

（1）即期信用证

即期信用证是指开证行或付款行在收到符合信用证要求的汇票和单据时，立即付款的信用证。即期信用证下，受益人可凭即期汇票和全套单据收取货款。

（2）远期信用证

远期信用证是指开证行或付款行收到符合信用证条款的远期汇票和单据后，在规定的期限内履行付款义务的信用证。远期信用证下，受益人可凭远期汇票和单据收取货款。

4. 即期付款信用证、延期付款信用证、承兑信用证

根据 UCP500 的规定，按信用证付款方式的不同划分，信用证分为即期付款信用证、延期付款信用证、承兑信用证和议付信用证。但是 UCP600 第 2 条将跟单信用证分为 3 种形式，分别是即期付款信用证、延期付款信用证、承兑信用证，删掉了议付信用证。

（1）即期付款信用证

即期付款信用证是指付款行（通常是开证行）收到与信用证条款相符的单据后立即履行付款义务的信用证。即期付款信用证项下，商业单据能单独作为付款凭单，但在付款时通常要求即期信用证。换句话说，即期付款信用证一般不要求受益人开具汇票，而仅凭受益人提交的单据付款。因此，即期付款信用证和即期信用证还是有一定区别的。而实际业务操作中，银行经常把即期付款信用证当作即期信用证来处理。

（2）延期付款信用证

延期付款信用证是指开证行在信用证中规定货物装运后若干天付款，或开证行收单（受益人提交单据）后若干天付款的信用证。这种类型的信用证不要求提交汇票，不作承兑，受益人无法将汇票进行贴现。当受益人（出口商）“按规定”出示单据时，银行不承兑汇票，而是给受益人一份担保书，通知受益人何时能收到货款。因此，延期付款信用证和远期信用证也是有区别的。

（3）承兑信用证

承兑信用证是指当受益人向指定银行开具远期汇票并提示时，指定银行即行承兑，并于汇票到期日履行付款的信用证。承兑信用证一般用于远期付款的交易。

5. 保兑信用证和不保兑信用证

按信用证有无另一家银行加具保证兑付进行划分，信用证分为保兑信用证和不保兑信用证。

（1）保兑信用证

保兑信用证是应信用证受益人的要求，开证行请求另外一家银行对开立的信用证加以保证兑付的信用证。对信用证加以保兑的银行称为保兑行（Confirming Bank）。保兑行和开证行一样，承担第一（首要）付款责任。国际贸易结算业务中，保兑信用证通常对不可撤销信用证而言，且保兑行通常由通知行担任，保兑费用由受益人支付。

【拓展知识 保兑信用证出口方潜在危险】

（2）不保兑信用证

不保兑信用证是指未经保兑的信用证，这种信用证由开证行负第一付款责任。当开证行信誉良好且成交金额较小时，一般不必使用保兑信用证。

6. 可转让信用证和不可转让信用证

按受益人对信用证项下的权利是否可转让划分，信用证分为可转让信用证和不可转让信用证。

（1）可转让信用证

可转让信用证是指信用证的受益人有权把信用证的全部或一部分金额转让给另一个人（第二受益人）使用的信用证。可转让信用证必须注明“可转让”（Transferable）字样，信用证需按原证所规定条款进行转让，但信用证金额、单价可以降低，装运期、有效期可以缩短，转让一次为限（可转让信用证只能由第一受益人转让给第二受益人，第二受益人不能再要求转让给第三受益人，但可再转让回第一受益人），但不是必须转让。

UCP600 第 38 条 d 款规定：“倘若信用证允许分批支款或分批装运，信用证可以被部分地转让给一个以上的第二受益人，第二受益人不得要求将信用证转让给任何次序位居其后的其他受益人（即第三受益人），但第一受益人不属于此类其他受益人之列。”此时信用证成为可分割信用证（Divisible L/C）。国际贸易业务结算中，要求开立可转让信用证的第一受益人，通常是中间商。

（2）不可转让信用证

不可转让信用证是指受益人不能将信用证的权利转让给他人的信用证。凡是信用证中没有注明“可转让”的，视为不可转让信用证。

【拓展知识 聚焦可转让信用证交单】

7. 循环信用证

循环信用证是指受益人全部或部分地使用了信用证金额后，能够重新恢复到原金额再度使用，直到规定次数或累计总金额用完为止的信用证。循环信用证通常用于合同需分批履约的情况，进口商可节省逐笔开证的手续和费用。

8. 背对背信用证

背对背信用证又称转开信用证，是指信用证受益人要求原信用证的通知行或其他银行以原证为基础，另开的一张内容相似的新的信用证。背对背信用证的内容，除开证申请人、受益人、金额、单价、装运期限、有效期限等有所变动外，其他条款一般与原信用证相同。

背对背信用证通常是中间商转售他人货物时使用。以出口为例，国外进口商开证给作为第一受益人的中间商，中间商以此为抵押，要求信用证的通知行向第二受益人（供货商或出口商）开立一张内容近似的信用证，这张信用证即背对背信用证。第一张信用证的通知行是第二张信用证的开证行。

背对背信用证需注意两点：①第一张信用证的金额通常大于第二张信用证的金额，因为第二张信用证的开立是以第一张信用证做抵押的；②第二张信用证的交货期和信用证的有效期要早于第一张信用证。

9. 对开信用证

对开信用证是指两份信用证的开证申请人互以对方为受益人而开立的信用证。第一张信用证先开，但不生效，须等到对方开来第二张信用证并经受益人认可后，第一张信用证才生效。对开信用证常用于补偿贸易、易货贸易和来料加工业务中。近年来对开信用证已经很少使用。

10. 预支信用证

预支信用证又叫打包放款信用证（Packing Credit），是指受益人在没有装运前，即未取得运输单据前，即取得部分或全部货款的信用证。通常情况下，按 L/C 规定，受益人必须将货物装船取得货运单据，然后交单议付。如果开证行授权议付行或通知行，把货款提前支付给受益人，实际上是开证行给予受益人的一种资金融通。这种信用证在目前的实际业务中也很少使用。

5.4　不可撤销即期跟单信用证操作流程

国际货物贸易结算中采用的信用证大多是不可撤销跟单信用证，这种信用证又有即期和远期之分。下面以不可撤销即期跟单信用证为例介绍其操作流程，如图 5.1 所示。

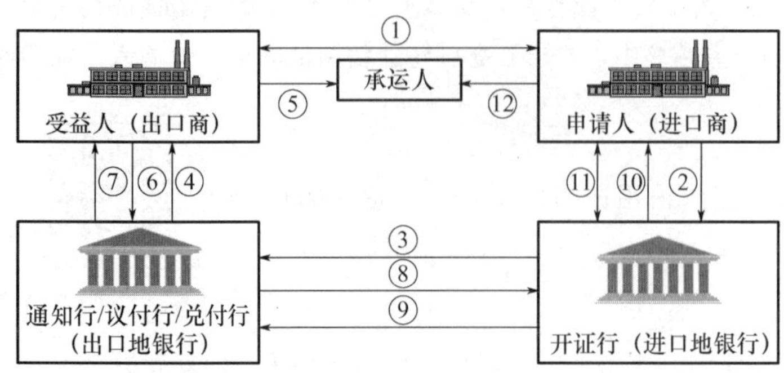

图 5.1 不可撤销即期跟单信用证结算业务操作流程

不可撤销即期跟单信用证结算业务操作流程如下。

① 买卖双方达成交易，合同中规定采用不可撤销即期跟单信用证结算货款。

② 申请开证。进口商按开证行要求填写“不可撤销跟单信用证开证申请书”，根据开证行授信交纳押金或其他担保，指示开证行开立以出口商为受益人的跟单信用证。

③ 开立信用证。开证行开出信用证，并请求出口商所在地银行（通知行）通知（需要的话加以保兑）信用证。

④ 通知信用证。通知行（或保兑行）向受益人通知信用证。

⑤ 出口商核对信用证无误后，装运货物，取得运输单据（提单）。如果受益人（出口商）发现信用证条款与合同不符，应及时通知申请人进行修改。申请人应向开证行提出修改申请，填写“信用证修改申请书”，并交纳相应的改证费用。

⑥ 交单。受益人向议付行（通知行或保兑行或其他指定银行）提交信用证要求的全套商业单证，并填写“出口信用证交单申请书”。

⑦ 议付。议付银行审核单证无误，按跟单信用证的条款扣除相关费用后向受益人付款。

⑧ 寄单索偿。议付行（通知行或保兑行或其他指定银行）将商业单据转交给付款行（通常是开证行）索偿。

⑨ 偿付。付款行（开证行）审核单据无误后，将货款支付给议付行（通知行）。

⑩ 通知付款。付款行（开证行）向申请人出示“信用证单据通知书”并要求申请人填写“进口信用证付汇/承兑通知”，在开证行规定的日期内付款或承兑。

⑪ 付款赎单。开证申请人付款赎单。

⑫ 开证申请人（进口商）凭单向船公司提货。

当然，当受益人交单议付时，有时议付行不是直接给予议付，而是将汇票和全套商业单据一起寄付款行，付款行审核单据无误后支付货款，议付行收到货款后才会对受益人的汇票进行议付。

阅读专栏 5-2

【拓展视频
信用证支付程序】

出口信用证通知　　日期：18APR 2021

×××CO.,LTD　　请引用我行编号

NO. 6，×××　　DPCDA0330290-00

LIAONING. P. R. CHINA

敬启者

信用证编号　　DPCDA0330290

金额　　　　　　USD 233235.00
开证行/转递行　　×××BANKING CORPORATION LTD
申请人　　　　　×××TEXTILES LIMITED
依据信用证规定所适用规则，我行谨通知已收到以贵司为受益人的信用证。
致受益人的重要提示：

烦请立即检查该信用证的条款及条件。请注意，如果没有开证行的授权，我行不能做任何改动。相应地，如果贵司不能接受该信用证的条款和条件，请直接与申请人联系，并要求申请人将修改即刻通知至我行。

若该证为可转让信用证且我行被授权可进行该转让，请注意我行并无义务须进行该转让。

若该信用证为延期付款信用证，此条款可能影响我行提供融资。若贵司考虑对提交的清洁单据申请融资，我行建议贵司将该信用证修改为议付信用证。我行将于贵司提交单据时，考虑贵司上述融资请求。

此通知书必须与信用证原件及之后的修改原件连同该证要求的全部单据一起递交我行以作议付。

该信用证受该证指明的UCP600版本所约束并将据此处理，除非信用证另有说明。
随函附上跟单信用证/简要电报。
我行将在收到下列费用后将正本信用证递交至贵司。

DC ADVISING CHGS　　CNY　　200.00
POSTAGE/COURIER　　CNY　　25.00

我行乐意议付该信用证下的清洁单据。若您需要任何帮助，请即刻联系我行。
// FOR BANK INTERNAL USE ONLY///
EMSC
GPISSUE

我行编号　DPCDA0330290-00

5.5 开证申请书的填写方法及信用证主要内容

5.5.1 开证申请书的填写方法

信用证是开证行应开证申请人的请求开出的，开证申请人在申请开立信用证时，通常向开证行出示卖方出具的形式发票，填写“不可撤销跟单信用证开证申请书”，并仔细阅读“信用证开证申请人承诺书”，这两者可作为开证申请人和开证行之间的法律契约。下面以“中国建设银行不可撤销跟单信用证开证申请书”为例介绍其填写方法。

开证申请书格式要求：请于恰当处在“□”中画“×”(下同)。

(1) L/C No.(信用证号码)(for bank's use only)

由开证银行给定，无须开证申请人填写。

(2) Date of this application (申请日期)

填写申请开立信用证的日期。

(3) 信用证开立依据

Please issue a documentary credit according to our instructions stated in this application form. The credit should subject to ICC Uniform Customs and Practice for Documentary Credits (UCP) latest revision effective on the date of issuance. (请根据我公司在本申请书中的指示开出跟单信用证。该信用证适用在开证之日有效的国际商会《跟单信用证统一惯例》最新修订本)。

(4) Contact Person, Tel No. (开证申请人及其联系电话)

填写该笔业务的联系人及电话。

(5) Expiry Date (信用证到期日)

信用证到期日又称信用证的有效期，是指受益人向银行提交单据的最后日期。受益人应当在有效期限内向银行提交信用证项下的单据。国际贸易业务结算中信用证的有效期一般规定在最迟装运日期后 15 天。

信用证中除规定到期日外，通常还规定信用证的交单期。所谓信用证交单期 (Date of Presentation of Documents) 是全套运输单据 (包括提单、发票、装箱单、保险单以及原产地证书等信用证要求的所有单据) 出具后必须向信用证指定的银行提交单据要求付款、承兑或议付的特定期限。如果信用证没有规定交单期，按惯例银行拒绝接受提单签发日期 21 天后提交的单据。但即使在提单签发 21 天之内交单，也必须在信用证的有效期内提交。

信用证中还会涉及“双到期”。所谓“双到期”是指信用证的最迟装运日期和议付到期日 (信用证的有效期) 为同一天。

(6) Place of expiry (信用证到期地点)

信用证到期地点是指受益人在信用证有效期内向银行提交单据的地点。这会涉及如何计算信用证到期日的问题。信用证的到期地点一般是在出口地银行 (受益人) 所在的国家或地区。

(7) Applicant (开证申请人) (full name and address) (全称及地址)

信用证的开证申请人一般是进口商。要写明其全称及地址。

(8) Beneficiary (受益人) (full name and address) (全称及地址)

信用证的受益人一般是出口商。要写明其全称及地址。

(9) Amount (金额) (currency and figures) (币种及金额大、小写)

信用证金额是开证行保证向受益人支付的款项数额，包括货款及一些手续费。金额一栏应填写币种及大、小写金额。通常小写金额在上，大写金额在下。

□Tolerance on amount (金额浮动范围): －____%～＋____%。

□Tolerance on goods quantity (货物数量浮动范围): －____%～＋____%。

货物数量浮动范围是指合同中的“溢短装条款”；金额的浮动范围也作相应调整。

(10) Advising Bank (通知行) (if blank, any bank at your option) (如空白，请贵行自行选择)

实际业务中通常选择空白，即由开证行指定通知行。

(11) □Place of taking in charge/dispatch from…/place of receipt (货物接管地/发运地/收货地) __________

□Port of loading/Airport of departure (装货港/起飞机场) ________ 。

□Port of discharge/Airport of destination（卸货港/目的机场）__________。

□Place of final destination/for transportation to…/place of delivery（最终目的地/运至……/交货地）________。

Latest date of shipment（最迟装运日期）：______。

本栏前面的几项是选择项，根据合同中不同的贸易术语选择其中一项填写。最后面的一项是必填项，应根据合同要求填写。

（12）Partial Shipment（分批装运）

□allowed（允许）　　□not allowed（不允许）

本栏按合同中的有关规定填写。

（13）Transshipment（转运）

□allowed（允许）　　□not allowed（不允许）

本栏按合同中的有关规定填写。“not allowed”有时写作“prohibited”，含义是一样的。

（14）Credit available by（信用证类型）

□sight payment（即期付款）

□acceptance（承兑）

□deferred payment（延期付款）

□negotiation（议付）

With（指定银行）________。

If not chosen by us，it is at your choice.（如果我公司未选，请贵行自行决定信用证类型及指定银行）。

通常情况下，信用证的类型是由买卖双方在合同中订明的，各选项的具体含义见信用证的种类部分。

With 后填写议付行/承兑行/（即期/延期）付款行名称。

国际贸易实际结算业务中，往往填写“by negotiation with any bank”。

（15）Description of Goods（货物描述）（Brief description without excessive detail）（请简要描述，勿加入过多细节）

本栏填写合同中有关货物的名称、型号、规格、数量、包装、唛头等内容。

Price term（价格条款）：□EXW　□FCA □FOB □CFR　□CIF　□ _________ □INCOTERMS® 2020.

价格条款的选择按合同中有关规定填写。

（16）□Drafts drawn on issuing bank for ____ % of invoice value at □Sight or □Term：____ days after ________

开给开证行的汇票（即期或××天远期汇票），汇票金额按发票金额的××%。

有时合同中约定一定比例（如 30%）的预付货款采用 T/T，其余货款（70%）采用信用证结算，这时此处就应该填写 70%。

Documents required（需提交的单据）：

□Signed Commercial Invoice in [　] originals [　] copies indicating this L/C No.，Contract No. and ________ .

经签章的商业发票正本××份，副本××份，标明信用证号码、合同号码以及××。

UCP600 第 18 条规定，商业发票上的货物、服务或履约行为的描述应该与信用证中的描述一致；商业发票无须签名。

□Signed Packing List in [ ] originals [ ] copies.

经签章的装箱单正本××份，副本××份。

□Full set of clean shipped on board Ocean Bill of Lading marked "□Freight Prepaid □Freight Collect" made out to order of ________, notifying □applicant □____________.

全套已装船清洁海运提单标注"□运费已付 □运费到付"，收货人一栏制成"凭____指定"，通知□申请人 □__________。

□Clean Air Waybills showing "□Freight Prepaid □Freight Collect" and consigned to _ notifying □applicant □__________.

清洁航空运单标明"□运费已付 □运费到付"，收货人一栏为________ 通知□申请人□__________。

□Rail Waybills showing "□Freight Prepaid □Freight Collect" and consigned to ____.

铁路运单标明"□运费已付 □运费到付"，收货人一栏为________ 。

□Insurance Policy/Certificate in duplicate blank endorsed for 110% of the invoice value, showing claims payable at destination in currency of the draft, covering All Risks and War Risks and ________.

保险单/保险凭证一式两份，空白背书，按发票金额的 110%投保一切险和战争险，以及________险，标明在目的地以汇票货币理赔。

□Certificate of Origin in [ ] originals and [ ] copies issued by ____________.

由__________ 签发的原产地证书正本××份，副本××份。

□Beneficiary's Certificate certifying that a whole set of document copies had been sent to the applicant and ________________.

受益人寄单证明，以证实全套单据副本寄给开证申请人和__________ 。

需要强调的是，"需提交的单据"是信用证业务中非常重要的单证。信用证要求"单证一致、单单相符"，这不但要求单证相互之间内容必须保持一致，而且数量也应符合要求。通常情况下，经签章的发票、装箱单等是必要单证，份数以 3～5 份为宜；海运提单、航空运单或是铁路运单要看具体采用的运输方式，份数以 3 套正本和 3 套不可议付的副本为宜；如果保险是由卖方办理，则保险单是必备单证；原产地证书视合同要求选择；上述单证中的一套正本单证通常要求受益人在装运后 3 天内以快递方式寄给开证申请人。

Other documents required (其他需要提交的单据)：

开证申请人除了在"需提交的单据"中选择列出的项目外，还可以填写双方在合同中约定的其他需要受益人提交的单据。如：

□Certificate of quantity/weight in [ ] copies issued by the manufacturer indicating the actual surveyed quantity/weight of shipped goods as well as the packing condition.

□Certificate of quality in [ ] copies issued by the beneficiary.

□Original certificate of fumigation in [ ] copies issued by the animal and plant health inspection service.

□Certificate of non-wooden packing materials in [ ] copies.

出口商（受益人）需提交的单据的种类一般视双方交易的具体货物而定。

(17) Additional conditions (附加条款)

□All banking charges outside the Issuing Bank including reimbursing charges are for account of beneficiary.

□All documents should be issued in English and indicating ________________.

□Documents must be presented within ______ days after the date of shipment but within the validity of this Credit.

□Documents issued earlier than the L/C issuing date not acceptable.

□Other terms and conditions if any (其他条款，如有) ________.

这些附加条款中的前两项通常是必选项目；第三项“信用证要求的所有单证必须在装运日期后××天（但必须在信用证有效期内）进行提示（包括付款提示或承兑提示）”，通常填写7～10天。

(18) □本申请书及其后的任何修改（如有）为以下法律性文件（及其任何修改，补充和变更）不可分割的组成部分，并受其约束：

□编号为________的□《贸易融资额度合同》□《信用证开证合同》□________。

□在信用证开立前按贵行要求存入开证保证金，作为本笔业务的一种担保，保证金比例为开证金额（含溢装金额）的____%。

(19) □To be continued on separate continuation sheet (s)(其他内容见附件)

(20) Stamp of Applicant (申请人签章)

开证申请人签盖银行预留印鉴。

5.5.2 信用证的主要内容

开证行接受开证申请人的申请，根据开证申请书上的内容，开出相应的信用证。因此，除了开证行的格式化的一些条款，信用证的内容和开证申请书中的指示必须是一致的，基本包括：对信用证本身的说明，如其种类、性质、有效期及到期地点；对货物的要求，根据合同进行描述；对运输的要求，如装运时间和地点，是否分批装运和转船；对单据的要求，即货物单据、运输单据、保险单据及其他有关单证；开证行对受益人及汇票持有人保证付款的责任文句以及国外来证的加注，如“除另有规定外，本证根据UCP600”等内容。

【拓展知识 从三则不符点案例看信用证语言】

5.6 信用证业务的风险及防范

信用证是目前我国对外贸易结算中采用较多的结算方式，具有以银行信用为基础，独立于贸易合约、单据交易的特点。这些特点极大地减少了由于交易的不确定性而造成的付款不确定性，为交易双方正常开展贸易提供了更大的结算保障。

但是，任何事物都具有两面性，尽管信用证结算较之商业信用的汇票和托收更具安全性，但仍然不能排除其业务过程中可能出现的风险和在结算中发生的欺诈行为。尤其是近年来信用证欺诈案件出现得越来越频繁，迫使开证行不断调高开立信用证的保证金，致使信用

证的国际结算工具地位遭遇挑战。信用证业务中的风险和欺诈行为不仅严重影响出口商的收汇和进口商的收货，而且也会使银行遭受损失。因此，有必要在实际业务中采取相应的控制措施，把风险降到最低限度。以下从出口商、进口商以及银行3个当事人的角度分析信用证业务中可能出现的风险及防范措施。

5.6.1 出口商面临的风险及防范

1. 出口商面临的风险

信用证是开证行向出口商开具的有条件付款保证，所谓条件就是通常所说的“单证一致、单单相符”。这样出口商装运货物后，只要能提交满足信用证条款要求的单据，开证行就必须付款。因此，相对于其他支付方式而言，由于有银行信用的出现，似乎出口商在信用证结算方式下并无风险，但事实上，出口商也会面临各种风险，主要表现如下。

（1）来自信用证条款的风险

① 信用证条款过于苛刻。有些信用证对货物的品质要求很细微、很严格，容易造成出口商有时不注意或难以满足这些要求。因此，信用证中关于货物描述一般有“Brief description without excessive detail.（请简要描述，勿加入过多细节。）”另外，对某些产品的出口，信用证要求出口商必须满足对方国家或某一国产品的质量标准等，这些都会使出口商面临巨大的收汇风险。

② 信用证对有效期、装运期及交单期规定得过于短促。出口商较难满足这些要求，不能提供相应的单据，很容易造成对方拒付。

③ 信用证规定海运提单的收货人为开证申请人（即以买方为收货人的记名提单）。此时进口商无须提单即可提取货物，而出口商不能很好地掌握这些货物，丧失了对货物的控制权。

④ 信用证规定的到期日及到期地点均在开证行所在地。如某些信用证中规定类似文句：“THE EXPIRY DATE MUST BE ON 3RD NOV.,2018 AND THE PLACE SHOULD BE AT OUR SIDE.（到期日为2018年11月3日，到期地点在我方所在地。）”这样，出口商提交单据日期就要提前，开证行对出口商提供的付款保证期限从实际操作的角度而言就大大缩短了。出口商难以保证准时按照信用证的要求将单据交到开证行手中，容易形成不符点，因此出口商收汇将面临巨大风险。

⑤ 信用证方式下的银行费用均由出口商负担，增加了出口商的成本。如信用证中规定：“ALL BANK CHARGES ARE FOR BENEFICIARY'S A/C.（所有银行费用由受益人承担。）”信用证业务中的银行不仅包括出口商国内的，而且也涉及进口商国内的，有时还可能涉及第三国的银行。由于各个银行提供的服务不同、收费标准不同，因此如果信用证业务中的所有银行费用都由出口商承担，则出口商的业务成本将大大增加。这对出口商是极为不利的。

⑥ 信用证中出现软条款。例如检验证书必须由买方指定的人签发、此信用证需待收到开证行通知后才生效等条款。

【拓展视频 信用证软条款】

（2）虚假信用证风险

虚假信用证是以根本不存在的虚假银行名义开立的假信用证，或是冒用其他银行名义开立的伪造信用证。其目的是利用贸易合约中列有的出口商预付佣金、质押金、履约金并规定出口商收到信用证后立即支付的条款，或列有的收到信用证后立即发货的条款，来骗取货款、货物。

虚假电开本信用证的主要特征是：电开本信用证无密押；电开本信用证声称使用第三家银行密押，而所谓第三家银行的确认电文并未加押。虚假信开本信用证的常见特点是：信用证不经通知，而直达受益人手中，且信封无寄件人详细地址，邮戳模糊；所用信用证格式为陈旧或过时格式；信用证签字笔迹不流畅，或采用印刷体签名；信用证条款自相矛盾，或违背常规。

（3）适用法律存在的争议风险

国际商会只是一个国际性的民间经济组织，不具备国际法上的主体资格，因而不具有在国际上的强制执行权，而其出版物 UCP600 也仅属于国际惯例，只有当在信用证中声明适用时才发生效力。如果信用证中有明文规定，则按规定条款办理，其效力优先于 UCP600。有时即使有关信用证依据 UCP600 的规定是有效的，但如果违反对其有约束力的法律的强制性规定，仍是无效或无法执行的。实际上，信用证的受益人没有必要也不可能对所有国家的相关法律、不同时期的政策法规全部知悉。

（4）国家风险（进口国的国家风险）

来自进口国的国家风险主要包括以下内容。

① 外汇管制风险。进口国的外汇管制可能是交易发生之前就存在的，也可能是突然发生的。有些贸易虽然事先已经知道有外汇管制，但如果进口商没有预先申请办妥进口外汇，议付行/兑付行的收款可能受到阻延甚至收不到。对有可能突然发生外汇管制的国家更要注意，一旦该国宣布全面冻结外汇，那么由该国开出的信用证也会被止付。

② 贸易管制的风险。当前各国对贸易都有管制，且根据需要不断调整和改变管制的具体规定及措施，使出口商很难适应，也给银行增加了收汇的风险。例如，我国向欧洲某国出口的水果，如果超过配额被该国海关扣留，要等很长一段时间才能进关，或是只能重新运回国内，此时出口商就可能因水果变质、腐烂而遭受损失。

③ 战争或内乱。国际局势复杂多变，一旦进口方国家政局不稳，发生动乱、政变或战争，以致禁止国际汇兑，则议付行将面临更大的风险。

（5）来自开证行的风险

① 信用证的开证行因破产或丧失偿付能力而对受益人构成的风险。出口商提供相符单据后，能否从开证行处得到付款，要视开证行是否实力雄厚、经营稳健，是否具有良好的信用基础。但在西方一些国家银行破产的事情时有发生，即使一些历史悠久的大银行也不例外，尤其是 2008 年金融风暴之后，银行的付款承诺也开始变得不“信用”了，我们已无法再以过去惯用的信用评级来判别来自开证行的信用风险了。开证行倒闭的风险是存在的，好在开证行一旦倒闭，出口商可凭合约要求买方付款，尚有挽救余地，但那又要花费额外的人、财、物力。

② 开证行的资信状况、经营作风等方面存在问题而可能给受益人造成的损失。有些开证行由于经营管理不善，亏损严重，便不顾信誉，千方百计地赖账。有时开证行会根据进口商的要求，无理拒付或严加挑剔，找出不符点，迫使出口商降价，或协同进口商要求法院冻结信用证项下的货款的支付。这时，出口方可根据国际惯例据理力争。

（6）进口商信用不佳的风险

市场行情发生变化时，信用不佳的进口商可能无理地对单据的非实质性不符进行挑剔，以拖延甚至拒付货款，使出口商面临收汇的风险。信用不佳的进口商还有可能不及时开证或是开立带有软条款的信用证，这些都是出口商可能面临的风险。

2. 出口商风险防范

从保障货物和收汇安全的角度，出口商应注意以下几方面问题。

(1) 了解和掌握开证行的资信

开证行的资信直接关系到出口商及出口商银行的利益，因此开证行最好是资信好、偿付能力强、与我方银行有代理关系的银行。但开证行通常不是由出口商选择的，这样在收到国外开来的信用证时，首先要关心的就是开证行的资信。对此，我们可以通过网络、国际上比较权威的银行资信评定机构等途径来对开证行的资信状况进行了解，最便捷的渠道是通过通知行了解。

(2) 出口商应谨慎签约

信用证虽然与合约是独立的，但信用证开出的依据却是合约。因此，出口商在签订合约时，合约中的付款条件一定要具体、明确、完善。例如，为防止进口商拖延开证，合约中应规定信用证的开证时间；明确信用证的种类，如为“不可撤销”“不可转让”等；列明费用由谁承担等。

(3) 认真审证

当出口商收到信用证时，应认真审核信用证中的各种条款。信用证条款是出口商获得付款的条件，当信用证中的条款难以满足或者对自己不利时，出口商应通过进口商要求开证行修改信用证，直至满意为止。这样，出口商的收汇才能有保障。

(4) 严格按信用证规定制单、装运和交单

出口商应按信用证的要求，正确、及时地缮制所规定的各种单据、安排装运，并在规定的期限内交单。一旦单据与信用证条款有出入，就会招来不必要的损失。

(5) 通过单据控制货物

一般而言，海运提单是物权凭证，海运提单的抬头应做成对出口商比较有利的抬头形式(如收货人一栏制成“凭托运人指定”)，这样，通过背书转让，出口商可以把单据交付其委托的银行，以有效地控制货物。

(6) 出口商应向所在国保险机构投保

例如，在我国，出口商可投保出口信用保险，由中国出口信用保险公司承保出口商在完全履行信用证条款并交单后的收汇风险。

5.6.2 进口商面临的风险及防范

1. 进口商面临的风险

在信用证业务中，由于各当事人处理的是单据，而不是实际货物，因此出口商只要提交与信用证相符的单据，开证行就必须付款，这样进口商获得单据后可能面对以下风险。

(1) 虚假单据风险

有些出口商会利用信用证凭单付款独立于合约的特性，将根本不存在的货物载入假造的提单或其他有关单据，迫使开证行在单证一致的情况下无条件付款。进口商发现上当要求赔偿时，由于开证行和议付行均不负赔偿之责，保险公司也不承担货物未上船的索赔，因此买方的损失很难挽回。此外，信用证通常规定装船期限，以督促出口商在一定期限内交运，否则将无法取得信用证项下的货款。当货物因故未能及时装船时，出口商往往会要求承运人倒签提单或先行签发已装船提单（预借提单），以便取得符合信用证规定的装船日期的提单结汇。这两种提单签发方式实质是伪造装运日期，借以掩盖出口商违反合约装运条件的非法行为。

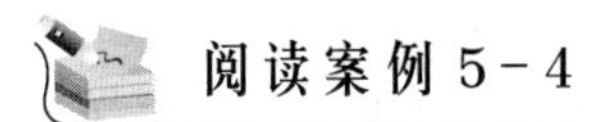

阅读案例 5-4

信用证下伪造单据的诈骗案

案情简介

国内L公司与英国P公司签订了一笔货价为300万英镑的进口服装合同，合同规定以信用证方式结算。在信用证装运期内，P公司发来传真称货物已经如期装运。不久开证行即收到议付行转来的全套单据，提单表明货物已由伦敦装运至国内某港口。单据经过审核无不符点，开证行即向议付行进行了偿付，随后L公司向开证行进行了偿付。但偿付后L公司等了将近一个月，货物依然未到，L公司遂向伦敦海事局进行查询，发现在提单所述的装船日那天根本没有提单上所说的船只出运服装，L公司损失惨重。

案例分析

这是一起典型的以伪造单据进行的信用证诈骗，由于进口商审单时未能发现伪造事实，因此遭受了严重的损失。

(2) 出口商利用预支信用证进行欺诈

预支信用证下银行对出口商的预支款项通常是在获得进口商及开证行的指示后进行的。预支的目的本来是帮助出口商准备货物，但当出口商获得款项后不发货或者携款潜逃时，进口商预付的款项就要遭受损失。

(3) 对开信用证下货物或设备进口后对方迟迟不开证

对开信用证是适用于“三来一补”贸易形式下的特殊信用证。进口商授权银行向对方开出信用证进口原料和设备的本意在于利用这些原料和设备生产成品后，反过来向对方出口，但当对方迟迟不开证或开来的信用证不生效时，进口商会遭到重大损失。

2. 进口商风险防范

(1) 加强对出口商的资信调查

在开证前就应对出口商的资信状况进行调查了解，只有这样，业务双方才能防患于未然。具体而言，进口商应了解出口商的生产经营状况、经营实力、经营规模、有无不良信贷记录等。

(2) 谨慎合理地制定信用证的条款

进口商是通过信用证中的各项条款来制约受益人执行合约的，因此信用证的条款应能最大限度地限制国外不法商人的不轨行为，以保障自身的利益。进口商可以通过信用证中加列如下一些条款来约束出口商发运货物。

① 要求出口商提交与商品有关的检验证书，如质量检验证书、数量/重量检验证书等。这样进口商可以对出口商发运的货物加以控制，以避免出口商不发货、发假货、发残次货及少发货等行为的发生。

② 对出口商货物发运状况加以规定，如对货物装船日、装运港口、卸货地点、是否允许分批装运、是否允许转船等情况加以限制，以避免出口商不按时发货或货物发运后进口商不能按时获得货物等情况的发生。

③ 对出口商发运货物后向银行提示单据的日期加以规定。此日期的规定对进口商而言同样重要。如果出口商发运货物后迟迟不交付单据，除了会发生许多不必要的费用支出，进口商还不能及时得到货物，这样会影响进口商的资金周转。

(3) 注意核实提单的真实性

尤其是在进口一些大宗商品时，无论是在签订合同还是开立信用证时，均可要求客户在装船之后一定时间（如24小时内）发送装船通知，列明提单号码、装卸港、装船日期、货名、装运数量等内容，以便通过相应的机构（如伦敦海事局、劳埃德公司或有关船公司）查询船踪，确定提单内容的真实性。

(4) 对开信用证项下应加列生效条款

在对开信用证项下，买方应当在信用证上加列诸如“当收到对方银行开来信用证时，本方银行开出的信用证方可生效”之类的条款。只有加列此类条款，原料或设备的进口商才可以避免对方货物出口后由于不开证或不及时开证而造成己方生产的产品不能出口的损失。

(5) 预支信用证项下加列限制预付条款

进口商应要求开证行在信用证中加列“此信用证项下预付款项应伴随着出口商货物及发运情况分批支付”条款。此外，如有条件，进口商应尽可能派人监督出口商备货、发货，只有这样，进口商才可避免银行预先支付款项后出口商不发货或携款潜逃等方面的风险。

5.6.3 银行面临的风险及防范

1. 银行面临的风险

由于信用证方式是建立在银行信用基础上的支付方式，业务比较复杂，涉及的当事人多，因此信用证业务中的银行将面对巨大风险问题。总体而言，这些风险主要表现在以下几方面。

(1) 银行提供开证服务时面临的风险

信用证是一种有条件银行付款保证。当开证行向出口商开出信用证时，则构成开证行的一项承诺，即出口商只要提供与信用证条款相符的单据，开证行就应履行付款义务。当开证行对外付款后，尽管此时开证行往往掌握进口商申请开证时预先交付的信用证金额一定比例的押金，但进口商并未向开证行付款赎单或并未完全支付信用证中的金额，这样开证行就要承担垫款后进口商不赎单或拒付的风险。

(2) 银行通知信用证时可能面临的风险

信用证的通知一般是由开证行在信用证中指定的出口地银行承担。按照UCP600的规定，当出口地银行（通知行）接到对方银行开立的信用证时，应通过核对密押号码和预留印鉴等方式来审核所收到的信用证的真伪。如不能确定真伪时，出口地银行在不承担责任的前提下告知出口商此信用证尚未确定真实性的事实，并以最快方式联系开证行加以确认。如果通知信用证时未满足上述要求，则通知行应承担相应的责任。

(3) 出口地被指定银行提供服务时可能面临的风险

当出口地银行接受开证行的邀请参与信用证的议付或兑付时，这些被指定银行就要审核出口商提交的单据，并在“单证一致、单单相符”的条件下向出口商付款、承兑远期汇票或者议付票据，然后向开证行寄送单据，并向开证行或其指定的偿付行索汇。

如果在向开证行寄单索汇时，未发现单据中的不符点，或者遭遇到开证行资信不佳，这些银行就会面临遭遇巨大损失的风险。

(4) 保兑行向受益人付款后可能遭遇开证行拒付的风险

信用证业务中的保兑行通常是由开证行在信用证中指定的、信誉好的大银行来担任，当它接受开证行的指定并对信用证加具保兑时，保兑行就要承担与开证行相同的付款保证责任。

(5) 循环信用证项下开证行面临进出口商联手套取银行信用的风险

循环信用证是用于方便进出口双方业务交往的一种信用证。当双方经常发生贸易往来时，为了节省进口商每次进口申请开证的费用而由开证行向出口商开出允许在一定期限内使用多次的信用证。在此信用证项下，进口商一次交付一定比例的押金，就可以由开证行对出口商多次提交的出口单据予以支付。在这种情况下，进出口双方可以联手欺诈，套取开证行的资金，即进口商向银行交付一定的金额（押金），出口商却可从银行获得数额更大的资金，随后两者瓜分，此时开证行就会遭遇到损失。

2. 银行风险防范

(1) 开证行的风险防范措施

① 应认真审核进口商的资信状况。对于不同信用等级的进口商，开证行可以仅凭信用证，或者凭进口商交付的低比例开证押金，或者凭进口商交付的高比例押金向出口商开出信用证。这样当信用不佳的进口商拒绝赎单时，开证行可以减少遭遇的损失。

② 开证行为避免风险，可在信用证中规定海运提单必须做成以开证行自己为抬头（即提单的收货人一栏制成凭开证行指定），这样当进口商拒绝赎单的情况发生时，开证行通过自己掌握的提单可以提取货物变卖，从而抵消或减少出现的损失。

③ 应严格按照 UCP600 的规定正确处理单据。正确处理单据：一是指要认真审核单据，保证审单质量；二是指开证行要保管好单据。

阅读案例 5-5

开证行一味纵容申请人案

案情简介

A 客户主营业务为代理进口设备，通常申请开立的信用证包含货款及尾款。2018 年 9 月 29 日和 10 月 12 日，开证行 C 银行按照申请人 A 客户的指示，分别对同一受益人的不同信用证项下的两笔尾款到单进行了拒付，在 72Z 栏位选择“NOTIFY”。2019 年 8 月 8 日，C 银行收到交单行 B 银行报文提示，根据受益人的指示，要求退单。C 银行立即联系客户经理告知此事，并要求其通知申请人。申请人随后回复称，从未针对尾款退单，且因汇率原因暂不付款，并已与受益人取得联系，暂时无须处理退单事项。

2019 年 8 月 28 日，C 银行再次收到 B 银行报文要求退单，C 银行再次联系申请人后被告知，申请人为某大学代理，学校尚在放假期间无法答复。此后再次催促退单，申请人则表示已与受益人取得联系，且后期仍有进一步合作，暂时无须处理退单事宜。2019 年 9 月 13 日，C 银行第三次收到 B 银行报文要求退单。鉴于交单行多次催促且拒不退单本身为违规操作，C 银行要求立即退单。随后申请人初步同意退单，但在费用问题上仍很犹豫，导致拖延数日。之后开证行提出若申请人坚持不退则需出具情况说明，表明将承担后续可能发生的风险。申请人因担心影响自身征信，最终决定配合退单。2019 年 10 月 2 日，C 银行第四次收到 B 银行报文要求退单，由于正值国庆假期，单据最终在假期结束后退回。

案例分析

C 银行在处理拒付时选择了对开证行最便利、最常见的条款，且经过近一年时间也未收到申请人放弃不符点的通知。此时交单行发报要求退单，作为开证行应及时将单据退还给交单人，不可拖延。虽然UCP600对退单的时效无明确规定，但开证行在收到退单指示后长时间坚持不退仍会使自身陷入“无权宣称交单不符”的巨大风险中。UCP600对拒付退单的处理原则是一贯的，即开证行如拖延拒不退单给交单人，则无权宣称交单不符，必须承付。在拒付长达近一年的时间后，申请人在受益人要求退单时仍采取拖延不配合的对策，归根结底还是由于双方仍未在单据处理问题上达成一致。开证行还应该尽可能地向客户解释信用证的操作流程以及UCP600的规定，表明信用证本身是一种国际结算工具，而不应该成为双方拉锯推诿的手段，只有通过申请人与受益人的有效沟通才能真正解决问题，促成贸易。

资料来源：赵若楠，2020. 如何应对拒付退单的特殊情况[J]. 中国外汇，(17)：64-65.

（2）信用证项下被指定银行提供服务时的风险防范措施

首先，应了解开证行的信用状况，避免出现由于开证行信誉不佳而造成已方代为付款而开证行却拒不履行偿付义务情况的出现。其次，被指定银行应加强自身人员业务训练，不断提高业务水平，严格审核出口商提交的单据，避免出现已方认为单据相符而开证行却发现不符点，进而造成拒付的情况。最后，当开证行面临的国内政治风险较大时，被指定银行可以拒绝接受指定以避免风险。

（3）被指定银行提供保兑服务时的风险防范措施

应审核开证行的信誉状况以及所在国政治风险的大小，避免发生保兑付款后因开证行拒付而给自己带来损失。当面临风险较大时，保兑行可以拒绝接受开证行的保兑邀请。另外，开证行要求某银行提供保兑服务时，常常说明开证行在此银行开有账户并存有一定数额的资金。如果没有这种关系，被指定银行则应谨慎从事。

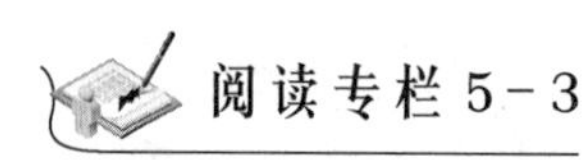

阅读专栏 5-3

国际商会《跟单信用证统一惯例》

信用证是常见的国际货物贸易货款结算方式之一。早在19世纪末20世纪初，信用证就已广泛应用于国际货物贸易结算中。但当时各国法律不同，不同国家银行对信用证的操作习惯各异，各方当事人对信用证有关条款理解的差异导致的利益冲突时有发生。为减少利益争端，调解各方当事人之间的矛盾，国际商会于1929年制定了《商业跟单信用证统一规则》(Uniform Regulations for Commercial Documentary Credits)。在此基础上，1930年制定了一套《商业跟单信用证统一惯例》(以下简称《惯例》)，并于1933年正式公布。该《惯例》对信用证的定义、有关术语、操作要求及当事人的权利和义务等进行了统一的解释和规定。

此后，随着国际贸易的发展，各种新的运输方式和通信方式的运用，《惯例》显现出了一些问题和不足。国际商会与时俱进，于1951年和1962年对原《惯例》进行了两次修订。1974年的一次修订中更名为《跟单信用证统一惯例》(Uniform Customs and Practice for Documentary Credits)(国际商会第290号出版物)。之后，1983年和1993年又进行了两次修订，分别形成了国际商会第400号(UCP400)和第500号出版物(UCP500)。2005年，适应时代的发展，国际商会又对《跟单信用证统一惯例》进行修订，形成了国际商会第600号出版物(UCP600)，并于2007年7月1日起实施。

UCP600 共 39 条，分别对 UCP 的适用范围、定义、信用证与合同的关系等内容作了具体规定。其中第 1～5 条为总则部分，包括 UCP 的适用范围、定义条款、解释规则、信用证的独立性等；第 6～13 条明确了有关信用证的开立、修改、各当事人的关系与责任等问题；第 14～16 条是关于单据的审核标准、单证相符或不符的处理的规定；第 17～28 条属单据条款，包括商业发票、运输单据、保险单据等；第 29～32 条是杂项规定；第 33～37 条属银行的免责条款；第 38 条是关于可转让信用证的规定；第 39 条是关于款项让渡的规定。

应该认识到，UCP600 仅仅是一种国际惯例，只有信用证上表明适用 UCP600，它才能对当事人具有法律上的强制约束力。因此，通常信用证开证申请书上都明确写明“请根据我公司在本申请书中的指示开出跟单信用证。该信用证适用在开证之日有效的国际商会《跟单信用证统一惯例》最新修订本” [Please issue a documentary credit according to our instructions stated in this application form. The credit should subject to ICC Uniform Customs and Practice for Documentary Credits (UCP) latest revision effective on the date of issuance]。

资料来源：陈岩，2009. UCP600 与信用证精要 [M]. 北京：对外经济贸易大学出版社.

本章小结

与汇款、托收相比，信用证结算以银行信用为基础，并由开证银行承担第一付款责任，使买卖双方承担的风险减小，因此目前仍然在国际结算业务中占据重要地位。

信用证的 3 个基本特点是：信用证是银行信用（开证行承担第一付款责任）、信用证为独立文件、信用证是单据业务。这 3 个特点贯穿于信用证结算业务的始终。

信用证的当事人包括开证申请人、开证行、受益人、通知行、议付行、付款行、偿付行、保兑行、承兑行，它们各自有着不同的权利和义务。信用证记载的基本内容包括主要当事人、支用方式、单据要求、货物描述、装运条款、保证条款等。

根据不同的分类标准，信用证可以分为不同的种类，如跟单信用证与光票信用证，可撤销信用证和不可撤销信用证，保兑信用证与不保兑信用证，可转让信用证和不可转让信用证，对开信用证，循环信用证，预支信用证等。

即期跟单信用证的基本业务流程包括：进口商申请开立信用证、开证行开立信用证、信用证的通知与保兑、信用证的审核与修改、出口商发货交单、信用证的议付与索汇、开证行审单付款、进口商付款赎单等。

虽然信用证结算有银行信用的加入，但信用证结算方式下，进出口商与参与业务的银行仍难免会面临风险，其中尤以信用风险最为突出。对于这些风险进出口商与银行都应该谨慎防范。

目前，对于国际信用证结算业务的规范主要来自国际商会的出版物《跟单信用证统一惯例》(UCP)，其最新的版本于 2007 年正式施行。

关键术语

信用证 Letter of Credit, L/C　　开证申请人 Applicant

开证行 Issuing Bank / Opening Bank
通知行/转递行 Advising Bank / Transmitting Bank
付款行 Paying Bank
保兑行 Confirming Bank
不可撤销信用证 Irrevocable L/C
跟单信用证 Documentary Credit
即期信用证 Sight L/C
即期付款信用证 Sight Payment L/C
保兑信用证 Confirmed Credit
可转让信用证 Transferable Credit
背对背信用证 Back to Back Credit
预支信用证 Anticipatory L/C
转运 Transshipment
最迟交单 Latest Date of Presentation
受益人 Beneficiary
议付行 Negotiating Bank
偿付行 Reimbursing Bank
承兑行 Accepting Bank
可撤销信用证 Revocable L/C
光票信用证 Clean Credit
远期信用证 Usance L/C
延期付款信用证 Deferred Payment L/C
不保兑信用证 Unconfirmed Credit
循环信用证 Revolving L/C
对开信用证 Reciprocal L/C
信用证的有效期 Validity of Credit
分批装运 Partial Shipment
最迟装运日 Latest Date of Shipment
跟单信用证统一惯例 Uniform Customs and Practice for Documentary Credits，UCP

综合练习

【第5章 在线测试】

一、填空题

1. 信用证是一种银行信用，信用证结算方式下，________承担第一（首要）付款责任。

2. 所谓的信用证的“双到期”是指信用证的________和议付到期日（信用证的有效期）为同一天。

3. 信用证要求“________，单单相符”，这不仅要求单证相互之间内容必须保持一致，而且数量也应符合要求。

4. 汇款（汇付）属于________信用；托收属于________信用；信用证属于________信用；银行保函属于________信用；备用信用证属于________信用。

5. 在交易金额较大，对开证行的资信又不了解时，为保证货款的及时收回，买方最好选择________信用证。

6. 关于信用证的有效期，除特殊规定外，银行将拒绝接受迟于运输单据出单日期，________天后提交的单据。

7. 对开信用证经常用于________和________情况下。

8. 所谓信用证“严格相符”的原则，是指受益人必须做到________和________。

9. 循环信用证按循环方式不同分为________和________两种。

10. ________是指卖方开立远期汇票，但按即期付款且由买方承担未到期汇票贴现利息的信用证。

二、判断题

1. 信用证支付方式下汇票出票日期一般不能早于提单和发票日期，但不能迟于信用证的议付期限；而托收方式下汇票出票日期填写托收行寄单日期。 （ ）

2. 开证行对受益人付款后，如果开证申请人拒付货款，开证银行有权向受益人追回已付的货款。（　　）

3. 信用证的开立以双方签订的合同为依据，但信用证一经开立，就成为独立于销售合同之外的另一种契约，不受销售合同的约束，开证行和参与信用证业务的其他银行只按信用证的规定办理有关业务。（　　）

4. 采用信用证方式结算时，只要出口商提交的单据符合信用证的要求，银行就必须付款。反过来说，如果出口商提交的单据和信用证的要求不相符，即使所交付的货物严格符合合同，银行也可能拒付货款。（　　）

5. 通知行仅负责将开证行开来的信用证通知并转交给受益人以及审核信用证表面真实性，无须承担其他责任。（　　）

6. 和开证行不同，议付行向付款行索汇不成，对受益人有追索权。（　　）

7. 信用证到期日又叫信用证的有效期，是指受益人向银行提交单据的最后日期。（　　）

8. 所谓信用证交单期是全套货运单据（包括提单、发票、装箱单、保险单以及原产地证书等信用证要求的所有单证）出具后必须向信用证指定的银行提交单据要求付款、承兑或议付的特定期限。如果信用证没有规定交单期时，按惯例银行拒绝接受提单签发日期21天后提交的单据。但即使在提单签发21天之内交单，也必须在信用证的有效期内提交。（　　）

9. 与信用证不同，银行保函是一种商业信用。（　　）

10. 信用证开立后，受益人经审核发现信用证条款与合同条款不符，可通过通知行直接进行修改。（　　）

11. 信用证的开立方式有信开本和电开本两种。其中，电开本又分为简电开、全电开和SWIFT信用证3种；全电开和SWIFT信用证是目前国际贸易业务结算中信用证的主要开立方式。（　　）

12. 信用证中所描述的单据主要是指能代表货物所有权的单据，如海运提单以及其他必须提交的单据。（　　）

三、选择题

1. 下列属于银行信用的是（　　）。

A. 汇款　　B. 托收

C. 保付代理　　D. 信用证、银行保函、备用信用证

2. 下列哪种付款方式对买方来说风险最大？（　　）

A. 买方以电汇方式预付全部货款

B. 货物到达买方后，买方以电汇方式付清全部货款

C. 即期付款交单

D. 承兑交单

E. 即期信用证

3. 关于信用证，下列说法不正确的一项是（　　）。

A. 信用证是一种银行（开证行）应开证申请人（进口商）的申请，开立给受益人（出口商）的有条件的承诺付款的书面文件

B. 信用证是一种银行信用　　C. 信用证是一种商业信用

D. 信用证是一种独立文件　　E. 信用证是一种单据业务

4. 信用证结算方式下，承担第一付款责任的银行是（　　）。

A. 开证行或保兑行　　B. 通知行

C. 议付行　　D. 付款行　　E. 偿付行

5. 关于可转让信用证，下列说法不正确的一项是（　　）。

A. 可转让信用证是指信用证的受益人有权把信用证的全部或一部分金额转让给另一个人（第二受益人）使用的信用证

B. 可转让信用证必须注明“可转让”（Transferable）字样，信用证需按原证所规定条款进行转让，但信用证金额、单价可以降低，装运期、有效期可以缩短

C. 可转让信用证可由第一受益人转让给第二受益人，第二受益人根据需要再转让给第三受益人，或再转让回第一受益人

D. 国际贸易业务结算中，要求开立可转让信用证的第一受益人，通常是中间商

E. 凡是信用证中没有注明“可转让”（Transferable）的，视为不可转让

6. 关于背对背信用证，下列说法不正确的是（　　）。

A. 背对背信用证又称转开信用证，是指信用证受益人要求原信用证的通知行或其他银行以原证为基础，另开一张内容相似的新的信用证

B. 背对背信用证的内容除开证申请人、受益人、金额、单价、装运期限、有效期限等有所变动外，其他条款一般与原信用证相同

C. 背对背信用证通常是中间商转售他人货物时使用

D. 第一张信用证的金额通常大于第二张信用证的金额，因为第二张信用证的开立是以第一张信用证做抵押的

E. 第二张信用证的交货期和信用证的有效期要晚于第一张信用证

7. 如果信用证没有规定交单期时，按惯例银行拒绝接受提单签发日期（　　）天后提交的单据，但即使如此，也必须在信用证的有效期内提交。

A. 14　　B. 21　　C. 15　　D. 7

8. 关于银行保函，下列说法不正确的一项是（　　）。

A. 银行保函是指银行（或其他金融机构）应申请人的请求，作为担保人向受益人开立的一种书面信用保证，保证申请人按规定履行合同，否则银行（担保人）负责偿付货款

B. 与信用证一样，银行保函也属于银行信用

C. 银行保函的付款责任是第二性的，而信用证中开证行要承担第一性的付款责任

D. 银行保函和信用证一样，受益人不仅能得到银行保证付款的承诺，而且还能融资（如打包放款等）

E. 开立银行保函时，保证人一般不要求委托人交纳押金，而只是要求质押或提供反担保

9. 关于备用信用证，下列说法不正确的一项是（　　）。

A. 备用信用证又称担保信用证，是指开证行根据开证申请人的请求对受益人开立的承诺某项义务的凭证

B. 开证行承诺在开证申请人未能履行其应履行的义务时，受益人只要根据备用信用证的规定向开证行开具汇票（或不开汇票），并提交开证申请人未履行义务的声明或证明文件，即可取得开证行的偿付

C. 备用信用证相当于一份银行保函。如果开证申请人违约，则受益人根据信用证的规定开具汇票，证明开证人不能履约的情况，提交开证行要求付款；如果开证人履约，则该信用证就失去了效用，故称“备用”

D. 备用信用证属于商业信用

10. 根据UCP600，信用证未经（　　）同意则不能有效修改。

A. 开证行、保兑行、受益人　　B. 开证行、受益人、开证申请人

C. 开证行、开证申请人、保兑行　　D. 开证行、通知行、受益人

11. 在信用证业务中，（　　）在审单付款后享有追索权。

A. 保兑行　　B. 开证行　　C. 议付行　　D. 偿付行

12. 某开证申请人要求信用证在开证行到期，并提交以开证行为付款人的见票后90天付款的汇票，则这份信用证应（　　）。

A. 即期付款　　B. 延期付款　　C. 承兑　　D. 议付

13. 如果信用证上关于金额的条款为“ABOUT US DOLLAR 10000”，这说明该笔交易的实际支用金额最多可为（　　）。

A. 9 000 美元　　B. 11 000 美元　　C. 10 000 美元　　D. 10 500 美元

14. 如果信用证上关于货物数量的规定为“500 TONS”，则受益人实际装运时最多可装运（　　）。

A. 500 TONS　　B. 525 TONS　　C. 550 TONS　　D. 505 TONS

15. 国外开来的不可撤销信用证规定，汇票的付款人为开证行，货物装船完毕后，获悉开证申请人已破产倒闭，则（　　）。

A. 只要单证一致，受益人仍可从开证行取得货款

B. 可立即通知承运人行使停运权

C. 由于付款人破产，受益人将钱款两空

D. 待付款人财产清算后方可收回货款

16. 信用证上若未注明汇票的付款人，根据UCP600的解释，汇票的付款人应是（　　）。

A. 开证人　　B. 开证行　　C. 议付行　　D. 进口商

四、简答题

1. 信用证的3个基本特点是什么？

2. 信用证的基本当事人有哪些？他们各自的权利与义务是什么？

3. 即期跟单信用证结算的基本流程是什么？

五、案例分析题

1. 杭州某出口公司B收到一份来自加拿大买方开来的信用证，该信用证并未规定最迟装运期，只规定了信用证的有效期为2020年9月30日，且在中国到期。那么，B公司最迟应于什么时候完成装运？

2. 我某公司对南非出口一批化工产品2 000吨，采用信用证方式支付。国外来证规定：“禁止分批装运，允许转运。”该证并注明：按UCP600办理。现已知：装期临近，已订妥一艘驶往南非的“黄石”号货轮，该船先停靠天津新港，后停靠青岛。但此时，该批化工产品在天津新港和青岛各有1 000吨尚未集中在一起。如果你是这笔业务的经办人，最好选择哪

种处理方法?

3. 我国A公司向加拿大B公司以CIF术语出口一批货物，合约规定4月装运。B公司于2020年4月10日开来信用证。此证按UCP600规定办理。证内规定：装运期不得晚于4月15日。此时我方已来不及办理租船订舱，立即要求B公司将装期延至5月15日。随后B公司来电称：同意展延船期，有效期也顺延一个月。我A公司于5月10日装船，提单签发日5月10日，并于5月14日将全套符合信用证规定的单据交银行办理议付。试问：A公司能否顺利结汇？为什么？

4. 某市中国银行分行收到新加坡某银行电开本信用证一份，金额为100万美元，购男式T恤，目的港为巴基斯坦卡拉奇，证中有下述条款：①检验证书于货物装运前开立并由开证申请人授权的签字人签字，该签字必须由开证行检验；②货物只能待开证申请人指定船只并由开证行给通知行加押电通知后装运，而该加押电必须随同正本单据提交议付。问：出口商可不可以接受该信用证？

5. 我某公司向国外A商出口货物一批。A商按时开来不可撤销即期议付信用证，该证由设在我国境内的外资B银行通知并加具保兑。我公司在货物装运后，将全套合格单据送交B银行议付，并收妥货款。但B银行向开证行索偿时，得知开证行因经营不善已经宣布破产。于是，B银行要求我公司将议付的货款退还，并建议我方可委托其向A商直接索取货款。对此你认为我公司应如何处理？为什么？

六、技能拓展题

1. 根据销售合同审核信用证，指出不符点。

SALES CONTRACT

Contract No. : GW2020×06
Date: 2020. 4. 22
Signed at: NINGBO, CHINA

Seller: GREAT WALL TRADING CO. , LTD
Address: RM201 HUASHENG BUILDING, NINGBO, P.R. CHINA
Fax: 0574-12345678

Buyer: F. T. C. CORP.
Address: AKEDSANTERINK AUTO P. O. BOX. 9. FINLAND
Fax:

This sales contract is made by and between the Sellers and the Buyers, whereby the Sellers agree to sell and the buyers agree to buy the under-mentioned goods according to the terms and conditions stipulated below:

(1) Name of Commodity and Specifications	(2)Quantity	(3) Unit	(4) Unit Price	(5) Amount
HALOGEN FITTING W500 10% more or less both in amount and quantity allowed.	9600PCS	PC	USD 3. 80/PC CIF HELSINKI	USD 36 480.00
	Total Amount		USD 36 480.00	

(6) Packing: CARTON

(7) Delivery From NINGBO,CHINA to HELSINKI, FINLAND

(8) Shipping Marks: N/M

(9) Date of Delivery : Within30days after receipt of L/C. allowing transshipment and partial shipment.

(10) Terms of Payment: By 100% Confirmed Irrevocable Letter of Credit in favor of the Sellers to be available by sight draft to be opened and to reach China before MAY 1, 2020 and to remain valid for negotiation in China until the 15th days after the foresaid Time of Shipment. L/C must mention this contract number advised by BANK OF CHINA NINGBO BRANCH. ALL banking charges outside China (the mainland of China) are for the account of the Drawee.

(11) Insurance: To be effected by Sellers for 110% of full invoice value covering F.P.A. up to HELSINKI.

(12)Arbitration: All dispute arising from the execution of in connection with this contract shall be settled amicable by negotiation. In case of settlement cannot be reached through negotiation the case shall then be submitted to China International Economic & Trade Arbitration Committee in Shenzhen (or in Beijing) for arbitration in act with its sure of procedures. The arbitration award is final and binding upon both parties for setting the Dispute. The fee for arbitration shall be borne by the losing party unless otherwise awarded.

The Seller GREAT WALL TRADING CO. , LTD　　　　The Buyer ALICE

马丁

Issue of Documentary Credit

ISSUING BANK:	METITA BANK LTD., FINLAND.
FORM OF DOCUMENTARY CREDIT:	REVOCABLE
CREDIT NUMBER:	LRT9802457
DATE OF ISSUE:	20190428
EXPIRY:	DATE 20190416 PLACE FINLAND
APPLICANT:	P. T. C. CORP. AKEDSANTERINK AUTO P. O. BOX 9, FINLAND
BENEFICIARY:	GREAT WALL TRADING CO., LTD RM201 HUASHENG BUILDING NINGBO P. R. CHINA

AMOUNT:	USD 36 480.00 (SAY U.S. DOLLARS THIRTY-SIX THOUSAND FOUR HUNDERD AND NINETY ONLY)
AVAILABLE WITH/BY:	ANY BANK IN ADVISING COUNTRY BY NEGOTIATION
DRAFT AT…:	DRAFTS AT 30 DAYS' SIGHT FOR FULL INVOICE VALUE
PARTIAL SHIPMENTS:	NOT ALLOWED
TRANSSHIPMENT:	ALLOWED
LOADING IN CHARGE:	NINGBO
FOR TRANSPORT TO:	HELSINKI
SHIPMENT PERIOD:	NO LATER THAN MAY 30, 2019
DESCRIP T. OF GOODS:	9600PCS OF HALOGEN FITTING W500, USD6. 80 PER PC CIF HELSINKI
DOCUMENTS REQUIRED:	+COMMERCIAL INVOICE 1 SIGNED ORIGINAL AND 5 COPIES + PACKING LIST IN 2 COPIES + FULL SET OF CLEAN ON BOARD, MARINE BILLS OF LADING, MADE OUT TO ORDER, MARKED "FREIGHT PREPAID" AND NOTIFY APPLICANT (AS INDICATE ABOVE) + GSP CERTIFICATE OF ORIGIN FORM A, CERTIFYING GOODS OF ORIGIN IN CHINA, ISSUED BY COMPETENT AUTHORITIES + INSURANCE POLICY/CERTIFICATE COVERING ALL RISKS AND WAR RISKS OF PICC. INCLUDING WAREHOUSE TO WAREHOUSE CLAUSE UP TO FINAL DESTINATION AT HELSINKI, FOR AT LEAST 120 PCT OF CIF-VALUE. + SHIPPING ADVICES MUST BE SENT APPLICANT WITHIN 2 DAYS AFTER SHIPMENT ADVISING NUMBER OF PACKAGES, GROSS & NET WEIGHT, VESSEL NAME, BILL OF LADING NO. AND DATE, CONTRACT NO., VALUE.
PRESENTATION PERIOD:	6 DAYS AFTER ISSUANCE DATE OF SHIPPING DOCUMENT
CONFIRMATION:	WITHOUT
INSTRUCIONS:	THE NEGOTIATION BANK MUST FORWARD THE DRAFRS AND ALL DOCUMENTS BY REGISTERED AIRMAIL DIRECT TO US IN TWO CONSECUTIVE LOTS, UPON RECEIPT OF THE DRAFTS AND DOCUMENTS IN ORDER, WE WILL REMIT THE PROCEEDS AS INSTRUCTED BY THE NEGOTIATING BANK.

2. 阅读以下信用证，并选择填空。

信用证内容：

DEPARTMENT: A　　SWT034C07　　SEP/NO: 00639

MESSAGE　　RECEIVED ON: 2019-07-08/15:35:30

******

LOCAL TIME THU JULY 8 15:07:21 2019

TO: BANK OF CHINA, CHANGSHA

SWIFT CODE: BKCHCNCSA300

FROM: NAT'L AGRICULTURAL COOPERATIVE FED'N, SEOUL, KOREA

TEST-KEY: SEE 72 FIELD (CAL FOR 116188)

MUR: 000000000482167

MESSAGE – TYPE: 700 ISSUE OF A DOCUMENTARY CREDIT

+27: SEQUENCE OF TOTAL	1/1
+40A: FORM OF DOCUMENTARY CREDIT	IRREVOCABLE
+20: DOCUMENTARY CREDIT NUMBER	JC968509MU00158
31C: DATE OF ISSUE	20190708
+40E: APPLICABLE RULES	UCP LATEST VERSION
+31D: DATE AND PLACE OF EXPIRY	20190908 CHINA
+50: APPLICANT	RAIN DREANS IMP. &EXP. CORP NO.90, MOSQUE ROAD, SEOUL, KOREA
+59: BENEFICIARY	 498 SHAOSHAN ROAD, CHANGSHA CHINA
+32B: CURRENCY CODE, AMOUNT:	USD 22422
+41D: AVAILABLE WITH… BY…	ANY BANK BY NEGOTIATION
:42C: DRAFTS AT…	60 DAYS AFTER SIGHT
:42A: DRAWEE	AMERICAN EXPRESS BANK LTD., NEW YORK
:43P: PARTIAL SHIPMENTS	ALLOWED
:43T: TRANSSHIPMENT	ALLOWED
:44E: PORT OF LOADING/AIRPORT OF DEPARTURE	CHINA MAIN PORT
:44F: PORT OF DISCHARGE/AIRPORT OF DESTINATION	BUSAN, KOREA
:44C: LATEST DATE OF SHIPMENT	20190831
:45A: DESCRIPTION OF GOODS AND / OR	+TRADE TERMS: CIF BUSAN

SERVICES	KOREA ORIGIN: CHINA + TROLLEY CASES TS503214 1 104PCS TS503215 1 149PCS TS503216 1 440PCS
:46A: DOCUMENT REQUIRED	+SIGNED COMMERCIAL INVOICE IN 3 ORIGINALS AND 3 COPIES INDICATING THIS L/C NO., CONTRACT NO. +PACKING LIST IN 3 ORIGINALS AND 3 COPIES SHOWING PIECE LENGTH PER PACKAGE +FULL SET OF CLEAN ON BOARD, OCEAN BILLS OF LADING MADE OUT TO THE ORDER OF NATIONAL AGRICULTURAL COOPERATIVE FEDERATION MARKED "FREIGHT PREPAID" AND NOTIY ACCOUNTEE +INSURANCE POLICY OR CERTIFICATE IN DUPLICATE, ENDORSED IN BLAND FOR 110 PCT OF THE INVOICE VALUE, EXPRESSLY STIPULATING THAT CLAIMS ARE PAYABLE IN THE CURRENCY OF THE DRAFT, ALSO INDICATING A CLAIMS SETTLING AGENT IN KOREA AND INSURANCE UST INCLUDE INSTITUTE CARGO CLAUSE: ALL RISKS, WAR RISKS AND SRCC +CORY OF FAX/TXL SENT TO APPLICANT ON SHIPMENT DATE ADVISING SHIPPING DETAILS

ADDITIONAL CONDITION	
:47A:	+BILLS OF LADING ARE INDICATED NAME ADDRESS AND TELEPHONE NUMBER OF CARRYING VESSEL'S AGENT AT PORT OF DESTINATION
:71B: CHARGES	EXCEPT OTHERWISE STATED, ALL BANKING CHARGES OUTSIDE KOREA INCLUDING REIMBURSING BANK'S CHARGES ARE FOR BENEFICIARY'S ACCOUNT
:48: PERIOD FOR PRESENTATION	DOCUMENTS TO BE PRESENTED WITHIN 21 DAYS AFTER THE DATE OF SHIPMENT BUT IN ANY EVENTS WITHIN THE CREDIT VALIDITY
+49: CONFIRMATION INSTRUCTIONS	WITHOUT
:53A: REIMBURSING BANK	AMERICAN EXPRESS BANK LTD., NEW YORK
:78: INSTRUCTIONS TO THE PAYING/ACCEPTING/NEGOTIATING BANK	+THIS CREDIT IS AVAILABLE AT SIGHT BASIS, WITH ACCEPTANCE COMM. AND DISCOUNT CHARGES FOR APPLICANT'S ACCOUNT +PLS CLAIM REIMBURSEMENT BY FORWARDING BENEFICIARY'S TIME DRAFT AND A COPY OF B/L TO THE REIMBURSING BANK +T/T REIMBURSEMENT NO ALLOWED +ALL DOCUMENTS MUST BE FORWARDED IN TWO CONSECUTIVE LOTS BY INT'L COURIER SERVICE TO THE FOLLOWING ADDRESS: NATIONAL AGRICULTURAL

	COOPERATIVE FEDERATION INTERNATIONAL BANKING DEPARTMENT 75, 1-KA, CHUNGJEDNG-RD JUNGKU, SEOUL, KOREA +THIS CREDIT IS SUBJECT TO UCP, ICC PUBLICATIONS NO.600(2007 REVISION)
:72: SENDER TO RECEIVER INFORMATION TEST	S70314 WITH HANIL BANK, SEOUL PLS CONTACT THEM FOR TESTKEY VERIFICATION
+ END OF MESSAGE+ 33062 BOCSH A CN 08-JULY-2019 AT 15:35 FROM EXTEL	

根据信用证的内容回答以下问题：

(1) 开证行用（　　）方式将信用证经过通知行给受益人。

A. 信开　　B. 快邮　　C. 电开

(2) 该信用证中规定汇票的付款期限为（　　）。

A. 见票后 60 天　　B. 提单日后 60 天　　C. 出单日后 60 天

(3) RAIN DREAMNS IMP. & EXP. CORP. 是该信用证的（　　）。

A. 卖方　　B. 开证申请人　　C. 开证行

(4) 该信用证要求汇票上的付款人为（　　）。

A. BANK OF CHINA, CHANGSHA

B. NAT'L AGRICULTURAL COOPERATIVE FED'N, SEOUL

C. AMERICAN EXPRESS BANK LTD., NEW YORK

(5) 该信用证允许受益人使用的金额是（　　）。

A. USD 22 422.00　　B. USD 42 422.00

C. USD 42 424.00

(6) 该信用证规定偿付费用由（　　）承担。

A. 议付行　　B. 开证申请人　　C. 受益人

(7) 该信用证规定的交单期限为（　　）。

A. 最迟装运日后 21 天　　B. 提单日后 21 天

C. 装箱单后 21 天

(8) 该信用证中规定受益人需提交的提单是（　　）。

A. 清洁已装船提单　　B. 不清洁已装船提单

C. 备运提单

(9) 该信用证项下的海运提单应由（　　）背书。

A. CHANGSHA WENTONG CO.,LTD.

B. NATIONAL AGRICULTURAL COOPERATIVE FEDERATION

C. AMERICAN EXPRESS BANK LTD.,NEW YORK

(10) 该信用证项下的海运提单上“通知人”一栏应填（　　）。

A. TO ORDER　　B. CHANGSHA WENTONG CO.,LTD.

C. RAIN DREANS

(11) 该信用证规定，如有货损应用（　　）赔付。

A. 韩元　　B. 美元　　C. 人民币

(12) 按照信用证的规定，出口运费应在（　　）支付。

A. 货到目的港后由进口商　　B. 货到目的港后由出口商

C. 货离起运港前由出口商

(13) 该信用证项下的海运提单必须注明（　　）。

A. 承运船公司在目的港代理的名称、地址和电话

B. 承运船公司在起运港代理的名称、地址和电话

C. 第三方托运人的名称、地址和电话

(14) 该信用证规定受益人提交的保险单据应为（　　）。

A. 保险单和保险凭证　　B. 保险单或保险凭证

C. 预约保单

(15) 该信用证规定装船通知副本应（　　）。

A. 作为单据提交到银行议付　　B. 直接寄给开证申请人

C. 未作具体规定

(16) 该信用证规定受益人需要提交的单据（不包括汇票）有（　　）。

A. 5 种　　B. 6 种　　C. 7 种

(17) 按照信用证的规定，受益人可以在（　　）装运。

A. 2020-08-22　　B. 2020-09-22

C. 2020-09-08

(18) 该信用证属于（　　）。

A. 假远期信用证　　B. 不可撤销即期信用证

C. 远期承兑信用证

(19) NAT'L AGRICULTURAL COOPERATIVE FED'N, SEOUL 是本信用证的______。

A. 开证行　　B. 保兑行　　C. 偿付行

(20) 该信用证中规定的适用规则为________。

A. “EUCP LATEST VERSION”（电子化交单统一惯例最新版本）

B. “UCP URR LATEST VERSION”（统一惯例及偿付统一规则最新版本）

C. “UCP LATEST VERSION”（跟单信用证统一惯例最新版本）

【第 5 章习题参考答案】

第6章　国际结算单据

教学目标

通过本章的学习，掌握国际结算单据（如发票、提单及保险单等）的基本概念和内容；熟悉信用证与单据的关系及各种单据的制作要点；理解UCP600、ISBP745对发票、提单、保险单等单据的基本规定；了解附属单据的种类及其在国际结算中的应用，能够缮制商业汇票。

教学要求

知识要点	能力要求	相关知识
商业发票	掌握商业发票作用、内容及填制要求	有关信用证、合同、惯例和法律法规对商业发票的要求
运输单据	掌握运输单据内容，能填制和审核提单，办理相应货物运输手续	运输单据的种类和作用，各种运输单据在使用过程中的区别
保险单据	掌握保险单内容，能够填制和审核保险单据，能够办理保险手续	保险单证种类，信用证保险条款的内容及制作要求
附属单据	能够提供符合信用证、合同中要求的单据，办理相关手续	包装单据、商检证书、原产地证书、船公司证明、装运通知、其他证明的内容和缮制要求
汇票	能够缮制商业汇票并到银行办理国际货款结算手续	票据行为的含义和具体内容，使用汇票时货款的支付方式和支付程序

思维导图

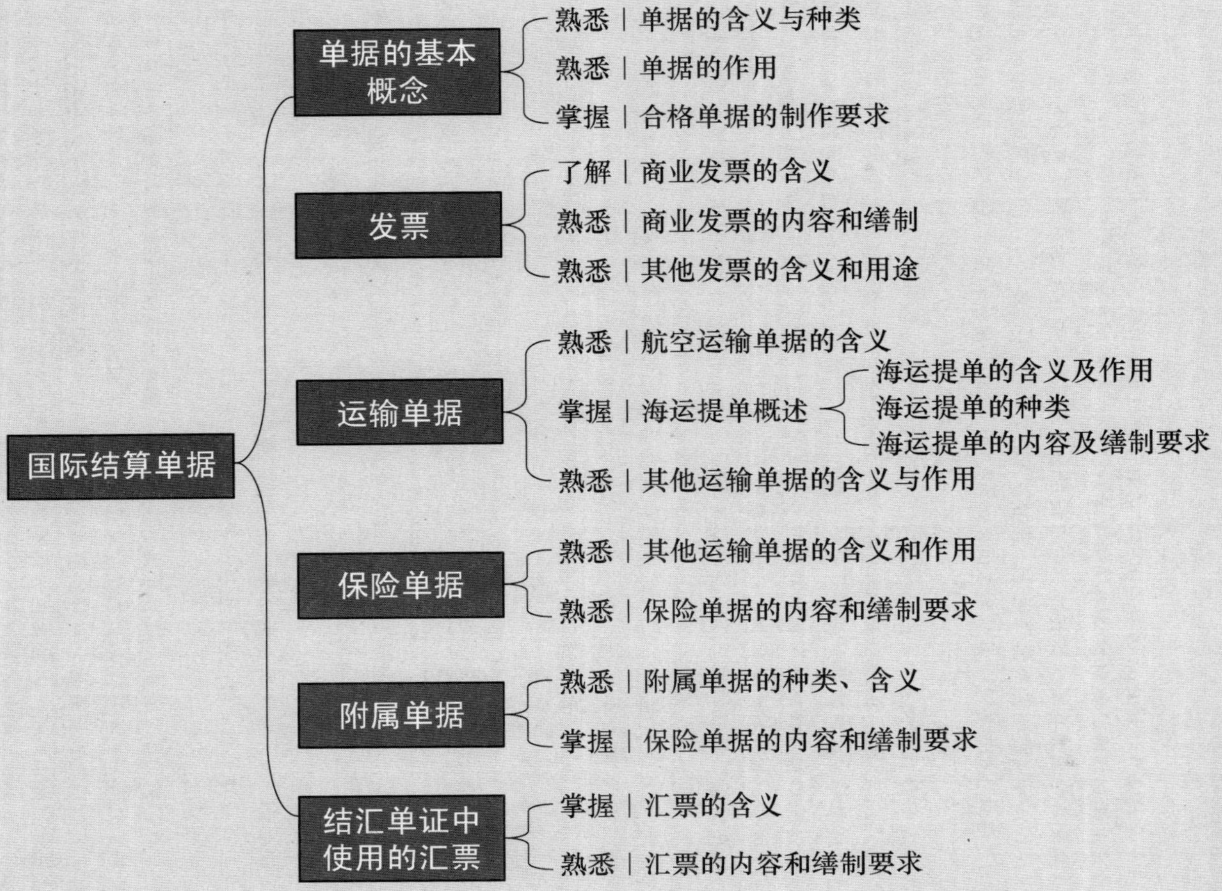

- 国际结算单据
  - 单据的基本概念
    - 熟悉 | 单据的含义与种类
    - 熟悉 | 单据的作用
    - 掌握 | 合格单据的制作要求
  - 发票
    - 了解 | 商业发票的含义
    - 熟悉 | 商业发票的内容和缮制
    - 熟悉 | 其他发票的含义和用途
  - 运输单据
    - 熟悉 | 航空运输单据的含义
    - 掌握 | 海运提单概述
      - 海运提单的含义及作用
      - 海运提单的种类
      - 海运提单的内容及缮制要求
    - 熟悉 | 其他运输单据的含义与作用
  - 保险单据
    - 熟悉 | 其他运输单据的含义和作用
    - 熟悉 | 保险单据的内容和缮制要求
  - 附属单据
    - 熟悉 | 附属单据的种类、含义
    - 掌握 | 保险单据的内容和缮制要求
  - 结汇单证中使用的汇票
    - 掌握 | 汇票的含义
    - 熟悉 | 汇票的内容和缮制要求

2018年9月8日，国内A公司与B公司签订了进口代理协议，为后者从韩国C商社进口聚酯切片。在此代理协议中规定：进口合同以A公司名义签订，A公司负责申请信用证、货款支付及办理运输保险；B公司在收到提单等全套单据3日内将货款（按照当日外汇牌价折算）和代理费用汇入A公司账户，便于其对外汇款；B公司负责通关及国内运输。此后，A公司与C商社签订了600吨聚酯切片的进口合同，价格为CFR大连每吨1 676美元，总价款1 005 600美元，明确了具体的装运日期及产品技术标准等条款。2018年9月11日，A公司向D银行申请开立不可撤销跟单信用证。9月12日，D银行开具受益人为C商社、通知行为韩国E银行、价格为CFR大连每吨1 676美元、总金额为1 005 600美元的信用证。

10月30日，C商社按照合同约定装船发货。11月14日，C商社通过E银行向D银行提交跟单信用证相关单据。D银行审核后没有发现不符点，于同日向A公司发出进口付款通知并随附相关单据。付款通知书载明：如发现单据与信用证不符点并决定拒付，请于11月18日前书面通知银行退回全套单据，否则，将视为接受单据，确认对外支付货款；该货款应于11月18日前支付。11月15日，A公司将所有单据电传B公司，并表示经与D银行共同审核后，认为单证相符，请B公司尽快按照代理协议约定将货款汇入A公司账户。然而在此期间，聚酯切片国际市场价格大幅度下降。19日，B公司回复A公司：经审核发现，单证存在多处不符点。同日，A公司向D银行书面陈述不符点，并在进口付款通知书“不符点”栏中列明“受益人提交提单中显示信用证号为6××××2/1236AN，而信用证号为6××××2/1236/4N；包装在其他单据上为1 075kg/包，而在信用证上为1 055kg/包”。由此拒绝支付货款，并将付款通知书退回D银行。

11月20日，D银行通知E银行拒付货款。随后，韩国E银行认为拒付理由不成立，告知D银行需按时付款，否则将诉诸法律。此时，货物已抵达大连港。D银行经研究认为拒付理由不充分，于是在11月26日，将货款1 005 600美元汇付E银行，并通知A公司拒付理由不予支持，已支付货款。A公司回复D银行：“在D银行无法对外拒付的情况下，我公司同意支付信用证下的货款，并在贵行申办贷款以支付货款。”11月27日，A公司通知B公司银行已对外付款，要求B公司尽快将货款、银行手续费、代理费、保险费等相关费用支付给A公司，并领回单证。之后A公司将货物从港口提出入保税库。在此过程中，A公司支付了保险费、海关滞报费、运输费、租箱费、银行手续费、港口杂费及货款。B公司则于12月3日通知A公司自行处理该批货物，将不承担任何责任。12月13日，A公司以B公司不履行协议责任为由，向当地法院提起诉讼。

案例分析：在国际贸易中，银行开出的信用证与实际单证不相符的地方，理论上即便是一个字母或符号的不同都可记为一处不符点，如果存在单证不符点，买家有理由拒收货物、拒付货款。但同时银行也要和议付行对拒付理由进行评估，不符点不成立的情况下，申请人及开证行需要对单证进行承付。一般而言，开证行应履行严格审单职责，在存在单证不符点的情况下对外付款，应该承担法律责任，申请人可以少付或不付货款。但根据UCP600中规定，开证行可以联系信用证申请人，请其确定对不符点是否接受，并规定不符点的审核应该在规定日期之内，UCP600第14条b款规定：“按照指定行事的被指定银行、保兑行（如有）以及开证行，自其收到提示单据的翌日起算，应各自拥有最多不超过五个银行工作日的时间以决定提示是否相符。”可见，不论是开证银行还是信用证申请人，对于不符点的提出及拒付的决定都要在规定的期限内完成指定的申请流程，否则将无权宣称单据不符。A公司没有在规定时间内退单，导致D银行有理由视其为接受不符的单据并同意付款。A公司作为进口代理没有履行相关审核信用证的义务，也未督促B公司按规定时间内决定是否拒付和退回全套单据，应承担相应的责任。本案的最终判决为B公司应提取保税库中交易货物并按照代理协议支付相应款项。法院在判决时主要考虑的因素是B公司作为实际货主应遵守商业诚信，按照合同办事，而不是为了减损自保而蓄意拒付，逃避责任。然而A公司和D银行作为先行审单方没有查出不符点有过在先，也承担相应处罚。

资料来源：李悦，2019. 一则信用证结算中开证行独立支付原则案例探究［J］. 对外经贸实务，(7).

从这个案例中可以看出，在信用证结算方式下，单据成为付款的依据，国际商会在UCP600中规定："在信用证业务中，各有关当事人所处理的只是单据，而不是单据所涉及的货物、服务及/或其他行为。"因此只要卖方提交合格单据，银行就必须承担付款责任，出口商的交货主要是通过交单来完成的，至于货物的实际情况，银行不过问。由此可见，单据在国际贸易结算中占据着重要地位，所以我们有必要对结算单据的性质、作用、具体内容、缮制注意事项有所了解，只有这样才能确保顺利、及时收回货款，提高企业经济效益。

本章将详细介绍信用证项下各种单据的内容和缮制要求，并通过实例分析使大家更好地了解各种单据在国际结算中的作用。

6.1 单据的基本概念

6.1.1 单据的含义与种类

国际贸易是单据贸易，不论采用什么结算方式，都会发生单据的交换，即使是在计算机广泛使用的今天，单据也在扮演着相当重要的角色。广义的单据泛指国际结算中使用的所有商业/公务证明文据（商业单据）与资金支付凭据（金融单据）。狭义的单据就是商业单据，是国际贸易和国际结算中直接说明货物有关情况的商业凭证；金融单据则是指国际贸易结算中使用的汇票、本票、支票及付款收据等各种资金支付凭证。

国际结算中的商业单据很多，按其作用不同可以分为两大类。第一大类是基本单据，即在交易中不可缺少的单据，根据货物成交的贸易条件确定，由出口方提供，如商业发票、运输单据、保险单据等。第二大类是附属单据，是指除基本单据外，进口商根据本国政府的有关规定或货物本身的不同特点而要求出口商提供的单据。附属单据分为两类：一类是进口国官方要求必须提供的单据，如原产地证书、商检证书、出口许可证等；另一类是由于货物本身的特点而要求出口商提供的说明货物情况的单据，如装箱单、重量单、尺码单等。

另外，在基本商业单据和附属商业单据之外，还有一些不需要在出口结算中提供但会在业务中涉及的单据，如租船订舱时向运输部门提供的托运单、代办托运人签发的运输单据等。

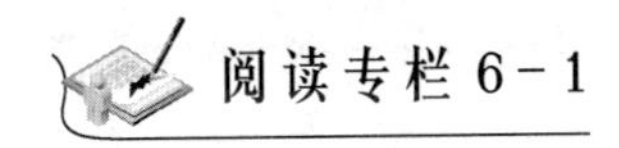

中性单证

中性单证（Neutral Document）是指买方要求卖方提供不显示其出口商的名称、国别等资料的单据和证书，目的是在通过转让单证出售货物时可以不把原供货商暴露给他自己的买家。这种不写明出口商名称的单据叫中性单证。因此，要求中性单证的买方通常都是进口代理商、批发商、佣金商、中间商，或为了转售货物图利的进口商。正如出口中性包装中进口商可以在货到目的地后刷上自己的品牌再行出售一样，进口商也可以将单证背书转让来出售货物。中性单证的做法不仅可以打破世界上某些国家或地区对我国出口商品实行的各种贸易

和非贸易壁垒，如高关税和配额限制，也是削减某些国家对某些产品在特定市场上的独家垄断的有效手段。但是，采用中性单证的做法必须注意以下问题。

（1）对外成交应尽可能争取以CIF价格条件成交，在装船后及时向保险公司加成投保，最好投保一切险，这样保险单据的被保险人为出口商，是保险受益人。

（2）如果有可能应争取以预付货款支付方式成交，出口商收到货款后再发货较为主动。

（3）付款方式不应采用纯粹商业信用的方式，如货到付款或托收方式。

（4）海运提单最好采用指示提单。由于指示提单在未背书向银行结汇前，出口商仍然保持对货物的所有权及处置权，指示提单在出口商以空白背书向银行结汇后，当发生托运人破产倒闭，或托运人到期不付款赎单时，提单的合法持有人，包括银行，可自由处理货物，有权凭单向船公司提取货物，进行拍卖或转让。

资料来源：编者根据网络相关资料的整理。

6.1.2 单据的作用

在国际贸易和国际结算中，单据起着十分重要的作用。

（1）代表货物所有权

单据，特别是货运单据中的海运提单是物权凭证，提单的转移意味着货物所有权的转移，卖方交付货运单据就意味着交付货物，买方付款赎取单据，代表收到货物。这样，通过单据的转移就达到了货物转移的目的。

（2）单据是履行合同的证明

合同订立后，出口商履行阶段可概括为“货、证、船、款”4个环节，无论是哪个环节，出口商及合同有关的各方只有在履行了约定义务的情况下才能取得相关单据。出口商按期向进口商交付合同规定的单据就意味着它履行了合同规定的义务；进口商履约的主要义务是凭单据提货、接受货物、支付货款。

（3）单据是避免和解决争端的依据

在信用证结算中单据非常重要，在履行合同过程中，都要对相关单据严格把关，取得合格、合法的单据，不然就可能造成因单据的不规范、不确切而引发麻烦，或在发生有关争议后无法利用合法的手段（出示合格的单据）保护自己。如发生争议，有关部门进行裁决时，也以单据（如商检部门出具的检验证书）作为重要依据。

（4）单据是银行办理贸易结算和融资的重要依据

由于单据能代表货物的权利，于办理融资的银行而言，有一定的抵押物，风险相对较小，因此受益人还可以凭相符的单据从银行取得各种融资。

此外，单据也是进出口报关、纳税、享受税收优惠的重要凭证。

6.1.3 合格单据的制作要求

1. 正确

正确（Correctness）是所有单证工作的前提，要求制作的单据应满足“单证一致、单单相符”。第一，信用证项下提供的所有单据的相关内容应保持一致，并且所有单据的有关规定与信用证中的要求不应矛盾，体现在文字上没有冲突；第二，各种单据应符合国际贸易惯例、各国/行业法律和规则的要求，目前，各国银行开来的信用证，绝大多数都在证内注明按照国际商会UCP600解释，银行审单时，除信用证另有规定外，都是以UCP600作为审单依据，所以制作单据时，应注意不要与之抵触；第三，单据还应与所代表的货物无出入，虽然信用证项下银行审核“单证一致、单单相符”，就支付货款，但是因为单货不一致，海关不会放行，所以单据制作一定要正确。

阅读专栏6-2

全称与缩略语一致

ISBP745第6条规定：使用普遍承认的缩略语不导致单据不符，例如：

用“Ltd.”代替“Limited”（有限）；

用“Int'l”代替“International”（国际）；

用“Co.”代替“Company”（公司）；

用“kgs”或“kos.”代替“kilos”（千克）；

用“Ind”代替“Industry”（工业）；

用“mfr”代替“manufacturer”（制造商）；

用“mt”代替“metric ton”（吨）；

反过来，用全称代替缩略语也不导致单据不符。

2. 完整

完整（Completeness）是指一笔业务所涉及全部单据的完整性。可从以下几方面理解：第一，内容完整；第二，份数完整；第三，种类完整。凭单据买卖的合同/信用证都会明确要求出口方需提交哪些单据、提交几份、有无正副本要求、是否需要背书及应在单据上标明的内容，所有这些都必须得到满足。

3. 及时

【拓展知识　单据日期】

及时（In time；Punctuality）是指单据制作不能迟延。具体可以这样理解：及时制单、及时审单、及时交单、及时收汇。单据之间的时间差必须符合进出口的程序。另外，单证本身的时间不可逾越，信用证一般都有装运期和有效期的规定，前者是对运输单据装运时间的规定，后者是对卖方向银行交单时间的限制，如果信用证没有特殊规定，银行不接受提单签发后21天才交到银行议付的提单。除合同和信用证有特殊规定外，原则上尽快制单、及时结算可以加速货物和资金的流通，这是符合买卖双方共同利益的。

4. 简明

简明（Conciseness）是指所制作的单据简单、明了。UCP600规定：“为了防止混淆和误解，银行应劝阻在信用证或其任何修改书中加注过多的细节内容。”简明不仅可以减少工作量和提高工作效率，而且也有利于提高单证的质量和减少单证的差错。有关专家也指出，单据中不应出现与单据本身无关的内容。

5. 清晰

清晰（Tidiness）是指单证表面干净、美观、大方，单据中的各项内容清楚、易认，各项内容的记载简洁、明了。单据的清晰要求单证的格式设计和缮制努力实现标准化和规范化，单证的内容排列要行次整齐，字迹清晰，重点项目要突出内容。不应出现涂抹现象，应尽量避免或减少加签修改。

总之，银行在处理信用证业务时坚持不过问货物真实情况、不管当事人、不管合同、不负责审核单据的真伪，所以在这种情况下，受益人就必须按“单证一致、单单相符”的要求履行义务，否则就难以向银行主张权利。

党的二十大报告提出要培养大国工匠和高技能人才，工匠精神是以爱国主义为核心的民族精神的体现，也是从业人员的职业价值取向和行为表现。任何一个单证不符点的存在都会造成退单、拒付等不良后果。

下面以锦州和泰进出口有限公司与马来西亚 AGIHAN MURNI SDN. BHD. 公司签订出口新建优质黑色钢管的合同为例，说明信用证项下各种单据的含义、作用和填制方法。

2018 年 9 月，锦州和泰进出口有限公司经过市场调查，成本核算，确定新建优质黑色钢管的出口价格，经过与马来西亚客户的磋商，最后确定主要交易条件如下。

合同号：09A01，买卖双方同意以下条款达成交易。

This contract is made by and agreed between the BUYER and SELLER, in accordance with the terms and conditions stipulated below.

品名 Commodity & Quality：

新建优质黑色钢管,采用 Q235B 钢材，PER ASTMA53B，斜头（不镀锌、不涂漆、不涂层、不上油）。PRIME NEWLY PRODUCED BLACK STEEL PIPES, USING Q235B STEELMATERIAL, PIPES AS PER ASTMA53B, BEVELED ENDS (NOT GALVANIZED, NOT PAINTED, NOT COATED, NOT OILED)

WALL THICKNESS TOLERANCE:TO BE CONTROLLED TO +/ 8%MAX

LENGTH TOLERANCE:+/- 10MM

规格：219.1MM×7.2MM×6M
219.1MM×7.8MM×6M
273.0MM×9.0MM×6M

唛头 Shipping Marks：无 No

数量及单价 Quantity and Unit Price & Trade Terms：

219.1MM×7.2MM×6M　300Bdls　1 500pcs　USD700/MT CIF PORT KELANG
219.1MM×7.8MM×6M　400Bdls　2 000pcs　USD700/MT CIF PORT KELANG
273.0MM×9.0MM×6M　1 000Bdls　1 000pcs　USD715/MT CIF PORT KELANG

总值 Total Value:USD 829 789.30

装运港/目的港 Port of Loading & Destination：

从中国港口到马来西亚巴生港(FROM CHINESE PORT TO PORT KELANG, MALAYSIA)

装运条款 Time of Shipment & means of Transportation：

最晚装运期限 2018 年 10 月 28 日,不允许分批装运但可以转船。LASTEST DATE

BEFORE OCT.28, 2018, NOT ALLOWING PARTIAL SHIPMENT AND ALLOWING TRANSSHIPMENT.

包装 Packing：

按照工厂出口标准。In accordance with factory export standards.

保险 Insurance：

由卖方按发票金额的110% 投保一切险，以中国人民保险公司的有关海洋运输货物保险条款为准。TO BE COVERED BY THE SELLER FOR 110% OF TOTAL INVOICE VALUE AGAINST A.R. AS PER AND SUBJECT TO THE RELEVANT OCEAN MARINE CARGO CLAUSES OF THE PEOPLE'S INSURANCE COMPANY OF CHINA.

付款条件 Terms of Payment：

买方应由卖方可接受的银行于装运月份前 30 天开立并送达卖方不可撤销即期信用证，至装运月份后第 15 天在中国议付有效。THE BUYERS SHALL OPEN THROUGH A BANK ACCEPTABLE TO THE SELLERS AN IRREVOCABLE SIGHT LETTER OF CREDIT TO REACH THE SELLERS 30 DAYS BEFORE THE MONTH OF SHIPMENT, VALID FOR NEGOTIATION IN CHINA 15TH DAY AFTER SHIPMENT .（双方签字）

6.1.4 信用证的开立

根据上述条件，买卖双方签订了贸易合同，买方在合同规定的时间内开来了信用证，如下所示。

RFK: 181008STP_PN21a03817323

TRN: 381LC102103

Msg Type：700(Issue of a Documentary Credit)

Sender：UOVBMYKL×××

UNITED OVERSEAS BANK(MALAYSIA)BERHAD KUALA LUMPUR

Destination Bank UNITED OVERSEAS BANK(CHINA) LIMITED SHANGHAI

---------------Message Content--

Sequence Total *27 1/1
Type of Documentary Credit *40A IRREVOCABLE

Letter of Credit Number *20 381LC102103

Date of Issue 31C 181003

Date and Place of Expiry *31D 181120 CHINA

Applicant Bank 51D UNITED OVERSEAS BANK(MALAYSIA)BERHAD KUALA LUMPUR

Applicant *50 AGIHAN MURNI SDN. BHD.

NO.80，JALAN PANANG，53000 KUALA LUMPUR， MALAYSIA

Beneficiary *59 JINZHOU HOTIY IMPORT & EXPORT CO., LTD.

HOTIY BUILDING, 37-2 VICTORY STREET, JINZHOU CITY, LIAONING, CHINA

Currency Code, Amount *32B USD829 789.30
Available with...by... *41D ANY BANK IN BENEFICIARY'S COUNTRY BY NEGOTIATION
Percentage Credit Amount Tolerance *39A 00/00
Drafts at 42C AT SIGHT
Drawee/Party Identifier Name and Address 42D ISSUING BANK FOR 110% INVOICE VALUE
Partial Shipments 43P NOT ALLOWED
Transshipment 43T ALLOWED
Shipping on Board/ Dispatch/Packing in Charge at/ from 44E ANY PORT IN CHINA
Transportation to 44B PORT KELANG,MALAYSIA
Latest Date of Shipment 44C 181028
Description of Goods or Services 45A

PRIME NEWLY PRODUCED BLACK STEEL PIPES, USING Q235B STEEL MATERIAL, PIPES AS PER ASTMA53B, BEVELED ENDS (NOT GALVANIZED, NOT PAINTED, NOT COATED, NOT OILED)

SPECIFICATION:

219.1MM×7.2MM×6M

219.1MM×7.8MM×6M WALL THICKNESS TOLERANCE:TO BE CONTROLLED TO +/−8%MAX

273.0MM×9.0MM×6M LENGTH TOLERANCE:+/−10MM

CIF PORT KELANG,MALAYSIA AS PER INCOTERMS 2020

Documents Required 46A

DOCUMENTS IN TRIPLICATE UNLESS OTHERWISE STIPULATED

+ SIGNED COMMERCIAL INVOICE

+ FULL SET OF ORIGINAL CLEAN ON BOARD OCEAN BILLS OF LADING MADE OUT TO THE ORDER OF UNITED OVERSEAS BANK (MALAYSIA) BHD AND BLANK ENDORSED, MARKED "FREIGHT PREPAID" AND NOTIFY APPLICANT

+ PACKING LIST IN 3 TRIPLICATE.

+ FULL SET OF MARINE INSURANCE POLICY OR CERTIFICATE IN NEGOTIABLE FORM AND BLANK ENDORSED FOR FULL CIF VALUE PLUS 10 PERCENT COVERING ALL RISKS ACCORDING TO OCEAN MARINE CARGO CLAUSES (1/1/1981) OF THE PEOPLE'S INSURANCE COMPANY OF CHINA.

+ CERTIFICATE OF ORIGIN (FORM E) IN 2 COPIES.

+VESSEL'S AGE CERTIFICATE ISSUED BY THE SHIPPING COMPANY OR ITS AGENT.

+BENEFICIARY'S CERTIFICATE STATING THAT TWO COMPLETE SETS OF COMMERCIAL INVOICE, PACKING LIST,NON−NEGOTIABLE SHIPPING DOCUMENTS HAS BEEN FAXED TO THE APPLICANT AT FAX NO.60-321428895 WITHIN 3 DAYS AFTER SHIPMENT DATE.

+ BENEFICIARY'S CERTIFICATE STATING ONE COPY OF SHIPPING ADVICE HAS BEEN FAXED TO THE APPLICANT AT FAX NO. 0060–3–2142–8895 WITHIN 3 DAYS AFTER SHIPMENT DATE.

Additional Instructions 47A.

1. THIRD PARTY DOCUMENTS EXCEPT COMMERCIAL INVOICE AND DRAFT ARE

ACCEPTABLE.

2. ALL DOCUMENTS MUST INDICATE THIS L/C NO.: 381LC102103 AND CONTRACT NO.: 09A01

3. SHIPMENT EFFECTED BEFORE L/C ISSUING DATE IS ACCEPTABLE

4. DELY PENALTY:

+IN CASE OF BENEFICIARY (SELLER)EFFECT THE SHIPMENT LATER THAN THE LATEST SHIPMENT DATE OF THIS CREDIT,THE DELAY PENLITY WILL BE DEDUCTED FROM THE PROCEEDS AT PAYMENT DIRECTLY . AS FOLLOWING ONCE IT IS DELAYED FOR:

A)1－15 DAYS LATE: 0.1 PCT OF TOTAL INVOICE VALUE

B)16 DAYS LATE AND OVER: 0.2 PCT OF TOTAL INVOICE VALUE

Charges 71B

ALL BANKING CHARGES OUTSIDE THE OPENNING BANK ARE FOR BENEFICIARY'S ACCOUNT.

Period for Presentation 48

DOCUMENTS MUST BE PRESENTED WITHIN 15 DAYS AFTER THE DATE OF ISSUANCE OF THE TRANSPORT DOCUMENTS BUT WITHIN THE VALIDITY OF THE CREDIT.

Confirmation Instructions *49 WITHOUT

Instructions to the Paying/Accepting/Negotiating Bank 78

1. ALL DOCUMENTS UNDERE THIS CREDIT MUST BE SENT BY COURIER SERVICE TO US AT NO.60,58156 KUALA LUMPUR NEN STREET NEGARA MALAYSIA.

2. DISCREPANT DOCUMENT FEE OF USD 50.00 OR EQUAL CURRENCY WILL BE DEDUCTED FROM DRAWING IF DOCUMENTS WITH DISCREPANCIES ARE ACCEPTED.

3. UPON RECEIPT OF ALL DOCUMENTS AND DRAFT IN CONFORMITY WITH THE TERMS AND CONDITIONS OF THIS CREDIT, WE SHALL REMIT THE PROCEEDS TO THE BANK DESIGNATED BY YOU.

Sender to Receiver Information 72

THIS IS THE OPERATIVE INSTRUMENT SUBJECT TO UNIFORM CUSTONS AND PRACTICE FOR DOCUMENTARY CREDITS，2007 REVISION，INTERNATIONAL CHAMBER OF COMMERCE PUBLICATION NO.600.

72 SENDER TO RECEIVER INFORMATION

"Advising Through" Bank 57A: UNITED OVERSEAS BANK(CHINA) LIMITED SHANGHAI

********other wordings between banks are omitted********

资料来源：锦州和泰进出口有限公司。

6.2 发　票

6.2.1 商业发票

【拓展知识 信用证项下单据制作注意问题】

1. 商业发票的含义及作用

商业发票简称发票，是进出口贸易的最主要单据之一，它是卖方向买方开立的，对所装运货物进行全面、详细的说明，并凭以向

买方收取货款的价目总清单，是全套进出口单据的核心。

在国际贸易中，商业发票的作用有以下几个方面。

① 商业发票是卖方向买方说明自己履约情况的重要证明文件，记载自己发出货物的数量、价格和金额等详细情况。

② 商业发票是进出口双方的记账凭证，尽管各个国家、地区的发票格式有较大的差异，但所包含内容大同小异，都详细记载了货物名称、质量描述、单价、数量等项目，因此各国的企业都凭商业发票记账。

③ 商业发票是报关纳税的依据，世界上大多数国家的海关都是凭商业发票注明的货物的产地、数量、金额等计算征税的。

④ 在信用证不要求提供汇票的情况下（有些国家使用汇票要征收印花税），可以用发票代替汇票作为付款依据。

【拓展视频 商业发票制作】

2. 商业发票的内容和缮制

国际上各国进出口商使用的发票没有统一的格式，但一般都包括首文、正文和结文。

下面以单据实例6－1为例，介绍商业发票的基本填制要素。

【单据实例6－1】 锦州和泰进出口有限公司制作发票如下。

锦州和泰进出口有限公司

JINZHOU HOTIY IMPORT & EXPORT CO., LTD.

HOTIY BUILDING，37-2 VICTORY STREET，JINZHOU CITY，LIAONING，CHINA

COMMERCIAL INVOICE

To: AGIHAN MURNI SDN. BHD.

NO.80，JALAN PANANG，53000 KUALA LUMPUR， MALAYSIA

Country of origin: P.R.CHINA Country of Destination: MALAYSIA

DATE: OCT. 15,2018

L/C NO.: 381LC102103

INV. NO.: JABSP1808

CON. NO.: 09A01

FROM: DALIAN PORT, CHINA			TO: PORT KELANG, MALAYSIA		Total Amount (USD)
Marks & No.	Description of goods	Quantity (BDLS)	PCS/ Weight (MT)	Unit Price (USD/MT)	
N/M	PRIME NEWLY PRODUCED BLACK STEEL PIPES, USING Q235B STEEL MATERIAL, PIPES AS PER ASTMA53B, BEVELED ENDS (NOT GALVANIZED, NOT PAINTED, NOT COATED, NOT OILED) TRADE TERM:CIF PORT				

	KELANG,MALAYSIA SIZE: 219.1MM×7.2MM×6M 219.1MM×7.8MM×6M 273.0MM×9.0MM×6M TOTAL	300 400 1 000 1 700	1 500/338.609 2 000/487.718 1 000/351.553 4 500/1177.88	700 700 715	237 026.30 341 402.60 251 360.40 829 789.30
TOTAL AMOUNT:SAY US DOLLARS EIGHT HUNDRED AND TWENTY-NINE THOUSAND SEVEN HUNDRED EIGHTY-NINE 30/100 ONLY. WE HEREBY CERTIFY THAT THE ABOVE MENTIONED GOODS ARE OF CHINESE ORIGIN.					

锦州和泰进出口有限公司(章)

JINZHOU HOTIY IMPORT & EXPORT CO., LTD.

何泰

资料来源：锦州和泰进出口有限公司。

（1）合同首文主要是基本情况的说明

① 出票人名称与地址。JINZHOU HOTIY IMPORT & EXPORT CO., LTD.
HOTIY BUILDING，37－2 VICTORY STREET，JINZHOU CITY，LIAONING，CHINA

出票人名称与地址在发票正上方表示，在实际业务中，有许多出口企业在印刷空白发票时就印上这项内容。如果没有印这项内容，则出票人填写合同中的卖方（即信用证中的受益人）的名称与地址。UCP600 第 18 条 a 款（i）规定，除非信用证另有规定，商业发票必须由信用证中指定的受益人出具。

② 发票的名称。因为一般在出口业务中使用的、由出口方出具的发票都是商业发票，所以并不要求一定标出“COMMERCIAL”（商业）的字样，但一定要醒目地标出“INVOICE”（发票）的字样。

③ 发票抬头人名称与地址。AGIHAN MURNI SDN. BHD.
NO. 80，JALAN PANANG，53000 KUALA LUMPUR，MALAYSIA

此栏前通常印有“TO”“SOLD TO MESSRS”“FOR ACCOUNT AND RISK OF MESSRS”等，信用证中一般表示为“FOR ACCOUNT OF ×××”或“TO THE ORDER OF ×××”。根据 UCP600 的规定，除非信用证另有规定，填写信用证申请人的名称和地址。

如果信用证特别指定了收货人名称，要求以第三方为发票抬头人，如“All Documents including Commercial Invoice Must Be in Name of Kap Jue Corp. S. P. S BOX 2728 Inchon”，对于这种条款，发票抬头人和其他所有单据抬头人都应按此要求填写。这样的情况表明，该证的申请人是货物买卖的中间人，而不是货物的真正买方。在转让信用证项下，发票的抬头可以为第一受益人的名称，如第二受益人不替换第一受益人的单据，则以原申请人为抬头。

④ 发票号码。JABSP1808

本栏目由出口公司自行编制，一般在编制时，在发票号码的顺序数字中能看出这一

票业务大致情况及具体年份，以便于日后查找，同时也被作为相应的汇票号码。为了方便，也可以使用合同号码，如果一个合同项下的货物分批发运，在合同号后面加注标记，作为发票号。如合同号为 JCS0612，则发票号为 JCS0612-1，JCS0612-2，以此类推。

⑤ 发票的地址。JINZHOU CITY，LIAONING，CHINA

发票的地址应为信用证规定的受益人所在地，通常是议付所在地。

⑥ 发票的日期。OCT. 15，2018

该日期通常被理解为发票签发的实际日期。发票日期最好不要晚于提单的出具日期。根据 UCP600，有时候发票出具日期可以早于信用证开立日期，但必须在信用证及 UCP600 规定的期限内提交。ISBP745 要求单据上的日期可以用不同的格式表示，只要试图表明的日期能够从该单据或提交的其他单据中确定其确切的含义即可，但建议使用月份的名称而不要使用数字。其原因是月份使用英文名称后，年月日便容易分辨，从而确定其确切的含义。

⑦ 合同号。09A01

注明国际贸易合同的号码，若买卖双方各有编号，则应分别列出。

⑧ 信用证号码。381LC102103

当货款的支付使用信用证方式时，这一栏填写信用证号码，便于买卖双方根据该信用证号码看出该发票与信用证的联系，有助于银行、企业归类整理。当货款的支付不使用信用证方式时，空白或删去这一栏。

⑨ 运输中起讫地点（From…To…）

起运地DALIAN PORT，CHINA 。目的地PORT KELANG，MALAYSIA 。

按货物实际的起讫地点填写，即信用证规定的装货港（收货港或接受监管地）和卸货港（交货地或最终目的地）。如果货物需要转运，转运地点也应明确地表示出来。例如，货物从上海经新加坡转船至瑞典的哥本哈根，应填写：

FROM SHANGHAI TO GOTEBORG，SWEDEN VIA SINGAPORE 或

FROM SHANGHAI TO GOTEBORG，SWEDEN WITH TRANSSHIPMENT SINGAPORE

注意如果信用证中只标明国名（如出口使用 CIF 价格术语，装运港标明中国口岸），在制作发票时，应标明具体港口名称（除非一些特殊交易出运时还未确定目的地）。

（2）发票的正文

发票的正文是记载履约情况的部分，主要是对货物的品名、品质、数量、包装、价格等主要条款进行描述。

① 唛头及编号。运输标志N/M

唛头是在货物的运输包装上标注的识别标志。如果信用证有关于唛头的规定，就应严格按照信用证规定的内容进行刷唛和制单。如果信用证中没有规定唛头，那么受益人制单时可以参照合同中的唛头。如果合同中也没有规定唛头，出口商可自行设计唛头。唛头的内容可以包括客户名称缩写、合同号、目的港、件数号等内容。ISBP745 也规定提交的单据如果显示唛头，此时必须包含信用证规定的唛头细节，不可缺漏。单据唛头中的数据顺序，可以互不相同，也可以与信用证规定的不同。具体包括两种情况：一是单据唛头显示了超出通常意义上的唛头所包含的数据，可以接受；二是单据唛头显示信用证规定以外的数据，只要与信用证的其他条款不矛盾，即可接受。

发票中的唛头应与提单、托运单保持严格一致，若没有唛头，此栏可打“N/M”。

例如信用证规定：“ABC CO. /TR5423/HAMBURG/NO. 1 - UP”，则应在发票上打印：

ABC CO.	或：	ABC CO.
TR5423		TR5423
HAMBURG		HAMBURG
NO. 1 - UP		NO. 1 - 300

唛头中的“UP”通常用货物的总包装件数来代替。例如货物一共有300个纸箱，则可填成“NO. 1 - 300”。

② 货物描述。

PRIME NEWLY PRODUCED BLACK STEEL PIPES, USING Q235B STEEL MATERIAL, PIPES AS PER ASTMA53B, BEVELED ENDS (NOT GALVANIZED, NOT PAINTED, NOT COATED, NOT OILED) TRADE TERM: CIF PORT KELANG, MALAYSIA

SIZE: 219.1MM×7.2MM×6M
　　　219.1MM×7.8MM×6M
　　　273.0MM×9.0MM×6M

货物描述是发票的中心内容，当不使用信用证支付时，合同有关货物内容的条款应如实地反映在发票的这一栏目中。当使用信用证支付货款时，商业发票的货物描述应与信用证的货物描述（SWIFT信用证中45a的内容）完全一致，银行的传统习惯认为，如果发票的描述比信用证的描述简略，为“不相符”。而其他单据可以使用货物的统称，只要不与信用证的名称有抵触即可。货物描述一般包括货物名称、品质、数量、包装、单价等内容。

在实务中商品名称通常有以下几种情况。

a. 信用证只规定了货物总称，发票应照样显示，还应加列详细货名，但不得与货物总称矛盾。

b. 信用证未规定货物总称，但列举货物的名称很详细，则发票应照信用证规定列明。

c. 如信用证规定的货名并非英文，这时发票也应照原文显示出来。

d. 货物品质，表示商品品质方法通常有规格、等级、标准、商标、产地名称等，一般信用证开列了对规格的要求和条件，所制发票必须和信用证规定完全一致。

③ 货物的单价和总值。单价700，700，715（这3种规格，对应3个价格）。总值829 789.30

商品单价包括4个部分内容，即计量单位、计价货币、单位价格金额、贸易术语。发票中的表示方法必须与信用证规定一致，尤其是货币必须与信用证的货币相同。

商品总值是发票的主要项目，UCP600规定，“按指定行事的指定银行、保兑行（如有的话）或开证行可以接受金额大于信用证允许金额的商业发票，其决定对有关各方均有约束力，只要该银行对超过信用证允许金额的部分未作承付或者议付”。按照此规定，发票的总值可以超过信用证规定的最高金额。例如，信用证规定出口东北大豆200吨，单价为235.00美元/吨，总金额为47 000.00美元，不允许分批装运，货物数量允许有5%伸缩。若装出201吨，发票上打出的金额可以为47 235.00美元，指定银行可以接受超额发票，但是其通过信用证所能支取的货款仍然是47 000.00美元。

如果信用证数量和总值前有“约”“大概”“大约”或类似词语的，允许有10%的增减幅度，但是需要注意的是“约”放在哪一项，就适应于哪一项，不能以此类推。当信用证规定的金额和数量允许有5%伸缩时，该信用证项下不同颜色、规格的货物，分别可以满足该增减幅度。散装货物可允许有5%增减幅度，但信用证表示的数量是以包装单位计数或个体数目时，不允许有任何增减幅度。

④ 特殊条款。在相当多的信用证中，都出现要求在发票中证明某些事项的条款，如要求列明FOB金额、运费及保险费、布鲁塞尔税则号等，应该如实按信用证要求注明。通常情况下，这些内容打在发票的商品描述栏中，起到证明、声明的作用。

(3) 结文部分最重要的内容就是出口商的盖章

出口商盖章。JINZHOU HOTIY IMPORT & EXPORT CO., LTD.

① UCP600第18条a款(i)规定：发票必须看似由受益人出具。因此，发票由信用证中具名的受益人出具，且名称完全一致，以表明两者为同一单位。

② 签名。何泰

在信用证项下，要求“SIGNED COMMERCIAL INVOICE”，则由出口公司加盖印章。如果信用证中规定“MANUALLY SIGNED”，则必须另加负责人的手签，否则被视为无效发票，银行将不接受印章。此外，出口商提交的发票张数必须与信用证的要求一致。

6.2.2 其他发票

1. 海关发票

海关发票是根据某些进口国海关的规定，由出口商填制的一种特定格式的发票，它的作用是供进口商凭以向海关办理进口报关、纳税等手续。

美国、加拿大、澳大利亚、新西兰、尼日利亚、赞比亚等一些国家对进口货物按照净值(即FOB价格)估价征税，需要提供海关发票。因此，对进口商来说，海关发票是一种很重要的单据。

海关发票由出口方填制，有些国家或地区称其为“CUSTOMS INVOICE”“COMBINED CERTIFICATE OF VALUE AND ORIGIN”(价值与原产地联合证明书)，或“CERTIFIED INVOICE”(证实发票)等。

各国的海关发票格式不尽相同，出口商在使用时，不能搞错格式，但是海关发票的内容及制作方法大同小异。

现以加拿大海关发票(CANADA CUSTOMS INVOICE)为例(见附录6-1)，介绍海关发票的主要栏目及缮制方法。

① 卖方、发货人(Vendor)：填写出口商的名称及地址，包括城市和国家名称。信用证支付条件下此栏填写受益人名称和地址。

② 直接运往加拿大的装运日期(Date of Direct Shipment to Canada)：此日期应与提单日期相一致，如单据送银行预审，也可请银行按正本提单日期代为加注。

③ 其他编号(Other References)：填写有关合同、订单或商业发票号码。

④ 收货人名称及地址(Consignee Name and Address)：填写加拿大收货人的名称与详细地址。信用证项下一般为信用证的开证申请人，也可以是最终收货人。

⑤ 买方名称及地址（Purchaser's Name and Address）：填写实际购货人的名称及地址。如与第 4 栏的收货人相同，则此栏可打上“SAME AS CONSIGNEE”。

⑥ 转运国家（地区）（Country of Transshipment）：应填写转船所在国家（地区）名称。如在香港地区转船，可填写：“FROM SHANGHAI TO VANCOVER WITH TRANSSHIPMENT AT HONGKONG BY VESSEL.”如不转船，可填 N/A（即 NOT APPLICCABLE）。

⑦ 货物原产地（Country of Origin of Goods）：由于海关发票的作用之一就是为了证明所申报货物的原产地，所以如果是我国，就填写 CHINA。若非单一的国产货物，则应在第 12 栏中详细逐项列明各自的原产地国名。

⑧ 运输方式及直接运往加拿大的起运地点（Transportation：Give Mode and Place of Direct Shipment to Canada）：只要货物不在国外加工，不论是否转船，均填写起运地和目的地名称以及所用运载工具。如：FROM SHANGHAI TO MONTREAL BY VESSEL。

⑨ 价格条件及支付方式（Conditions of Sales and Terms of Payment）：按商业发票的价格术语及支付方式填写。例如：CIF VANCOUVER BY D/P AT SIGHT 或 FOB SHANGHAI BY L/C AT SIGHT。

⑩ 货币名称（Currency of Settlement）：卖方要求买方支付货币的名称，须与商业发票使用的货币相一致。如信用证使用美元，即 USD；使用加元，即 CAD。

⑪ 件数（No. of Pkgs）：填写该批商品的外包装总件数，与提单上货物件数保持一致。如：600 CARTONS。

⑫ 商品详细描述（Specification of Commodities）：应按商业发票同项目描述填写，并将包装情况及唛头填写此栏（包括种类、唛头、品名和特性，即等级、品质）。

⑬ 数量（Quantity）：应填写商品的具体数量，如货物是以重量作为计量单位，则是货物净重，而不是包装的件数。

⑭ 单价（Unit Price）：应按商业发票记载的每项单价填写，包括计量单位、单位价格金额、计价货币和贸易术语（使用的货币应与信用证和商业发票一致）。

⑮ 总值（Total）：应按商业发票的总金额填写。

⑯ 净重及毛重的总数（Total Weight）：填写总毛重和总净重，应与其他单据的总毛重和总净重相一致。

⑰ 发票总金额（Invoice Total）：按商业发票的总金额填写。

⑱ If any of fields 1 to 17 are included on an attached commercial invoice，check this box □：如果第 1～17 栏的任何栏的内容均已包括在所随附的商业发票内，则在方框内打“√”记号，并将有关商业发票号填写在横线上。

⑲ 出口商名称及地址（如并非卖方）（Exporter's Name and Address，If other than Vendor）：如出口商与第 1 栏的卖方不是同一名称，则列入实际出口商名称；如出口商与第 1栏的卖方为同一名称，则在本栏打上“THE SAME AS VENDOR”。

⑳ 原产地负责人（Originator）：此栏仍填写出口公司名称、地址、负责人名称，海关发票应该由出口商以个人名义手签，不能用印章代替。

㉑ 主管部门的规定（Departmental Ruling）：指加方海关和税务机关对该货进口的有关规定。如有，则要求填写，通常情况下，则填“N/A”（即 NOT APPLICABLE）。

㉒ 如第 23～25 栏不适用，可在方框内打“√”记号（If fields 23 to 25 are not applicable, check this box）。

㉓ 如果以下金额已包括在第 17 栏目内（If included in field 17 indicate amount），按实际情况填写；若不适用，可填上“N/A”。

㉔ 如果以下金额不包括在第 17 栏目内（If not included in field 17 indicate amount），则应注明金额。如果在 FOB 等价格条件下，卖方又替买方租船订舱时，其运费于货到时支付，则第（i）栏可填实际运费金额。

㉕ 若适用，在方框内打“√”记号。（CHECK）：本栏系补偿贸易、来件、来料加工、装配等贸易方式专用；一般贸易不适用，可在方框内填“N/A”。

2. 领事发票

按某些国家的规定，货物从外国进口，需提供领事发票。领事发票是出口方根据进口国驻出口国领事馆制定的固定格式填写并经领事馆签章的发票，作为货运单据的一部分，交进口商凭以办理报关手续。部分拉丁美洲国家及菲律宾等国规定必须凭领事发票进口。领事发票证明出口货物的详细情况，或用以确定货物的原产地，以明确差别待遇关税；或代替进口许可证，对于没有领事发票的征收最高税率甚至禁止进口；或凭以核定发票售价是否合理，是否存在倾销问题，为进口国用于防止外国商品的低价倾销提供依据。

出具领事发票时，领事馆一般要根据进口货物价值收取一定费用。我国除在北京的出口商根据实际情况可以接受外，其他各地的出口商，如国外来证载有需提供领事发票的条款，一般不宜接受。特殊情况可修改为中国国际贸易促进委员会或海关（原出入境检验检疫局，2018 年并入海关）签证代替。

3. 厂商发票

厂商发票是出口货物的制造厂商出具的以本国货币表示出厂价格的销货凭证。其目的是供进口国海关估价、核税及检查是否有低价倾销行为，征收反倾销税时使用。若 L/C 要求“Manufacturers Invoice”，发票名称应按照要求执行，且缮制时应注意：①出票日期应早于商业发票日期；②价格为以出口国币制表示的国内市场价，填制方法与海关发票同，但应注意出厂价不能高于发票货价，应适当打个折扣（一般按 FOB 价打九折或八五折），以免被进口国海关视为低价倾销而征收反倾销税导致巨大损失；③发票内应加注证明制造厂商的语句“We Hereby Certify That We Are Actual Manufacturer Of The Goods Invoiced”；④抬头人注明出口商，但出单人为制造厂商，应由厂方负责人在发票上签字盖章；⑤货物出厂时，一般无出口装运标记，因此除非信用证有明确规定，厂商发票不必缮制唛头。

4. 形式发票

形式发票也称预开发票。出口商有时应进口商的要求，按准备出口货物的名称、规格、数量、单价、估计总值、装运期、支付方式等开立一种非正式的参考性发票，以供进口商向其本国金融或外贸管理当局申领进口许可证和核批外汇之用。严格地说，由于形式发票不是正式单据，所以不能用于托收和议付结算方式。它所列的单价等，也仅仅是出口商根据当时情况所做的估计，对双方都无最终的约束力，因此形式发票只是一种估价单，当正式成交履行合同时，仍须按照有关规定内容另开正式发票。

6.3　运输单据

运输单据是外贸单证工作中重要的单据之一，是出口商按规定要求装运货物后，承运人或其代理人签发的一种书面凭证。

【拓展视频　提单的性质和作用】

根据运输方式的不同，承运人出具不同的运输单据，UCP600 中把运输单据调整为 7 种：提单（海运提单），涵盖至少两种不同运输方式的运输单据（通常为多式联运单据），不可转让的海运单，租船合约提单，航空运输单据，公路、铁路或内陆水路运输单据，快递收据、邮政收据。除了快递收据、邮政收据，海运承运人可以在符合规定条件（第 19、20 条）的情形下，签发其他 6 种运输单据。

6.3.1　海运提单

1. 海运提单的含义和作用

由于在对外贸易中海运所占比重最大，因此海洋运输单据尤其是海运提单使用得也较多。《汉堡规则》中对海运提单的定义为：海运提单是证明海上运输合同和货物已由承运人或其代理人接管或装运，以及承运人保证凭此交付货物的单据。UCP600 中的提单是要求港至港的运输单据，也就是说只要运输的起始地和目的地都是港口，就适用于 UCP600，而不一定要在单据上使用海运的措辞。

海运提单主要有以下作用。

（1）海运提单是货物收据

不仅对于已装船货物，承运人负有签发提单的义务，而且根据托运人的要求，即使货物尚未装船，只要货物已在承运人掌管之下，承运人也有签发“收货待运提单”的义务。其正面载有唛头、件数、重量以及货物的表面状况等事项，都是收据性文字，确认已按提单所记载的有关内容收到货物，从而承运人就有责任在正常情况下按提单上所列明的情况向收货人交付货物。

（2）海运提单是可以转让的物权凭证

对于取得海运提单的持有人，提单具有物权凭证的功能，即谁持有海运提单，谁就有权要求承运人交货，因此海运提单是可以转让的。海运提单的转移就意味着物权的转移，其中所规定的权利和义务也随着海运提单的转移而转移。承运人若把货物交给了非提单持有人，就要承担被提单持有人追索及赔偿的风险。若承运人对提单的持有人身份有所怀疑，可以要求对方提供银行的担保。

注意，这里所说的是正本提单的作用，而副本提单不是物权凭证。

（3）海运提单是货物运输合同的证明

提单背面印就的条款规定了承运人与托运人之间的权利、义务，责任与豁免，是处理承运人与托运人之间争议的法律依据，因而人们常常认为提单本身就是运输合同。但是按照严格的法律概念，提单并不具备经济合同应具有的基本条件：它不是双方意思表示一致的产物，约束承托双方的提单条款是承运人单方拟定的；它履行在前，而签发在后，早在签发提

单之前，承运人就开始接受托运人托运货物和将货物装船的有关货物运输的各项工作；依照双方的约定，托运人按时向承运人提交货物，承运人向托运人出具海运提单，这份提单就成为双方运输合约的证据。

此外，海运提单也是货主向船公司或保险公司提出索赔时必不可少的单据之一。

2. 海运提单的种类

(1) 根据货物是否装船，海运提单可分为已装船提单和备用提单

已装船提单是指货物已装上船后签发的提单。按照UCP600的规定，通过以下方式表明货物已在信用证规定的装货港装上具名船只："预先印就的文字，或已装船批注注明货物的装运日期"，所以已装船提单上应有船名和装船日期。信用证一般要求卖方提供已装船提单，因为已装船，承运人才会对提单上描述的货物负责，这对收货人按时收货有保障。

备用提单是指承运人已接管货物并准备装运时所签发的提单，所以又称收讫待运提单，提单上不写明装船日期和肯定的船名。在实际业务中，买方不愿意接受这样的提单，没有装船日期，所以不能确定货物到港时间，有时会因货到而没有及时处理遭受损失。因此最好的办法是货物装船后，船公司在提单上加注"On Board"并小签，即变为已装船提单。

(2) 根据货物外表状况有无不良批注，海运提单可分为清洁提单和不清洁提单

清洁提单是指货物装船时表面状况良好，一般没有添加明显表示货物（或）包装有缺陷批注的提单。在对外贸易中，银行为安全起见，在议付货款时均要求提供清洁提单。至于提单上是否显示"CLEAN ON BOARD"，船公司基本不会显示这些字样，并且大多数银行都不要求提单上显示"CLEAN ON BOARD"字样，UCP600中也明确规定，"清洁"一词并不需要在运输单据上体现，也就是说，银行不会把没有"CLEAN ON BOARD"作为单据的不符点。

阅读案例 6-1

"清洁"字样遭删除

案情简介

某日，我议付行收到国内受益人交来的全套单据，审单员审单后认为全套单据已做到"单证一致、单单相符"，于是毫不犹豫地对客户付了款。但当此单据寄对方开证行索偿时，却遭到了拒付。开证行认为：我方提交的单据中含有一张海运提单，该海运提单上原先与货物描述一起打上的"清洁已装船"批注中的"清洁"字样被删除，这样就不符合信用证提供"已装船清洁提单"的要求。由此推定提单是不清洁的。根据UCP600规定，银行不能接受此类不清洁提单。

我方收到开证行拒付电后即刻回复道：根据UCP600规定，所谓不清洁提单是指对货物包装及外表状况有缺陷的批注的提单，既然我方提供的提单无此描述，就应认为提单是清洁的，故你方的拒付是不成立的。

最后，开证行如数支付了信用证款项。

案例分析

清洁提单是指单据上无明确声称货物（或）包装有缺陷的条文或批注，如果信用证要求“清洁已装船”时，银行的掌握方法应是：只要符合运输单据的相关规定，即为满足要求。无不良批注即认为是清洁提单。

资料来源：赵明霄，2010. 国际结算习题与案例［M］. 北京：中国金融出版社.

不清洁提单是指承运人在提单上已加注货物外表状况不良（或）包装状况不当或存在缺陷等批注的提单。承运人对不良包装下货物的损坏不承担责任。除非信用证另有规定，否则银行不接受不清洁提单。需注意的是，并不是提单上一有批注就构成不清洁提单，按照国际航运工会规定，有下列批注的提单仍然是清洁提单。

① 对货物包装不能令人满意，在提单上批注“旧包装”“旧箱”等内容。

② 否认承运人知晓货物内容、质量、数量或技术指标等内容。

③ 强调承运人对货物或包装性质引起的风险不负责任。

在实际业务中，对于不清洁提单，如果托运人通过出具保函而换取“清洁提单”，银行审核单据表面相符后，仍会支付货款。

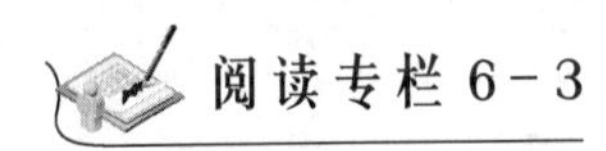

阅读专栏 6-3

常见的运输单据的“不清洁”批注

contents leaking（货物露出）	packing soiled by contents（包装被内容物污染）
damaged by vermin (rats)（有虫或被鼠咬）	goods damaged/scratched（货物损坏/刮损）
packing broken/holed/torn（包装破损/穿孔/撕裂）	goods chafed/torn/deformed（货物磨损/撕裂/变形）
packing badly dented（包装严重凹陷）	goods stained（货物污染）
more or less wet（有些潮湿）	contents melting（内容溶解）
flaps open（箱盖松开）	badly chafed（擦破）
with hook holes（有手钩洞）	nails off/started（钉脱落/钉松）

（3）根据不同运输方式，海运提单可分为直达提单、联运提单和转船提单

直达提单是指承运人签发的由起运港以船舶直接运达目的港的提单，信用证若明确表明不准转船，则受益人必须提交直达提单。

联运提单是指货物需经两段或两段以上运输运达目的港，而其中有一段是海洋运输，如海陆、海空或海海联运所签发的提单。

转船提单是指船舶在装运港载货后，不直接驶往目的港，而在中途港口换装另一船舶，把货物运往目的港的提单。转船提单由第一承运人签发。

UCP600 规定：“转运系指信用证规定的装货港到卸货港之间的运输过程中，将货物从一船卸下并再装上另一船的行为。”“即使信用证禁止转运，注明将要或可能发生转运的提单仍可接受，只要其表明货物由集装箱、拖车或子船运输。”因此转船提单实际上也是联运提单的一种。需注意，转船提单和联运提单各承运人的责任只限于其本身负责的航程。

(4) 根据提单抬头不同，海运提单可分为记名提单、不记名提单和指示提单

记名提单又称收货人抬头提单，是指提单上的收货人栏中已具体填写收货人名称的提单。提单所记载的货物只能由提单上特定的收货人提取，在一些国家规定收货人取货时可以只凭证明其身份的证件即可提出，所以提单失去了代表货物物权凭证的性质，国际贸易中较少使用，银行不愿意接受记名提单议付。记名提单一般只适用于运输展览品或贵重物品等情况，可以不通过银行而由托运人将其邮寄收货人，也可由船长随船带交。这样，提单就可以及时送达收货人，而不致延误。

不记名提单是提单上收货人一栏内没有指明任何收货人，而注明"提单持有人"字样或将这一栏空白，不填写任何人的名称的提单。这种提单不需要任何背书手续即可转让或提取货物，极为简便。承运人应将货物交给提单持有人，谁持有提单，谁就可以提货，承运人交付货物只凭单。这种提单丢失或被窃，货物被提走，承运人不负责任，对买卖双方都不利，故国际上较少使用这种提单。

指示提单是在提单正面"收货人"一栏内填上"凭指示"(To order，不记名指示)或"凭某人指示"(To the order of…，记名指示)字样的提单。如果收货人栏内填凭"××指示"，记名指示提单中指名的"××"既可以是银行，也可以是进出口商。不记名指示又称"空白抬头"，由托运人背书后可转让。背书的具体做法可以是空白背书、记名背书和指示背书。提单的持有人可以通过背书的方式把它转让给第三者，而无须经过承运人认可，所以这种提单为买方所欢迎。指示提单在国际海运业务中使用较广泛。

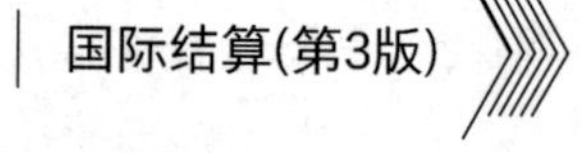

阅读案例 6-2

1/3 正本海运提单径交开证申请人案

案情简介

我国某出口公司G收到国外来证，其中在"所需单据"中要求如下："BENEFICIARY'S SIGNED DECLARATION STAING THAT: 1/3 ORIGINAL MARINE B/L AND ONE SIGNED ORIGINAL OF EACH OTHER DOCUMENT PRESENTED AT THE BANK WERE SENT DIRECTLY TO BLL HAIFA BY SPECIAL COURIER (IF SHIPMENT EFFECTED BY SEA) OR PHOTOCOPY OF ORIGINAL CERTIFICATE OF ORIGIN AND ONE SIGNED ORIGINAL OF EACH DOCUMENT PRESENTED AT THE BANK WAS ATTACHED TO ATD ACCOMPANYING THE GOODS (IF SHIPMENT EFFECTED BY AIR)"[受益人签署的声明书，证明1/3正本提单和其他正本单据通过特别快件直接寄给BLLHAIFA(如果是通过海运)或原产地证书的副本和其他正本单据已随货物(若通过空运)]。G公司将全套单据正本提单(3份)及所要求的发票、装箱单及其他所需单据交给中国银行深圳分行(通知行)，经银行复审无异后，然后将全套单据寄往国外开证银行承兑。中国银行深圳分行于到期日收到开证行通知："因所交单据与信用证要求不符，拒付货款不符之处为：信用证在所需单据第(7)款中要求，若为海运，1/3的正本单据需

用特快专递直接寄往 BLL - HAIFA.”因此，G公司立即与客户联系，说明由于工作疏忽没有按信用证要求办理，请其尽快付款赎单。不久客户办理了付款赎单，终于顺利解决了此案。

案例分析

在近海贸易中，由于海运航程较短，如果全套提单走银行程序，有可能出现货物等提单的情况，为了尽早提货，避免货物压仓，产生滞期费，便出现了“1/3提单”条款。

1/3正本提单直接寄交申请人条款是使受益人进退两难的条款，本案例中如果G公司按信用证要求向客户直接寄交了1/3正本提单，客户可以凭其去提货，因为它代表了物权凭证。之后客户仍有可能拒付信用证项下的单据，造成钱款两空。如果不向客户直接邮寄1/3正本提单，那么会出现“不符点”，造成银行拒付。本案客户总算接受单据，化解了纠纷，但并不意味着以后也都会接受，或其他客户也能接受，因此应引起重视。

资料来源：许南，2015. 国际结算案例与分析［M］. 北京：中国人民大学出版社.

（5）根据提单格式，海运提单可分为全式提单和简式提单

全式提单指既有正面记载的事项，又有背面详细条款的提单。

简式提单指只有正面必要记载项目而无背面条款的提单。一般提单副本及租船合同的提单为简式提单，后者要参照租船合同的规定。

（6）根据提单使用有效性，海运提单可分为正本提单和副本提单

正本提单指可凭以押汇货款和向目的港船公司或其代理提货的提单。正本提单由承运人正式签字盖章并注明签发日期。正本提单上必须标明“正本”（ORIGINAL）字样，正本提单一般签发一式两份或三份，这是为了应对当提单在流通过程中万一遗失时，可以应用另一份正本。各份正本具有同等效力，但其中一份提货后，其余各份均告失效。

副本提单是与正本提单相对的提单，没有承运人签发，也没有提单背面条款，而仅供工作上参考之用。副本提单份数根据托运人和船方的实际需要而定。副本提单只用于日常业务处理，不具备法律效力。

此外，海运提单还分为有运费预付提单和运费到付提单；班轮提单和租船合同下的提单；舱面提单、倒签提单、过期提单、预借提单等。

3. 海运提单的内容和缮制要求

【拓展视频
提单易错点】

提单分正反两面，提单的正面是提单记载的事项，提单的背面是关于双方当事人权利和义务的实质性条款。国际上为了统一提单背面的条款内容，曾先后签署了《统一提单的若干法律规则的国际公约》（以下简称《海牙规则》）、《修改统一提单的若干法律规定的国际公约的议定书》（以下简称《维斯比规则》）、《1978年联合国海上货物运输公约》（以下简称《汉堡规则》）、《联合国全程或者部分海上货物运输合同公约》（以下简称《鹿特丹规则》）保证当事人的权益、明确各自的责任和义务。但这4个公约由于签署的历史背景不同，内容不一，因此各国船公司签发的提单背面条款也存在差异。

下面以单据实例6-2为例，介绍海运提单正面的记载事项和缮制要求。

【单据实例6-2】锦州和泰进出口有限公司向银行提交的提单如下。

<table>
<tr><td colspan="2">Shipper
JINZHOU HOTIY IMPORT & EXPORT CO., LTD.
HOTIY BUILDING，37-2 VICTORY STREET，
JINZHOU CITY，LIAONING，CHINA</td><td colspan="2" rowspan="7">B/L NO.：251DL115

大连远洋运输有限公司
DALIAN OCEAN SHIPPING CO.,LTD.
BILL OF LADING
DIRECT OR WITH TRANSHIPMENT
SHIPPED on board in apparent good order and condition (unless otherwise indicated) the goods or packages specified herein and to be discharged at the mentioned port of discharge or as near thereto as the vessel may safely get and be always afloat.
The weight, measure, marks and numbers, quality, contents and value. Being particulars furnished by the shipper, are not checked by the currier on loading.
The shipper, consignee and the holder of this bill of lading hereby expressly accept and agree to all printed, written or stamped provisions. Exceptions and conditions of this Bill of Lading, including those on the back hereof.
IM WITNESS whereof the number of original Bills iflading.
Stated below have been signed, one of which being accomplished, the other to be voild.</td></tr>
<tr><td colspan="2">Consignee
TO THE ORDER OF UNITED OVERSEAS BANK (MALAYSIA)</td></tr>
<tr><td colspan="2">Notify Party
AGIHAN MURNI SDN. BHD.
NO.80， JALAN PANANG， 53 000 KUALA LUMPUR， MALAYSIA</td></tr>
<tr><td>Pre-carriage by</td><td>Place of receipt</td></tr>
<tr><td>Vessel
ALFIOS V1521</td><td>Port of loading
DALIAN,CHINA</td></tr>
<tr><td>Port of discharge
PORT KELANG,
MALAYSIA</td><td>Final destination
ORIGINAL</td></tr>
<tr></tr>
<tr><td colspan="4">Container seal No.
Marks & Numbers
N/M

Description of goods
PRIME NEWLY PRODUCED BLACK STEEL PIPES DETAILS AS INVOICE NO.: JABSP1808

Gross weight(kgs.)
Quantity
G.W.:1177.880MT
N.W.:1177.880MT

Measurement(m^3)
49.45

L/C NO.: 381LC102103
S/C NO.: 09A01

CLEAN ON BOARD</td></tr>
<tr><td colspan="4">Total number and kind of packages
TOTAL: ONE THOUSAND AND SEVEN HUNDRED BUNDLES ONLY</td></tr>
<tr><td colspan="3">REGARDING TRANSHIPMENT
INFORMATION PLEASE CONTACT</td><td>Freight and charges
FREIGHT PREPAID 22 OCT 2018</td></tr>
<tr><td rowspan="2">Ex. rate</td><td>Prepaid at</td><td>Freight payable at</td><td>Place and date of issue
DALIAN 22/10/2018</td></tr>
<tr><td>Total prepaid</td><td>Number of original bills of Lading</td><td>Signed for or on behalf of the Master as Agent
AS AGENT FOR THE CARRIER:TFMS</td></tr>
<tr><td></td><td></td><td>Bs/L (THREE)</td><td>大连远洋运输有限公司（章）
李弘</td></tr>
</table>

① Shipper，托运人。JINZHOU HOTIY IMPORT & EXPORT CO. ，LTD. HOTIY BUILDING，37－2 VICTORY STREET，JINZHOU CITY，LIAONING，CHINA.

托运人是指委托运输的当事人。如信用证无特殊规定，应以受益人为托运人。如果受益人是中间商，货物是从产地直接装运的，这时也可以实际卖方为发货人，因为按 UCP600 规定，如信用证无特殊规定，银行将接受以第三者为发货人的提单。不过，此时必须考虑实际业务是否可行的问题（如发货人是否在当地有代表可以背书）。

② Consignee，收货人。TO THE ORDER OF UNITED OVERSEAS BANK (MALAYSIA).

收货人是指有权提取货物的人，提单的收货人又称提单的抬头，直接关系到提单的性质、能否转让、物权归属等问题，是银行审核的重点项目。使用信用证以外的结算方式，收货人一般为进出口贸易合同中的买方，在信用证项下，一般有3种写法。

如果来证要求“Full set of B/L Consigned to ABC Co.”，则提单收货人一栏中填“Consigned to ABC Co.”。（记名提单）

如果要求来人抬头“to Bearer”（不记名抬头），不需背书即可转让。

以上两种提单对出口方而言，存在不能转让或风险较大的特点，在实务中不多见。

实务中使用较多的是指示提单。如来证要求B/L issued“To order”“To order of shipper”“To order of negotiating bank”，则托运人或议付行应在提单背面作空白背书。如果收货人做成“To order of issuing bank”“To order of applicant”，则发货人不必背书。

收货人栏的填写必须与信用证要求完全一致。

③ Notify Party，被通知人。AGIHAN MURNI SDN. BHD. NO. 80，JALAN PANANG，53 000 KUALA LUMPUR，MALAYSIA.

被通知人是货到目的港口后，船公司将到港信息通知的对象。为了便于收货人提货，被通知人可以是收货人的代理，受其委托负责代为报关、提货等。信用证中有规定，应严格按信用证规定填写，如详细地址、电话、电传、传真号码等，以使通知顺利。如果来证中未对Notify Party作明确规定时，通常此栏填写实际收货人名称和地址（一般情况下即Applicant），正本的这一栏也可保持空白或填写买方名称，应将开证申请人名称、地址填入提单副本的这一栏中。

④ Pre-carriage by，前段运输。

如果货物需转运，则在此两栏分别填写第一程船的船名和中转港口名称。如果货物无须转运，空白这两栏。

⑤ Vessel，船名。ALFIOS V1521.

如果货物需转运，则在这栏填写第二程的名；如果货物不需转运，则在这栏填写第一程的船名。是否填写第二程船名，主要是根据信用证的要求，如果信用证并无要求，即使需转船，也不必填写第二程船名。如来证要求“In case transshipment is effected，name and sailing date of 2ND ocean vessel calling Rotterdam must be shown on B/L”（如果转船，至鹿特丹的第二程船名、日期必须在提单上表示），只有在这种条款或类似的明确表示注明第二程船名的条款下，才应填写第二程船名。此栏填写船名和航次，如没有航次，可以不显示。

⑥ Port of loading，装运港。DALIAN，CHINA.

货物实际装船后起运的港口，应严格按信用证规定填写，装运港之前或之后有行政区的，如Xingang/Tianjin，应照加。有时一些国外开来的信用证笼统规定装运港名称，仅规定为“中国港口”（Chinese ports，Shipment from China to…），这种规定对受益人来说比较灵活，制单时应根据实际情况填写具体港口名称，如“Shanghai port”。如信用证同时列出

几个装运港（地），提单只填写实际装运的那一个港口名称。如果货物在多个港口装运，提单显示多个装货港，必须加装船批注，以表明货物在每一个装货港对应的装船日期。Place of receipt 监管地，如果监管地与装运港不一致，则应在提单上注明："on Board 日期，船名"。

⑦ Port of discharge，卸货港（目的港）。PORT KELANG，MALAYSIA.

卸货港是承运人责任终止的港口，对于信用证方式结算的交易，按信用证规定的卸货港填制，当使用集装箱运输时，提单还必须记载最后目的地或交货地。

填写目的港应注意下列问题。

a. 除 FOB 价格条件外，目的港不能是笼统的名称，如"European main port"，必须列出具体的港口名称。如果国际上有重名港口，还应加上国名。因为世界上有很多港口是同名的，如"Portsmouth"（朴次茅斯）港有 5 个，英国 1 个，美国 4 个；而"Victoria"（维多利亚）港有 8 个，巴西、加拿大、几内亚、喀麦隆、澳大利亚、塞舌尔、马来西亚和格林纳达都有，所以为了防止有误，应在港口后加上国家的名字。

b. 美国和加拿大等国家开来的一些信用证规定目的港后有 OCP 字样，应照加。OCP 即"Overland Common Points"，一般叫作"内陆转运地区"，以洛矶山脉为界，以东各州都属于 OCP 地区范围内，采用这样条件可以享受到运费上的优惠，但是货物目的港必须是美国西海岸港口。例如，"San Francisco OCP"，意指货到旧金山港后再转运至内陆；"San Francisco OCP Coos Bay"，意指货到旧金山港后再转运至柯斯湾。

c. 如信用证规定目的港为 Kobe/Nagoya/Yokohama，表示为卖方选港，提单只打一个即可。如来证规定 Option Kobe/ Nagoya/Yokohama，表示为买方选港，提单应按次序全部照打。

⑧ Final destination，最终目的地。

如果货物的目的地就是目的港，空白这一栏。

⑨ No. of Original B/L，正本提单的份数。THREE.

只有正本提单可流通，交单、议付，副本则不行。UCP600 第 20 条指出："系仅有一份正本提单，或者，如果多份正本，应是提单中显示的全套正本份数。"即提单可以是一套单独一份的正本单据，但如果签发给发货人的正本超过一份，则应该包括全套正本。全套提单一般理解为正本提单 3 份。不管有几份，提单必须表明其正本份数。出口商应按信用证规定来要求承运人签发正、副本提单份数。单据上忘记打上正本份数或某份提单没有"正本"字样，都是不符点。

⑩ Mark & No.，标记与封志号。N/M .

标记，即唛头，是为了装卸、运输及存储过程中便于识别而刷在外包装上的装运标记，是提单的一项重要内容，是提单与货物的主要联系要素，也是收货人提货的重要依据。提单上的唛头应与发票等其他单据及实际货物保持一致，否则会给提货和结算带来困难。如果信用证规定了唛头，提单此栏应照样填写，位置和形状最好都不要改变。如果没有唛头，则填写"No Mark"或"N/M"。

封志号是装箱人装箱完毕后在集装箱箱门上加的唯一的号码，破开封志号后才能打开箱门。进港后的集装箱被海关开箱查验后，往往更换新的封志号，这时托运人必须将新的封志号显示在提单上。

⑪ Total number and kind of packages，件数和包装种类。ONE THOUSAND AND SEVEN HUNDRED BUNDLES ONLY.

本栏填写包装数量和包装单位。一般要求托运人在数量（Quantity）这一栏填数量小写的形式。此栏填写数量大写的形成，防止更改，确保统一。当不同包装种类的货物混装在一个整箱内，合计件数的包装种类显示“件数”（Packages）。对于集成包装的托盘货，一般除了显示托盘数，还要在括号里显示小件数，例如 5 Pallets（30 Cartons）/Say five pallets only。如果散装货物无件数时，可表示为“In bulk”（散装）。包装种类一定要与信用证一致。

⑫ Description of goods，商品名称。PRIME NEWLY PRODUCED BLACK STEEL PIPES DETAILS AS INVOICE NO.:JABSP1808.

商品名称应按信用证规定的品名以及其他单据（如发票）品名来填写，应注意避免不必要的描述，更不能画蛇添足地增加内容。如果品名繁多、复杂，根据国际惯例，发票可以用“统称”，但不得与信用证中货物的描述有抵触。

⑬ Gross weight（kgs.），毛重（公斤）。1177.88M/T.

毛重应与发票或包装单相符。如裸装货物没有毛重只有净重，应先加“Net weight”或“N. W.”，再注具体的净重数量。

⑭ Measurement（m^3），尺码。49.45.

尺码即货物的体积。以立方米为计量单位，小数点后保留三位数。FOB价格条件下可免填尺码。

⑮ Freight and charges，运费条款。FREIGHT PREPAID.

运费条款应按信用证规定注明。如信用证未明确，可根据价格条件是否包含运费决定如何批注，主要有以下几种情况。

a. 如果是CIF、CFR等价格条件，运费在提单签发之前支付者，提单应注“Freight paid”（运费已付）或“Freight prepaid”（运费预付）。

b. 如果是FOB、FAS等价格条件，运费在目的港支付者，提单应注明“Freight collect”“Freight to collect”“Freight to be collected”（运费到付或运费待收）。

c. 如果卖方知道运费金额或在船公司不愿意暴露运费费率的情况下，提单可注“Freight paid as arranged”（运费已照约定付讫）；或者运费按照约定的时间或办法支付，提单可注“Freight as arranged”。

⑯ Place and date of issue，提单签发地点和日期。DALIAN 22/10/2018.

签单地址通常是承运人收受货物或装船的地址，但有时也不一致，例如，收受或装运货物在新港（Xingang）而签单在天津。提单签发的日期是提单所列货物实际装船完毕的日期，应与收货单上大副所签订日期一致，不得晚于信用证规定的装运期。UCP600规定，提单的出具日期将被视为发运日期，除非提单载有表明发运日期的已装船批注，此时已装船批注中显示的日期将被视为发运日期。

⑰ Laden on Board the Vessel，已装船批注。

有些提单正面没有预先印就的类似已装上船的条款，这种提单便称为备运提单。备运提单转化为已装船提单的方式有两种。

a. 在提单的空白处加“已装船”批注或加盖类似内容的印章，例如“Shipped on

Board”，有的只加“On Board”。

b. 在备运提单下端印有专供填写装船条款的栏目：Laden on Board the Vessel，已装船标注。装船后，在此栏处加注必要内容，如船名等，并填写装船日，最后签字。

ISTP745 认为“SHIPPED”和“ON BOARD”默认是货物已装船的标志性字样。换句话说，只有提单上含有该字样，才算满足了货物已装船的要求。其他字样则不在此列。

⑱ Number of original Bs/L，正本提单份数。THREE.

当信用证要求开立全套正本提单时，可以是仅有一份正本提单或者是一份以上正本提单，通常出具三份正本提单，此栏为必填项目。ISBP745 规定运输单据提单注明“第二正本（SECOND ORIGINAL）”“第二联（DUPLICATE）”等类似措辞，均为正本。

信用证要求的副本运输单据，不是 UCP 意义上的运输单据。

⑲ Signed for or on behalf of the Master as Agent，提单签发人签字。李弘。

按照 UCP600 规定，有权签发提单的是承运人或作为承运人的具名代理或代表，或船长或作为船长的具名代理或代表。如果是代理人签字，代理人的名称和身份都应该列明，与 UCP500 相比，实质性的改变是代理人代表船长签发时不需要显示被代理船长姓名。

ISTP745 要求在 UCP600 框架内的承运人或船长签署，都只能转授权一次，即由其代理人签署，而不得由其代理人的代理人签署。

【拓展知识 航空运单样本】

6.3.2 航空运输单据

航空运输是一种现代化运输方式，它与海上运输、铁路运输相比，具有运输速度快、货运质量高等特点，最适合运输急救物资，贵重物品，鲜活、易腐货物，精密仪器等商品。2017 年，全球航空公司总收入达 7540 亿美元，其中航空货运业务营收为 959 亿美元。

1. 航空运输单据的性质和作用

航空运输单据简称航空运单，是指在航空运输中，由承运的航空公司或其代理人签发的运输单据，是发货人与承运人（或其代理人）之间的运输合同。当发货人将其货物发运后，承运人或其代理人就会将其中一份（即发货人联）交给发货人作为已接受其货物的证明，也就是一份货物收据；同时航空运单上记载着属于收货人应负担的费用和属于应支付给代理人的费用，并详细列明费用的种类，因此可以作为运费账单和发票。当航空货物运达目的地后，应向当地海关报关，在报关所需各种单证中，航空运单通常是海关放行查验时的基本单据。若承运人承办保险或者发货人要求承运人代办保险时，则航空运单即可作为保险证书。但它有别于海运提单，并非代表货物所有权的物权凭证，不能背书转让，在很多情况下，航空运单并不是提货的必要条件，收货人要凭到货通知办理提货。

通常，航空运单由货运代理人代为填制。因为航空运输的操作要求很高，非货运代理人难以掌握运单填制的各项要求，航空运单填制完毕，托运人（或其代理人）和承运人（或其代理人）签字后即开始生效；货物运至目的地，收货人提取货物并在运单交付联上签字认可后，其有效期即告结束。

2. 航空运单的种类

在实际业务中，航空运输主要由航空运输公司和航空货运代理公司来完成。其中航空运输公司是实际承运人，负责办理货物从起运机场至目的机场的运输业务，并对全程运输负责。航空货运代理公司具有双重身份：一是货主的代理，负责办理货物运输涉及的订舱、交接货物、进出口报关等事宜；二是航空公司的代理，办理接货，以航空承运人的身份签发航空运单。

（1）航空主运单

凡由航空公司签发的航空运单称为主运单（或总运单）（Master Air Way Bill，MAWB），每一批由航空公司发运的货物都须具备主运单。航空主运单的运输合同的当事人双方，一方是航空公司（实际承运人），另一方是航空货运代理公司（作为托运人）。主运单是承运人办理该运单项下货物的发运和交付的依据，是承运人与托运人之间订立的运输契约。

（2）航空分运单

航空分运单是由航空货运代理人在办理集中托运业务时签发给各批发货人的运单。航空分运单的运输合同的当事人双方，一方是航空货运代理公司，另一方是发货人。货物到达目的站后，由航空货运代理公司在该地的分公司或其代理凭主运单向当地航空公司提取货物，然后按分运单分别拨交给各收货人，所以发货人和收货人与航空公司不发生直接关系。

3. 航空运单的内容及缮制要求

世界各国航空公司发出航空运单正副本的份数均按统一规定，航空运单通常每套 12 联，其中正本 3 联，副本 9 联，每联上都注明该联的用途。

第一联，正本，发给发出承运人；第二联，正本，发给收货人；第三联，正本，发给发货人（托运人），托运人把它当作信用证要求的航空运单交给银行；第四联，副本，是交货收据；第五联，副本，发给目的地航空港；第六联，副本，发给第三承运人（如有）财务结算之用；第七联，副本，发给第二承运人（如有）财务结算之用；第八联，副本，发给第一承运人；第九联，副本，发给销售代理人；第十联，副本，额外的副本；第十一联，副本，发票；第十二联，副本，发运地航空港。

航空运单与海运提单类似，也有正面、背面条款之分，各航空公司所使用的航空运单则大多借鉴 IATA（INTERNATIONAL AIR TRANSPORT ASSOCIATION）所推荐的标准格式，差别并不大。所以这里只介绍这种标准格式（附录 6 - 2），也称中性运单。下面就有关需要填写的主要栏目说明如下。

① 始发站机场：需填写 IATA 统一制定的航空公司的 3 位数识别代码，如中国民航的代号为 999，日本航空公司的代号为 131 等。

② 发货人姓名、地址（Shipper's Name and Address）：信用证结算方式一般填写受益人姓名、地址、所在国家及联络方法；托收结算方式一般填写合同卖方的名称和地址。如信用证另有规定，则按信用证要求填写。

③ 收货人姓名、地址（Consignee's Name and Address）：应填写收货人姓名、地址、所在国家及联络方法。信用证结算方式，有的是以买方为收货人，有的以开证行为收货人，

根据信用证的规定填写。此栏在托收结算中一般填写合同中的买方。与海运提单不同，因为空运单不可转让，所以“凭指示”之类的字样不得出现。

④ 承运人代理的名称和所在城市（Issuing Carrier's Agent Name and City）：若运单由承运人的代理人签发时，本栏可填写实际代理人名称及城市名。如果运单直接由承运人本人签发，则此栏可空白不填。

⑤ 始发站机场及所要求的航线（Airport of Departure and Requested Routing）：一般仅填写起航机场名称即可。这里的始发站应与①填写的相一致。

⑥ 运费及声明价值费（WT/VAL，Weight Charge/Valuation Charge）：此时可以有两种情况——预付（PPD，Prepaid）或到付（COLL，Collect）。预付的情况下，通常还应注明支付运费的货币币种及具体的运费金额。需要注意的是，航空货物运输中运费与声明价值费支付的方式必须一致，不能分别支付。

⑦ 货物描述：包括货物的名称、数量、包装、价值及运输唛头等内容，与其他单据填制方法相同。

⑧ 签单时间（日期）、地点、承运人或其代理人的签字：签单以后正本航空运单方能生效。UCP600 明确了航空运单要表明出具日期，除非航空运单有专门批注注明实际发运日期，此时批注中的发运日期为发运日期。而 UCP500 中规定，当信用证要求实际发运日期时，空运单据上注明的批注日期将被视为装运日期。本栏的日期不得晚于信用证规定的装运日期。以代理人身份签章时，如同提单一样，需在签章处加注“AS AGENTS”；承运人签章则加注“AS CARRIER”。

6.3.3 公路、铁路或内陆水路运输单据

公路、铁路或内陆水路运输单据根据不同的运输方式而签发，其中主要以铁路运输量为最大。铁路是国民经济的大动脉，铁路运输是现代化运输业的主要运输方式之一，它与其他运输方式相比较，具有准确性和连续性强、运输速度较快、运输量较大、运输成本较低、安全可靠等优点。国际铁路货物运输有利于我国发展同欧亚各国的贸易，通过铁路把欧亚大陆连成一片，铁路运输可分为国际铁路货物联运和国内铁路货物运输两种。随着中国“一带一路”倡议的实施，中欧班列和中亚班列将成为国际铁路货物联运的重要组成部分、对加强我国与“一带一路”沿线欧洲、亚洲国家的互联互通促进国际贸易起到巨大推动作用。

1. 国际铁路货物联运

国际铁路货物联运是指使用一份统一的国际铁路联运票据，由铁路负责经过两个或两个以上国家全程运送，在由一国铁路向另一国铁路移交货物时，不需要收、发货人参加，并以连带责任办理货物的全程铁路运输。

国际铁路货物联运所使用的运单是铁路与货主间缔结的运输契约，当发货人向始发站提交全部货物，并付清应由发货人支付的一切费用，始发站在运单及其副本上加盖注明日期的印章，证明货物已被接受承运，契约生效。铁路运单随同货物自始发站送至终点站，在终点站由收货人付清应由收货人负担的费用后，货物由终点站铁路交给收货人。运单副本由始发站铁路签发给发货人作为货物已经交运的凭证和凭此向银行办理结算的主要单据。由于收货

人向铁路提取货物时无须提交运单，因此铁路运单并非物权凭证，也不能通过背书进行转让和作为抵押品向银行融资。

2. 承运货物收据

承运货物收据是我国内地向港澳地区出口的货物，由始发地外运公司签发的单据。出口到我国港澳地区本不属于国际铁路货物联运，而属于国内铁路运输的范围，但又不完全同于国内的一般铁路运输，它由中国对外贸易运输公司和香港中国旅行社（以下简称“中旅社”）共同组织运输完成，是一种特殊的租车方式的两票运输。它的全过程是由国内段铁路运输和港段铁路运输两段组成，即由发货地外运公司或外贸进出口公司填制铁路运单向车站办理至深圳北站的托运手续；发货单位以出口物资工作单委托深圳外运分公司办理接货租车过轨等手续，装车后立即拍发起运电报；深圳外运分公司接到各发货地工作单和启动电报后，及时通知中旅社做好接车准备工作；发货地发车后，当地外运分公司与铁路局进行票据交换，并编制货车过轨计划，办理租车手续；货车到达后，深圳外运分公司与铁路局进行票据交换，并编制货车过轨计划，办理租车手续；中旅社向香港海关报关，并向广九铁路公司办理托运起票手续；货到香港后，由中旅社负责卸货并送交货主。如属于去澳门货物，则发至广州，由广州外运公司办理中转手续，其他手续与对香港运输货物的手续相同。

我国内地通过铁路运往港澳地区的出口货物，一般多委托中国对外贸易运输公司承办。当出口货物装车发运后，当地对外贸易运输公司即签发一份承运货物收据给托运人，以作为对外办理结汇的凭证。承运货物收据是承运人出具的货物收据，也是承运人与托运人签订的运输契约，还是收货人凭以提货的凭证。

承运货物收据的格式及内容和海运提单基本相同，主要区别是它只有第一联为正本，在该正本的背面印有“承运简章”，载明承运人的责任范围。

3. UCP600 对公路、铁路或内陆水运单据的要求

UCP600 增加了新条款：如果铁路运输单据没有明确承运人，可以接受铁路运输公司的任何签字、印戳作为承运人签署单据的证据；注明第二联的铁路运输单据将被作为正本接受；无论是否注明正本字样，铁路或内陆水运单据都被作为正本接受；如运输单据上未注明出具的正本数量，提交的份数即视为全套正本。

6.3.4 不可转让的海运单

海运单是指证明海上货物运输合同和承运人接收货物或者已将货物装船的不可转让的单证。海运单的正面内容与提单的基本一致，但是印有“不可转让”（Non-Negotiable）的字样。有的海运单在背面订有承运人责任、义务与免责条款，装货、卸货与交货条款，运费及其他费用条款，留置权条款，共同海损条款，双方有责碰撞条款，首要条款，法律适用条款等内容。有的海运单没有背面条款，仅在海运单的正面或背面载明参照何种运输条件或某种提单或其他文件中的规定。

1. 海运单与海运提单的区别

海运单与海运提单的区别见表 6-1。

表 6-1　海运单与海运提单的区别

海 运 单	海运提单
海运单只具有货物收据和运输合同这两种性质，它不是物权凭证	海运提单是货物收据、运输合同，也是物权凭证
海运单上标明了确定的收货人，不能转让流通	海运提单可以是指示抬头形式，通过背书流通转让
仅凭提货通知或其身份证明提货，承运人凭收货人出示适当身份证明交付货物	海运提单的合法持有人和承运人凭提单提货和交货
海运单是简式单证，背面不列详细货运条款，但载有一条可援用海运提单背面内容的条款	海运提单有全式和简式之分

UCP600 取消了“不接受承运船舶仅有风帆驱动”的规定，同 UCP500 相比，代理人代表船长签字时不需要显示被代理船长姓名。

2. 海运单与海运提单的相同点

首先，UCP600 第 20 条关于海运提单的具体规定与 UCP600 第 21 条关于不可流通转让的海运单的具体规定相同；其次，银行都是根据信用证的规定，决定是否接受海运单或是海运提单；最后，海运提单与海运单均是货物收据和运输合同的证明。

3. 海运单在实际业务中的应用

由于海运单不具有转让流通性，因此在实际业务中可避免单据遗失和伪造提单所产生的后果。收货人提货时无须出示海运单，这既解决了近途海运货到而海运提单未到的常见问题，又避免了延期提货所产生的滞期费、仓储费等。

海运单主要应用于跨国公司的总分公司或相关的子公司间的业务往来；买卖双方贸易往来已久、充分信任、关系密切的伙伴愿意使用海运单；在短途海运的情况下，往往是货物先到而海运提单未到，宜采用海运单。

6.3.5　租船合约提单

租船合约提单是指在租船运输业务中，在货物装船后由船长或船东根据租船合同签发的提单。提单内容和条款与租船合约有冲突时，以租船合约为准。租船合约提单上应该有类似这样一些文字：“此提单受到租船合约的约束。”如果信用证不要求或不允许提交租船合约提单，银行将不接受租船合约提单。即使信用证要求提交与租船合约提单有关的租船合约，银行对该租船合约不予审核，但将予以照转而不承担责任。租船合约提单通常是略式提单，列有货名、数量、船名、装船港、目的港等必要项目，背面无详细条款。租船合约提单有的是专有格式，也有的是一般格式。

租船合约提单的主要内容如下。

① 注明合约。提单上注明一切条件、条款和免责事项按照“×年×月×日租船合同”，或批注“根据×××租船合同出立”字样。

② 装船批注。应标明货物已装船或装于具名船只，通过以下方式表明货物已在信用证

规定的装货港装上具名船只：预先印就的文字，或者已装船批注注明货物的装运日期。

③ 装运港和卸货港。应与信用证上的要求一致，但 UCP600 新规定卸货港可以显示为信用证规定的港口范围或地理区域。

④ 租船合约提单可由船长、船东和他们的具名代表签发，UCP600 又增加了租船人或其具名代理人可以签发提单，并规定代理人代表船长签发提单时不需要显示被代理船长姓名。

6.3.6　涵盖至少两种不同运输方式的运输单据（通常为多式联运单据）

UCP600 把多式联运提单条款改为："涵盖至少两种不同运输方式的运输单据。"这种运输单据需由承运人、船东、船长或租船人以外人士签发，文字上取消了 UCP500 中的"多式运输营运人签发"的规定。

ISTP745 明确提交的单据只要满足功能，不管其名称是"多式运输单据，"还是"联合运输单据"，只要满足信用证要求的"运输单据涵盖至少两种不同运输方式"即可。提交的单据可以表明两种以上的运输方式，也可以不说明运输方式，但不可以表明只使用了一种运输方式。当然，也不得表明租船条款。

这种运输方式可以是由陆海、陆空、海空组成，涵盖至少两种不同运输方式的运输单据可以表明货物将要或可能被转运，只要全程由同一运输单据涵盖。UCP600 增加了转运定义："转运是指从信用证规定的发送、接管或者发运地点至最终目的地的运输过程中从某一运输工具上卸下货物并装上另一运输工具的行为。"例如，从汽车上卸下来装上船，或从某一汽车卸下装上另一汽车都可以。涵盖至少两种不同运输方式的运输单据的作用与海运提单相似，既是货物收据，也是运输合同的证明。在单据做成指示抬头（还可以做成记名，不能转让）时，可作为物权凭证，经有效背书后可以转让。

6.3.7　快递收据和邮政收据

快递收据是一种其他运输方式所没有的特殊单据。交付凭证一般有 4 联，即发货人联、随货同行联、财务结算联和收货人签收联（由快递服务公司送上门）。UCP600 新规定：快递收据必须注明快递服务机构的名称，并在信用证规定的货物发运地点由该具名的快递机构盖章或签字，取消了 UCP500 中的以其他方式证实。

邮政收据是邮局核实所寄货物重量并收费后签发给寄件的收据。收据签发后，一份随所寄物品一并发往目的地，然后由目的地邮局向收件人发出取货通知，收件人凭此提取邮件；另一份交寄件人向银行办理议付，当邮包发生损坏或丢失时，它还可以作为索赔和理赔的依据，但邮包收据不是物权凭证。

ISBP745 规定寄送信用证规定货物的快递收据等属于运输单据，相应地，适用UCP600 第 25 条审核。然而，寄送样品、装船通知、副本单据等的快递收据等，则不算运输单据，适用其他单据审核，既要满足信用证规定，又要遵循 UCP600 第 14 条 f 款的"满足功能"原则和第 14 条 d 款的"不得矛盾"原则。

对于邮政收据应注意以下问题。①由于邮政收据不是物权凭证，不能背书转让，所以必须做成记名抬头，即直接打收件人（即收货人）的名称和地址。②UCP600 规定邮政收据或投邮证明必须在信用证规定的货物发运地点盖章或签署并注明日期，该日期被视为发运日期。UCP500 的规定是盖戳或以其他方式证实。

6.4 保险单据

6.4.1 保险单据的含义和作用

出口货物在长途运输和装卸过程中，有可能会因自然灾害、意外事故或其他外来因素而导致受损。为了保障收货人在货物受损后获得经济补偿，在货物出运前，货主一般都会向保险公司办理有关投保事宜。按 FOB 或 CFR 等术语成交的出口货物，卖方无办理投保的义务，但卖方在履行交货之前，货物自仓库到装船这一段时间内，仍承担货物可能遭受意外损失的风险，需要自行安排这段时间内的保险事宜；按 CIF 或 CIP 等术语成交的出口货物，卖方负有办理保险的责任，一般应在货物从装运仓库运往码头或车站之前办妥投保手续。我国进口货物大多采用预约保险的办法，各专业进出口公司或其收货代理人同保险公司事先签有预约保险合同。只要在进出口业务中涉及办理保险手续，就必须按合同或信用证要求填写货物运输险投保单（附录 6-3）交给保险公司，保险公司若接受了投保，就签发给投保人一份承保凭证（即保险单）。签订合同后，保险公司负有自动承保的责任。

当被保险货物遭受到保险凭证责任范围内的损失时，保险单是索赔和理赔的依据。

6.4.2 保险单据的种类

以海上货物运输保险而言，海上保险单据根据其表现形式不同，通常分为以下几种。

1. 保险单

保险单俗称“大保单”，一般由保险人根据投保人的投保申请而逐笔签发。它是一种正规的保险合同，承保在保单中所指定的经由指定船舶承运的货物在运输途中的风险，保单除载明被保险人（投保人）的名称、发票号码（唛头）、数量或重量、被保险货物（标的物）、保险金额、运输工具、保险的起讫地点、承保险别、检验理赔代理人、赔偿地点、出单日期等基本项目外，还在其背面列明了保险条款等。

2. 保险凭证

保险凭证俗称“小保单”，是保险人签发给被保险人证明货物已经投保和保险合同已经生效的文件。它是一种简化了的保险单，正面依然载明了保险的基本项目，但背面未列保险条款，仅声明“兹依照本公司正式运输险保险单内所载全部条款及本承保凭证所订立条款，承保下列货物保险，如保险单之条款与本凭证所订条款有抵触时，应以本凭证所订条款为准”。保险凭证具有与保险单同等的效力，但在信用证规定提交保险单时，一般不能以保险单的简化形式。

3. 预约保险单

预约保险单简称预保单，是一种定期统保契约，也称预保合同或预保协议。它是保险人与被保险人事先约定在一定时期内对指定范围内的货物进行统一承保的协议。这种形式适用于经常有大批货物出运的投保人。

预约保险单应对保险公司承保的标的、期限、预计承保金额、每一危险单位的责任限额、承保的航运路线等作出明确规定，被保险人如有超出此规定的货物需要运输，必须另行申请设保。被保险人在拥有预约保险单后，每批货物一经装运，就要将该批货物的名称、数量、保险金额、船名、航线等内容以投保声明书的形式及时通知保险人。

4. 联合凭证

联合凭证又称联合发票，是一种发票和保险单相结合，较上述保险凭证更为简化的保险单据，但与正式保险单具有同等的效力。此凭证只有我国采用，且仅适用于对港澳地区中资银行的信用证项下的出口业务，且不能转让。

此外，还有暂保单，是一种非正式的保险单据，仅为即将订立保险合同的一种证明，一般由保险经纪人出具，它并不证实保险人与被保险人之间合同关系的确立。在实际业务中，保险经纪人出具的暂保单不被有关当事人接受。UCP600 明确规定，暂保单将不被接受，而 UCP500 的规定是由 BROKER 出具的暂保单不被接受。

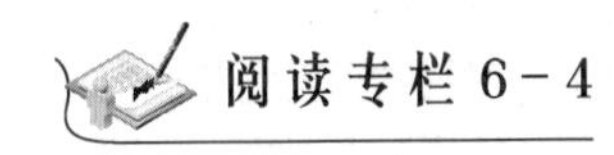
阅读专栏 6-4

保险条款简介

海洋运输货物保险是以海轮航行于国家间运输的货物为保险标的的保险，承保货物在海运途中因自然灾害、意外事故所造成的损失。我国海洋运输货物保险承保的基本险别分为平安险、水渍险和一切险 3 种。平安险这一名称在我国保险行业中沿用甚久，其英文原意是指单独海损不负责赔偿。根据国际保险界对单独海损的解释，它是指部分损失。因此，平安险的原来保障范围只赔全部损失。但在长期实践的过程中，对平安险的责任范围进行了补充和修订，当前平安险的责任范围已经超出只赔全损的限制。水渍险的责任范围除了包括上述“平安险”的各项责任，还负责被保险货物由于恶劣气候、雷电、海啸、地震、洪水等自然灾害所造成的部分损失。一切险的责任范围除包括上述“平安险”和“水渍险”的所有责任外，还包括货物在运输过程中，因各种外来原因所造成的被保险货物的损失。不论全损或部分损失，除对某些运输途耗的货物，经保险公司与被保险人双约定在保险单上载明的免赔率外，保险公司都给予赔偿。此外，还有几种附加险。英国保险协会货运险条款，在 1982 年 1 月 1 日的修改中以“A”“B”“C”命名替代了以往的保险名称。

6.4.3　保险单据的内容和缮制要求

保险单记载和印定的内容包括正面和背面两部分，其中背面印定了我国海洋货物运输承保的险别（平安险、水渍险和一切险）的承保范围，而正面，不同的保险公司都有自己固有的保险单格式，其基本内容及缮制要求如下。

【单据实例 6-3】锦州和泰进出口有限公司向银行提交的保险单如下。

PICC 中国人民财产保险股份有限公司

PICC PROPERTY AND CASUALTY COMPANY LIMITED

货物运输保险单

CARGO TRANSPORTATION INSURANCE POLICY

印刷号(PRINTED NO.) 213XG003

发票号(INVOICE NO.) JABSP1808　　保险单号 (POLICY NO.) **PYIE20181060580E**

合同号(CONTRACT NO.)　09A-01

提单号(B/L NO.)　251DL115　　信用证号(L/C NO.)　381LC102103

被保险人INSURED: **锦州和泰进出口有限公司 JINZHOU HOTIY IMPORT & EXPORT CO., LTD.**

人民保险公司(以下简称本公司)根据被保险人的要求，由被保险人向本公司缴付约定的保险费，按照本保险单承保险别和背面所列条款与下列条款承保下述货物运输保险，特立本保险单。

THIS POLICY OF INSURANCE WITNESSES THAT THE PEOPLE'S INSURANCE COMPANY OF CHINA(HEREINAFTER CALLED "THE COMPANY")AT THE REQUEST OF THE INSURED AND INCONSIDERATION OF THE AGREED PREMIUM PAID TO THE COMPANY.

BY THE INSURED,UNDERTAKES TO INSURED THE UNDERMENTIONED GOODS IN TRANSPORTATION SUBJECT TO THE CONDITIONS.

OF THIS POLICY AS PER THE CLAUSES PRINTED OVERLEAF AND OTHER SPECIAL CLAUSES ATTACHED HEREON.

标　记 MARKS & NOS.	包装及数量 QUANTITY	保险货物项目 DESCRIPTION OF GOODS	保险金额 AMOUNT INSURED
N/M	**1700 BDLS**	**PRIME NEWLY PRODUCED BLACK STEEL PIPES** **L/C NO.: 381LC102103** **INV. NO.: JABSP1808**	**USD912 769.00**

总保险金额：TOTAL AMOUNT INSURED: **SAY US DOLLARS NINE HUNDRED AND TWELVE THOUSAND SEVEN HUNDRED SIXTY-NINE ONLY.**

保费 PREMIUM: **AS ARRANGED**　费率 RATE **AS ARRANGED**　启运日期 DATE OF COMMENCEMENT **OCT. 22, 2018**　装载运输工具: PER CONVEYANCE: **ALFIOS V1521**

自 FROM **DALIAN PORT,CHINA**　经 VIA ______　至 TO **PORT KELANG, MALAYSIA**

承保险别:

CONDITIONS:**COVERING ALL RISKS AS PER OCEAN MARINE CARGO CLAUSES**(1981.1.1) **OF PICC PROPERTY CASUALTY COMPANY LIMITED.**

所保货物，如发生保险单项下可能引起索赔的损失或损坏，应立即通知本公司下述代理人查勘。如有索赔，应向本公司提交保单正本(保险单共 2 份正本)及有关文件。如一份正本已用于索赔，其余正本自动失效。

IN THE EVENT OF LOSS OR DAMAGE WHICH MAY RESULT IN A CLAIM UNDER THIS POLICY,IMMEDIATE NOTICE MUST BE GIVEN TO THE COMPANY'S AGENT AS MENTIONED HEREUNDER.CLAIMS,IF ANY,ONE OF THE ORIGINAL POICY WHICH HAS BEEN ISSUED IN **TWO** ORIGINAL TOGETHER WITH THE RELEVENT DOCUMENTS SHALL BE SURRENDERED TO THE COMPANY.IF ONE OF THE ORIGINAL POLICY HAS BEEN ACCOMPLISHED,THE OTHERS TO BE VIOD.

Contact Name(s):Mr Peter Hocapt. Stanley Chen　　Telephone(08)223313998(24Hrs)

中国人民保险公司锦州分公司(章)
The People's Insurance Company of China Jinzhou Branch

赔款偿付地点
CLAIM PAYABLE AT **KELANG, MALAYSIA IN USD**

出单日期
ISSUING DATE **OCT.18., 2018**

刘淑洁
Authorized Signature

ORIGINAL
PICC

① 被保险人（INSURED）。锦州和泰进出口有限公司 JINZHOU HOTIY IMPORT & EXPORT CO. ,LTD.

当以 CIF 条件对外成交时，一般为出口商代替买方办理货物运输保险，保险单的被保险人应该填写受益人名称，在办理结汇手续时出口商应对保险单进行背书转让。一般保险单据的背书有两种：空白背书和记名背书。空白背书的具体做法是在保险单据背面打上被保险人公司的名称或盖上公司印章，很多公司都刻有背书专用章，可同时用于提单和保单背书，再加上背书人签字，此外不再进行任何批注。记名背书的具体做法除了在保险单据背面做成上述"空白背书"，还应在被保险人的名称上面打印上"DELIVERY TO（THE ORDER OF）××BANK（Co.,）"，即［交由××银行（或公司）的（指示）］。记名背书里的被保险人一栏通常在出保单的同时一次直接打印完成。

记名背书在日常业务中较少使用。保险单据做成记名背书意味着保险单据的受让人在被保货物出险后享有向保险公司或其代理人索赔的权利。

② 发票号码（INVOICE NO.）。JABSP1808.

按实际号码填写，与其他单据保持一致。

③ 标记（MARKS & NOS.）。N/M.

按信用证规定，应与发票、提单相一致。如果唛头较复杂，简化的方法是可以只打印上"as per Invoice No. ________"，但是如果信用证要求保险单显示唛头（All documents must show the shipping mark），则必须严格照办，显示完整的唛头。

④ 包装及数量（QUANTITY）。1700 BDLS.

填单件运输包装的件数及商品数量。若为散装，则应先注明"IN BULK"，再填重量。如有两种以上不同的包装，应分别注明。

⑤ 保险货物项目（DESCRIPTION OF GOODS）。PRIME NEWLY PRODUCED BLACK STEEL PIPES.

填商品的名称，与发票一致，也可与提单一致使用统称，舍弃统称后面详细的成分、规格、花色等描述。

⑥ 保险金额（AMOUNT INSURED，小写）及货。USD912 769.00.

应为发票金额加上投保加成后的金额，并注明币制。币制应与信用证规定相符，或与发票相符。一般按出票价值的110%填制，按照惯例，货币单位以下的小数点不管多少，均按进一位的办法计算，采用"进一取整"的填法，如"USD16 578.01"按"USD16 579.00"填制。UCP600 第 28 条增加了"保险单据必须表明投保金额，信用证对投保金额为货物价值、发票金额或类似金额的某一比例的要求，将被视为最低投保额的要求；如果信用证对投保金额未作规定，投保金额至少为货物的 CIF 或 CIP 价格的 110%"这一规定中，如果从单据中不能确定 CIF 或 CIP 价格，投保金额必须基于要求议付的金额，或者是发票上显示的货物总值来计算，两者之中取金额较高者。保险单据必须表明投保金额，并以与信用证相同的货币表示。

⑦ 总保险金额（TOTAL AMOUNT INSURED，大写）。SAY US DOLLARS NINE HUNDRED AND TWELVE THOUSAND SEVEN HUNDRED SIXTY-NINE ONLY.

即小写保险金额的英文翻译，要务必保证两者的一致性，后边也要加上"ONLY"字样。

⑧ 保费和费率（PREMIUM and RATE）。AS ARRANGED.

一般情况下，此栏不填写具体的保险费数目和费率，填写“AS ARANGED”即可，但是如果信用证特别要求列明具体保费金额或要求注明“PREMIUM PREPAID”时，则应该照办。

⑨ 装载运输工具（PER CONVEYANCE）。ALFIOS V1521，FROM DALIAN PORT，CHINA TO PORT KELANG，MALAYSIA.

要与运输单据一致。可填船名航次、航班号或车次，航线起讫地点（FORM…TO…）。海运方式下也可填“AS PER B/L”，出单时若船名未定，可填“AS ARRANGED”（按照约定）。如投保时已明确需要在中途转船，第一程船名后加第二程船名，并用“/”隔开，如第二程船名未加，则以“AN/OR STEAMERS”表示。其他运输工具照实填写运输方式，如火车运输填“By Train”，航空运输填“By Airplane”等。

⑩ 起运日期（DATE OF COMMENCEMENT）及起讫地点。OCT. 22，2018.

可填提单签发日，但通常办理投保在装运之前，因此开行日期可以填大约日期，根据UCP600规定，大约日期可以理解为开航前后各5天之内，有时为了省事可以直接填“AS PER B/L”。地点参照提单填写。

⑪ 承保险别（CONDITIONS）。COVERING ALL RISKS AS PER OCEAN MARINE CARGO CLAUSES（1981.1.1）OF PICC PROPERTY CASUALTY COMPANY LIMITED.

按合同或信用证的规定，如：COVERING ALL RISKS AS PER OCEAN MARINE CARGO CLAUSES（1981.1.1）OF THE PICC。在实际业务中承保险别有两种：一种是《中国人民保险公司海洋运输货物保险条款》，其承保的基本险包括平安险、水渍险和一切险，可以由被保险人选择其中一项而单独投保，附加险（无论是一般附加险还是特殊附加险），则必须在投保某一项基本险（一切险中包括一般附加险）后，再行投保，附加险不能单独投保；另一种是英国伦敦保险业协会所制定的《协会货物条款》（Institute Cargo Clause，I C C），承保的险别有6种，主要是协会货物条款（A），以下简称ICC（A）；协会货物条款（B），以下简称ICC（B）；协会货物条款（C），以下简称ICC（C）；此外还有协会战争险条款；协会罢工险条款；恶意损害险。6种险别中，只有恶意损害险，不能单独投保。实际业务中投保具体险别可根据合同和信用证要求选择，注意不要把两种承保险别混淆。

在填写时，一般只需要填写险别的英文缩写，同时注明险别的来源，即颁布这些险别的保险公司，并标注险别生效的时间。

对于承保险别，UCP600第28条也规定了保险单据可援引任何除外条款，也可以注明受免赔率或免赔额的约束。

⑫ 赔款偿付地点（CLAIM PAYABLE AT…）。KELANG，MALAYSIA.

应根据需要填写，如信用证未规定赔款偿付地点，一般为目的港（地）或其邻近地点，如果来证不止一个目的港（地），则应全部照填，并注明使用货币的币种。有时，信用证要求发生货物损失时，赔付给某一特定人，则在保险单的赔款地点后面加注“Pay to×××”。在实务中有时受益人为了保护自身的利益，将本国作为赔付地点，这也是可以接受的。

⑬ 赔款币别（CLAIM CURRENCY）。IN USD .

信用证的保单条款通常要求注明“Claim payable at×××in the currency of draft”，那么就加注赔款的具体币别，即与汇票的货币保持一致。

⑭ 保险勘查代理人 Contact Name（s）. Ntr Peter Hocapt. Stamley Chen。填写保险单所载明最后目的地的保险公司代理人名称，一般为目的地的检验代理人，由保险公司自定，但要提供其地址，以便在货物受损，被保险人索赔时，能就近勘查，分析受损原因及受损程度，确定责任方。虽然信用证可能对保险勘查代理人不加以规定，但这是保险单据很重要的一项内容，不可不填。

⑮ 签发日期和地点。UCP600 增加了“保险单据必须表明承保的风险区间至少涵盖从信用证规定的货物接管地或发运地开始到卸货地或最终目的地为止”这一条款，所以签发日期须早于运输单据，才能证明是在装运前办理的投保。出单地点即出单公司地址，一般在受益人所在地。

⑯ 保险公司签章。经签章后保险单才能生效。对于有权签发保险单的人，UCP600 又有了新规定，即“保险单或预约保险项下的保险证明书或声明书，必须由保险公司或承保人或其代理人或代表出具并签署”，增加了代表可以签发保险单据。代理人或代表的签字必须表明其代表保险公司或承保人签字。

6.5 附属单据

6.5.1 包装单据

1. 包装单据的含义和作用

包装单据是对货物的包装条件、重量和体积进行记载或描述商品包装情况的单据。包装单据在实际业务中是出口商缮制商业发票及其他单据时计量、计价的基础资料，是进口商清点数量或重量以及销售货物的依据，是海关查验货物的凭证，也是公证或商检机构查验货物的参考资料。

常见的包装单据是装箱单，此外根据需要也可提供包装明细单（Packing Specification）、详细装箱单（Detailed Packing List）、包装提要（Packing Summary）、重量单（Weight List/Weight Note）、重量证书（Weight Certificate/Certificate of Weight）、磅码单（Weight Memo）、尺码单（Measurement List）、花色搭配单（Assortment List）。虽然名称不同，但是所起的作用是一样的，可根据成交的商品选择包装单据。

2. 装箱单的内容和缮制要求

装箱单表明装箱货物的名称、规格、数量、唛头、箱号、件数和重量，以及包装情况，如是定量装箱，每件都是统一的重量，则只需说明总件数多少即可。如果来证条款要求提供详细包装情况，则必须描述每件包装的细节，包括商品的货号、色号、尺寸搭配、毛净重及包装的尺码等项目。

装箱单无统一格式，一般由出口商自行设计，其基本内容及制单要求如下。

① 出口商名称、地址，要与相对应的发票一致。

② 发票号码（INVOICE NO.）、制单日期（DATE），要与商业发票相一致。

③ 装运港和目的港，一般只简单地表明运输路线及运输方式，如 FROM ×× TO ×× BY SEA/AIR。

④ 唛头（SHIPPING MARK），必须与商业发票保持一致。

⑤ 货物描述（DESCRIPTION OF GOODS）。装箱单货物描述可以使用统称，但不得与信用证的规定相抵触。而且装箱单上不得表明商品的单价和总价，因为进口商把商品转售给第三者时只交付包装单和货物，不愿泄漏其购买成本。

⑥ 规格（SPECIFICATION），列明不同产品的型号、大小、花色、尺寸搭配等。

⑦ 外包装数量及内产品数量（NO. OF PACKAGES，QUANTITY），要写明包装物的名称及数量。如果信用证规定要列明内包装情况，必须在单据中充分表示出来。例如，信用证规定“每件装一胶袋、每打装一盒、每 25 打装一纸箱”，则需在装箱单上注明“Packing each piece in a poly bag，one dozen in a cardboard box and then 25 dozens in a carton”。

⑧ 每个外包装尺寸（SIZE）、毛重（GROSS WEIGHT）及净重（NET WEIGHT），要按实际情况填写。外包装尺寸即每箱的长×宽×高，如 50cm×30cm×25cm。

⑨总毛重（TOTAL GROSS WEIGHT）、总净重（TOTAL NET WEIGHT）及总体积（TOTAL MEASUREMENT），即将单件包装进行合计。

⑩ 出口商签章（SIGNATURE），如合同或信用证有要求，则需进行签章。

下面以单据实例 6－4 为例，介绍装箱单的基本缮制要求。

【单据实例 6－4】锦州和泰进出口有限公司制作的装箱单如下。

锦州和泰进出口有限公司

JINZHOU HOTIY IMPORT & EXPORT CO., LTD.

HOTIY BUILDING，37-2 VICTORY STREET，JINZHOU CITY，LIAONING，CHINA

PCKING LIST

<table>
<tr><td colspan="3" rowspan="2">EXPORTER:
JIZHOU HOTIY IMPORT & EXPORT CO., LTD.
HOTIY BUILDING，37-2 VICTORY STREET，
JINZHOU CITY， LIAONING，CHINA</td><td colspan="3">INVOICE NO.:
JABSP1808</td><td>DATE:
OCT.25, 2018</td></tr>
<tr><td colspan="3">S/C NO.:
09A01</td><td>L/C NO.:
381LC102103</td></tr>
<tr><td colspan="3">TO:
AGIHAN MURNI SDN. BHD.
NO.80，JALAN PANANG，53000 KUALA LUMPUR，
MALAYSIA</td><td colspan="4">**TRANSPORT DETIALS:**
B/L NO:251DL115
FROM:DALIAN PORT,CHINA
TO:PORT KELANG, MALAYSIA
BY VESSVEL:ALFIOS V1521</td></tr>
<tr><td>SHIPPING MARK</td><td colspan="2">DESCRIPTION OF GOODS SPECIFJCATION</td><td>QUANTITY (PCS)</td><td>PCS/ BDL</td><td>BDLS</td><td>WEIGHT (MT)</td></tr>
</table>

N/M	PRIME NEWLY PRODUCED BLACK STEEL PIPES, USING Q235B STEEL MATERIAL, PIPESAS PERASTMA53B, BEVELED ENDS (NOT GALVANIZED, NOT PAINTED, NOT COATED, NOT OILED) TRADE TERM:CIF PORT KELANG,MALAYSIA SIZE: 219.1MM 7.2MM×6M 219.1MM×7.8MM×6M 273.0MM×9.0MM×6M TOTAL	 1 500 2 000 1 000 1 700	 5 5 1	 300 400 1 000	 338.609 487.718 351.553 1 177.88

锦州和泰进出口有限公司(章)

JINZHOU HOTIY IMPORT & EXPORT CO.,LTD.

何泰

资料来源：锦州和泰进出口有限公司。

6.5.2 商检证书

1. 商检证书的含义和作用

商检证书是各种商品检验证书、鉴定证书和其他证明书的统称，是中华人民共和国海关（原中国出入境检验检疫局）2018 年 4 月 20 日，中国出入境检验检疫局正式进入海关总署，由海关负责出入境卫生检疫和出入境动植物及其产品检验检疫、进出口商品法定检验等工作。对进出口商品进行检验和鉴定后对外签发的、具有法律效力的证书。它是证明卖方所交货物与合同规定是否相符的依据，也是报关验放的有效凭证。我国办理进出口商检的官方机构是海关。

我国对进出口商品的检验有法定检验和鉴定业务两类。需要检验的商品均需在出口报关前到海关申请商检，只有检验合格，才允许出口。如果商检证书中所列的项目或检验结果与信用证规定不符或与出口商提交的其他单据不符，有关银行可以拒绝支付货款。

商检证书有品质检验证书、重量或数量检验证书、兽医检验证、卫生检验证、熏蒸消毒证等。

商检证书具有多方面的作用，主要有以下几点。

① 作为证明卖方交货的品质、数量、包装及卫生条件等是否符合合同规定的依据。在国际货物买卖中，双方签订的合同或开证行开出的信用证中通常都规定，卖方交货时必须提交规定的检验证书，以证明所交货物是否与合同规定一致。如果证明所交货物与合同要求不一致，买方有权利采取适当救济措施。

② 商检证书是卖方向银行结算货款的依据。在信用证付款条件下，卖方向银行结算货款时，必须提交商检证书，以证明商检证书所列事项是否与信用证规定一致。

③ 商检证书是处理索赔、理赔的依据。如果卖方交货品质、数量、包装及卫生条件与

合同规定不符时，买方可以将此作为拒收、索赔或理赔的依据。

④ 商检证书是海关验关放行的依据。凡属法定商检范围的商品，在办理进出口通关手续时，必须向海关提供商检机构签发的商检证书。否则，海关不予放行。

发货人一般在货物装运前至少10天，填制出境货物报检单（附录6－4）向当地海关申请报验，海关检验后出具相关证书。

2. 商品检验、检疫流程

可简化为：报检/申报→检务审单→接受报检/申报→检务计费→财务收费→（入境货物签发“入境货物通关单”）→实施检验检疫→出具检验检疫结论。

① 报检/申报，即报检企业使用电子申报软件录入报检信息，发送到海关，取得报检号，并打印报检单，向海关检务部门提交报检单和相关单据（盖公章）。

② 检务部门接受报检申报，受理报检并计费，报检企业到财务收费处缴费。进口货物检务部门签发“入境货物通关单”。

③ 施检部门接受接单，审单。进行现场查验，对于活的动物，要采取隔离措施，可以取样，并进行实验室检疫，也可以临床检查；其他产品，可以取样，在实验室完成检验检疫。

④ 出具检验检疫结论。检验检疫合格的情况下，由检务部门签发合格证书，进口可以提出货物，出口签证放行；检验检疫不合格情况下，进口货物由检务部门签发索赔证书、退货或销毁通知单；出口货物由检务部门签发不合格证书，禁止出境。

3. 商检证书的主要内容

① 收、发货人名称。发货人为出口公司的中英文名称（一般用英文）；依信用证规定，收货人一般为进口商，应与信用证及其他单据中的收货人名称保持一致。

② 货物描述（中英文）。一般包括重量、数量、规格等条款，按信用证规定，一般与发票保持一致。

③ 报检数量/重量。按发票相同内容填制。散装货物可用“IN BULK”注明，再加数量。

④ 检验结果。在信用证业务中，必须注意检验结果是否符合要求。如信用证中未对检验结果有明确规定，但信用证中具体规定了商品的质量、成分，则检验结果应与信用证规定相符。另外，不能接受含有对货物的规格、品质、包装等不利陈述的检验报告。

⑤ 海关签字盖章。在信用证业务中，海关必须符合信用证的要求。国际上的商品检验机构种类繁多、名称各异，有的称作公证行、宣誓衡量人，也有的称作实验室。在我国，于2018年4月20日起，由中华人民共和国海关总署及其直属、隶属、海关办理商品检验工作。

ISBP 745规定，商检证书必须要签字。签字可以是手签，也可以是仿真签字、穿孔签字，盖章、符号表示或其他电子证实的方法处理。但如果信用证对签字盖章有明确规定，则必须照办。

⑥ 日期。商检证书的签发日期最好不迟于运输单据的日期。海关对各类商品规定不同的证书有效期限，一般为两个月，鲜活商品的检验证书有效期为两个星期左右。

【单据实例6－5】锦州和泰进出口有限公司向银行提交的检验证书如下。

中华人民共和国出入境检验检疫 ORIGINAL

ENTRY-EXIT INSPECTION AND QUARANTITE
OF THE PEOPLE'S REPUBLIC OF CHINA

共 1 页 第 1 页 Page 1 of 1

装运前检验证书 编号 No.:**2107007010906**

INSPECTION CERTIFICATE FOR PRE-SHIPMENT INSPECTION

发货人 **JINZHOU HOTIY IMPORT & EXPORT CO., LTD.**

Consignor **HOTIY BUILDING , 37-2 VICTORY STREET, JINZHOU CITY,LIAONING,CHINA**

收货人

Consignee **AGIHAN MURNI SDN. BHD. NO.80, JALAN PANANG, 53000 KUALA LUMPUR, MALAYSIA**

品名 Description of Goods **PRIME NEWLY PRODUCED BLACK STEEL PIPES**

标记及唛头 Mark & No.

报检数量/重量

Quantity/Weight Declared **- 1177.88-MT/-1700BDLS** **N/M**

包装种类及数量

Number and Type of Packages **-1700-BDLS**

运输工具

Means of Conveyance **BY SEA**

UPON THE APPLICATION OF THE CONSIGNOR,OUR INSPECTORS INSPECTED THIS LOT OF COMMODITY,THE DETAILS WERE AS FOLLOWS:

COMDITION OF GOODS:PRIME NEWLY PRODUCED BLACK STEEL PIPES, USING Q235B STEEL MATERIAL, PIPESAS PERASTMA53B, BEVELED ENDS (NOT GALVANIZED, NOT PAINTED, NOT COATED, NOT OILED) TRADE TERM:CIF PORT KELANG,MALAYSIA

SIZE:219.1MM×7.2MM×6M

219.1MM×7.8MM×6M

273.0 MM×9.0MM×6M

AND SEALED WELL AFTER SAMPLING LOT IN ORDER

SAMPLING:IN ACCORDANCE WITH THE STANDARD ASTMA53B,30BDLS WERE OPENED AT THE FACTORY

HEAT NO.	CHEMICAL COMPOSITION					
18310248	C:0.14%	SI:0.15%	MN:0.42%	P:0.017%	S:0.021%	CU:0.011%
18203779	C:0.16%	SI:0.14%	MN:0.57%	P:0.020%	S:0.019%	CU:0.013%
18203713	C:0.16%	SI:0.12%	MN:0.41%	P:0.023%	S:0.022%	CU:0.014%

CONCLSION:THE QUALITY OF THIS LOT OF COMMODITY MEETS THE CONTRACT **NO.09A01 AND THE L/C NO.381LC10210,AND SATISIFIED WITH THE REQUIREMENTS.**

印章：签证地点 Place of Issue **JINZHOU,CHINA** 签证日期 Date of Issue **OCT. 19,2018**

Official Stamp 授权签字人 Authorized Officer××× 签名 Signature×××

JINZHOU CUSTOMS 中华人民共和国锦州海关检验检疫专用章 THE PEOPLE'S REPUBLIC OF CHINA

我们已尽所知和最大能力实施上述检验，不能因我们签发本证书而免除卖方或其他方面根据合同和法律所承担的产品质量责任和其他责任。All inspection are carried out conscientiously to the best of our knowledge and ability. This certificate does not in any respect absolve the seller and other related parties from his contractual and legal obligations especially when product quality is concerned.

6.5.3 原产地证明书

原产地证明书是卖方应进口商的要求，自行签发或向特定的机构申请后由其签发的，证明出口商品的产地或制造地的一种证明文件。它是决定出口产品在进口国受何种关税待遇的重要证明文件，也是进口国对某些国家或某种商品采取控制进口额度和进口数量的依据。海关和中国国际贸易促进委员会（以下简称贸促会）分别代表官方和民间机构对外签发原产地证书。常见的原产地证明书有一般原产地证明书和普惠制产地证表格 A。

1. 中国国际贸易促进委员会与海关签发的一般原产地证明书

一般原产地证明书，是指中华人民共和国出口货物原产地证明书，它是证明出口货物确实是中华人民共和国原产地的证明文件。

中国国际贸易促进委员会与海关都可签发一般原产地证明书，其签发格式统一，编号统一，并统一由国家指定机构印制发放，有长城水印防伪花纹。出口商需要时，向海关或贸促会购买。在每批货物报关出运前 3 天，根据信用证、合同规定缮制好，并按要求向上述机构申请签发。申请时，提交全套已制好的原产地证明书及合同、商业发票和装箱单的副本各一份，贸促会或海关在证书（一正三副）正本上盖章，并留一份黄色副本备查。其主要内容有：进出口双方当事人的名称和地址；货物的描述，按发票内容填制，可以用统称；注明产地，这是关键的一项内容，应注明中国，如信用证要求货物“纯种国产（PURELY）”或“完全中国产（WHOLLY）”，则产地证一定表明货物完全是中国制造的；签发日期，参照发票日期填写，不得迟于提单日期；证明（CERTIFICATION）由贸促会或海关签发地点、日期、盖章和手签。

2. 海关签发的普惠制产地证表格 A

普遍优惠制（以下简称普惠制）是发达国家对发展中国家向其出口的制成品或半成品货物，普遍给予的一种关税优惠待遇制度。凡享受普惠制待遇的商品，出口方一般应向给惠国提供原产地证书表格 A（澳大利西亚可使用发票加注有关声明文句代替，新西兰使用 FORM 59A）。

2005 年，中国与东盟的货物贸易减税计划正式启动，中国和文莱、印度尼西亚、马来西亚、缅甸、新加坡和泰国（东盟六国）相互实施自由贸易区协定税率。中国货物出口到上述国家，凡符合中国-东盟自由贸易区优惠关税的有关规定，只要签发 FORM E 证书，相当于有了一个“经济护照”，该批货物就能够享受更优惠的进口国关税待遇，平均减税幅度可达 5%。

原产地证书由出口企业在货物出运前 5 天自行缮制好，连同该证书申请及商业发票一份送交各地海关审核，海关接受申请后，审核无误即签发正本一份进行议付（副本由出口商自己签章），除第 6、8、10、11、12 栏不能更改外，其他各栏也只能更改一处，并要加盖海关更正章。

【单据实例 6-6】锦州和泰进出口有限公司向银行结算货款提交原产地证明书如下。

<table>
<tr>
<td>1.Goods consigned from (Exporter's business name,address, Country)

JINZHOU HOTIY IMPORT & EXPORT CO., LTD.
HOTIY BUILDING，37-2 VICTORY STREET，
JINZHOU CITY，LIAONING，CHINA</td>
<td rowspan="2">Reference No.E18211500060021

ASEAN-CHINA FREE TRADE AREA
PREFERENTIAL TARIFF
CERTIFICATE OF ORIGIN
(Combined declaration and certificate)
FORM E

Issued in <u>THE PEOPLE' S REPUBLIC OF CHINA</u>
(country)
See notes overleaf</td>
</tr>
<tr>
<td>2.Goods consigned to(Consignee's name,address,country)
AGIHAN MURNI SDN. BHD.
NO.80，JALAN PANANG，53000 KUALA LUMPUR，MALAYSIA</td>
</tr>
<tr>
<td>3.Means of transport and route(as far as known)
FORM DALIAN PORT OF CHINA TO PORT KLANG,MALAYSIA BY SEA.
VESSEL'S NAME:ALFIOS V1521</td>
<td>4.For official use
Verification：www.chinaorigin.gov.cn</td>
</tr>
</table>

5.Item number	6.Marks and numbers of packages	7.Number and kind of packages; description of goods	8.Origin criterion (See notes overleaf)	9.Gross weight or other quantity	10.Number and date of invoices
1	**N/M**	**ONE THOUSAND SEVEN HUNDRED(1 700)BUNDLES PRIME NEWLY PRODUCED BLACK STEEL PIPES** ** **HS CODE7306.19** **L/C NO.:381LC102103**	**"WO"**	**1 177.880MT**	JABSP1808 **OCT.15, 2018**

<table>
<tr>
<td>11. Declaration by the exporter

The undersigned hereby declares that the above details and statements are correct;that all the goods were produced in CHINA
(country)
and that they comply with the origin requirements specified for those goods in the Rules of Origin for the ACFTA for the products exported to
MALYSIA

(Importing Country)
Shenyang,China,OCT.18,2018 张静
Place and date,signature of authorized signatory</td>
<td rowspan="2">12.Certification
It is hereby certified,on the basis of control carried out,that the declaration by the exporter is correct.

SHENGYANG OCT. 18,2018 彭文琪

Place and date,signature and stamp of certifying authority</td>
</tr>
<tr>
<td>13.
√Issued Retroactively Exhibition
Movement Certificate Third Party Invoicing</td>
</tr>
</table>

其内容及缮制要求如下。

（1）出口商名称、地址及所在国（Exporter's Business Name，Address，Country）

此栏是强制性的，必须填上出口商的全称和详细地址，包括街道及门牌号码等。

（2）收货人名称、地址、国家（Consignee's Name，Address，Country）

一般为给惠国的最终收货人（即信用证规定的提单通知人），如收货人不明确，可填发票抬头人的名称和地址，不能填中间商名称和地址。

（3）运输方式和路线（Means of Transport and Route）

① 按信用证或合同规定，填起运地、目的地及采用的运输方式（如海运、空运等），如"From Dalian to Inchon by sea"。

② 如转运，应注明转运地，如"By S. S from Dalian to Inchon via Busan"。

③ 如目的地为内陆地点，则允许与卸货港名称不一致，提单卸货港为"Hamburg"，产地证允许显示内陆地点，如"Berlin"。

（4）供官方使用（For Official Use）

由签证机构根据需要填写，一般情况下，此栏空白。

（5）商品项目编号（Item Number）

有几种商品，就给之编几个号码，如1、2、3等。若只有一种商品，此栏填1，后面省略不填。

（6）标记唛码（Marks and Numbers of Packages）

应按实际填写。若无唛头，填"N/M"，不得留空；若唛头过多，可利用第7、8栏。

（7）品名及包装种类和件数（Number and Kind of Packages；Description of Goods）

一般应按商业发票填写，品名要具体，不得概括，但商品商标、牌名、货号可以不表示出来，应详细到可以准确判定该商品的HS品目号，不能笼统填"MACHINE""GARMENTS""FABRIC"等。如果信用证中品名笼统或拼写错误，必须在括号内加注具体描述或正确品名。包装数量必须用英文数字描述后再用括号加上阿拉伯数字同时表示。应具体填明货物的包装种类（如CASE，CARTON，BAG等），不能只填"PACKAGE"。如果无包装，应填明货物出运时的状态，如"NUDE CARGO"（裸装货）、"IN BULK"（散装货）、"HANGING GARMENTS"（挂装）等。在下行要打上表示结束的符号（* * * *），以防添加。

（8）原产地标准（Origin Criterion）

此栏是证书的核心，不同类型的证书填写要求不同。

FORM A要求：①完全自产于出口国的产品：输往给惠国时，填写"P"；对澳大利亚和新西兰出口时，可不必填写；②含有进口成分，经过出口国充分制作或加工的产品，输往下列国家时，其填写要求如下。

加拿大要求：有进口成分，但进口成分价值未超过产品出厂价的40%，填"F"。

日本、挪威、瑞士和欧盟要求：填"W"，其后填明出口产品HS编码的前4位税则号，如"W"8517。

俄罗斯、乌克兰、白俄罗斯、哈萨克斯坦要求：对于在出口受惠国增值的产品，填"Y"，其后注明进口原料和部件的价值在出口产品离岸价格中所占的百分率，如"Y"

45%（进口成分价值未超过离岸价的 50%）。

澳大利亚和新西兰要求：本栏不必填写，在第 12 栏作出适当申报即可。

FORM E 要求：货物系出口国完全生产的，不含任何非原产成分，填“X”；货物在出口成员国加工但并非完全生产，未使用原产地累计规则判断原产地标准的，填该成员国成分的百分比，如 40%；货物在出口成员国加工但并非完全生产的，使用了原产地累计规则判断原产地标准的，填中国-东盟累计成分的百分比，如 40%；货物符合产品特定原产地标准的，填“PSR”。

【拓展知识 产地证原产地标准对照表】

（9）毛重或数量（Gross Weight or other quantity）

填写出口货物的量值及商品计量单位，若无则填重量，应标明毛重和净重。

（10）发票号码及日期（Number and date of invoices）

按发票实际号码和日期填写，但要注意分行填报，一般第一行为发票号码，第二行为日期号码，顺序为月（一律用英文缩写表示）、日、年。此栏不得留空。

（11）出口商声明（Declaration by the exporter）

已事先印好，由出口公司填写签发地点、日期并加盖公章和专人签字，公章应为中英文对照章，且签字与公章不得重合。

（12）证明（Certification）

由商检局签发地点、日期、盖章和手签。

6.5.4 船运公司证明

在我国对外贸易实践中，经常会遇到进口商在信用证中提出要求船运公司证明（以下简称船证）的情形，尤以来自中东和非洲地区的客户为多。船证包括船舶本身的证明文件，如集装箱船只证明、船龄证明、船籍证明、船级证明；也包括运输和航行证明，如航程证明、转船证明、船长收据等；还包括航运组织和公约证明，如班轮公会证明、黑名单证明等，具体依信用证要求而提供。船证通常由出口商或船方用英文制作，具体内容应以信用证中要求为准，所有船证必须签署。

如某信用证中要求：Certificate from the shipping agents issued at the port of shipment stating that cargo and/or interests are carried by a mechanically self propelled seaworthy vessel classified under Lloyd's register of shipping as 100A1 or equivalent provided such vessels are not over fifteen years of age or over fifteen years but not over twenty five years of age and have established and maintained a regular pattern of trading on an advertised schedule to load and unload at specific ports or equivalent. 船证由船代在装运港制作，明确货物系由英国劳合社或其他相应机构确认的 100A1 级、机械驱动、适航的船舶运输，船龄应 15 年以下，或能按预先公布的船期表在特定港口持续定期投入装卸货物的商业运营的，船龄也可在 15 年以上 25 年以下。证明内容以信用证内文字及船舶的实际情况加以叙述即可。

【单据实例 6－7】大连海运有限公司出具的船龄证明如下。

大连海运有限公司

DALIAN MARINE SHIPPING CO.,LTD. OCT.18,2018

NO. 352-67 MACHANG ROAD,HEXI DISTRICT ,DALIAN,CHINA

CERTIFICATE

VESSEL NAME:ALFIOS V1521

BILL OF LADING NO.:251DL115

WE, DALIAN MARINE SHIPPING CO.,LTD.,ARE HEREBY CERTIFY THE VESSEL IS 6 YEARS OLD. VESSEL WAS BUILT IN 2012.

THE GOODS FROM JIZHOU HOTIY IMPORT & EXPORT CO. LTD.SHIPED AS FOLLOWS:

TOTAL NUMBER OF PIECES:4 500 PIECES

TOTAL GROSS WEIGHT:1 177.880MT

SHIPPING MARK :N/M

NAME OF APPLICANT: AGIHAN MURNI SDN. BHD.

S/C NO.:09A01

L/C NO.: 381LC102103

For and on behalf of

大连海运有限公司(章)

DALIAN MARINE SHIPPING CO.,LTD.

Authorized Signature(s)张仲华

As agent for the Carrier：LYNUS SHIPPING LIMITED

6.5.5 装运通知

在装运货物后，按照国际贸易的习惯做法，发货人应立即发送装运通知（Shipping Advice）给买方或其指定的人，从而方便买方办理保险和安排接货等事宜。在 CFR 价格术语下，装运通知尤其重要，卖方如未及时发送上述装船通知给买方而使其不能及时办理保险或接货，卖方就应负责赔偿买方由此而引起的一切损害（或）损失。

在信用证支付方式下，若信用证有要求，则此项单据就成为卖方交单议付的单证之一。

装运通知可采用电报、电传、传真及 E－mail 等各种形式发送。其内容一般有订单或合同号、信用证号、货物名称、数量、总值、唛头、装运口岸、装运日期、船名、开船日期及预计到达目的港时间等。在实际业务中，应根据信用证的要求和对客户的习惯做法，将上述项目适当地列明在电文中。

装运通知没有固定的格式，一般由发货人自行设计，主要内容如下。

① 抬头：可以是买方，或者是买方指定的人或保险公司。若抬头为买方指定的保险公司，则应同时注明预保险单合同号（Cover Note）。

② 日期：发送装运通知的日期，一般在货物装船后 3 天内。

③ 提单号及船名：与提单一致。

④ 预计开船日期（Etd）和到达日期（Eta）：按船期表所列的日期。

⑤ 装运港、目的港、装运期：按合同或信用证的规定，一般与提单一致。

⑥ 商品描述部分：包括品名、唛头、数量、发票总值等。可以按商业发票的内容填写。

【单据实例 6－8】锦州和泰进出口有限公司出具的装船通知如下。

锦州和泰进出口有限公司

JINZHOU HOTIY IMPORT & EXPORT CO., LTD.

HOTIY BUILDING，37-2 VICTORY STREET，JINZHOU CITY， LIAONING，CHINA

SHIPPING ADVICE

MESSRS: SHUANGSHENT INVESTMENT AND TRADING CO.，LTD

DATE: OCT.23, 2018

INV. NO.: JABSP1808

L/C NO.381LC102103

WE HAVE SHIPPED THE GOODS UNDER **S/C. NO.**: 09A01,

THE DETAILS OF THE SHIPMENTARE AS FOLLOWS:

FROM DALIAN PORT,CHINA **TO** PORT KELANG, MALAYSIA **VIA** ________

MARKS	DESCRIPTION OF GOODS	QUANTITY	AMOUNT
N/M	PRIME NEWLY PRODUCED BLACK STEEL PIPES, USING Q235B STEEL MATERIAL, PIPESAS PERASTMA53B, BEVELED ENDS (NOT GALVANIZED, NOT PAINTED, NOT COATED, NOT OILED) TRADE TERM:CIF PORT KELANG,MALAYSIA		
	SIZE: 219.1MM×7.2MM×6M	300BDLS	USD 237 026.30
	219.1MM×7.8MM×6M	400BDLS	USD 341 406.20
	273.0MM×9.0MM×6M	1 000BDLS	USD 251 360.40

VESSEL'S NAME: ALFIOS V1521

锦州和泰进出口有限公司(章)

JINZHOU HOTIY IMPORT & EXPORT CO., LTD.

何泰

资料来源：锦州和泰进出口有限公司。

6.5.6 其他证明

其他证明主要包括有关运输方面的证明及受益人证明/声明等。在信用证支付方式下，信用证有时会规定要求卖方提供这类单据，此时这类单据就成为卖方议付结汇的单证之一，卖方必须认真对待，否则买方就有可能因此而拒付货款。

受益人证明/声明多种多样，通常是证明货物的品质、唛头、包装标识、装运及其他寄单事项的单据，由受益人根据信用证的要求来缮制。有关运输方面的证明则是卖方为满足买方对货物在运输方面的特殊要求而开立的证明文件，根据情况它可以由受益人出具，也可以由相关的运输公司来出具。

此类证明一般采用函电形式，格式由出口企业按照信用证规定或买方要求的内容自行设计，制单日期应与证明内容相吻合，而且最迟不得晚于交单日期。如提单日期为 4 月 15 日，信用证规定“BENEFICIARY'S CERTIFICATES CERTIFY THAT CABLE COPY OF SHIPPING ADVICE DISPATCHED TO THE APPLICANT IMMEDIATELY AFTER

SHIPMENT”，则受益人证明的出单日期只能在4月15—18日，而不能是其他时间。若为寄单证明，还应列明卖方所寄单据的种类和份数。此类单据的参考格式如下所示。

【单据实例6-9】锦州和泰进出口有限公司出具的受益人证明如下。

锦州和泰进出口有限公司

JINZHOU HOTIY IMPORT & EXPORT CO., LTD.
HOTIY BUILDING，37-2 VICTORY STREET，JINZHOU CITY， LIAONING，CHINA

BENEFICIARY'S CERTIFICATE

S/C NO.: 09A01
L/C NO.: 381LC102103 DATE:OCT.24,2018

THIS IS TO CERTIFY, THAT COMPLETE SETS OF COMMERCIAL INVOICE, PACKING LIST, NON-NEGOTIABLE COPY OF B/L,CERTIFICATE OF ANALYSIS AND CERTIFICATE OF ORIGIN HAVE BEEN FORWARDED TO THE APPLICANT VIA COURIER SERVICE WITHIN 3 CALENDAR DAYS AFTER SHIPMENT DATE.AND ONE SET OF NON-NEGOTIABLE SHIPPING DOCUMENTS HAS BEEN FAXED TO THE APPLIACANT AT FAX NO. 08-77581 WITHIN 3 DAYS AFTER SHIPMENT DATE.

锦州和泰进出口有限公司 (章)

JINZHOU HOTIY IMPORT & EXPORT CO., LTD.

6.6 结汇单证中使用的汇票

汇票是一人向另一人签发的无条件书面支付命令，要求该受票人立即或在一定时间或一个固定时期支付一定金额给某人或其指定人或来人的书面凭证。它是出口商凭以向进口商要求付款的收款工具，是一种要式的有价证券。

作为可以支取信用证金额的凭证，汇票在本质上是一种票据，而不是单据。但汇票作为信用证交易单证的组成部分，只有掌握制作要求，才能顺利办理货款的结算。

汇票作为最常用的支付工具之一，在国际贸易货款结算中，通常是由卖方签发的，一般都签发一套，一式两份，两份具有同等的法律效力，在使用中通常注明“付一不付二”或者“付二不付一”字样。外贸业务中通常使用的汇票是商业汇票。

汇票的格式没有统一的标准，卖方可向银行购买，也可自行设计，但其主要内容都包括以下几点。

【单据实例6-10】锦州和泰进出口有限公司出具的汇票如下。

(1) 出票依据/出票条款 (Drawn Under)

信用证项下包括开证行名称、信用证号码及开证日期。托收项下空白不填或填“FOR COLLECTION”。

(2) 年息 (Payable With Interest@…% per Annual)

空白不填。

(3) 出票地点及出票日期

出票地点为卖方所在地，出票日期为交单议付期，一般出口方向银行交单时由银行填写。

(4) 汇票编号 (No.)

为了事后方便查阅，填发票号码，也可填其他有利于识别的号码。

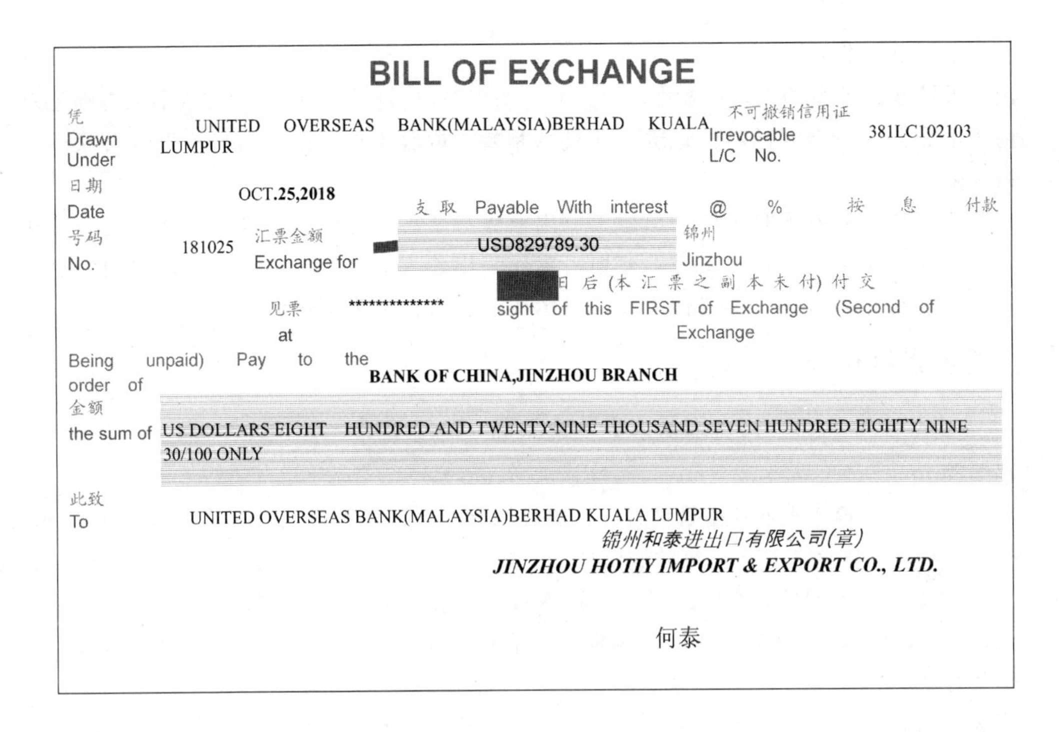

BILL OF EXCHANGE

凭 Drawn Under UNITED OVERSEAS BANK(MALAYSIA)BERHAD KUALA LUMPUR 不可撤销信用证 Irrevocable L/C No. 381LC102103

日期 Date OCT.25,2018 支取 Payable With interest @ % 按 息 付款

号码 No. 181025 汇票金额 Exchange for USD829789.30 锦州 Jinzhou

见票 at ************** 日后（本汇票之副本未付）付交 sight of this FIRST of Exchange (Second of Exchange Being unpaid) Pay to the order of BANK OF CHINA,JINZHOU BRANCH

金额 the sum of US DOLLARS EIGHT HUNDRED AND TWENTY-NINE THOUSAND SEVEN HUNDRED EIGHTY NINE 30/100 ONLY

此致 To UNITED OVERSEAS BANK(MALAYSIA)BERHAD KUALA LUMPUR

锦州和泰进出口有限公司(章)

JINZHOU HOTIY IMPORT & EXPORT CO., LTD.

何泰

（5）汇票金额

汇票金额即汇票上的灰色（或绿线部分）区域，分为小写和大写两部分。小写部分填货币代号和阿拉伯数字，大写部分由小写金额翻译而成，大小写金额保持一致，如汇票小写金额为“USD 25 736.17”，那么大写金额为“SAY US DOLLARS TWENTY-FIVE THOUSAND SEVEN HANDRED AND THIRTY SIX CENTS SEVENTH ONLY”。汇票的大写最好要规范，在币种前加“SAY”，在后面加“ONLY”，美元以下的单位用“CENTS”表示。

ISTP 745 对汇票大小写金额要求是汇票上显示大写金额必须反映小写金额。当大小写金额矛盾时，大写金额将作为汇票金额。

需要注意的是，如果信用证没有特别规定，其金额应与发票金额一致。如果信用证规定汇票金额为发票金额的百分之几，例如 96%，那么发票金额应为 100%，汇票金额为 96%，差额 4%一般为应付的佣金。若采用部分托收、部分信用证方式结算，则两张汇票金额各按规定填写，两者之和等于发票金额。

（6）付款期限（At Sight）

即期汇票：填——、…或＊＊＊；远期汇票根据规定填写，如“见票后 30 天付款”，则汇票必须打成“At 30 days sight”；定期付款，则应填上将来具体的付款到期日，如“At 27 oct. 2020 fixed”，并将汇票上的“sight”划掉。

（7）受款人（Pay to the order of/Payee）

在我国出口业务中，一般写代受益人收取货款的银行名称，该银行为议付行或指定银行；无证托收的汇票一般以托收行（出口地银行）为受款人。

（8）付款人（Drawee/Payer）

信用证项下为开证行或指定的付款行，付款人名称必须填写完整，托收项下为进口商的名称，也必须填写完整的地址。

(9) 出票人 (Drawer)

出票人即签发汇票的人，一般为出口方应写明出口方名称，并由负责人签字，否则无效。

由于汇票是一种要式的有价证券，故其缮制要求内容不得有误，而且不得进行涂改，否则汇票无效。

ISTP745 要求受益人是汇票的出票人。出票人只要名称与信用证规定的受益人名称相同即可。如果实务中出现出票人名称的变更，由作为出票人的新实体出票即可，但须同时注明该实体“旧名称即×××”的类似措辞，以示权利和责任的表面连续性。

阅读案例 6-3

汇票大小写金额不一致的处理

案情简介

A 银行向 B 银行开出不可撤销信用证，受益人交单后 B 银行通过快递将单据寄交 A 银行，A 银行审单后发现下述不符点，遂对外拒付。汇票上小写金额为 USD 905 000.00，大写金额为 HONG KONG DOLLARS NINE HUNDRED AND FIVE THOUSAND ONLY，金额不一致。

收到 A 银行的拒付电后，B 银行认为所述不符点仅是打字手误，非实质性不符点。

案例分析

根据日内瓦《统一汇票本票法公约》第二章第一节第 6 条规定：“汇票金额同时以文字及数字记载者，遇两者有差异时，文字记载之数额为付款数额。”

“汇票金额以文字或数字记载在一次以上，而先后有不符时，其较小数额为付款数额。”

《国际汇票和国际本票公约（草案）》第二章第二节第 7 条（1）款规定：“票据上以文字表明的金额与以数字表明的金额不符时，应以文字金额为准。”

本案例中，汇票票面金额同时以文字及数字记载，文字金额即大写金额为 HONG KONG DOLLARS NINE HUNDRED AND FIVE THOUSAND ONLY，数字金额即小写金额为 USD 905 000.00 两者不一致，根据上述规定，开证行只能按文字金额即大写金额照付。

所以实际票据操作业务中，须严格按照大小写金额一致的原则处理票据事务。

资料来源：高洁，2006. 国际结算案例评析 [M]. 北京：对外经济贸易大学出版社.

本章小结

随着以单据为中心的信用证及跟单托收方式的广泛应用，结算单据在国际贸易结算中的地位更加重要。

国际结算中的商业单据很多，这些单据按其作用不同可以分为两大类：第一大类是基本单据，即在交易中不可缺少的单据，如商业发票、运输单据、保险单；第二大类是附属单据，是指除基本单据外，进口商根据本国政府的有关规定或货物本身的不同特点而要求出口商提供的单据。

合格单据要求正确、完整、及时、简明、清晰。

商业发票是卖方向买方开立的，对所装运货物做全面、详细的说明，并凭以向买方收取货款的价目总清单，是全套进出口单据的核心。除了商业发票，常用的发票还有海关发票、形式发票、领事发票、厂商发票等。

运输单据是外贸单证工作中最重要的单据之一，是出口商按规定要求装运货物后，承运人或其代理人签发的一种书面凭证。

根据运输方式的不同，承运人出具不同的运输单据，UCP600中把运输单据也调整为7种：海运提单，涵盖至少两种不同运输方式的运输单据，不可转让的海运单，租船公约提单，航空运输单据，公路、铁路或内陆水路运输单据，快递收据、邮政收据或投邮证明书。其中以海运提单为主，海运提单是证明海上运输合同和货物已由承运人或其代理人接管或装运，以及承运人或其代理人将负责把货物运抵目的港并保证据以交付货物的物权凭证。海运提单的内容包括正面的填制部分和背面条款。

保险单据是保险人根据被保险人的投保单的要求，按其条件接受承保后向被保险人开具的证明保险合同的单据。保险单的正面内容要由保险人根据每笔投保的具体情况填写，反面内容是印就的保险条款，说明保险人和被保险人的权利与义务。

除了商业发票、海运提单和保险单外，国际结算中常用的单据还有装箱单、原产地证明书、商检证书等。

关键术语

商业单据 Commercial Documents
金融单据 Financial Documents
商业发票 Commercial Invoice
海关发票 Customs Invoice
厂商发票 Manufacturers Invoice
领事发票 Consular Invoice
海运提单 Ocean Bill of Lading
已装船提单 Shipped on Board B/L
备用提单 Received to Shipment B/L
清洁提单 Clean B/L
不清洁提单 Unclean or Foul B/L
转船提单 Transshipment B/L
直达提单 Direct B/L
联运提单 Through B/L
记名提单 Straight B/L
指示提单 Order B/L
不记名提单 Bearer B/L or Open B/L or Blank B/L
全式提单 Long Form B/L
简式提单 Short Form B/L
正本提单 Original B/L
副本提单 Non-Negotiable Copy，Copy B/L
空运单据 Air Transport Document
航空主（或总）运单 Master Air Way Bill,MAWB
航空分运单 House Air Way Bill,HAWB
公路、铁路或内陆水路运输单据 Road，Rail or Inland Waterway Transport Documents
承运货物收据 Cargo Receipt
不可转让的海运单 Non-Negotiable Sea Waybill
租船合同提单 Charter Party Bill of Lading
涵盖至少两种不同运输方式的运输单据 Transport Document Covering at Least Two Different Modes of Transport
快递收据、邮政收据 Courier Receipt，Post Receipt
保险单 Insurance Policy
保险凭证 Insurance Certificate
预保单 Open Cover
联合凭证 Combined Certificate
包装单据 Packing Documents
商检证书 Inspection Certificate
原产地证明书 Certificate of Origin
装运通知 Shipping Advice
受益人证明/声明 Beneficiary's Certificate/Statement
汇票 Draft/Bill of Exchange

【附录6-1　加拿大海关发票格式】

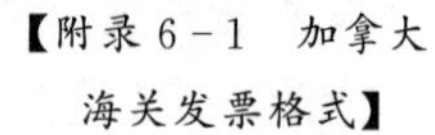

【附录6-2　航空运单样本】

【附录6-3　货物运输险投保单样本】

【附录6-4　出境货物保险单】

综合练习

【第6章 在线测试】

一、填空题

1. 根据用途的不同，贸易单据可分为：________、________、________、________等。

2. 商业发票是卖方向买方开立的，凭此向买方收款的发货清单，同时又是________、________、________、________。

3. 一批货物共100箱，由广州运至纽约。船公司签发了“清洁已装船提单”。货到目的港后收货人发现欠交5箱货，上述问题应由________负责。

4. 在各种货物运输单据中，________必定是物权凭证。

5. 管辖提单的国际公约有3个，它们是________、________、________。

6. 通常，海运提单上有3个基本关系人：________、________、________。

7. 备运提单经承运人加注________和________之后，便可与已装船提单具有同样效力。

8. 按照UCP600的规定，在各种保险单据中________是不被接受的。

9. 一信用证规定应出运2 500台工业用缝纫机，总的开证金额为USD305 000，每台单价为USD120。则出口商最多可发货的数量和索汇金额应为________和________。

10. 一提单对所运货物批注如下：“ONE WOODEN CASE BE STRENGTHENED BY TWO IRON STRIPS.”这份提单是________。

二、判断题

1. 在国际贸易中，大多使用空白抬头、空白背书的提单，以利结算的进行。（　　）

2. 清洁提单即要求提单整洁，所填写内容无任何涂改或不洁之处。（　　）

3. 信用证规定最迟装运期为6月30日、有效期为7月21日，受益人于6月13日装运货物并取得清洁提单，于7月5日向银行交单。由于实际装运日期和交单期都分别符合有关规定，因此，银行必须接受所交单据并付款。（　　）

4. 海运提单上对货物的描述必须是货物的全称。（　　）

5. 空白抬头、空白背书的提单是指既不填收货人，又不加背书的提单。（　　）

6. 在国际货物海洋运输中，投保了一切险，则运输途中无论货物遭受什么损失，保险公司都应予以赔付，从而保障了买卖双方的利益不受损失。（　　）

7. 被船公司加注而成为“不清洁提单”者，无法转化为清洁提单。同样，船公司出具的收妥备运提单，也无法转化为已装船提单。（　　）

8. 信用证若规定提交单据为保险单时，则银行不能接受以保险凭证代替保险单办理议付。（　　）

9. 出口商在其提交的货物运输保险单据上，必须具体说明装载该批货物的船舶的准确

开航日期，以便进口商及时做好接货准备。（　　）

10. 凡是影印、自动或计算机处理、复写而制成的单据，银行均可接受其作为正本。（　　）

三、选择题

1. 在以 CIF 价格成交的交易中，若合同和信用证未有专门规定，则保险单据上“Insured”一栏应填写（　　）。

A. 进口商　　B. 出口商　　C. 开证行　　D. 通知行

2. 信用证项下商业发票的抬头人一般是（　　）。

A. 出口商　　B. 开证申请人　　C. 开证行　　D. 议付行

3. 信用证业务中，承兑汇票的付款人应是（　　）。

A. 开证申请人　　B. 通知行　　C. 议付行　　D. 付款行

4. 制作单据的“完整性”原则不包括（　　）。

A. 单据种类的完整性　　B. 各项单据所填写内容的完整

C. 各种单据份数的完整性　　D. 所有单据都必须由其签发人签署

5.（　　）在商业单据中处于核心地位。

A. 商业发票　　B. 海运提单　　C. 保险单据　　D. 海关发票

6. 海运提单上的抬头是指（　　）一栏填写的内容。

A. Shipper　　B. Consignee　　C. Notify Party　　D. Voyage No.

7. 以下除了（　　），必须要有签发者授权签字或盖章。

A. 跟单汇票　　B. 海运提单　　C. 商业发票　　D. 保险单据

8. 通常开证行可接受的单据是（　　）。

A. 租船提单　　B. 清洁提单　　C. 倒签提单　　D. 备用提单

9. 一提单对所运货物标注如下：“ONE WOODEN CASE BE STRENGTHENED BY TWO IRON STRIPS.”这份提单是（　　）。

A. 直达提单　　B. 不清洁提单　　C. 清洁提单　　D. 记名提单

10. L/C 规定的最迟装运日期为 3 月 25 日，要求货物出运后 15 天内交单，L/C 有效期为 4 月 5 日，受益人取得的提单上“ON BOARD”日期为 3 月 24 日，则受益人最迟应于（　　）交单。

A. 4 月 9 日　　B. 3 月 25 日　　C. 4 月 20 日　　D. 4 月 25 日

四、简答题

1. 简述单据的含义与种类。
2. 简述合格单据的基本要求。
3. 简述提单的含义和作用，以及银行通常情况下接受什么样的提单。
4. 海上保障的损失有哪些？
5. 保险单可分为几种？
6. 为什么保险单的日期要早于提单的日期？
7. 什么情况下银行才认为运输单据上所包括的“clean on board”的条件已经满足？

五、案例分析题

1. 日本某银行应当地客户的要求开立了一份不可撤销的自由议付信用证，出口地为我国上海，信用证规定单证相符合后，议付行可向日本银行的纽约分行索偿。上海银行议付了该笔单据，并在信用证有效期内将单据交开证行，同时向其纽约分行索汇，5 天后议付收回

款项。第二天开证行来电提出单据有不符点，要求退款。议付行经落实，确定本行失误，该不符点成立，但又从受益人处得知开证人已通过其他途径（未用提单）将货取走，且受益人现持有该批货通关的证据。

试问：议付行是否可以凭受益人提交的通关证据回复开证行，拒绝退款？

2. 我方凭即期不可撤销信用证出口马达一批，合同规定的装运期为2020年8月。签约后，对方及时开来信用证，我方则根据信用证的要求及时将货物装运出口。但在制作单据时，制单员将商业发票上的商品名称依信用证的规定缮制为“MACHINERY AND MILL WORKS, MOTORS”，而海运提单上仅填该商品的统称“MOTORS”。问：付款行可否以此为由拒付货款？为什么？

3. 2020年年底，江西华帮进出口有限公司以CIF条件向美国COLUMBIA COMPANY出口一批陶瓷，要求装运前电汇预付20%合同款，余款用海运提单日后60天延期信用证支付。收到的SWIFT开信用证中单据规定：“商业发票一式两份；全套（FULL SET）清洁已装船提单注明‘运费预付’，做成空白指示抬头，空白背书；保险单一式两份，根据中国人民保险公司海洋运输货物保险条款投保一切险和战争险。”江西华帮进出口有限公司按信用证规定如期装运，并在交单期内向议付行交单议付，议付行随即向开证行寄单索偿。开证行收到单据后，来电表示拒绝付款，其理由是单证存在下列不符点：①商业发票的金额超过信用证金额；②正本提单是只有一份，不符合全套要求。次日，开证行又补充了一个不符点：保险单的出单日期晚于装运日期。试分析开证行的拒付理由是否成立，并说明理由。

4. 一份国外来证规定货物在1、2月份分两次装运（IN TWO SHIPMENTS）。出口公司在1月31日和2月2日分两次把货物装到同一航次的同一艘船上，取得两份提单（提单日期分别为1月31日和2月2日），当单据送交银行时，银行因为不符合信用证规定，拒绝支付货款。问：银行这样做是否有道理？

六、实际操作题

1. 根据下列内容填制汇票一份。

ISSUING BANK: DEUTSCHE BANK (ASIA) HONGKONG

L/C NO. AND DATE: 756/05/1495988, NOV. 20, 2020

AMOUNT: USD19,745 00

APPLICANT: MELCHERS (H.K) LTD., RM.1210, SHUNTAK CENTRE, 200 CONNAUGHT ROAD, CENTRAL, HONGKONG.

BENEFICIARY: CHINA NATIONAL ARTS AND CRAFTS IMP. & EXP. CORP. GUANG DONG (HOLDINGS) BRANCH.

WE OPENED IRREVOCABLE DOCUMENTS CREDIT AVAILABLE BY NEGOTIATION AGAINST PRESENTATION OF THE DOCUMENTS DETAILED HEREIN AND OF BENEFICIARY'S DRAFTS IN DUPLICATE AT SIGHT DRAWN ON OUR BANK.

INV. NO.: ITBE001121

DATE OF NEGOTIATION: DEC. 20, 2020

2. 根据下列国外来证及有关信息制作所要求的单据。

AWC－06－522号合同项下商品的有关信息如下：该批商品用纸箱包装，每箱装10盒，每箱净重为75kg，毛重为80kg，纸箱尺寸为113cm×56cm×30cm，商品编码为6802.2110，货物由“海华”轮运送出海。

FROM: HONGKONG AND SHANGHAI BANKING CORP., HONGKONG

TO: BANK OF CHINA, XIAMEN BRANCH, XIAMEN CHINA

TEST: 12345 DD. 010705 BETWEEN YOUR HEAD OFFICE AND US. PLEASE CONTACT YOUR NO. FOR VERIFICATION.

WE HEREBY ISSUED AN IRREVOCABLE LETTER OF CREDIT

NO. HKH123123 FOR USD8,440.00, DATED 200705.

APPLICANT: PROSPERITY INDUSTRIAL CO. LTD.

342-3 FLYING BUILDING KINGDOM STREET HONGKONG

BENEFICIARY: XIAMEN TAIXIANG IMP. AND EXP. CO. LTD.

NO. 88 YILA ROAD 13/F XIANG YE BLOOK RONG HUA BUILDING, XIAMEN, CHINA

THIS L/C IS AVAILABLE WITH BENEFICIARY'S DRAFT AT 30 DAYS AFTER SIGHT DRAWN ON US ACCOMPANIED BY THE FOLLOWING DOCUMENTS:

1. SIGNED COMMERCIAL INVOICE IN TRIPLICATE.
2. PACKING LIST IN TRIPLICATE INDICATING ALL PACKAGE MUST BE PACKED IN CARTON/ NEW IRON DRUM SUITABLE FOR LONG DISTANCE OCEAN TRANSPORTATION.
3. CERTIFICATE OF CHINESE ORIGIN IN DUPLICATE.
4. FULL SET OF CLEAN ON BOARD OCEAN MARINE BILL OF LADING MADE OUT TO ORDER AND BLANK ENDORSED MARKED "FREIGHT PREPAID" AND NOTIFY APPLICANT.
5. INSURANCE POLICY OR CERTIFICATE IN DUPLICATE ENDORSED IN BLANK FOR THE VALUE OF 110 PERCENT OF THE INVOICE COVERING FPA/WA/ALL RISKS AND WAR RISK AS PER CIC DATED 1/1/81.

SHIPMENT FROM: XIAMEN, CHINA .SHIPMENT TO: HONGKONG

LATEST SHIPMENT 31 AUGUST 2020

PARTIAL SHIPMENT IS ALLOWED, TRANSSHIPMENT IS NOT ALLOWED.

COVERING SHIPMENT OF:

COMMODITY AND SPECIFICATIONS	QUANTITY	UNIT PRICE	AMOUNT	
		CIF		HONGKONG.
1625/3D GLASS MARBLE	2 000BOXES	USD2.39/BOX	USD4,780.00	
1641/3D GLASS MARBLE	1 000BOXES	USD1.81/BOX	USD1,810.00	
2506D GLASS MARBLE	1 000BOXES	USD1.85/BOX	USD1,850.00	

SHIPPING MARK: P.7.

HONGKONG

NO. 1-400

ADDITIONAL CONDITIONS:

5 PERCENT MORE OR LESS BOTH IN QUANTITY AND AMOUNT IS ALLOWED.

ALL BANKING CHARGES OUTSIDE ISSUING BANK ARE FOR ACCOUNT OF BENEFICIARY.

DOCUMENTS TO BE PRESENTED WITHIN 15 DAYS AFTER THE DATE OF ISSUANCE OF THE SHIPPING DOCUMENT BUT WITHIN THE VALIDITY OF THE CREDIT.

INSTRUCTIONS:

NEGOTIATING BANK IS TO SEND DOCUMENTS TO US IN ONE LOT BY DHL.

UPON RECEIPT OF THE DOCUMENTS IN ORDER WE WILL COVER YOU AS PER YOUR INSTRUCTIONS.

L/C EXPIRATION: 15 SEP. 2020.

THIS L/C IS SUBJECT TO UNIFORM CUSTOMS AND PRACTICE FOR DOCUMENTARY CREDITS (1993 REVISION) INTERNATIONAL CHAMBER OF COMMERCE PUBLICATION NO. 500.

PLEASE ADVISE THIS L/C TO THE BENEFICIARY WITHOUT ADDING YOUR CONFIRMATION.

THIS TELEX IS THE OPERATIVE INSTRUMENT AND NO MAIL CONFIRMATION WILL BE FOLLOWED.

【第 6 章 习题参考答案】

第7章 跟单信用证项下的单据审核

学习目标

通过本章的学习，理解单据、信用证本身审核的基本原则和方法，熟悉汇票、发票、运输单据、保险单据、产地证书、重量单和其他附属单据的审核要点，掌握指定银行及开证行对单据不符点的惯常处理方法，以及遭到拒付时出口商的应对办法。

教学要求

知识要点	能力要求	相关知识
单证审核的原则	理解合理谨慎审单原则、单据表面相符原则、银行审单单据化原则、银行独立审单原则、合理时间审单原则的要求，并按照这些原则处理单据	合理谨慎审单原则，“单证一致、单单相符”原则，银行审单单据化原则，银行是独立的审单主体，5个银行工作日内审单
单证审核的方法	掌握单证审核的方法并能够审核各种单证	信用证主要内容的审核以及审单的顺序与方法
单据审核的要点和处理方法	了解单据常见不符点和审核要点，熟悉银行对不符点的处理	对发票、汇票等单据的审核要点，议付行和开证行对不符点的处理

思维导图

- 跟单信用证项下的单据审核
  - 信用证下审单的原则
    - 熟悉｜合理谨慎审单原则
    - 熟悉｜单据表面相符原则
    - 熟悉｜审单单据化原则
    - 熟悉｜独立审单原则
    - 熟悉｜合理时间审单原则
  - 单证审核的要求和方法
    - 熟悉｜纵横审核法
    - 了解｜先数字后文字审核法
    - 了解｜先简后繁法
    - 了解｜先读后审法
  - 单据的审核和处理方法的要点
    - 熟悉｜各种单据审核要点
    - 熟悉｜出口商对于不符点造成拒付的应对措施

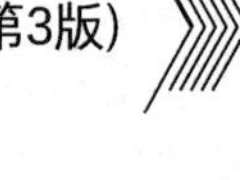

2017年3月21日，合肥花纹国际公司与美国ALEX贸易公司签订液晶电视散件合同，装运港上海目的港纽约。2017年4月5日，美国花旗银行纽约分行开来号码为CN20170205的信用证（出口方为安徽合肥花纹国际贸易有限公司，通知行为中国银行安徽省分行，开证行为美国花旗银行纽约分行，进口方为美国ALEX贸易公司）；信用证规定的最迟装运日是5月25日，信用证的有效期为6月15日，结汇单据：发票、装箱单、提单、保单。2017年6月6日，货物装船完毕，承运人签发清洁已装船海运提单，2017年6月9日，出口方交单。收到单据后开证行提出如下不符点：第一，装箱单的受益人地址在合肥市跃进路1号，而商业发票中的受益人地址在合肥市祁门路与翡翠路交口；第二，信用证未规定提交装船通知和受益人证明，在结汇单据中却出现了装船通知和受益人证明；第三，信用证要求全套正本提单外加一份副本，受益人却只提供了一份正本提单，并且少了副本。基于以上3个不符点，开证行拒付，此时液晶电视散件市场行情看跌，而出口方也自觉理亏，为了维系老客户，原本打算申诉，慎思后放弃，货物降价处理，货款走了托收的D/A。损失惨重。那么这个案例中是否真的存在不符点呢？银行是否真的可以拒付呢？

关于案例中装箱单和商业发票的地址不一致问题，UCP600第14条审核单据的标准j款规定：当受益人和申请人的地址显示在任何规定的单据上时，不必与信用证或其他规定单据中显示的地址相同，但必须与信用证中述及的各自地址处于同一国家内，用于联系的资料（电传、电话、电子邮箱及类似方式）如作为受益人和申请人地址的组成部分将被不予置理，然而，当申请人的地址及联系信息作为按照19条、20条、21条、22条、23条、24条或25条出具的运输单据中收货人或通知方详址的组成部分时，则必须按照信用证规定予以显示。案例中装箱单和商业发票的地址虽然不同，但是都是在合肥，都是在中国，根据上面这个条款，不存在不符。

关于受益人提交了信用证规定之外的单据问题受益人提交了信用证规定之外的装船通知和受益人证明，UCP600第14条审核单据的标准g款中的表述：g. 提示信用证中未要求提交的单据，银行将不予置理，如果收到此类单据，可以退还提示人。从条款中可见，银行对多提交的装船通知受益人证明可以不予置理，并且把单据退还受益人即可。所以受益人提交了信用证规定之外的单据不是不符点，银行不得拒付。

关于提单的正副本及份数问题，信用证要求全套正本提单外加一份副本，受益人却只提供了一份正本提单，并且少了副本。UCP600第17条正本单据和副本单据d款和第20条提单a-iv款中的表述：d. 如果信用证要求提交副本单据，则提交正本单据或副本单据均可。a-iv. 系仅有的一份正本提单，或者，如果出具了多份正本，应是提单中显示的全套正本份数。所以在这个案例中如果提单上显示正本的份数为1，那么也不存在不符点，而且17条d款已经说明要求提交副本提交正本也可以，因为出口方是6月9日交单，离信用证的有效期6月15日还有时间，建议在有效期内补齐提单副本。所以提单的正副本及份数问题不是不符点，银行不得拒付。

资料来源：孙训爽．2019. 从一则案例看《UCP600》审单条款的适用［J］．对外经贸实务，(12)：75－77.

因此，在实际业务中，出口企业制单后要严格审单，对照信用证（信用证支付方式下）或合同（非信用证支付方式如托收和电汇等）的相关条款对已经缮制、备妥的单据，及时进行单单、单证的检查和核对，若发现不符点，及时修改，做到“单证一致，单单相符”，以达到安全顺利收汇的目的；另外，发生问题，出口企业应积极申诉。很多企业遇到案件中的情况，大多觉得申诉费时费力，担心申诉不能成功地反驳开证行的拒付，处在劣势地位，为了维系老客户都走托收，而且大多数情况还降价，恶性循环，自身利益受到极大损害，造成的国际影响也不好。实际上通过上述案件的分析，出口企业申诉的依据都是合理的、可成立的。

7.1 信用证下审单的原则

信用证是银行有条件的付款承诺，这个条件就是“单证一致、单单相符”。在信用证结算方式中，银行付款的唯一依据是符合信用证条款的单据。只要是单据符合信用证的要求，开证行就必须接受单据，履行其付款的义务；只有在“单证一致、单单相符”的情况下，受益人或议付行才有权向开证行要求付款。可见，无论是开证行还是议付行，单据都是决定性的因素，因此对单据的审核至关重要。

在信用证业务操作中对单据业务进行审核的银行有三家，即指定银行、保兑行（如果有）以及开证银行（付款银行）。至于涉及的其他银行是否需要审单，UCP600 未作规定。具体而言，通知行在收到信用证后，审核信用证真伪和开证行的资信能力，此时受益人尚未出运货物，没有单据可审；偿付行原则上也不审核单据，只是按照开证行的指示对外支付货款，审单的任务由开证行完成；如果是转让信用证，对于转让行来说，因为需要凭相符单据从开证行获得偿付，是指定的银行，因此必须审核单据。

银行审核单据是一项较为复杂的工作，不仅仅是一项单纯的技术，更是一种能力。然而整个单据审核过程中最难把握的可能还是“单据审核的标准”或称原则。下面介绍银行审核单据的原则。

7.1.1 合理谨慎审单原则

此原则视为单据审核的态度或判断能力。

UCP600 第 13 条规定，“银行必须合理谨慎地审核信用证规定的所有单据，以确定其是否表面与信用证条款相符”。该条文所体现的国际标准银行实务是确定信用证所规定的单据表面与信用证条款相符的依据。所谓“合理谨慎地审单”，可以理解为一个具有国际结算方面专业知识的普通审单人员在审单时，人们能够期望他应做到的注意和谨慎，这一审单尺度为同行业人们普遍认可，银行审核单据时作出的判断是清晰的、合乎逻辑的、理性的、不强加个人意志的，“公平”“诚信”，符合行业习惯，这是银行审单的一个基本原则。可能这一项原则很难把握，但无论如何，银行审核所有单据，必须合理谨慎，不得吹毛求疵，也不能潦草从事。例如，普惠制产地证是给惠国赋予受惠国出口货物减免的一种优惠凭证，其“收货人”一栏，应填写最终买主，如信用证未作明确规定，银行审单人员就应根据提单的收货人、通知人及货至目的地对最终买主作出合理的选择。总而言之，审单人员应根据自己所掌握的国际贸易结算知识，对各种单据的完整性和准确性，作出合乎情理的判断。

7.1.2 单据表面相符原则

此原则视为单据审核的范围。

信用证项下的交易是一种单据交易，为此银行审核单据时，仅就单据所列内容予以审核，称“表面审核”。至于单据上所记载的货物是否存在、其品质如何、单据的真实性及其法律效力如何，银行均不承担责任。对单据所列明货物的数量、重量、品质、状况、包装、价值及发货人、运送人的履约能力和资信状况，银行均不承担任何责任。

银行付款的唯一依据是符合信用证条款的单据，银行付款前必须以“单证一致、单单相符”为原则严格审核出口商提交的单据，看整套单据与信用证条款是否表面相符，单据与单据之间是否保持表面一致。

阅读案例 7-1

开证行拒付款项是否正确

案情简介

出口商A向进口商B出口一批黄豆，很快就收到了进口商所在的进口国的开证行开来的即期付款的信用证，出口商A的有关业务员经审查信用证后，即通知储运部门按信用证要求办理装运手续，并于3月15日按时依据信用证规定提供所要求的单据，向议付行交单办理了议付。议付行审查单据后认为单证一致，向开证行寄单。但是于3月25日收到了开证行的拒付通知，其拒付的理由如下。

(1) 信用证规定“Commercial invoices in triplicate”(商业发票一式三份)，但是出口商提供的单据名称却为“Invoice”。

(2) 信用证中规定的货物重量是采用的吨，但是包装单上却是以公斤为单位，即在信用证上是15吨，但是包装单上是15 000公斤，从而构成第二个不符点。

出口商A根据开证行上述复电对照UCP600的规定并与议付行研究，认识到单据确存在某些缺点。通过买方反复进行工作，最后降价处理而结案。

通过上述案例的陈述，我们可以得到什么样的教训?

案例分析

必须按照信用证的规定缮制单据，并保证“单证相符、单单相符”，尤其对于品名、数量、单价等重要内容一定要保持单据和信用证之间的统一。

资料来源：徐进亮，2007. 国际结算惯例与案例[M]. 北京：对外经济贸易大学出版社.

UCP600第14条a款指出，受益人提交的单据名称及其内容等表面上必须与信用证规定完全一致。单据在表面上符合信用证条款应从以下几个方面加以解释。

1. 单证必须符合国际惯例的规定

由于规范信用证业务的UCP600对信用证的许多问题均有规定，因而银行审单时除了要求单据在表面上与信用证条款相符，还要求单据与UCP600的规定相符。另一依据是单据还必须与UCP600的规定相符。例如，若信用证没有规定单据的最晚期限，则晚于运输单据签发日后21天才提交的单据属于单证不符。

2. 单证必须与信用证条款相符

单证一致就是按信用证规定于限期以内提交所需的单据。提交的单据必须在表面上完全符合信用证的要求，即信用证的条款必须在单据上体现；信用证的要求必须从单据上得到已经照办的证实。例如，信用证规定货物应使用木箱包装（Goods Packed in Wooden Cases），而包装单却表明货物装于木条箱（Goods Packed in Wooden Cartons），这属于单证不符。

3. 单据之间表面相符

强调单据要与使用的惯例条款、信用证条款及国际银行标准实务相符合。那么相符的标准是什么？审核单据所要达到的一致，有严格一致和实质一致两种。严格一致是指在单据和信用证条款之间，一个字与一个字，一个字母与一个字母都要相符，即使是拼写错误，或是一般不符点亦构成单证不一致。单据就像是信用证条款的“镜子影像”，其结果将会造成大量的不符问题和激增的诉讼案件。

实质一致就是允许单据有差异，在将单据内容和信用证条款、其他单据、该单据本身内容对照审核时，并不需要一定完全等同，但相互之间也不能产生矛盾。例如，商业发票上显示“60 packages”，而产地证上显示的却是“60 boxes”，虽然两者不等同，但“packages”是包装单位的统称，“boxes”是一个具体的包装单位，两者并不矛盾，因而不视为不符。

判断是否矛盾时，要具体情况具体分析。例如，信用证要求产地证由受益人、出口商来出具，则由商会出具的单据可以接受，只要单据上相应地注明受益人、出口商即可。关于单据中出现的拼写错误或打字错误的问题的处理比较棘手，因为哪些可以拒付，哪些可以接受，令人难以掌握。国际商会在 ISBP 第 25 条中给出了一个指导意见，即如果拼写及/或打字错误不影响单词或其所在句子的含义，则不构成单据不符。例如，在货物描述中用“mashine”表示“machine”（机器），用“foutan pen”表示“fountain pen”（钢笔），或用“modle”表“model”（型号），均不导致单据不符。但是，将“model 321”写成“model 123”（型号 123）不视为打字错误，而是构成单据不符。

但判断一个拼写错误或打字错误是否影响到单词或句子的含义，却存在人的主观性，不同的银行，不同的案情，对于单据不符点可能有不同的看法。不同法官和不同地点的法院审查单据诉讼案件，也可能会得出完全不同的判决。

因此，为了避免麻烦，在实际业务中各种单据的主要内容，如货物名称、数量、金额、包装、唛头等，必须在表面上相同或一致，不得相互矛盾。特别是发票、提单、保险单等单据之间关于货物的主要内容必须保持一致。

4. 单据必须与既成事实相符

受益人所制作的单据必须与已完成的事实相符，而不能完全照搬信用证的文句，否则就是表面上不符合信用证规定。例如，信用证规定“shipment from A（港口）or B（港口）”，而提单“装货港”（port of loading）一栏也照填了“A or B”，则属于表面上不符合信用证规定。又如，信用证规定“goods must be packed in cartons which effect to be indicated in the invoice”，而发票仍然填写“goods must be packed in the cartons”，也属于与信用证规定在表面上不符。

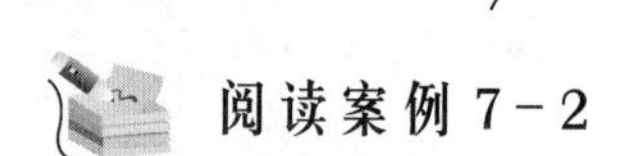

阅读案例 7-2

一字之差引起开证行拒付案

案情简介

国内某银行办理了韩国某银行开出的见票后60天付款的假远期信用证项下出口业务一笔，金额为5万美元，受益人为青岛某出口企业，汇票的付款人为开证行设在我国香港地区的全资附属机构某财务公司，出口货物为全棉牛仔布，货到韩国釜山港。在规定日期内，受益人向寄单行提交了上述信用证项下的全套单据，要求办理出口收汇业务。寄单行于当日对开证行和汇票的付款人分别寄出了单据和汇票，一个星期后，寄单行收到香港地区汇票付款人通过办理贴现获得的即期款项，并于当日对受益人结汇。但三天后，开证行发来电文，称收到单据后发现提单的到货港是“PUSAN”，而不是信用证项下所规定的“BUSAN”，构成单证不符，因而要求寄单行退款。

案例分析

这是一个关于单据审核原则应用的案例。本案例中开证行有强挑不符点的嫌疑，PUSAN是BUSAN的另一种拼法，这已载入正式的出版物中。不应该被视为“单证不符”来对待。寄单行因此据理力争，迫使对方放弃该项不合理要求。受益人也应从该案例中得到警示，虽然我们在制单和审单中反对“镜像原理”，但为了避免出现不必要的纷争，出口商应严格按照信用证的要求正确，及时缮制所规定的各种单据，并在规定的期限内交单。同样是一字之差，但所带来的后果很可能就不一样。例如信用证上的开证申请人是A steel company，受益人在制单时因为疏忽，出现拼写错误，误打成A steal company，银行在审单时会界定为单证不符，因为一个字母之差致使公司的性质由钢铁公司变成了小偷公司，本案例中虽然也是一个字母之差，但是PUSAN和BUSAN都是指韩国釜山港，并不会引起歧义。

资料来源：许南，2015. 国际结算案例与分析［M］. 北京：中国人民大学出版社.

7.1.3 审单单据化原则

此原则视为单据审核的具体标准。

在日常信用证操作实践中，经常会碰到一些“非单据条件”。例如，在“additional conditions”有如下条款：“Factorys Inspection To Be Final”“The Goods Should Be Made in China”等。根据国际商会UCP600第14条h款的规定，如果信用证含有某些条件但并未叙明需提交与之相符的单据，银行将认为未列明此条件，而对此不予理会。为纠正一些银行在UCP500执行过程中的错误做法和错误解释，国际商会于1994年9月1日发表了《阐明见解书》(POSITION PAPER)，其中第3号对“非单据条件”作出了正确解释，指出若跟单信用证出现一个条件明确地连接着该证规定的单据，此项条件不能视为非单据条件。由此我们可以看出，对于未列明条件的单据可以不予理会，反之则一定要出具。例如，跟单信用证的一个条件说到货物产地德国，没有要求产地证，仅就“德国产地”本身而言，可视之为“非单据条件”，按照UCP600的规定，可对此不予理会。但是，若同一信用证规定了产地证，那就不是“非单据条件”了，因为产地证必须表明“德国产地”。

UCP600明确禁止开证行超出单据本身的范围去决定是否相符。这一规定在实践中具有重要意义。“仅以单据为依据”的重要含义在于银行审核单证是否相符时，不得以单证以外的理由或因素为依据，也不得与其他任何人，尤其是开证申请人商量或征求其意见，而应自行作出判断和决定。例如，“Beneficiary to intimate one set of non-negotiable documents directly to applicant immediately on shipment and beneficiary's certificate to this effect must accompany the documents”（“受益人须在装船后，立即将一套非议付单据直接送达申请人，单据中随附表明此结果的受益人证明”），此类单据必须出具，不能视为“非单据条件”。

当然，银行在审单时以单据是否符合信用证作为唯一的依据，非单据化条款无从证实。所以，为维护进口方的利益，应把所有限制出口商作弊的条件单据化。例如，为了防止出口商以坏货、假货充好货，指定商检机构出具检验证书，如SGS（Societe Generale de Surveillance，瑞士通用鉴定公司）检验证书或英国劳合社检验证明。除此之外，还规定其他具体的检验证明，如规定船公司出具未倒签提单的证明，或要求船公司出具证明书，证明其并未凭出口商的保函签发清洁提单等。这些条款可以有效防止假提单、短装、冒装货物等欺诈行为。

阅读案例 7-3

一起“非单据化条件”引起的拒付案

案情简介

某出口公司A与国外某进口商成交一笔交易，国外开来L/C。其中关于装运的条款规定：“从中国港口至×××，装运船只不超过15年船龄，装运期限不迟于××年5月31日。”A公司根据合同和L/C要求于5月15日装运完毕，5月16日即备齐信用证要求的各种单据向议付行交单。议付行审单后提出，为落实L/C装运特别条款，应提供由轮船公司出具的、不超过15年船龄的证明。但外轮代理公司不同意出具此证明，理由是A公司在托运单上并未要求此条款，而且该轮船是第一航船，在我国香港地区转运，实际第二航船的状况目前无法了解。A公司将上述情况告知议付行，议付行认为，如不提交船龄证明，明显与L/C不符。最后经协商由A公司出具补偿保证书，议付行于5月17日向开证行寄单，并在寄单面函上表提此不符点，同时注明凭担保议付。5月23日，议付行收到开证行电报称：“单据已收到，寄单面函所提不符点不能接受。单据暂时代保管，请告知单据如何处理。”

案例分析

根据UCP600第14条规定，如果信用证含有一项条件，但未规定用以表明该条件得到满足的单据，银行将视为未作规定并不予理会。本案例中，L/C只规定货物须由不超过15年船龄的船只装载，并未规定在提单上证明或单独出具证书证明该条款，所以此为非单据化条款，应该被忽略。

此案例中议付行在寄单面函上表提不符点并注明“凭担保议付”的做法是错误的。虽然L/C规定货物须由不超过15年船龄的船只装载，但并未要求提交满足该条款的单据，受益人对这种非单据化条款可不予理睬。只要规定的单据中含有的数据内容不与非单据化条款相矛盾，单据即为相符单据。议付行对UCP600相关条款的掌握不熟练，自己制造了本不存在的不符点，给受益人的收汇带来隐患。开证行在收到议付行寄送的单据后应根据信用证及国际惯例对全套单据进行审核，不能仅依据议付行面函上表提的不符点就随意提出拒付。因此案例中的开证行在处理此笔业务时也考虑欠妥，作为开证行，当客户提交的开证申请书中含有非单据化条款时，应及时与客户沟通并提示相关风险；同时，应指导客户尽量将信用证要求的条款单据化。作为议付行，在处理含有非单据化条款的信用证项下交单业务时，应提醒受益人在制作单据时，虽然对非单据化条款可以不予理会，但信用证要求提交的单据中含有的数据内容，不得与非单据化条件相矛盾，避免在交单时出现问题，影响及时收汇。

资料来源：朱晓玥，2016. 关于非单据化条款的启示［J］. 中国外汇，(21)：70.

7.1.4 独立审单原则

此原则视为单据审核的主体责任。

信用证一旦开出，被受益人接受，开证申请人和开证行之间就有了独立的法律合同关系，在受益人和开证行之间也是一个独立的法律合同关系，他们都独立于买卖合同。UCP600 规定开证行应以单据为依据，确定单据是否表面与信用证条款相符。如果单据表面与信用证条款不符，银行可拒受单据。这一规定的重要意义之一是确立了银行（指开证行或保兑行，或代表其行事的指定银行）在审单中不可替代和独立的主体责任；重要意义之二是银行应对单证是否相符自行作出判断和决定，而不是与其他任何人，尤其是开证申请人协商决定或共同决定，更不能只让其他人单独决定。

银行独立审单原则的规定基于两方面的原因。首先，立法、惯例及司法判例都确认开证行对买卖合同的履行不承担任何责任，因为开证行并非买卖合同的签约人，它无法控制买卖合同的内容，也无法选择和决定谁将作为信用证的受益人；其次，如果开证行在付款前，除了了解信用证条款和审核单据外，还有义务了解和处理主合同实际履行状况或争议的话，那么银行将“寸步难行”，信用证结算方式也就因此丧失了其商业价值。因此，根据 UCP600 的规定，开证行的银行工作人员审查单据以决定银行是否付款，不必也不应该到现场调查并确定基础合同是否已经履行。

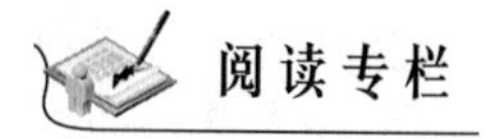

阅读专栏

信用证审单标准解读（UCP600 第 14 条）

Standard for Examination of Document Article 14

a. A nominated bank acting on its nomination, a confirming bank, if any, and the issuing bank must examine a presentation to determine, on the basis of the documents alone, whether or not the documents appear on their face to constitute a complying presentation.

a. 按照指定行事的被指定银行、保兑行（如有）及开证行必须对提示的单据进行审核，并仅以单据为基础，以决定单据在表面上看来是否构成相符提示。

本条款通过此项规定至少包含了以下含义。一是有义务也有权利进行单据审核的主体有哪些。按照此条规定，进行单据审核的主体是被指定银行、保兑行及开证行。就被指定银行而言，其享有审核单据的义务，即被指定银行必须依据单证是否相符来决定其是否履行兑付的义务。在此条上，我们必须再次强调，依据 UCP600 的规定，仅接受指定而非承担兑付义务的银行非本条意义下的被指定银行。只有严格接受开证行的指定并承担兑付义务的被指定银行才有权利和义务就单据进行审核。保兑行和开证行的义务是同等的，两者都是第一性的付款银行，其是否承担付款义务，取决于所接受的单据是否符合开证行所开立的信用证的明确约定。

二是确立了审核单据的原则和标准，即上述银行仅能依据单据表面来决定单据是否符合信用证的要求。这是单据独立性的核心体现。国际贸易的多样性决定着单据的复杂多样，相关当事方（特别是相应的银行）仅能依据所接受的单据表面来判定是否和信用证规定相符。这同时也是信用证独立性原则的体现。信用证交易被视为实际交易之外的独立交易，信用证交易的实现与否与实际交易之间是两个不同的法律关系，开证行等依据单据来履行付款义务，而贸易合同当事方则依据其他来承担义务享有权利。

7.1.5 合理时间审单原则

此原则视为单据审核的速度效率。

国际商会规定银行审单应有一个时间限制。UCP600 第 14 条规定："A nominated bank acting on its nomination, a confirming bank, if any, and the issuing bank shall each have a maximum of five banking days following the day of presentation to determine if a presentation is complying. This period is not curtailed or otherwise affected by the occurrence on or after the date of presentation of any expiry date or last day for presentation." [按照指定行事的被指定银行、保兑行（如有）及开证行，自其收到提示单据的翌日起算，应各自拥有最多不超过 5 个银行工作日的时间以决定提示是否相符。该期限不因单据提示日适逢信用证有效期或最迟提示期或在其之后而被缩减或受到其他影响。]

UCP600 的上述规定表明，5 个银行工作日是审单的最长时间限制，开证行、保兑行（若有）或代其行事的指定银行均享有自收到单据的次日起 5 个银行工作日的合理时间审核单据，以决定接受或拒受单据并通知寄送单据的一方。因此，若超过该时间限制，银行只能接受单据。该规定的目的在于，若超过 5 个银行工作日仍未决定是否接受单据，开证行或保兑行将失去拒受单据的权利，即使单据存在不符点，开证行或保兑行只能接受单据。因此，5 个工作日对银行而言，既是一种权利，也是一种义务。

另外，5 个工作日不是所有银行累计的时间限制，而是每个银行各自的时间限制。

① 对开证行而言，其相对于保兑行、指定银行或受益人有权自其收到单据次日起，在不超过 5 个工作日的时间内审核单据，以决定是否偿付保兑行、指定银行或向受益人付款。

② 对保兑行而言，其相对于受益人或指定银行有权自其收到单据次日起，在不超过 5 个工作日的时间内审核单据（如果银行收到提交的单据日为 7 月 12 日，星期五，则从 7 月 15 日起算的最长 5 个银行工作日来审核单据，即该行最迟可于 7 月 19 日确定是否接受单据，下同），以决定是否向受益人付款或偿付指定银行。

③ 对指定银行而言，其相对于受益人有权自收到单据次日起，在不超过 5 个工作日的时间内审核单据，以决定是否向受益人议付或垫付款项。

若指定银行分两次寄送两套单据给开证行（或保兑行），开证行（或保兑行）需审核两套单据，则 5 个工作日自收到后到的一套单据次日起算。若先收到的一套单据存在不符点，银行也需要等后收到的第二套单据审核完毕，且不存在不符点，再在 5 个工作日内发出拒收单据的通知。

关于银行审核单据时间还应注意以下几点。

① 若某一银行收到受益人的单据，只负责转递或寄单给开证行或保兑行，则该银行不是开证行或保兑行的指定银行，因而它不享有 5 个工作日的时间，必须立即将单据寄出，以使单据在信用证有效期内到达开证行或保兑行。

【拓展知识 ISBP 简介】

② 在寄单指示中，关于审单次数和方式的规定，不是非单据条件，若寄单行未按寄单指示规定的做法寄单，则视为不符点，开证行或保兑行可以拒受单据。

③ 开证行或保兑行拒受单据，发出拒受通知时，若信用证尚未到期，则允许受益人修改有关单据。当开证行或保兑行收到修改后的单据，仍然允许有 5 个工作日的审单时间；在修改后的单据中发现新的不符点，银行仍然有权再次拒受。

7.2 单证审核的要求和方法

7.2.1 信用证本身的审核

审证就是审核信用证，因此必须熟悉并且熟练运用 UCP600 和 ISBP745，尤其是其英文版。很多不符点就是因为对惯例的不熟悉，因此要做好信用证审核，必须首先理解这两个文件的相关内容，目的是要解决每一笔信用证是否可以接受和是否需要修改的问题。一笔信用证能否接受，基本上决定于 4 个条件：①政治上是否符合我国对外政策；②完全及时收汇是否有保障；③协定国家来证是否符合协定规定；④贸易条款和对单据的要求及其他要求是否符合贸易合同规定以及能否办得到。银贸双方虽应各自全面审证，但由于银行未掌握成交合同，因此，银行主要负责审查第①、②、③条；受益人负责审查第④条。但如果银行在审证时发现有关贸易、单证规定等方面的问题，以及特殊要求而受益人难以办到的条款，即所谓“软条款”，银行应以醒目的方式提请受益人注意，或填制“审证联系单”，随信用证正本通知受益人，嘱其联系开证申请人进行修改。

1. 信用证本身常见的不符点及审查内容

(1) 政策性条款的审查

来证地区、开证行国籍和信用证内容必须符合我国外交政策。来证内容如有歧视性内容或不符合我国外交政策的条款，视情况向开证行交涉。

(2) 开证行真伪与资信的审查

不符点表现为信用证的金额不足以支付货款，如果审核出资信不相称，可要求其他大银行加具保兑，或要求开证行加列电索条款，或由付款行确认偿付，或要求分批出运、分批收汇。此外也要注意信用证的印鉴与密押是否相符。

(3) 生效条款的审查

如果为有条件生效的信用证，应加批“此证未生效，待生效通知到达，方能办理出运”，以此提请受益人注意。

(4) 来证货币、金额的审查

来证货币必须是我国有外汇汇率挂牌的可兑换货币，应用同一货币计价和索汇，金额大小写应一致。

(5) 交单期及有效地点的审查

常见的不符点比如缺少开证日期与地点、信用证过期等。对于未规定交单期限，应以装运日后21天为限，并不迟于信用证有效期，未规定有效地点，则视为在我国境内到期。

(6) 来证支付条款的审查

来证须规定凭符合信用证条款的单据付款，而非“货到付款”“验货付款”等。

(7) 单据的审查

常见的不符点是有关单据的要求不合理，如要求的单据种类、份数、各种背书转让条件等出口商难以办到，或不符合国际商业惯例和有关的国际法律。因此审核时要注意所需单据及要求内容是否为政策许可，是否能提供或做到，单据之间相关内容是否有矛盾。

(8) 保险条款的审查

如由出口方办理保险，来证所列保险险别和条款均应为我保险公司承保所能接受的。

(9) 货运条款的审查

货物能否按规定的运输方式、运输公司、路线及时间装运，是否允许分运、转运。

(10) 条款之间关系审查

来证所规定的条款必须明确完整。如果来证措辞含糊不清，条文残缺不全，条款之间互相矛盾[如价格条款为FOB，却规定运费已付（FREIGHT PREPAID)；运输方式为航空运输、铁路运输等，保险条款却要求投保海运险；交易条件为CIF、CFR、FOB等，但目的港却为没有海湾的内陆国家；单价与数量相乘的值与总金额不符等]，受益人要联系开证申请人，要求修改或澄清。

(11) 来证“特别条款”审查

通知行及受益人对来证中各种各样的特别条款需要特别注意，因为特别条款中可能隐藏着各种“陷阱”，可能给银行和出口商带来风险。

(12) 信用证修改书的审查

有时信用证出现与合同不符的地方，要求买方告知开证行修改，必须在确定收到银行的修改书后再确定是否已经修改，另外注意修改书是否齐全，是否存在伪造行为。

【拓展知识
信用证软条款】

此外要注意信用证的货名、单价是否有误，受益人的名称与地址是否详细，开证的依据是否国际商会的UCP600等。

2. 审证时对所发现问题的交涉和催询

在审证工作中如发现有些问题需要对外交涉修改，应参照国际上的习惯做法，根据具体情况，由银行或由信用证受益人及时对外交涉。

(1) 交涉

凡属开证行的资信能力与来证金额不相称，需要经其他大银行保兑，或偿付行确认偿付，或要求开证行加列电索条款，以及开证行所承担的付款责任不明确，或由银行重点审查的其他问题，由通知行负责对外交涉，在交涉未妥前请出口公司暂勿办理货物出运。

凡属来证条款含糊不清，残缺不全，条款间相互矛盾，缮制打印或拼写等错误，由通知行联系开证行要求澄清。

凡属贸易条款，单证的要求以及其他有关特殊问题，如与合同不符或无法实现，由受益人负责与客户交涉修改。

(2) 催询

凡经通知行交涉开证行办理的事宜，如修改或澄清有关问题等，均应由通知行专册登记

考查，及时催询，已洽妥内容要及时通知受益人。

凡由受益人出面交涉修改的问题，通知行应及时向公司了解情况，促进问题的尽快解决。

7.2.2 单证审核的顺序和方法

1. 单证审核的顺序

将审单记录（受益人交单到单据寄出提交开证行的一段记录）放在桌面右边，把单据放在桌面中间，单据的顺序是：①汇票；②商业发票；③包装单……最后是保险单、提单。要有固定的开头次序和固定的末尾次序，中间次序任意，然后把信用证放在桌面左边。

2. 单证审核的方法

为了提高单证审核工作的质量，除了要求审单人员在工作时注意力必须高度集中，也要讲究工作方法，以求得事半功倍的效果。

（1）纵横审核法

纵向审核，即将信用证从头到尾仔细阅读一遍，尤其是信用证有修改的地方，以修改条款核对有关单据，每涉及一种单据，都要立即与那种单据核对份数是否一致，内容是否相符，以达到“单证一致”。再以发票为中心与其他种单据进行核对，应特别注意共有项目是否一致，这是横向审单。发现不符点立刻记录在审单记录表上。有时审单人员在记录文字后面写上“改”“加”“补”等字，待受益人改妥后，在文字上面画圈表示完成，便无此不符点了。审完的单据反转放到桌面中间未审单据前面，待全套单据审完，将已经反转放置的单据翻过来即可恢复原状。

很多错误都是来自不细心，拿到信用证一般如此操作：要求制单员把一些信息转录到word文档里面，如信用证号、开证行名称地址、货物描述等信息，进行严格审核，确保录入内容跟信用证完全一致，一个标点符号都不能有差别；然后做单时，要复制粘贴，这样单单就能一致。由于之前步骤的审核，因此单证也就会完全一致。

再以发票为中心与其他单据进行核对，特别注意共有项目是否一致，这就是纵向审核。

采取纵横审核法时，要对以下几个方面的问题作出具体处理。

① 关于出单日期。各类单据的出单时间必须合理而且在信用证的有效期内，要特别注意保险单据出单日期必须早于或者同于提单日，提单日不得迟于信用证的最迟装运日等。

② 货物描述、包装品质和数量。货物描述可根据商业发票的内容核对，但其他单据中，对货物的描述可使用统称，各种单据中所列货物的包装方式、包装容器、运输方法均与商业发票核对，且须注意包装容器名称必须绝对一致，如发票未列明，应与装箱单所列内容一致。

③ 价格条件与金额。根据商业发票所载价格条件核对运费是否付讫和是否需要保险单据，汇票和保险单据涉及的金额和货币名称均按商业发票所载来核对。

④ 运费金额。一般在商业发票、提单或运费收据、海关发票中载明，应互相一致。

⑤ 装运内容。起运港、目的港、转运港、船名、开航日期等装运内容应以提单记载为准，其他列有这类内容的单据均应与提单核对。

⑥ 背批。有的信用证在下方印有：议付行必须在信用证背面背批汇票金额（The Amount of Each Draft Must Be Endorsed on The Reverse of The credit by The Negotiating Bank）。背批应注明：议付日期、出口押汇（BP）号码、金额、余额、审单员签章。如系自

由议付信用证，最后写上议付银行名称。

经过横审和纵审没有发现不符点，或发现不符点已经改好，即可以确定“单证一致、单单相符”。纵横审核法的可操作性较强。

（2）先数字后文字审核法

在单据数量比较集中时，可以先将各种单据的所有数字，如单价、数量、毛净重、尺码、包装件数等，进行全面复核，然后采用纵横审核法对其他内容进行审核。

（3）先简后繁法

在审单业务中，往往可能一次送来众多单据，在先后顺序的安排上可以先做“简单容易的单据”，后做“较复杂的单据”。实务中，先审阅“容易”、页数少的单据，然后对于那些数量浩大、内容繁复的单据就可以静下心来，有条不紊地做，这样不容易出差错。审单，往往要赶时间。

虽然UCP600规定，银行的审单时间为“5个银行工作日”，但是多数银行要求职员在“一个工作日”内完成审单任务。如果先做复杂的单据，前面拖的时间过长，后面还有大量未做的单据，心情烦躁，很可能引起失误。

（4）先读后审法

先读后审法指在处理前，先将信用证从头到尾通读一遍，然后按信用证条款依次审核。即“读全文，阅修改，抓要点，做记号；通读后，再审单，证在左，单在右；单证符，顺利过；若不符，写下来；单据间，须相符；如不符，切记牢；审单毕，洽客户”。

① 首先对信用证全文通读，边读边记，并随手在特别要关注的地方做个记号，以便审单时引起重视。

② 同时，查看有无信用证的修改，而且这些修改中是否有受益人“不接受”的批注。

③ 如果信用证有修改，而且受益人都接受，那么将修改内容在信用证的原条款上做好相应记录，确保信用证条款是有效完整的。

④ 接下来就是按单据的主次关系审核。首先，将一些重要单据，如发票、提单先行审核；然后以它们为参照物，审核其他单据。同时，要注意将信用证有关这类单据的规定贯穿于此，做到“单证一致、单单相符”。如发现有任何不符点，应立即记录在案。如信用证规定，所有单据要显示“合同、信用证号码”，那么，全部单据应就此条款进行检查一遍，以免遗漏。

⑤ 审核完毕后，将所发现的不符点一并与前道业务环节沟通，落实解决办法。

7.3　单据的审核要点和处理方法

在信用证业务的全过程中，出口地指定银行需要审核单据，进口地开证行需要审核单据，如有保兑行，它若不是指定银行，也要审核单据。如何审单是一个很复杂很细致的工作，本节将对信用证业务中涉及的主要单据的审核要点进行系统的介绍。

7.3.1　单据的审核要点

1. 寄单面函的审核要点

寄单面函是指定银行寄送给开证行凭以索偿的通知单。开证行收到面函后应该审核以下内容。

① 寄单面函确是交与本银行的。

② 面函上有当前的日期。

③ 面函及所附单据属于相关的信用证号码项下。

④ 列举的单据均包含在内。

⑤ 单据中的金额与面函中提及的金额是一致的。

⑥ 交单的银行（如有的话）是作为信用证项下的付款行、承兑行、议付行。

⑦ 付款指示是明确易懂的。

⑧ 是否提及有任何不符点，是否凭担保函或有保留地付款、承兑或议付。

2. 汇票的审核要点

汇票是支取信用证金额的凭证，附在汇票下面的是全套单据，故也称其为跟单汇票。汇票不是单据，但单据是汇票的附件，因此，银行需要审核汇票，就像审核其他单据一样，必须符合信用证的规定。汇票常见的不符点有汇票的出票日期迟于信用证规定的有效期、汇票金额超过信用证金额、汇票的付款人有误、汇票的出票人非信用证的受益人、出票人未签字、汇票收款人名称不符、汇票的收款人未背书、背书有误等。银行在审核汇票时，可以从以下几个方面入手。

① 信用证规定应记载“Draw Clause”时，其开证行名称、信用证号及开证日期等均应与信用证规定相符。

② 出票人或签字应与信用证的受益人完全相符。在可转让信用证中，出票人可能不是原证受益人。汇票应由出票单位的有权签字人员签字，按国际惯例，一般不能用图章签字。

③ 付款人应符合信用证规定，UCP600 第 6 条 c 款规定不能以申请人作为付款人。即期付款信用证要求汇票时，汇票的付款人是指定付款行；承兑信用证的汇票付款人是指定承兑行；议付信用证要求汇票时，则汇票付款人是议付行以外的一家银行，通常是开证行，议付信用证中规定“以我行为付款人”（Draft Drawn on Us），即以开证行为付款人。

④ 汇票金额应与商业发票所载金额相同，信用证规定为发票金额的百分之几的（如 draft for 90% invoice value）除外。汇票金额应不超过信用证金额或信用证项下允许的金额。汇票金额的大小写必须一致，货币也与信用证规定的一致。

⑤ 汇票的出票日期不得迟于信用证的有效日期，也不得早于提单等其他单据的出单日期。一般汇票的出票日期即汇票的签发日期，但有些汇票的出票日期不是签发日期。此时，应以票面上的出票日期为准。汇票的付款日期应与信用证要求相一致。

⑥ 如果汇票要背书，它应能被正确地背书，一般不能作限制性背书。

⑦ 除非信用证授权，否则不应开立“无追索权”的汇票。

⑧ 当信用证规定须有出票条款时，则汇票应加以记载。出票条款通常包括开证银行名称、信用证号码、开证日期以及一些特殊字样，如“Irrevocable”“Without Recourse”等。对于这些要求，出票条款均应和信用证保持一致。

3. 商业发票的审核要点

商业发票（简称发票）是全套单据的中心，其他单据如运输单据、保险单据、包装单等都是支持商业发票的货物而开立的。发票常见不符点有：出票人名称不符，不是信用证的受益人；发票日期迟于信用证的有效期；发票中对货物的描述与信用证不一致；发票金额与信用证和汇票不符；提交发票的份数不对；信用证要求签字而未做到等。因此，银行在审核商业发票时应格外小心谨慎。

① 发票应由信用证指名的受益人开立，如果表示地址，应与信用证要求的地址相同。因此，发票签发人与汇票出票人为同一人。按照 UCP600 第 18 条规定，除了可转让信用证外，商业发票必须从表面上看来是由受益人出具。

② 除非信用证另有规定，发票必须做成以开证申请人的名称为抬头人。

③ 发票不要加注“临时的”（Provisional）、“形式上的”（Proforma）或类似用语，除非信用证特别准许。

④ 关于商品的描述，如名称、品质、单价、数量、重量及包装等，必须与信用证完全一致。如“葡萄干”，信用证中命名用“Dried Grapes”，单据中均应使用“Dried Grapes”，以求“单证一致”。如果信用证的货物名称是按型号来分的，而发票上使用统称，则银行可以拒付。

⑤ 发票金额、数量、单价必须符合信用证规定，并与汇票金额相符。如来证金额去掉了尾数，发票没有；或来证金额扣除了百分之几的佣金或利息，而发票没有，则都被认为单证不符。此外，如发票金额超过信用证规定金额的波动幅度，也被视为单证不符。信用证的金额、单价及商品的计量单位前面如加有“About”“Approximately”“Circa”（“约”“近似”“大约”），或类似词语时，发票金额、单价、数量可有不超过 10%的增减幅度或伸缩性。银行对单价乘数量得出的总金额，不负核算的责任。但银行对于一些价格条件（如 CIF 价格条件）中的价格、运费、保险费分列的部分应核对，看运费、保险费和价格之和是否超过信用证的规定。

如果信用证和合同中规定的单价含有“佣金”（Commission），发票上应照样填写，不应以“折扣”（Discount）字样代替。如果信用证和合同规定“现金折扣”（Cash Discount）字样，在发票上也应全名打印，不能只写“折扣”或“贸易折扣”（Trade Discount）等字样。

阅读案例 7-4

关于信用证货物数量溢短装案例

案情简介

出口商向进口商出口海鲜 40 吨，合同规定数量可上下浮动 10%。2015 年 10 月中旬交货，进口商来证规定数量为“About 40 吨”，单价为每吨 CFR1 500 美元，总金额为 60 000 美元。装期 10 月 20 日，有效期 10 月 31 日，交单天数 10 天，出口商于 10 月 10 日出运 44 吨，总金额为 66 000 美元，在 10 月 31 日向议付行交单，被拒。请问，有何不符点？

案例分析

不符点为交单金额超过信用证金额。虽然合同规定数量可以上下浮动 10%，但是信用证的金额只有 60 000 美元，信用证与合同是相互独立的文件，所以不管合同怎么样规定，信用证规定的金额不能超过。如果已经多装，可以和出口商协商，将 6 000 美元独立开一张

发票，采用托收方式收取，否则信用证将构成不符点，开证行将拒付。

资料来源：刘铁敏,2018. 国际结算［M］.2版．北京：清华大学出版社．

⑥ 发票份数必须与信用证要求的一致，并确保提交符合信用证要求的发票张数及正本和副本。发票的合同号也要与信用证一致。

⑦ 如果信用证要求发票被签字、公证人证实、合法化、证明等，应确保正确照办。如果信用证要求签字的发票，则证明需要单独签字；如果信用证不要求签字的发票，则证明该发票不需签字和注明日期。信用证要求手签时，必须由单位主要负责人手签。如信用证不要求提供签署发票，可不签署。

⑧ 注意是否按照信用证的规定在发票中注明了特殊的文字，该文字是否符合信用证及其他单据的要求。如果信用证没有具体规定，则发票上应不能有对货物有“用过的”“旧的”“重新改造的”“修整的”之类的批注。

4. 运输单据的审核要点

实际上，国际结算大多是通过信用证或托收项下的运输单据的转移来实现的，因为这些单据具体地反映了与货物有关的当事人（如发货人、承运人和收货人）之间的权利、义务关系。常见的提单不符点有：提供不清洁提单（提单上有不良批注），收货人名称与信用证不符，无“已装船”的证明，被通知人与信用证规定不符，提单的背书有误，装卸港口与信用证规定不符，未注明运费已付还是未付状况，未在有效期内提示等。因此对运输单据的审核就构成了单据审核的另一重要内容。

① 确保运输单据种类与信用证规定的相符。目前国际货物运输方式多种多样，对于信用证上明确规定了运输方式的情况，只有提交符合的单据，才能够被银行接受。如果信用证要求提交至少包含两种运输方式的提单，则多式联运单据将被接受。除信用证另有规定外，必须为全套的正本运输单据。

② 收货人名称应符合信用证要求。不同的运输单据有不同的做法。海运提单多数是可转让的物权凭证，收货人的做法根据信用证的规定，可以做成记名提单和指示提单等不同形式，如抬头做“Order of Shipper”或“To Order”时，可空白背书。航空运单和邮包收据等因不具备物权凭证的性质，必须打出收货人的详细名称和地址。

③ 要求托运人提供被通知人的名称和详细地址，以便货到目的港时进行联系办理交货手续。

④ 运输单据对货物的描述应符合信用证所规定的货物描述的统称，货名、唛头、数量、重量、船名、路线等应与信用证相符。如果有关于货物的描述的话，要与在其他单据上面的表示相同。有溢短装条款时一定也填写实际的货物装船的数量。

⑤ 运输单据上的价格条款或有关运费的记载应与信用证和发票一致。如 CIF 或 CFR，应注明“Freight Prepaid or Paid”，注明“Freight Payable or to be Paid”者不能接受。如 FOB 价格，应标明“Freight Collect”。不论信用证有无明确规定，在运输单据中应明确表示“运费预付”或“运费到付”，如显示具体运费，必须与其他单据上出现的运费一致。

⑥ 确保运输单据上没有能够使其“瑕疵”或“不清洁”的条款。如提单上注明“包装破损”或类似的批注，就属于“不清洁提单”，对于“不清洁提单”银行可以拒收或拒绝付款。

⑦ 装船批注是否符合要求。通常情况下，信用证要求受益人提供已装船提单，因此在提单上应有“On Board”字样。这样是保护了开证银行和开证申请人的利益，银行一般不愿意接受无装船日期的“备运提单”。

5. 保险单据的审核要点

国际贸易中的货物运输一般都要远涉重洋，这就有遭受自然灾害或发生责任事故、造成货损的可能。所以买卖双方总把保险作为价格条件的一个因素，在合同中规定由谁来投保。保险的作用在于货物所有人在支付一定的保险费后，如遇被保货物受损，在符合保险条款规定的范围内可以向保险公司取得经济补偿。这对于确保开证行的利益也是至关重要的。常见保险单据不符点有：提供的保险单据种类与信用证的要求不符，保险的金额、币种与信用证规定不一致，保险项目少于信用证规定的投保险类，保险日期迟于装运日期，受益人未在保险单据上背书或背书不正确，保险单漏掉理赔地点，未提交全套保险单据等。这些不符点的出现直接影响货款的结算，所以银行仍然要严格审核保险单据。

① 保险单据的种类应符合信用证的规定。如果信用证要求的是保险单，那么保险凭证或预保单项下的保险证明或保险声明就不能接受；如果信用证要求保险凭证或预保单项下的保险证明或保险声明，保险单可作为替代；如果信用证没有明确种类，笼统地要求保险单据，则只要与信用证其他条件及UCP600各项规定相符的单据都可受理。

② 确保提交开立的全套保险单据。保险单据如出具一份以上正本，则全部正本应交银行。也就是说，不管信用证规定或未规定“全套”保险单据，只要保险单上注明了正本的份数，受益人就应向银行如数提交正本保单；如果信用证并无规定全套，保单上亦无注明全套份数，按UCP600受益人可只交一张正本，其余为副本。

③ 保险单据发出日期或保险责任生效日期最迟应在已装船或已发运之日，因为我们国家保险责任起讫是“仓至仓”条款，即远离保险单所载明的装运港（地）时保险责任就已经开始了。

④ 保险单据上所记载的唛头、号码、船名、航程、装运港、卸货港、起运日期等，必须与运输单据所记载的一致。

⑤ 如果被保险人的名称不是保兑行、开证行或买方，应带有适当的背书。

⑥ 如果信用证规定了最低保险金额，应按其规定投保；如果信用证没有规定，则按UCP600第28条f款规定，其最低投保金额应是货物的CIF价或CIP价之金额加10%，如果银行对货物的CIF价或CIP价不能从单据表面认定时，银行将按信用证要求付款、承兑或议付金额的110%，或发票毛值（尚未扣除折扣或佣金时的总金额）的110%，两者之中取金额较大者作为最低投保金额。保险金额的大小写应该一致。除非信用证另有规定，否则保险单据的货币必须与信用证的货币相同。

⑦ 保险单据上注明的赔款偿付地点，应按信用证规定填写。如信用证未规定，应以货物运抵目的地或其邻地为赔付地点。如信用证要求赔付给某一指定公司，应在赔付地点之后加注。

⑧ 代理人即保险公司在目的地的代理人，应有全称和详细地址。

⑨ 保险公司的签章不得遗漏。

6. 原产地证书的审核要点

原产地证书是证明商品原产地的文件，简称产地证。产地证的常见问题有签发机构与信用证规定的不符、没有签署、份数不足、未注明制造厂商、日期晚于信用证有效期等，因此对于产地证的审核可关注以下几点。

① 产地证就由信用证指定的机构签署。如果信用证规定由主管当局（Competent Authority）出具产地证明，应申请海关或贸促会或国际商会发出正式的签署产地证明书。当然，如果信用证没有规定，则由受益人出具的单据也是可以接受的。

② 按照信用证要求，确保它已被签字、公证人证实、合法化、签证等。确保产地证上面的进口商名称、唛头、货名、件数等资料与信用证条款相符，并与发票和其他单据一致。

③ 确保产地证上记载的产地国家应符合信用证的要求。如果信用证规定产地国家，产地证应予注明；如果信用证规定产地为中国某地（如天津），则产地证应填写“天津，中国”，而不应只写“中国”。

④除非信用证规定，否则应提供独立的产地证明，不要与其他单据联合使用。在信用证只要求证明商品的产地时，则可以在商业发票上加注“兹证明装运货物原产地是中国”（We hereby certify that the goods shipped are of chinese origin），这就是产地证明与商业发票的联合格式。但是，当信用证要求提供产地证明书时，就不能在商业发票上加注证明货物产地的联合格式，而要出具单独的产地证，并应签字，加注日期和正当地注明其名称。

⑤ 产地证和签发日不得迟于提单日期，但是可以迟于发票日期。

7. 商检证书的审核要点

商检证书是商检机构（现海关）对进出口商品进行检验鉴定后出具的证明文件，是国际贸易中不可缺少的重要凭证。因此，商检证书也构成银行审核的重要单据之一。商检证书常见不符点有未按信用证要求提供相关的检验检疫证书、所列内容与单据不符，出证日期晚于装运日期等，因此审核时要充分重视。

① 商检证书应由信用证规定的相关检验机构检验、出具，如信用证要求提供 Inspection Certificate of Sanity or Certificate of Health（卫生检验证书），而提供的 Certificate of Disinfection（消毒检验证书），肯定不符合要求。

② 商检证书的出证日期应略早于提单日期，表示是在货物装船之前检验的结果。由于检验单位对于各种商品都规定了检验的有效期限，如果出证日期太早，交单时就要超过有效期限，则将遭到收货人的异议，甚至要求重新检验。有的信用证明确规定“This certificate should indicate that inspection had been carried out just before loading”，就有略早于货物装运的含义。但是，检验日期不得迟于提单日期，因为迟于提单日期意味着货物装运后检验，这与事实矛盾。

③ 商检证书的内容必须与发票或其他单据的记载保持一致，并符合信用证的规定，检验结果只要符合信用证的要求就算合格。

④ 商检证书应有检验机构及人员签字盖章并注明日期。

⑤ 除非信用证准许，应确保商检证书没有包含关于货物、规格、品质包装等不利的声明。

8. 包装单、重量单的审核要点

包装单、重量单是用来补充商业发票表面内容的不足，便于国外买方在货物到达目的港时，供海关检查和核对货物的单据。因此，包装单和重量单也成为银行审核的重要单据。

① 单据名称和份数应与信用证要求的一致。

② 包装单、重量单应是独立的单据，不要与其他单据联合使用，除非信用证准许。

③ 确保单据上记载的货物、规格、数量及唛头等资料与其他单据所记载的一致。

【拓展知识 把握信用证审单的技术性和艺术性】

④ 数量、重量及尺码的小计与合计须加以核对，并须与信用证、提单及发票所记载的内容相符。

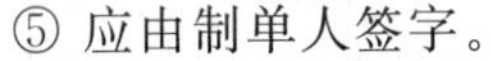

⑤ 应由制单人签字。

除了对以上单据的审核要点全面把握，也要注意审核单据和单据之间的唛头、号码是否一致，汇票、保险单和提单的背书是否正确，单据之间相同内容是否一致，是否缺少信用证要求的单据，单据上的签字是否齐全等内容，真正做到“单证一致、单单相符”。

7.3.2 银行对于单证不符的处理方法

根据国际商会的统计，约 50%以上的单据在第一次提交时都在不同程度上存在着不符点。单证不符是逾期收汇或收汇不着的最重要原因。因此，银贸双方应密切配合，减小不符点出单的比重，以减少风险损失。当指定银行收到受益人提交的存在瑕疵的单据后，必须及时处理，以免给受益人造成损失。

1. 出口地银行对于单证不符的处理方法

议付行审单相符时，对受益人进行议付，如果开证行不付款给议付行，一般来说议付行可以从受益人那里收回已付的款项。对单据中非实质性及有争议的不符点，如受益人信誉较好，银行可作保留付款或议付，即银行凭受益人出具的赔偿担保书汇款或议付，并向开证行索汇。若单据经另一银行提示，则由受益人的往来银行出具担保。如果单据遭申请人拒付，银行向受益人或其往来银行行使追索权追回垫付款项及有关利息费用。

（1）表提不符点

表提又称为表盖提出，即信用证受益人在提交单据时如存在单证不符，受益人对不符点已无法修改正确且涉及的金额较小，则向议付行主动书面提出不符点，委托议付银行在寄出单据随附的银行表盖（即议付银行给对方银行的通知单）上，注明单据与信用证的不符点，希望开证行能够谅解并付款，开证申请人能收下单据。如果开证申请人同意接受单据，则申请人向出口地银行出具担保书，出口地银行凭担保书议付寄单。议付行对于操作不符点的单据做出表提，会加速开证行的判断。根据 UCP600 第 16 条 b 款规定：当开证行确定交单不符时，可以自行决定联系申请人放弃不符点。开证行在第一时间联系申请人放弃不符点，也会加速收到申请人的付款。

（2）电提不符点

对金额较大的单据，或信用证本身规定有偿付行，就可以直接向偿付行索汇，这时就可以先向开证行发一份 TELEX 或 SWIFT，提出不符点，请开证行确认接受不符点，授权向偿付行索汇。在开证行收到电提不符点电报后，会在第一时间征求申请人是否放弃不符点，再回复受益人的银行，如同意接受不符点，就可以授权受益人的银行议付或付款，并向偿付行索汇；如果不同意接受不符点，受益人的银行就只能把单据寄给开证行，由开证行验单处理。常用的电文如："Documents Presented Under Your L/C No. ×××，Bill's Amount USD×××，Our Ref No. ×××. All Terms Complied with，Except ①No Unique P/L. ②Shipment Date××× Late Shipment. …Please cable us whether we may negotiate documents."

(3) 托收寄单或征求意见寄单

若单据中含有严重不符点，受益人征得进口商同意，且进口商资信较好的情况下，寄单行可将单据寄开证行作托收处理，并在寄单面函上列明所有不符点。这种托收寄单方式可减少业务手续和业务费用，但受益人完全失去开证行的付款保证，单据是否被接受，取决于申请人的意愿。

寄单行亦可单寄开证行征求其意见（At request of the beneficiary，we send you herewith the documents for your approval)，在远期交易的情形下，如开证行通知单据已被接受，应负到期付款的责任。

(4) 退单

若单据严重不符，出口地银行不愿进行托收处理，受理单据的银行可将单据退回，不过这种情况极为少见。

简而言之，对于不符点单据，出口地银行有以下几种处理方法。

① 将所有单据退还给受益人更改，以便在信用证有效期内和最迟交单期内再交单。

② 仅退还不符单据，做法同上，同时代表受益人安全保管其余单据。

③ 在受益人授权下将信用证项下不符单据以等待批准方式寄送给开证行，要求它审查和批准接受单据或拒绝接受单据。

④ 如果受益人准许，通知开证行，要求凭不符单据授权付款、承兑或议付。

⑤ 由出口地银行出具赔偿担保信，凭以议付、付款或承兑。如果开证行拒绝接受不符单据和拒绝偿付时，任何议付、付款、承兑金额连同利息和有关费用将由担保人偿还。

⑥ 根据实际经验，并征得受益人同意，办理"保留权利"的付款、承兑或议付，即如果开证行凭着不符单据而拒绝偿付时，银行保留对受益人的追索权。

⑦ 寄单托收。采用寄单托收方式，意味着放弃应用 UCP600 规则，完全使用 URC522。

2. 开证行对于单证不符的处理方法

当单据被寄给开证行，开证行认为有不符点时，可采取的处理方法有以下几种。

① 征求申请人意见。开证行接到寄单行的"电提"通知或"表提"单据，应马上联系开证申请人，如申请人同意放弃不符点，必须马上通知寄单行，请其作出单据处理指示或答应暂行代管单据，履行开证行在信用证项上应当承担的义务，待收到付款授权后再通知寄单行。措辞如："We have relayed discrepancies to accountee and will revert on receipt of their authority to pay，meanwhile documents held by us to your order."如寄单行表提后请开证行作保留付款，开证行应视寄单行资信决定是否接受。如作保留付款，开证行应在付款通知中说明系作保留付款及保留期。若申请人拒不接受单据，保留期内开证行可行使追索权；若

申请人接受单据，应通知寄单行取消保留。

② 申请人如果认为受益人提交假单据，要求开证行拒付，银行因不负责辨认单据真伪，不能凭申请人要求而拒付。但若申请人有证据确定受益人存在欺诈行为，则应依法提起诉讼，要求法院向开证行发出禁止付款命令或制止命令。

③ 索偿行要求开证行退单据并要求修改不符点，如果信用证有效期和最迟交单期尚未到期，开证行应照办或允许受益人到开证行改单，待单据“合格”后，再照常付款。

④ 当开证申请人不愿接受不符点单据时，开证行可主张拒付。开证行有权按照 UCP600 的有关规定，拒受单据。

⑤ 开证行必须在最迟不超过收到单据后 5 个工作日内，以电讯方式或快递方式（不得以航邮书信通知）毫不迟延地向寄单行或寄单人发出拒付通知，通知开证行（非买方或申请人）拒付的事实。在大多数情况下，拒付都是出自买方。因为开证行虽是第一付款人，但它最终要求买方付款赎单，在单据不符时，将遭买方拒付。

⑥ 拒付通知必须在第一次电文中说出全部不符点，第一次没有提出不符点即表示弃权，不允许第二次提出新增加的不符点。实务中，如果申请人开始就坚持拒付，开证行可将单据退还交单人；但如果不符点被寄单行一一驳回不能成立，或在信用证有效期和最迟交单期内向受益人补单重新交付“合格”单据，开证行就无权拒付。因此开证行通常采用“单据代为保管，听候寄单行处理”的方式，有利于买卖双方洽商折中办法，让买方最后接受不符单据。

⑦ 拒付通知中要说明单据情况。开证行提出拒付意味着买方不付货款，货物所有权仍归卖方，代表物权的单据就要听候寄单行（代表卖方）处理，或者退回寄单行。因此，开证行在拒付通知中应说明是代为保存全部单据听候处理或已将全部单据退给寄单人。寄单行在接到开证行拒付通知后，可根据不同情况作如下处理：如认为拒付理由成立，应马上通知受益人采取措施，处理单据和保护货物；如认为开证行或保兑行的拒付理由不符合 UCP600 或信用证条款和条件时，有权与拒付银行交涉、协商解决；在双方意见不能统一时，也可以将争议提交国际商会仲裁解决。

7.3.3　出口商对于不符点造成拒付的应对措施

对于出口商而言，在货款结算过程中有可能由于各种原因致使单据存在一些问题而遭到银行拒付。遇到这种情况，一定要采取措施积极应对，使自己的损失最小化，通常可以采取以下办法来应对。

1. 事先认真制单、审单，避免问题的发生

① 要认真加强信用证的审核工作，接到来证时，一定要清楚信用证上的条款是否与合同保持一致，信用证上的要求条款是否能够满足，如果不能，就要协商改证，免得日后履约和交单时出现麻烦。

② 发货在符合装运期限的前提下尽量提前，一经装船，应该立即制单并交单，以保证在银行提出不符点后，有充足的时间改正单据，以保证拒付后能在议付期内重新制单改单。

③ 在制单过程中，对于信用证上不明确的地方应向开证行提出质疑和沟通，明确后按要求制单。制单完毕后，可以向相关的专业人员请教审核，提交符合单据，提前避免拒付问

题的发生。

④ 如果事先知道存在不符点，但是由于种种原因无法提交合格单据，出口企业可以考虑用电提方式向开证行列明单据不符点，征求开证行的意见。如果开证行同意接受不符点单据，议付可正常进行，开证行接受单据，在扣除不符点费用后，支付单据款项；如果开证行不同意支付货款，单据没有提交，出口方解决问题的主动权就多一些。

2. 拒单后采取措施保全货物，伺机处理

① 交单后如果存在不符点，出口商也要认真审核不符点内容。明确是否存在如下状况：是否存在某些银行与开证申请人同谋，以无害不符点拒付甚至无理拒付；是否存在银行相关业务人员的失误。有些不符点其实是不严谨的，可以据理力争，推倒不符点。如果确实存在不符点，也要区分不符点性质。一种属于实质性的，如迟装船并迟交单（Late Shipment and Presetation)，这个是不能更改的，唯一的办法就是客户接受不符点，否则就只能被拒付了。另一种属于可更改的，如商业发票某个地方填错，忘记填写 CIF 或者 FOB，或者忘记提交哪一种单据，如果时间足够充足，也就是说在交单期内，能改就改。如果一直等待客户接受的话，可能会出问题。曾经出现过客户一直不表态，拖到交单期最后一天突然拒付的情况，出口商非常被动。

② 研究是否可以换单。根据国际惯例，如果单据确实存在不符点，开证行并已就此提出拒付，只要受益人改正的单据在信用证规定的有效期和议付期内提交到指定银行，且新提交的单据没有新的不符点，则视为单据不存在不符点，开证行必须付款。为此，一旦获知开证行提出不符点，公司的反应一定要快，看是否可以及是否来得及改单，如有可能，应迅速改单并及时将单据交到指定银行。

③ 如果存在不符点被银行拒付，出口方也不要惊慌失措，因为其还拥有对单据的处置权，拥有货物的所有权，(信用证要求下的全套提单并且提单仅限于海运提单，或联运提单中最后一程为海运的提单)，应积极与开证申请人洽谈。开证行拒付并不意味着开证申请人拒付，如果开证申请人最终放弃不符点，尽管开证行并不受开证申请人决定的约束，但一般会配合开证申请人付款。所以开证行拒付后，如果不符点确实成立，应分析与开证申请人之间的关系以及此笔交易的实际情况，以决定怎样与其交涉，说服开证申请人接受不符点并付款。从长远来看，出口商可以权衡收益与损失，必要时作出降价的决策，在价格上作出让步，可以避免货物回运发生的运费支出损失或是货物质量等发生问题带来的不必要的损失，同时尽量寻求进口方的让步，并承诺在今后的贸易中给予适当优惠。

④ 出口商必须和运输部门、货物代理机构等保持密切联系，确保自己随时掌握货物的动向，避免钱货两空。在货物运回国成本过大的情况下，出口商可以在进口国根据市场情况，积极联系新的买主。如市场情况较好的话，也可以将此作为与客户交涉的策略。就一般情形而言，客户关心的是自身的利润，如果商品市场价格趋升，开证申请人不至于冒利润和客户同时损失的风险而坚持拒付。降价处理，使损失最小化。

⑤ 退单退货。在开证行提出实质性不符点、拒付行为又很规范、与客户交涉不力、寻找新买主而不得的情况下，就只能退单退货了。不过在作出此决定之前，一定要仔细核算运回货物所需的费用和货值之差，是否有利益。如果有利益即迅速安排退运，因为时间拖得越

久，费用（港杂、仓储等）就越高；若运回货物得不偿失，则不如将货物放在目的港，任由对方海关去处理了。

本章小结

作为国际结算的主要手段，跟单信用证是指凭跟单汇票或凭单据付款的信用证。在跟单信用证业务中，有关各当事人处理的是单据，而不是货物。因此，理解和掌握单据审核的要点，就成为国际贸易结算中的重要内容之一。

从国际贸易的实践来看，单据具有极其重要的作用。在不同的国际结算方式下，所需要的单据种类及份数各不相同，银行在审核单证时均应遵循相应的原则。单据的审核原则包括合理谨慎审单原则、单据表面相符原则、银行审单单据化原则、银行独立审单原则和合理时间审单原则。银行应该对各种单据的完整性和准确性作出合乎情理的判断。

审单方法中的纵横审核法的可操作性较强，横审是为了达到“单证一致”，纵审是为了确保“单单相符”，对单证审核的方法和单据常见审核要点加以阐述，了解信用证的常见不符点和银行审核要点，能够帮助企业制作合格的单据。如果出口商因为不符点而遭到开证行拒付时，应采取一定的应对措施，以求达到损失最小化的目的。

关键术语

审单　Examine the Documents

单据审核标准　Standard for Examination of Documents

相符交单　A Complying Presentation

拒受单据　Refuse the Documents

【第7章在线测试】

综合练习

一、简答题

1. 一张信用证包含哪些期限？
2. 审单的要求是什么？
3. 简述发票的审核要点。
4. 试述单据的基本审核原则。
5. 指定银行及开证行如何处理不符的单据？
6. 开证行在单证不符情况下主张拒付货款时，应该做好哪些方面的工作？

二、案例分析题

1. 银行开立一不可撤销的即期付款信用证，通过A行通知受益人，银行要求A行对信用证加具保兑。A行把信用证通知给受益人，并加具了保兑。除其他单据外，信用证还要求一份装箱单。受益人发货后将单据提交给A行要求付款。A行审单后确定单据不符，理由如下：装箱单没有采用载有受益人信头的纸张开立，并且受益人没有在上面签字。

试问：

（1）装箱单必须用载有受益人信头的纸张吗？

（2）装箱单必须签字吗？

2. 某出口公司接到一张信用证，该信用证规定，最晚交单日为7月29日，该公司备好全套单据打算7月29日上午向议付行交单议付。但由于7月28日该地区发生大地震，议付行7月29日无法营业。问：出口方能否要求议付行在下一个银行工作日议付？

三、实际操作题

1. 请根据信用证，指出发票和装箱单的不符点。

① 信用证：

ISSUING BANK	*	52	INDUSTRIAL BANK OF JAPAN,TOKYO,JAPAN
SEQUENCE OF TOTAL	*	27	1 / 1
FORM OF DOC. CREDIT	*	40 A	IRREVOCABLE
DOC. CREDIT NUMBER	*	20	LC82H0006/06
DATE OF ISSUE		31 C	APRIL 20, 2018
DATE/PLACE EXP.	*	31 D	DATE:AUG.10, 2018 PLACE: CHINA
APPLICANT	*	50	TOKYO SHOKAI,LTD. 3,NIHONBASHI,HONCHO 3 CHOME CHUO-KU, TOKYO,JAPAN
BENEFICIARY	*	59	SHANGHAI FREEMAN TRADING CO.,LTD. SHANGHAI,CHINA
ADVISING BANK	*	56 C	THE BANK OF CHINA SHANGHAI BRANCH
AMOUNT	*	32 B	CODE USD AMOUNT 15,000.00
AVAILABLE WITH/BY	*	41 D	ANY BANK IN CHINA BY NEGOTIATION
DRAFTS AT …		42 C	SIGHT IN DUPLICATE INDICATING THIS L/C NUMBER
DRAWEE		42 A	INDUSTRIAL BANK OF JAPAN,TOKYO,JAPAN
PARTIAL SHIPMTS		43 P	ALLOWED
TRANSSHIPMENT		43 T	ALLOWED
LOADING IN CHARGE		44 A	SHANGHAI ,CHINA
FOR TRANSPORT TO------		44 B	OSAKA ,JAPAN
LATEST DATE OF SHIP		44 C	JULY 20, 2018
GOODS DESCRIPT.		45 A	 TERMS OF DELIERY CIF OSAKA MEN'S 2 PCS SET ART.NO.3124A 300DOZ-60CTNS USD50.00/DOZ
DOCS REQUIRED		46 A	 DOCUMENTS REQUIRED: +COMMERCIAL INVOICE IN ONE ORIGINAL PLUS 3 COPIES INDICATING THIS L/C NUMBER AND CONTRACT NO.PT204

		+PACKING LIST IN ONE ORIGINAL PLUS 3 COPIES,ALL OF WHICH MUST BE MANUALLY SIGNED +FULL SET OF CLEAN ON BOARD OCEAN BILLS OF LADING MADE OUT TO ORDER AND BLANK ENDORSED MARKED FREIGHT PREPAID NOTIFYING APPLICANT +ORIGINAL INSURANCE POLICY OF CERTIFICATE IN ONE ORIGINALPLUS ONE COPY +ONE SET OF EXTRA PHOTOCOPY OF ORIGINAL B/L AND ORIGINAL INVOICE + BENEFICIARY'S CERTIFICATE CERTIFYING THAT ONE SET OF NEGOT- I ABLE DOCUMENTS (INCLUDING 1/3 ORIGINAL BILL OF LADING,INVOICE AND PACKING LIST AND G.S.P. CERTIFICATE OF ORIGIN FORM A) HAS BEEN SENT TO APPLICANT BY EMS WITHIN ONE DAY AFTER SHIPMENT
DD. CONDITIONS	47 A	ADDITIONAL CONDITION: +THE NAMBER AND DATE OF THE CREDIT AND THE NAME OF OUR BANK MUST BE QUOTED ON ALL DOCUMBERS REQUIRED +A DISCREPANCY FEE OF USD50.00 WILL BE IMPOSED ON EACH SET OF DOCUMENTS PRESENTED FOR NEGOTIATION UNDER THIS L/C WITH DISCREPANCY. THE FEE WILL BE DEDUCTED FROM THE BILL AMOUNT. PAYMENT UNDER THE GOODS WERE APPROVED BY SAUDI GOVERNMENT LAB

② 相关资料：

发票号码	发票日期	货号	毛重	净重
SHE 06/2435	MAY 5, 2018	3124A	34KGS/CTN	30KGS/CTN
唛头	船名	提单日期	提单号码	体积
N/M	JENNY V.06	JUNE 15, 2018	SCO39-7422	67×45×25

COMMERCIAL INVOICE

Invoice No. SHE 06/2435

Date: MAY 5, 2018

To: TOKYO SHKAI, LTD., TOKYO, JAPAN

From DALIAN, CHINA	To OSAKA, JAPAN
Drawn Under INDUSTRIAL BANK OF JAPAN,TOKYO	L/C No. LC82H0006/07

Marks & Numbers	Quantity & Descriptions	Amount
N/M	TERMS OF DELIERY MEN'S 2 PCS SET ART.NO.31247A 300DOZ-60CTNS USD50.00/DOZ	CIF OSAKA USD15,000.00

PACKING LIST

Invoice No. SHE 06/2438

Date: MAY 5, 2018

MEN'S 2 PCS SET

Marks & Nos.	Carton No.	Design No.	Size cm.	Pieces	Gross wt. Kgs.	Net wt. Kgs.
N/M	1-60	3124A	67×45×25	@60/3 600	@34/2 040	@30/1 800
TOTAL：	60		4.523CBM	3 600	2 040	1 800

SHANGHAI FREEMAN TRADING CORPORATION

×××

2. 审核合同和信用证不符点。

2017 年 10 月 31 日上海新龙股份有限公司收到创鸿（香港）有限公司通过我国香港南洋商业银行开来的编号为 L8959344 的信用证，请根据双方签订的合同（CONTRACT NO.：GL0082）对信用证进行审核。

合　同
CONTRACT

ORIGINAL
CONTRACT NO.: GL0082
DATE:Oct. 5, 2017
PLACE: SHANGHAI

THE SELLER: SHANGHAI NEW DRAGON CO. , LTD.
27 CHUNGSHAN ROAD E, 1. SHANGHAI, CHINA
TELEPHONE: 86-21-63218467　FAX: 86-21-63291267
THE BUYER: SUPERB AIM (HONG KONG) LTD.
RM.504 FUNGLEE COMM BLDG.　6-8A PRATT AVE., TSIMSHATSUI, KOWLOON, HONG KONG
THE BUYER AND SELLER HAVE AGREE TO CONCLUDE THE FOLLOWING TRANSACTIONS ACCORDING TO THE TERMS AND CONDITIONS STIPULATED BELOW:

1. COMMODITY & SPECIFICATION PACKING & SHIPPING MARK	2.QUANTITY (PCS.)	3.UNIT PRICE	4.AMOUNT
80% COTTON 20% POLYESTER LADIES KNIT JACKET		CIF H.K.	
ART.NO.49394 (014428) 8 550.00	600	US $14.25	USD
ART.NO. 49393 (014427) 8 550.00	600	US $14.25	USD
ART.NO.55306 (014429) 8 550.00	600	US $14.25	USD
			TOTAL: USD

REMARKS:1)EACH IN PLASTIC BAGS, 24 BAGS TO A
25,650.00
CARTON　TOTAL 75 CARTONS
2) SHIPPING MARK :　SUPERB
H.K.
NO.1-75
MADE IN CHINA

TOTAL VALUE: SAY US DOLLARS TWENTY-FIVE THOUSAND SIX HUNDRED AND FIFTY ONLY.

TIME OF SHIPMENT: Within 45 days of receipt of letter of credit and not later than the month of Dec.. 2017 with partial shipments and transshipment allowed.

PORT OF LOADING & DESTINATION: FROM SHANGHAI TO HONG KONG

TERMS OF PAYMENT: By 100% Confirmed Irrevocable Sight Letter of Credit opened by the buyer to reach the Seller not later than Oct.31th.2017 and to be available for negotiation in China until the 15th day after the date of shipment. In case of late arrival of the L/C, the Seller shall not be liable for any delay in shipment and shall have the right to rescind the contract and/or claim for damages.

INSURANCE: To be effected by the seller for 110% of the CIF invoice value covering ALL RISKS AND WAR RISK as per China Insurance Clauses.

TERMS OF SHIPMENT: To be governed by "INCOTERMS 2000". For transactions concluded on CIF terms, all surcharges including port congestion surcharges, etc. levied by the shipping company ,in addition to freight, shall be for the Buyer's account.

The Buyer:
SUPERB AIM (HONG KONG) LTD.

____

The Seller:
SHANGHAI NEW DRAGON CO. , LTD.

____

国外来证：

07OCT20　14:57:32　LOGICAL TERMINAL POO5
MT:S700　ISSUE OF DOCUMENTARY CREDIT　PAGE 00001

FUNC SWPR3
UMR 00182387
APPLICATIONG HEADER 0700 1547 970225 SAIB H.K.JTC×××3846 992024 001015 1447
NANYANG COMMERCIAL BANK LTD.
HONGKONG
USER HEADER SERVICE CODE 103:
BANK PRIORITY 113:
MSG USER REF 108:
INFO.FROMC1 115:
SEQUE NCE OF TOTAL *27: 1/2
FORM OF DOC. CREDIT *40: IRREVOCABLE
DOC, CREDIT NUMBER *20: L8959344
DATE OF ISSUE *31C: 071020
EXIPRY *31D: DATE 071231 AT NEGOTIATING BANK'S COUNTER
APPLICANT *50: SUPERB AIM (HONG KONG) LTD. HONG KONG
BENEFICIARY *59: SHANGHAI NEW DRAGON CO. , LTD.
27 CHUNGSHAN ROAD E, 1
SHANGHAI, CHINA
AMOUNT *32B: CURRENCY USD AMOUNT 25,6500.00
AVAILABLE WITH/BY *41D: NANYANG COMMERTIAL BANK, LTD.H.K.
BY NEGOTIATION
DRAFTS AT… *42C: DRAFTS AT 20 DAYS' SIGHT FOR FULL
INVOICE VALUE
DRAWEE *42A: NANYANG COMMERCIAL BANK, LTD.
PARTIAL SHIPMENTS *43P: ALLOWED
TRANSSHIPMENT *43T: PROHIBITED
LOADING IN CHARGE *44A: SHIPMENT FROM CHINESE PORT (S)
FOR TRANSPORT TO *44B: SINGAPORE/HONGKONG
LATEST DATE OF SHIP *44C: 071215
DESCRIPT.OF GOODS *45A: 80%COTTON 20%POLYESTER LADIES KNIT JACKET
AS PER S/C NO.GL0082

ART.NO.	QUANTITY	UNIT PRICE
49394(014428)	600 PIECES	USD14.25
49393(014428)	600 PIECES	USD14.25
55306(014429)	600 PIECES	USD14.25

PRICE TERM: CIF H.K.
DOCUMENTS REQUIRED *46A :

+3/3 SET OF ORIGINAL CLEAN ON BOARD OCEAN BILLS OF LADING MADE OUT TO ORDER OF SHIPPER AND BLANK ENDORSED AND MARKED "FREIGHT COLLECT" NOTIFY APPLICANT (WITH FULL NAME AND ADDRESS).

+ORIGINAL SIGNED COMMERCIAL INVOICE IN 5 FOLD INDICATING S/C NO.

+INSURANCE POLICY OR CERTIFICATE IN TWO FOLD ENDORSED IN BLANK, FOR 120 PCT OF THE INVOICE VALUE INCLUDING: THE INSTITUTE CARGO CLAUSES (A), THE INSTITUTE WAR CLAUSES, INSURANCE CLAIMS TO BE PAYABLE AT DESTINATION IN THE CURRENCY OF THE DRAFTS.

+CERTIFICATE OF ORIGIN GSP FORM A IN ONE ORIGINAL AND ONE COPY.
+PACKING LIST IN 3 FOLD
+BENEFICIARY'S CERTIFICATE STATING THAT ALL DOCUMENTS HAS BEEN SENT WITHIN 2 DAYS AFTER SHIPMENT.

ADDITIONAL COND. *47:

1.T.T. REIMBURSEMENT IS PROHIBITED.
2.THE GOODS TO BE PACKED IN EXPORT STRONG COLORED CARTONS.
3.INSPECTION IS TO BE EFFECTED BEFORE SHIPMENT AND RELEVANT CERTIFICATES/REPORTS ARE REQUIRED FROM THE INSPECTOR DESIGNATED BY THE BUYER.

DETAILS OF CHARGES *71B:
ALL BANKING CHARGES OUTSIDE HONG KONG INCLUDING REIMBURSEMENT COMMISSION ARE FOR ACCOUNT OF BENEFICIARY.

PRESENTATION PERIOD *48:
DOCUMENTS TO BE PRESENTED WITHIN 15 DAYS AFTER THE DATE OF SHIPMENT, BUT WITHIN THE VALIDITY OF THE CREDIT.

CONFIRMATION *49: WITHOUT

INSTRUCTION *78:

THE NEGOTIATION BANK MUST FORWARD THE DRAFTS AND ALL DOCUMENTS BY REGISTERED AIRMAIL DIRECT TO US(NANYANG COMMERCIAL BANK,LTD.WESTERN DISTRICT BILLS CENTER 128 BONHAM STRAND E. HONG KONG) IN ONE LOTS, UPON RECEIPT OF THE DRAFTS AND DOCUMENTS IN ORDER, WE WILL REMIT THE PROCEEDS AS INSTRUCTED BY THE NEGOTIATING BANK.

IT IS SUBJECT TO THE UNIFORM CUSTOMS AND PRACTICE FOR DOCUMENTARY CREDITS (2007 VERSION), INTERNATIONAL CHAMBER OF COMMERCE PUBLICATION NO. 600.

TRAILER: ORDER IS <MAC:><PAC:><ENG:><CHK:><PDE:>

MAC: 3CDFF763

CHK: 8A1AA1203070

【第 7 章 习题参考答案】

第8章　国际结算其他方式——银行保函和备用信用证

学习目标

通过本章的学习，掌握银行保函和备用信用证的含义、作用、当事人，见索即付保函的基本特征、业务处理，保函业务的风险与防范；熟悉保函的基本内容、各种类型保函的概念和应用、备用信用证和保函及跟单信用证的比较；了解《见索即付保函统一规则》（URDG758）的产生和结构、备用信用证的产生和发展，ISP98的基本内容。

教学要求

知识要点	能力要求	相关知识
银行保函和备用信用证的基本知识	理解银行保函的概念、性质与作用，理解备用信用证的概念	银行保函的概念、性质与作用，银行保函的种类，备用信用证的概念与内容
银行保函和备用信用证的业务流程	能够列举并明确各当事人的权利与义务，能够读懂银行保函样例和学会初步处理银行保函业务，能够根据具体业务审核银行保函	银行保函当事人的权利与义务，银行保函的业务处理
银行保函和备用信用证的分类	能够比较分析银行保函、备用信用证及跟单信用证的不同	银行保函、备用信用证及跟单信用证的比较
银行保函和备用信用证的风险与防范	能够运用所掌握的风险与防范知识分析各种案例	银行保函业务的风险与防范

思维导图

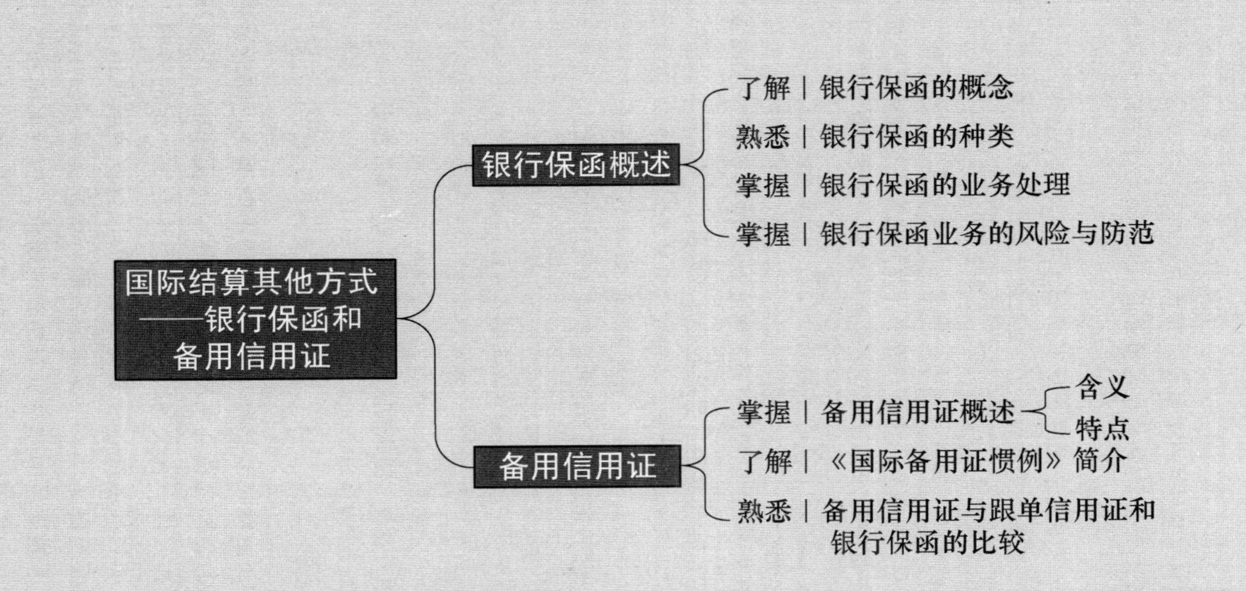
国际结算其他方式——银行保函和备用信用证
银行保函概述
了解 | 银行保函的概念
熟悉 | 银行保函的种类
掌握 | 银行保函的业务处理
掌握 | 银行保函业务的风险与防范
备用信用证
掌握 | 备用信用证概述
含义
特点
了解 | 《国际备用证惯例》简介
熟悉 | 备用信用证与跟单信用证和银行保函的比较

某年4月21日，中国沈阳K公司（下称中国K公司）为履行与印度D公司的出口设备销售合同，向Z银行沈阳市分行提出开立保函申请，Z银行应其申请开立以印度D公司为受益人，金额为USD 23 750.00的见索即付银行预付款保函，保函有效期至当年11月18日，并在文本中约定，如Z银行收到印度D公司关于中国K公司违反销售合同的声明，需在7个工作日内向D公司支付保函款项。

5月9日，印度D公司根据合同向中国K公司汇付了合同总金额10%的预付款USD 23 750.00。5月26日至6月8日，中国K公司收到预付款后，先后交付销售合同项下设备图纸及资料，印度D公司对交付的图纸及资料没有提出异议。6月17日。为组建设备，印度D公司委托中国天津Y公司与济南R公司签订《技术合作协议书》，天津Y公司与济南R公司在协议书上约定由济南R公司提交组建设备的技术设计。中国K公司以主要设备供货方的身份作为该技术协议的第三方在协议上签字，主要承担督促、协调、配合的义务。11月7日，印度D公司向中国K公司表示没有收到济南R公司的初步技术规格说明书，声称中国K公司未能履行销售合同规定的提供技术资料义务，要求解除合同并要求赔付保函金额。

11月16日，印度D公司以中国K公司违反合同为由，委托印度银行向Z银行索款，要求Z银行赔偿保额款项USD 23 750.00。11月17日，中国K公司向沈阳法院提出诉讼，次年3月10日，天津Y公司以印度银行要求D公司以“此票结清”为由向中国K公司发送信函索取合同总金额10%的预付款，并要求K公司将款项退还印度D公司账户，中国K公司认为在不存在违反销售合同的情况下，印度D公司捏造虚假事实，故意向Z银行做出虚假陈述，谎称违约骗取保函项下款项，故向沈阳市中级人民法院提起诉讼，请求判决Z银行终止支付保函金额。

法院经审理认为保函提及的唯一基础交易是销售合同，中国K公司并未违反销售合同，《技术合作协议书》是独立于销售合同的新合同，不构成保函的基础交易，印度D公司因《技术合作协议书》项下发生的争议不应成为其在保函项下索款的合法理由。印度D公司将基础交易之外的其他交易产生的争议纳入保函担保范围，故意告知银行虚假情况并试图诱使银行向其支付保函款项的行为已构成保函欺诈，故判决Z银行应终止向印度D公司支付保函项下的款项。

资料来源：刘阳，2016. 国际结算实务案例精析（2016）[M]. 上海：上海远东出版社.

随着国际经济交往全球化的发展，交易种类的不断增多，涵盖货物、技术、劳务和资金等多方面，交易涉及的金额也在逐渐增大。在国际经济交往中，买卖双方由于地处不同的国家和地区，缺乏了解和信任，在交易的达成和履行中存在一定的障碍，使各类交易面临更大的风险。为使经济活动顺利进行，需要信誉良好的银行或金融机构为一方（申请人）向另一方（受益人）提供书面担保文件，担保申请人履行合同义务。信用证作为一种仅适用于货物贸易的结算方式已经不能满足国际经贸对结算的需求。银行保函和备用信用证是继信用证之后迅速发展起来的新型的信用结算方式，因其使用灵活便利，被引入国际结算领域，广泛应用于国际借贷、项目融资、工程承包、招（投）标、租赁、劳务输出、技术合作、赊购赊销等领域。

本章将就银行保函和备用信用证的基本理论、相关国际惯例及应用进行详细介绍，并通过案例分析学习银行保函和备用信用证的风险及防范措施。

8.1 银行保函

8.1.1 银行保函概述

1. 银行保函的概念

(1) 定义

保函又称保证书，是外汇担保的一种常见形式。国外教科书给保函的定义是"Guarantee is a agreement/contract by which one person assumes the responsibility of assuring payment or fulfilment of another's debt or obligation"，即"一个人承担对另一个人债务或义务的保证契约"。从概念上看保函可以由个人开立，也可由各类金融机构和企业法人开立。

银行保函又称银行保证书，是商业银行根据申请人的要求向受益人开出的，以银行信用担保申请人正常履行合同义务的书面证明。它是银行有条件承担一定经济责任的契约文件。当申请人未能履行其所承诺的义务时，银行负有向受益人赔偿经济损失的责任。

银行具有雄厚的资金优势，由它出具的保函的身价远高于其他金融机构和企业法人，因此目前在国际结算实务中银行保函是最常用的。本章中所提及的保函均指银行保函。

(2) 保函的法律性质

保函的法律性质是指保函与基础交易合同之间的关系。通常，保函根据法律性质不同，或者根据受益人取得担保人偿付的条件或担保人履行担保责任的条件的不同，可分为从属性保函和独立保函两种。

从属性保函又称为有条件的保函，是指那些其效力依附于基础交易合同的保函。这种保函是其基础交易合同的附属性契约或附属性合同，担保行依据保函所承担的付款责任的成立与否，只能以基础合约的条款及背景交易的实际执行情况来加以确定。从属性银行保函中的银行信用是备用性的，即如果保函申请人没有履行某项合同中所规定的责任和义务，则银行作为担保人向保函受益人进行经济赔偿；如果保函申请人正常履行了合同，则银行不需做任何赔偿且可从中赚取担保费。银行承担的是第二性的、附属性的偿付责任。这类保函本身的法律效力是依附于基础合约关系的存在而存在的，合同与保函的关系是一种主从关系。传统的保函大多属于这一类型。

独立保函虽然根据基础交易的需要开立，但一旦开立后其本身的效力并不依附于基础交易合约，是一种与基础交易的执行情况相脱离，其付款责任仅以其自身的条款为准的担保。在这种保函项下，保函与基础合同之间不具有主从关系，而是呈现出一种相互独立、各自独具法律效力的平行法律关系。在独立保函下，担保行承担第一性的偿付责任。只要保函规定的偿付条件（一般规定为提交某种单据或声明）已经具备，担保行便应偿付受益人的索偿。至于申请人是否确未履行合同项下的责任义务，是否已被合法地解除了该项责任义务，担保行概不负责。

与从属性保函相比，独立保函使受益人的利益得到更大的保障，并简化受益人主张合同权利的手续，担保行又可避免陷入商业纠纷，因此，目前国际银行界的保函大多数属于独立保函，而不是传统的从属性保函。

保函的基本作用

首先，作为合同价款和费用的支付保证。用来保证合同项下的付款责任方按期向另一方支付一定的合同价款；保证合同价款与所交易的货物、劳务、技术等的交换；保证借贷资金及利息的清偿。保函用银行信用弥补商业信用的不足，使受益人能得到来自银行的信用凭证，以消除对申请人是否履行某种合同义务的能力和决心的疑惑和担忧，从而促使交易顺利进行。体现这一职能的如买卖合同及劳务承包合同项下的付款保函、延期付款保函，补偿贸易合同项下的补偿贸易保函，租赁合同项下的租金保付保函，借贷合同项下的贷款归还保函，以及其他诸如费用、佣金、关税等的保付保函，票据保付保函等。这是保函的一个重要职能，也是保函之所以能成为国际结算方式之一的一个基本原因。

其次，作为合同违约时对受害方补偿的工具或对违约方惩罚的手段。体现这一职能的有履约保函、投标保函、预付款保函、预留金保函、保释金保函等。

保函的以上两大基本作用，使得保函的使用范围远远大于一般的商业信用证。在某些场合，保函比信用证更加灵活方便；而在信用证不能企及的诸如服务贸易、资金借贷等领域，保函更是如鱼得水。正因为如此，保函使用频率极高。

除了以上的作用，保函还是一种融资和见证的工具，在主债务人向受益人支付预付款或进行中间付款时，银行保函可以作为替代品，起到暂缓付款的作用，相当于向主债务人提供融资便利。另外，保函还可以起到见证的作用。银行保函可以证明委托人的履约能力，因为，在对委托人的资金实力和履约能力没有调查清楚、审核满意之前，担保人不会轻易作出担保承诺，也就是说，没有申请到保函的交易商不会是一个值得信赖的交易伙伴。

2. 银行保函的当事人

保函的基本当事人包括申请人、受益人和担保人，根据需要还会涉及其他当事人，如通知行、转开行、保兑行、反担保人。

(1) 申请人

申请人又称委托人，是向银行提出申请，要求银行出具保函的一方当事人。

申请人是与受益人签订货物买卖、劳务合作、资金借贷、租赁、加工或其他商务合同的当事人。他的权利与义务包括：支付保函项下的利息；预支全部或部分押金（如果担保行有此要求）；担保行付款后，必须立即偿付其垫款。根据业务不同，申请人可以是供货人、买方、卖方、签约人、承租人。

(2) 受益人

受益人是接受保函，并有权按保函规定出具索款通知，或连同其他单据，向担保行索取款项的人。他是与申请人签订商务合同的人，职责是履行其在合同中的责任和义务，权利是按照保函的规定，在保函有效期内提交相符的索款声明，或连同有关单据向担保人索赔，取得付款。

（3）担保人

担保人又叫保证人，是接受了申请人委托向受益人出具保函的银行。其权责在于：开立保函时有权要求申请人预交押金，付款后有权要求申请人偿还垫款，若申请人不能立即偿还垫款，有权处理押金、抵押物；有义务促使申请人履行合同，在申请人违约时，根据受益人提交的索偿文件和保函规定进行赔偿。

（4）通知行

通知行也称转递行，即受担保人委托，将保函通知转递给受益人的银行。通常通知行为受益人所在地的银行。通知行负责核实保函表面的真实性，并严格按照担保行的要求和指示及时将保函通知转递给受益人，减少银行保函业务中的风险，提高效率。

（5）转开行

转开行是应原担保人的请求，凭反担保函中担保人的反担保指示，向受益人开出保函的银行。转开行开出保函后，如果出现符合保函规定条件的事件，受益人只能向转开行要求赔付。转开行向受益人赔付后，有权向原担保人索取赔偿款项。转开行通常是受益人所在地的银行。

（6）保兑行

保兑行是根据担保人的要求在保函上加具保兑的银行。保兑行承诺在担保行无力赔偿时，代其履行付款责任，或称第二担保人，通常是受益人所在地的一家大银行。对保函加具担保通常是基于受益人的要求，一般只有在担保人的信誉、资力较差或属外汇紧缺国家的银行时，受益人才要求在担保人的保函上由一家国际公认的大银行加具保兑。

（7）反担保人

反担保人也称指示人，是为申请人向担保人开出书面反担保的人。反担保人通常是申请人的上级主管单位或其他银行、金融机构等。

保函相关当事人之间的关系如图 8.1 所示。

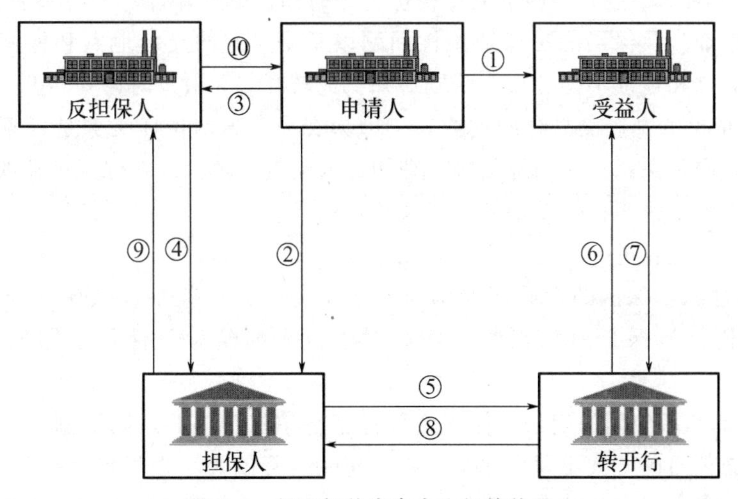

图 8.1　保函相关当事人之间的关系

① 申请人与受益人签订交易合同。

② 申请人向担保人提出开立保函的申请。

③ 申请人应担保人要求寻找反担保人，以提供银行可以接受的反担保。

④ 反担保人向担保人出具不可撤销的反担保。

⑤ 担保人出具保函并寄给转开行，请求转开以受益人为抬头的保函。

⑥ 转开行转开保函给受益人。

⑦ 受益人在发现申请人违约时，向转开行索偿。

⑧ 转开行赔付后，向担保人索偿。

⑨ 担保人赔付后，向反担保人索偿。

⑩ 反担保人赔付后，向申请人索偿，由申请人赔付。

3. 银行保函的基本内容

保函的内容即保函的文字条款，体现着保函项下担保人的责任和义务以及责任范围的大小。在日常业务中，由于保函的应用范围很广，种类繁多，每类保函都会有许多阐述各异的文字规定和条款安排，而且由于各国不同的习惯做法和不同的法律规定，不同的国家可以有不同的保函格式，不同的客户可以拟定不同的格式条文。即使在同一个国家不同的银行之间、不同商业合约的当事人之间，对保函文本的要求也不尽相同。因此在实践中保函的格式内容不尽相同，往往根据交易的具体要求、具体规定，区别不同的情况、不同的国家、不同的客户来拟定。

虽然保函的格式各不相同，但是开立保函的原则是一致的，即根据交易合同的规定来开立，内容必须完整、严谨、公正和明确，且避免过多的细节。

根据国际商会的有关规定及提供的样本，银行保函的基本内容主要有以下几个方面。

① 保函的编号和开立日期。保函编号的作用是为了便于银行内部业务管理和查询。保函的开立日期在许多情况下即保函的生效日期。注明保函的开立日期有利于确定担保行的责任。

② 保函当事人（受益人、申请人、担保行、通知行或转开行）的完整名称和详细地址。其中担保行的地址涉及保函的法律适用性问题以及受益人的交单地点和保函本身的到期地点。受益人的名称和地址不得有误，否则通知行或转开行无法及时通知转开。

③ 保函所依据的基础交易合同的内容。因为交易双方的责任义务是根据交易合同来确定的，而交易合同是保函担保的标的物，即担保人的责任范围。在保函中注明开立保函的基础交易，主要是为了说明提供保函的目的及防范的风险。保函中必须说明交易合同的基本内容、合同编号、开立日期、签约双方、有无修改等。

④ 保函的性质。保函的性质即保函与基础交易合同的关系。从属性保函和独立保函的法律性质不同，担保行所承担的责任和对受益人的赔付条件是不同的，在保函中应明确。

⑤ 保函金额和所使用的货币。保函金额是银行担保责任的最高限额，也是受益人索偿的最高限额，必须明确，大小写应保持一致。担保金额的大小根据保函种类的不同而不同。如果随着申请人逐步履行基础合同，担保金额相应减少的情况下，要订立金额递减条款。这种条款在预付金退还保函中使用比较普遍。

⑥ 保函的有效期和终止到期日。保函的有效期是受益人索偿要求送达担保行的最后期限。保函的终止到期日是担保行解除其担保责任的最后期限。

【拓展知识《见索即付保函统一规则》介绍】

⑦ 保函当事人的责任和义务、索赔文件、仲裁等各种条款。

⑧ 索款条件和方法。索款条件是指判定是否违约和凭以索偿的证明；索款方法是受益人向担保行提出索偿的方式和路线。

⑨ 其他。如与保函有关的转让、保兑、修改、撤销、仲裁、保函金额随申请人履约进度递减的规定等。

阅读案例 8-1

保函性质的判断

案情简介

P与B签订了一份建筑合同，应P要求，G银行开出以B为受益人的保函。

① 保函规定：如果P未能履行上述合同项下的契约责任，我行保证赔付你方之损失，最高金额不超过1 000万欧元。[In the event of P defaulting in performance of this obligations under the above mentioned contract (the construction contract) we will pay you the amount of your loss up to a maximum of EUR 10 million.]

② 保函规定：我方保证凭首次书面要求向你方支付索款金额，最高不超过1 000万欧元。(We undertake to pay you on first written demand the amount specified in such demand up to a maximum of EUR 10 million.)

上述保函属于URDG758适用范围吗?

案例分析

根据此案例中所述保函规定，可以判定①是一份从属性保函，担保人的责任取决于保函申请人的违约与否，且赔付仅限于受益人实际遭受的损失，所以该保函不适用于URDG 758；②是属于URDG758适用范围的真正的见索即付保函，因为担保人的责任取决于书面要求文件的提交，支付金额也仅取决于书面要求文件本身和规定最大责任的保函条款。

资料来源：许南，2015. 国际结算案例与分析[M]. 北京：中国人民大学出版社.

8.1.2 银行保函的种类

1. 按保函结构划分

(1) 直接保函

直接保函即URDG758定义的三方结构保函。根据URDG758定义，见索即付保函最少有3个当事人：申请人、受益人、担保人。这种三方结构保函之所以被称为直接保函，是因为这种保函由申请人的银行直接开出，而不是由受益人国家的当地银行转开。

直接保函包括3份不同的合同：申请人与受益人之间订立的基础合同；申请人与担保人之间订立的赔偿担保合同或偿付合同；担保人和受益人之间的保函。

(2) 间接保函

间接保函即URDG758定义的四方结构保函。保函中包含4个当事人：申请人、受益人、指示人和担保人。间接保函通常在以下情况下应用：保函的受益人要求保函由其本国银行出具，而申请人与这家银行并无往来关系，只能请他们的银行安排一家受益人所在地银行来出具保函。由于申请人的往来银行不能开立直接保函，只好作为指示人指示受益人所在地银行凭其反担保函向受益人出具保函。

间接保函包括4份不同的合同：申请人与受益人之间订立的基础合同；申请人与指示人之间订立的赔偿担保合同或偿付合同；指示人与担保人之间订立的反担保函；担保人和受益人之间的保函。

2. 按功能和作用划分

(1) 融资类保函

融资类保函主要指担保人为被担保人在融资性交易项下的责任或义务提供的担保，主要包括以下几种。

① 借款保函。借款保函是担保人根据借款人申请向贷款人出具的还款保证，保证借款人到期不还款或者无力还款，担保人履行本息还款义务。借款保函根据担保期限的长短不同，可分为中长期（借款期限一年以上）借款担保和短期（借款期限一年以下）融资担保。对担保人来说，借款保函是风险较大的一种担保。

阅读案例 8-2

保函项下付款注意问题

案情简介

2013年国内A公司与国外中间商B签订了一份20万美元的合同，其中要求A公司提供银行出具的履约保函，而且保函中要明确“如产品与合同要求有任何的不符，须支付合同金额10%作为赔偿”。收到国外的信用证后，A公司组织生产并按时发货，中间商B也顺利地付款。

中间商B收到货物半个月后，来电告知，称用户反映有3 000件商品存在质量问题，其中430件不能使用，完全拒收，要求全部赔付，剩余2 570件外观影响到使用，要求赔付60%的款项，共计4万多美元。B公司提出解决方案：向银行索赔保函，保函金额之外的部分汇款到B公司账号。

原来A公司提供的产品一部分来自外购，一部分自己生产，调查发现，问题产品全部是外购的那部分产品。考虑到对方并没有拿出任何机构的检验证书或者有力证据证明产品的质量不合格，存在欺诈的可能性，经商议，A公司提出解决方案：要么免费置换，要么从以后合作的订单货款中扣款赔偿，不希望B公司使用银行保函，并以现金赔付B公司余款。B公司态度强硬，不接受A公司的解决方案，并声称若非自己与最终客户关系稳定，有可能整批货被拒。后来交涉无果，B公司向银行索赔保函，并起诉A公司。

案例分析

保函本身是独立于商务合同之外的法律文件，具有独立性和单据性的特点。一旦受益人提交保函项下要求的单据，担保函必须付款。此案例国外客商可能存在欺诈，但如果合同中规定需要提交指定机构出具的检验证书，也许可以避免欺诈的问题。另外，A公司也存在业务上的问题，事后A公司的业务人员承认发货前没有见过那批问题产品，因为是外购的，没有十足的信心。建议企业一定要把好质量关，防止对方故意放大某些问题蓄意克扣货款。

资料来源：徐进亮，张炜，孟璇，等，2014. 最新国际结算与案例分析［M］. 北京：对外经济贸易大学出版社.

② 透支保函。透支保函是借款保函的外延，是为以账户透支形式来达到融资目的的资金借贷方式提供的担保。通常是对外承包公司或其他驻外机构在国外施工或开展业务，向当地银行申请开立透支账户时，由他们的担保人向当地银行出具保证，保证申请人将按透支合同的规定按时补足所透支的金额，如发生不能偿付的情况，由担保人代申请人补足透支之款项并支付相应的利息和有关银行费用。透支是发达国家商业银行普遍开展的一种放款业务。透支担保的金额通常为主合同（透支申请人与银行的透支合同）所规定的透支限额，透支担保的有效期一般规定为透支账户开立之日起至透支合同中规定的结束透支账户之日再加15天。

③ 延期付款保函。延期付款保函是指担保人根据进口商请求向出口商出具的对延期支付或远期支付的货款以及相应的利息所作出的一种付款保证，保证在出口商发货后，进口商将按照合同规定的延付进度表中的到期时间支付本金及利息，否则担保人将代为付款。延期付款保函多用于大型机电产品、成套设备、船舶和飞机等进口贸易及大型工程建设项目中，是对向买方提供出口信贷的卖方的正当权益的一种保护，使其不致因买方违约或经营状况及财力的变化而受到损害。在某些交易中，如分批发货等情况下，延期付款担保比另一种结算方式——延期付款信用证更为灵活方便。这是因为在信用证项下，汇票金额必须与每批发货金额相等，从而使付款成为多次多期，使远期货款结算变得过于烦琐。而在延期付款担保项下，货运单据可以由卖方直接寄交给买方而不必向担保人提交，即便经由担保人转交，担保人也不必审单，因此卖方可以不受根据每批发货金额分别制作汇票的限制，而可以在卖方发货完成后或在发货的某个阶段一次出具代表全部延付金额的汇票交由买方或担保人予以承兑。这样，买方可以不管发货的实际进度以及每批发货的数量和金额，而根据自身的资金状况作出整个合同的延付安排，当然这种整体安排须在交易合同和延期付款担保中体现出来，以得到出口商的合作。延期付款保函金额或为交易合同金额，或为合同金额减去预付款部分。

④ 融资租赁保函。租赁是指出租人根据租赁合同，将租赁财产出租给承租人使用，承租人以支付租金为代价得以在租赁期间使用租赁财产的一种交易方式。融资租赁保函是银行应承租人的申请，向出租人开具的书面担保，保证承租人一定按租赁合同规定交付租金，否则担保人代为交付。保函金额为承租人应付租金加上相应利息，保函有效期通常按租赁合同规定之全部租金付清日再加15天。融资租赁保函的担保人的责任将随每笔租金的支付而等额递减。

⑤ 票据担保保函。票据担保是指银行应进口商要求在国际结算票据上加签保证。这类担保最普遍的是“福费廷”，译为“中长期出口票据贴现融资”。它是把出口信贷与票据贴现业务相结合而派生的一种特殊的融资方式，适用于延期付款的机械、电子或成套设备等资本性商品的进口贸易项目。

（2）投标保函

招投标是国际工程建设、资本性商品交易中常用的贸易方式。投标保函是银行根据投标

人（保函申请人）的要求向招标方（保函受益人）开立的一种书面保证文件，以保证投标人履行职责和义务，包括：在投标有限期内不撤回投标或修改原报价；中标后保证在规定时间与招标方签订合同；在招标方规定的日期内提交履约保函。否则，担保行按保函的金额向招标方赔偿。通常投标保函的担保金额为合同金额的1%～5%。

（3）履约保函

履约保函是银行应申请人的请求，向受益人开立的保证申请人履行某项合同项下义务的书面保证文件。在所有类型的银行保函中，履约保函的应用最为频繁，不仅用于一般的进出口贸易，而且还用于国际租赁、技术贸易、加工贸易、补偿贸易、招投标业务等。与跟单信用证保证卖方通过提交信用证中规定的相符单据来表明其严格履约而获得付款相反，履约保函确保的是在出口商或投保人未能、未及时、未完全或未适当履行基础合同项下的义务时，进口商或招标人能够获得偿付。履约保函金额一般为合同金额的5%～10%。在实务中，很多销售合同同时规定一份以卖方为受益人的信用证和一份以买方为受益人的履约保函。

（4）付款保函

付款保函又称进口保函，是担保人应进口商要求，向出口商出具的保函，保证当进口商收到与贸易合同规定相符的进口商品、技术、专利或劳务时，进口商一定履行付款义务。否则，将由担保人代为支付或承担赔偿责任。付款保函与信用证一样，是以银行信用介入商业交易，作为商业信用结算方式的一种补充和额外保证，从而增强交易双方的信任。付款保函通常用于那些信用证不便处理的、交易比较复杂的、各项条件不便以单据体现的进口业务，如技术引进等。在信用证项下，银行根据受益人提供的符合信用证所要求的单据而付款；而在付款保函项下，银行根据受益人提供的索赔通知书、违约证明等给予付款。付款保函金额或为交易合同金额，或为合同金额减去预付款部分。付款保函在实务中还常常与汇款、托收等国际结算方式联用。

（5）质量/维修保函

质量或维修保函是担保人应卖方或投标人（承包商）的要求，就主合同标的物的质量向买方或招标人（业主）出具的保证，保证卖方所提供的货物品质或投标人所承建的工程质量符合合同要求，如果在质量保证期或维修期内，买方或业主发现质量不合要求，而卖方或承包商又无法更换、维修或补偿损失，则由担保人赔偿。保函金额一般为合同总额的5%～10%。但有时由于当事人双方对货物或工程质量检测的手段、方式等不同，可能会导致双方完全不同的检验结果，进而引起纠纷和争议，从而使担保人处于左右为难的境地。因此，为了避免受益人无理索偿，担保人应在担保合同中明确规定，受益人索赔时必须同时提交有关的证明文件，如买卖双方接受的第三方检验机构出具的质量证明及双方认可的仲裁机构出具的仲裁书等。

【拓展知识 "一带一路" 保函先行】

（6）还款保函

还款保函是指担保人为收款方向付款方出具的担保，主要应用在大宗货物贸易和国际工程承包项目中。在大宗货物贸易中，如果卖方要求买方预付定金，买方这时可能要求卖方提供一份担保，担保人承诺在卖方日后未按合同履约或未能全部履约时，卖方或担保人将退还全部定金或部分定金及相应利息。而在国际承包工程中，一般在中标签约后，业主需给承包人一定比例的预付款（一般为合同金额的10%～20%），作为合同启动资金。反过来，业主在预付款时会要求承包商提供一份银行保函，确保承包商在收到预付款后履约，否则能足额要回这部分预付款。

此外还有留置金保函、关税保函、反担保函等形式的保函。

8.1.3 银行保函的业务处理

1. 直接保函、间接保函的一般业务处理

前面介绍了直接保函和间接保函的概念。这里主要介绍直接保函、间接保函在实务中如何进行业务处理。

(1) 直接保函的一般业务处理

实务中，直接保函的传递方式有两种：直交与转交。直交即担保行将保函正本直接寄交或带交给受益人；转交即担保行转请受益人所在地另一家银行（转递行）将保函通知受益人。根据 URDG758 规定，直接保函的当事人最多 4 个，即申请人、担保行、受益人和通知行。直接保函业务流程如图 8.2 所示。

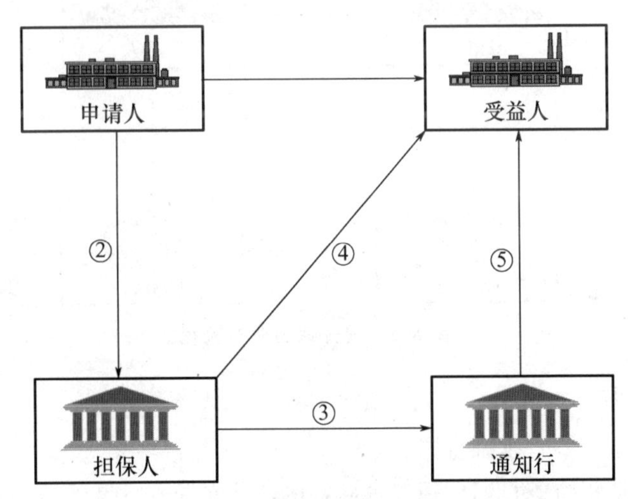

图 8.2 直接保函业务流程

在图 8.2 中：

① 申请人与受益人签订基础合同。

② 申请人向当地银行提出开立保函的申请。

③ 担保行将保函通知通知行。

④ 担保行将保函直接寄交受益人。

⑤ 通知行转递保函给受益人。

一些亚非地区的国家对于外国银行直开的保函有特殊规定：必须经受益人本国银行对保函实施加保、加签或背书后方能接受。但在实务中各个国家和地区的做法并不相同。某些应邀加保、加签或背书的受益人本地银行实施这些行为只是为了对保函的签字和密押进行核验，以证明保函的真实性，但并不承担其他责任，也不受理受益人所提出的任何索偿要求，因而它们实际上相当于转递行。但在另一些国家，如南也门、阿尔及利亚等，则情形不同。在这些国家，加保、加签或背书通常被理解为对保函的加保行为，即由应邀实施这些行为的

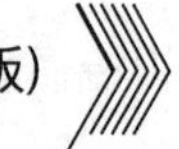

银行在保函上加具保兑，日后受益人可凭保函向其索赔。

(2) 间接保函的一般业务处理

间接担保之所以发生，是因为一些国家的受益人往往只期望得到本国银行开立的保函，因为由本国银行作为担保行，在履行担保业务时不会产生禁止外汇汇出的风险，同时由于保函的双方当事人都是本国人，不会产生国际法上的法律冲突、管辖权等复杂问题，方便受益人索赔。有些国家也规定保函只能由受益人所在地银行开立，这样不仅可以更好地保护本国受益人的权益，也可以增加本国银行的担保收入，如巴基斯坦、泰国、伊拉克、尼泊尔等国一般都有此类规定。我国对投标保函、履约保函、关税保函等也有类似的规定。

间接保函业务项下，申请人必须请求本国银行（指示行）开立一份以国外受益人所在地银行（转开行，一般是指示行的代理行）为受益人的反担保函，由指示行委托该转开行按规定的格式（由指示行提供）开立一份以原始保函的申请人为申请人，以原始保函的受益人为受益人的保函，即转开保函。转开保函业务流程如图 8.3 所示。

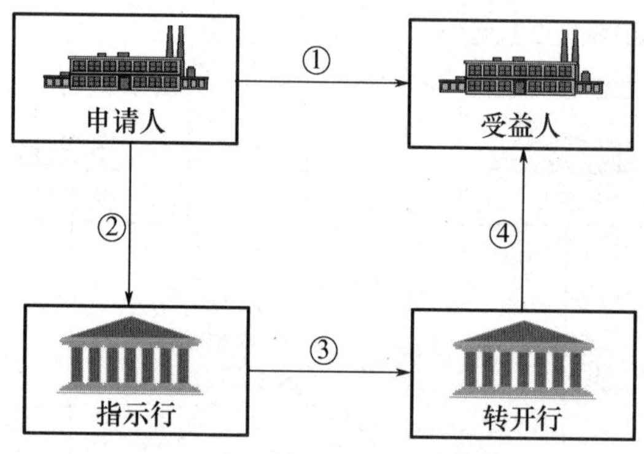

图 8.3　转开保函业务流程

在图 8.3 中：

① 申请人与受益人签订基础合同。

② 申请人和当地银行签订赔偿担保合同，申请开立保函。

③ 担保行将保函通知通知行，或指示行开立反担保函给转开行，以此委托转开行转开保函。

④ 转开行向本地受益人开立保函。

转开保函对于受益人来说是有利的。转开保函是对原保函的“转开”，所以在转开保函业务中有两个银行保函：原保函和反担保函。指示行具有双重身份，即原保函中的担保行。和反担保函中的反担保行。而对受益人来说，他所得到的保函的担保人是当地银行。这样，如果发生索赔情况，受益人只需根据转开保函向当地转开行提出索赔，然后由转开行向指示行进行索偿。受益人向当地银行索赔，要比向国外银行索偿方便可靠。

对于申请人来说，转开保函不仅要负担转开保函的手续费，而且风险也增大了。如果采用直开保函方式，担保人向受益人付了款，而申请人认为受益人是滥用权利无理索赔，担保人不应该付款时，申请人就有权主张保证人对此负责，法院会根据担保人是否尽到谨慎勤勉的标准来判断担保人的责任。所以，担保人在审视受益人的索赔时，是会尽到谨慎勤勉的责任的。但如果采用转开保函方式，原保函的担保人成了反担保人，反担保人以担保人（转开行）未尽谨慎勤勉义务为由抵制付款的可能性要小些，而申请人若想援用法律手段阻止向受益人付款，将会受到更多的限制。

2. 保函的修改与撤销

（1）保函的修改

导致修改保函的原因有很多，譬如：交易货物或工程项目所需机器设备价格变动，可能会引起保函金额的修改；交易或工程项目的延期，可能会需要对保函有效期进行修改；金融市场、国际关系的剧变，新政策和新法规的出台，可能会使得保函的某些条款有变动等。

保函生效后，在有效期内可以修改。但是保函的修改必须经有关当事人一致同意后方可进行，任何一方单独对保函条款进行修改都视为无效。所以，如申请人要求修改保函，一般是在申请人与受益人对修改内容取得一致意见后，由申请人向担保行提出修改的书面申请。担保行根据申请人的修改要求、内容和风险程度，经审查认为修改申请可以接受，方可向受益人发出修改函或修改电，修改函仍须经有权签字人签字，修改电应加密押或简电加寄证实书。担保行发出修改函后，应当在留底或保函的登记卡上详细批注修改的内容，待日后检查。

保函项下修改，除非修改书中另有规定，否则自发出之日起即不可撤销，并同时开始生效。如果修改未被接受，该修改即告失效，保函仍以原条款为准。

（2）保函的撤销

根据URDG758规定，保函可以以到期、付款、撤销或依法裁决不予理赔等原因告以终结。保函的撤销有两种方式：将保函正本退给担保人或提交受益人解除担保人责任的书面声明。在实务中，保函到期后应立即办理撤销手续；否则，担保行仍然承担着被索偿的风险，申请人仍然负担着担保费用。所以不仅是担保行，申请人也应重视保函的撤销问题。如果保函中列有归还保函条款，则在保函到期后，可向受益人发出函电，要求退回保函正本。如果保函中没有归还保函条款，或者没有明确的到期日，而是制定了一些类似申请人付完最后一笔合同款之日即失效或业主出具验收证明一年后即失效等条款，则可按照这些规定来推算出到期日。在该到期日，应及时向受益人发出撤销保函、要求退回保函正本的通知。如果是以电文形式开出的保函，应联系受益人，委托当地银行或其转开银行，用加密押电文证实并通知担保行办理撤销手续。

3. 保函项下的索赔与理赔

（1）索偿的有效性

URDG758论述了有关索赔要求这一重要问题，在保留见索即付保函单据化特征和处理迅速特点的同时，还包括一项防止不正当要求的规定（第20条）。

索赔要求必须于保函到期日或在此之前或失效事件发生前提交。索款要求须与保函条款相符，并符合第20条的单据要求。

第20条a款的作用在于：即使保函只要求提交书面要求，也必须随附受益人关于委托人违约的声明，并说明委托人违约的内容。声明可包含在要求书内，也可单独出具，但应表明是该要求项下的违约声明，以示两者间的联系。

各当事人可自由排除或改动第20条（如放弃对说明委托人违约内容的要求），但任何排除或改动必须在保函条款中定明，不能以保函条款中未提及违约声明或冠之以简单要求保函或见索即付保函来推断出上述的排除或改动。

第 20 条 a 款谨慎地平衡了受益人与委托人的利益。该条并未要求由第三方出具违约声明书，受益人自己出具即可。这样似乎对不正当要求没有足够的防范，但它反映了一种观点，即明知委托人没有违约也不打算要求的受益人更不会轻易人为地制造虚假违约声明。

第 20 条 b 款要求反担保项下的要求须随附一书面声明，声明担保人已收到符合保函条款及本规则的索款要求。为了使反担保函项下的要求有效，随附声明须说明：①担保人已收到索款要求；②索款要求与保函条款相符；③索款要求与本规则相符（即要求提交第 20 条所规定的受益人的违约声明，保函条款声明排除第 20 条者除外）。

声明中对于这些内容的任何遗漏均将导致反担保函项下索赔的无效，但反担保函条款已明确排除第 20 条 b 款者不在此限。然而，指示人与该声明的准确性无关，只要提交了声明，或将声明包含在要求书内即可。

这样的规定，既对不正当要求提供了某种程度的防范，又保障了见索即付保函迅速与简洁的特点。

在结算实务中，担保行只负责审核受益人的索偿是否有效，而不考虑申请人是否有意见，或受益人的索赔理由是否真实。只要受益人在保函的有效期内提交了与保函规定表面上相符的单据或证明文件，则索赔有效。担保行应按保函规定的担保金额进行支付或赔偿受益人的损失，既不能根据交易合同的有关条款来进行抗辩，又不能以申请人已履约来进行抗辩，这种付款是无条件的。

（2）保函赔付程序

① 受理行审核索赔文件。索赔受理行通常是受益人的开户行，受理行在审核保函条款和索偿电文的真实性和有效性后提出意见，通知索赔情况。在审核中主要针对以下几点内容。

a. 索赔应在保函有效期之内。

b. 索赔金额不超过保函的担保金额。

c. 索赔货币应与保函货币一致。

d. 索赔文件应符合保函的条款要求。

受理行缮制索偿函或索偿电文，经有权审批人批准后，寄往担保行。

② 担保行审核申请索赔的相关单据。担保行在审核项目情况和相关单据后，先在银行保函赔付/垫款通知书上签署意见，再通知业务部门对外赔付，为客户办理保函的垫款账务处理。

③ 担保行通知申请人（委托人）。在受益人正式提出索赔时，担保行应立即通知申请人，并将受益人提交的有关索赔单证传递给委托人，以便委托人根据进出合同的履行情况决定对受益人的索赔要求是否提出抗辩。如因担保人没有很好地履行通知责任造成委托人的损失，担保人应承担这部分损失，而无权要求委托人补偿。

④ 担保行对有效索赔的清偿。如果受益人的索赔有效，担保行应按照保函的规定及时支付和赔偿受益人的损失，不得以各种理由拖延偿付。然后，担保行向委托人或反担保行索偿。

（3）赔付后保函的失效

当受益人提交了与保函规定相符的证明文件，索赔即成立，担保行应及时进行赔付。但只有在保函到期或受益人书面声明解除担保行的责任，或受益人退回保函正本后，担保行的责任才能得以最终解脱。所以银行在对外赔付时，应注意以下两点。

① 部分赔付。受益人在保函项下的索赔可能仅为保函金额的一部分，这在分批交货等情况下较常见。担保行赔付后，应要求受益人或由受益人通过其往来银行进行确认，在受益人收到赔付款项后，保函项下担保行的责任相应递减或保函自动失效。

② 全额赔付。在这种情况下，担保人对外赔付后，应要求受益人或由受益人通过其往来银行确认。受益人在收到赔款后，有义务将保函正本退还担保行，此时担保行在保函项下的责任才自动解除，保函自动失效。担保行收到失效的保函后办理注销手续，并凭反担保函向申请人或反担保人索偿。

8.1.4 银行保函业务的风险与防范

1. 银行保函业务的风险

银行保函对开立银行来说是高收益、高风险的业务。商业银行经营保函业务，可以增加非利息收入，提高银行的盈利水平，增加银行的资金流量，扩大银行客户资源，促进金融产品销售，密切银企关系，促进银行业务规模扩大，提高市场占有率，具有良好的综合效益，但同时银行也要承担一定的风险。

（1）申请人违约的风险

保函是以相应的基础合同为背景而签发的，它担保的是申请人对基础合同的履约行为，所以，申请人对于基础合同的履行情况很大程度上决定着保函的风险。申请人违约的情况下，申请人缺少资金、破产、倒闭等均不能构成担保行逃避责任的理由。在商业银行信用证业务中，开证行即使不收足开证保证金，但手中持有单据，是物权凭证，如果得不到开证申请人的偿付，可以持有货物处理权作为有效补偿。而银行保函的开立行却无法借助货物作为申请人的偿付保护。此外，申请人发生违约情况，通常会极力阻挠担保行的对外承付，编造各种理由否认自己的违约行为，这就容易使担保行卷入商务贸易纠纷中不能自拔，影响声誉。

（2）受益人不合理的索赔风险

签发保函的担保行可能会遭受受益人不合理索赔的风险。根据保函的独立性，保函不受基础合同关系的影响，担保行的责任是保证在收到受益人递交的符合保函条款规定的索赔书及有关的单据后，向受益人支付一定的赔付金额。而在实际业务中，受益人往往只接受见索即付保函，尤其是融资性保函索偿条款一般是无条件的，在受益人不公正追索的情况下，银行只能按条款偿付，否则将在国际上陷于被动的境地。

（3）反担保人的信用风险

银行在出具保函前，一般都要求申请人提供足额的反担保，主要方式有保证金、抵押、质押或由第三方出具反担保函等。这样，银行向外赔付后，若申请人无力偿还，反担保人必须对银行进行补偿。若反担保人经营状况不佳导致资金偿还能力低下，或反担保人不守信用推脱责任，就使担保行面临信用风险。在采取抵押（或质押）作为反担保措施时，如果抵押品（或质押品）价值下降，或抵押（或质押）的手续不全，未按规定办理登记，或出现重复抵押，都有可能造成银行按保函规定向受益人赔付后无法得到补偿而遭受损失的风险。

（4）代理行风险

代理行风险主要表现在转开信用证业务项下，作为转开行，受国外代理行的委托转开保函，较之受国内客户委托开立保函的风险要大。原因在于国内客户在申请开立保函时往往必须提供现金、额度或其他形式的抵押物品，而国外代理行仅凭其信用承诺，而且银行同国内客户同处一地，而与反担保行相距甚远。因此，反担保行的资信好坏十分重要。

（5）操作风险

保函业务作为银行的中间业务和表外业务，由于缺乏严格的会计核算程序、完善的会计凭证进行制约，也不受资金的约束，所以其操作风险相对较大。作为经营保函业务的担保行，随时存在由于内部管理不严、风险防范机制不健全和业务操作程序不规范而引起的风险，譬如银行内部人员未经授权或超越权限开立银行保函，不认真审查保函相关情况和内容就开立银行保函等，这都将导致银行内部操作风险，威胁银行的安全。

（6）其他风险

有关国家的政局稳定程度降低，经济政策连续性遭到破坏，对外开放程度下降，外汇管制加强，国家法律、法规变化等，也会对保函申请人、受益人和反担保人带来一定的影响，从而构成担保银行的国家风险、政策风险和法律风险；同时，担保行如果不熟悉本国对外担保的有关法律、法规和政策，盲目出具担保，也会给自己带来不必要的风险；此外，涉外保函业务还具有因汇率变动而导致损失的汇率风险。

2. 银行保函业务风险的防范

保函业务存在高风险，因此在受理保函业务时应持慎重态度，对保函业务进行有效的风险防范。

（1）对申请人进行全面的资信调查与审查

银行在出具保函之前，要对保函申请人进行全面的调查与审查，看其是否为独立的法人，是否具备签约的条件，有无偿还能力，资金来源是否可靠，能否提供有效的反担保措施，提供的有关合约内容和条款是否符合国家政策法规，申请出具保函的项目是否符合有关规定。要着重了解申请人的财务状况、人员素质、管理水平、行业经验及经营业绩等，在此基础上，综合评价申请人的资信状况及履约能力，决定是否出具保函。同时，要对相关的基础合同进行审查，因为基础合同是否严谨合理，直接影响到申请人能否履约，从而关系到担保行在保函项下承担的责任与风险。担保行要对合同中不利或不合理之处提出建议，堵住漏洞，防患于未然。

（2）要求申请人提供可靠的反担保措施

为防范风险，银行出具保函时要求申请人必须提供反担保措施。若由第三者出具反担保函，银行要进行严格审查，反担保人必须是有偿还能力的经济实体，具有法人地位，经济实力强，经营状况好，其累计反担保金额不得超过自有资本；反担保函要明确规定反担保人的责任和义务，其中的付款条件和责任不应低于银行对外担保的条件和责任，反担保函的效力不因反担保人的机构或人事变化而受到影响；若采用物权抵押，要求抵押物必须是归抵押人所有或所有人授权其经营管理并同意抵押的财产，要避免同一财产重复抵押；抵押物要通过资产评估机构进行估价，国家债券、银行存单等可按票面金额作价，而变现能力较差的其他财产应根据其磨损程度、市场价格及其变动趋势、抵押期限长短等情况来进行作价，抵押物作价以后再合理地确定担保金额。

(3) 实行按风险定价并收取保证金

按照收益与风险相对称、高风险高收益的原则，出具保函的银行可按照保函业务中被担保客户的信用等级与风险大小收取佣金，对于信用等级相对较低、风险较大的客户收取较高的佣金，以弥补风险损失。此外，出具保函的银行还可以要求申请人交存充足的保证金。保证金比例的高低，也可依据被担保客户的信用等级与风险大小，区别不同的保函种类、期限长短以及不同项目情况，分别规定高低不同比例的保证金。它既可防范保函业务经营风险，又可使银行获得一定的信贷资金来源。

(4) 对保函条款进行全面的审查

银行开立的保函在形式上和内容上都必须符合规范，措辞必须严谨，防止受益人利用保函中模棱两可的表述，进行不公正索赔，使自己处于不利境地。对于索赔条件，银行应当注意将事实条件转化成单据化条件，将无条件的见索即付转换成有条件的凭单付款。银行应根据保函性质对保函的内容和条款进行重点审核。此外，如果客户要求银行开立可转让保函，银行在一般情况下不宜受理，因为可转让保函的索赔随意性较大，担保行承担着很大的风险。

(5) 对受益人进行全面的资信调查与审查

签发保函的担保行可能会遭受受益人不合理索赔的风险，因此对受益人进行全面的资信调查与审查是十分必要的。由于保函受益人地处国外，对其资信的调查和所在国情况的了解，除依靠平时积累资料、收集信息外，还可通过本行的海外联行、代理行或国际知名的咨询与评级机构或商会等民间组织来进行，争取获得多方协助，以防不法商人进行不合理索赔，骗取赔偿金。

【拓展知识 银行保函风险识别】

(6) 对保函担保项目进行认真调查与评估

为防范风险，银行必须对保函担保项目进行认真调查与评估。保函担保的建设项目的投资方向必须符合国家产业政策，且经济效益良好，有广阔的发展前景。银行要具体调查了解项目的立项批准情况、资金到位情况等，确保项目合法、效益良好、资金及时到位、及时开工，能按时建成投产，使申请人能够按时收回资金。

8.2 备用信用证

8.2.1 备用信用证概述

1. 备用信用证的概念

备用信用证或称担保信用证是美国银行开发的一种金融工具，最早产生于19世纪中叶。由于世界各国银行一般均可开立保函，而当时美国大多数州的法律明令禁止其国内商业银行开立保函，只允许担保公司承做担保业务。为与外国银行竞争，达到为客户担保的作用，美国银行于第二次世界大战后开始广泛开立实际上属于保函性质的支付承诺——备用信用证。

美国联邦储备委员会对备用信用证曾做过这样的定义：任何信用证或类似的协议，不论其如何命名或怎样叙述，开证行都要对受益人承担如下义务即备用信用证。

① 偿还开证申请人的借款或预收款。

② 支付由开证申请人承担的任何债务。

③ 赔偿因开证申请人在履行合同中的违约所造成的任何损失。

备用信用证和跟单信用证一样，只要受益人提交了与信用证规定相符的单据，即可取得开证行的偿付。这里所指的单据是指信用证规定的任何单据，一般跟单信用证中规定的单据是发票、提单等商业单据，而备用信用证规定的单据是指汇票、开证申请人未履约的声明或证明文件等。如果到时开证申请人履约无误，则备用信用证就成为“备而不用”的结算方式，故称为“备用信用证”。

1999年1月1日开始实施的《国际备用证惯例》(International Standby Practices，简称ISP98)规定，将根据本惯例开立或受本惯例约束的承诺命名为备用证。ISP98的适用对象是一种担保书，不论开证人将其所作出的这项承诺叫什么名字或用什么词句来描述，只要这项承诺的内容具备所说的要素，就是本惯例定义的备用信用证。因此，备用证可能是如UCP600所定义的银行备用信用证；也可能是非银行机构开出的备用信用证，如保险公司为担保履约而开立的备用信用证；还可能是不以备用信用证命名的某种担保书，只要在其正文中明确表示根据ISP98开立或受ISP98的约束。

在实际业务中，美国银行通常只给信誉良好的客户开具备用信用证，因为开具备用信用证可视为向客户发放中短期贷款。如果客户到期未能履约，开证人或者贷款给客户用于偿还债务，或者根据受益人的索偿，在备用信用证项下代客户履行付款责任。由于美国银行在开具备用信用证时很谨慎，开出的备用信用证多半是备而不用的，加之备用信用证本身具有的内在灵活性及用途多样性，所以很受欢迎。虽然后来美国有关的法律限制已被撤销，但随着国际贸易与金融的发展，备用信用证逐步被世界大多数国家认可和采纳。从1983年的UCP400起，备用信用证被正式纳入《跟单信用证统一惯例》，成为国际结算与融资中的一种重要工具。1998年，全球备用信用证与商业信用证业务量之比为7∶1，前者大大超过后者。在备用信用证广泛使用并且是发源地的美国，非美国银行开立的备用信用证余额已经超过美国银行所开立的备用信用证余额。如今，备用信用证广泛使用在成套设备、大型机械、运输工具的分期付款和租金支付上，在一般进出口、国际投标、国际融资、加工装配、补偿贸易、技术贸易和保险与再保险的履约保证业务中也有使用，已经成为一种成熟的、国际性的金融产品，有着极大的发展潜力。

2. 备用信用证的特点

备用信用证的特点如下。

① 不可撤销性。除非备用信用证中另有规定，或经对方当事人同意，开证人不得修改或撤销其在该备用信用证下之义务。

② 独立性。备用信用证一经开立，就不受受益人和申请人之间的基础交易合同的限制，同时也不受开证申请人和开证行的开证契约关系的约束，成为独立的文件。

③ 跟单性。开证人的付款义务的履行与否取决于受益人提交的单据是否符合备用信用证的要求，是以单据为依据，需要明确受益人提出索赔时应该提交的单据，是一种单纯的单据业务。

④ 强制性。备用信用证在开立后即具有约束力，无论申请人是否授权开立，开证人是否收

取了费用，或受益人是否收到或相信该备用信用证而采取了行动，它对开证行都是有强制性的。

3. 备用信用证的格式和内容

备用信用证的内容和跟单信用证相似，通常具备以下基本要素。

① 备用信用证的完整编号。

② 各方当事人的完整名称和详细地址，包括开证行、申请人、受益人、受证行。

③ 基础合同（进出口双方的贸易合同）签订的日期、编号及主要内容。

④ 备用信用证担保的范围（责任）、币种、金额。

⑤ 索偿时所需要提供的文件或单证及提示方式。

⑥ 备用信用证的生效日期和失效日期。

8.2.2 《国际备用证惯例》简介

1.《国际备用证惯例》产生的背景

由于备用信用证在国际结算领域被越来越广泛地使用，在全球范围内规范备用信用证业务的呼声越来越高。长期以来，备用信用证并没有一个统一的独立的规则，而是依附于国际商会的UCP。1983年，国际商会制定的UCP400首次明确规定，该惯例适用于备用信用证。UCP500和在2007年7月实行的UCP600第1条均明确规定，该惯例适用于所有在正文中标明按本惯例办理的跟单信用证（包括本惯例适用范围内的备用信用证）。

尽管UCP作出了很大的贡献，但由于UCP并非专门为备用信用证而制定的，所以UCP对备用信用证不能完全适用。也正是因为如此，UCP规定中有“本惯例适用范围内的备用信用证”的灵活措辞，规定“只在可以适用范围内”予以适用。这样就使很多问题无从解决。即使最不复杂的备用信用证（只要求提示一张汇票），都有UCP中未涉及的问题；而较复杂一些的备用证(诸如涉及期限较长、自动展期、凭指示转让等)，则需要有更加专门的实务规则。另外，由于备用信用证的作用和性质与银行保函一样，而国际商会已单独为银行保函制定了《合约保函统一规则》和《见索即付保函统一规则》，所以尽管UCP规定该惯例适用于所有银行信用证，但仍然不断有金融机构询问国际商会，备用信用证究竟应被当作信用证而适用UCP，还是应被当作银行保函而适用《合约保函统一规则》。这些都说明在全球范围内规范备用信用证业务的必要性。为备用信用证专门制定一套独立的国际统一惯例已成为一种迫切需要。

2. ISP98的制定

1998年4月6日，国际商会银行委员会与国际银行法律和惯例学会联合印发了第590号出版物（ICC590），即《1998国际备用证惯例》（1998 International Standby Practices，简称ISP98），并于1999年1月1日起正式在国际上启用。

lSP98是国际银行法律与惯例学会的ISP工作组和国际金融服务协会的特别工作组，在国际商会银行委员会的支持下，经过5年的努力，并与数百位银行界、法律界专家相互合作所得到的成果。这是国际商会首次以独立的规则制定备用信用证惯例，它填补了备用信用证在国际规范方面的空白。

按照ISP98的规定，只有在明确注明依据ISP98开立时，备用信用证方受ISP98的管辖。一份信用证可同时注明依据ISP98和UCP开立，此时ISP98优先于UCP，即只有在

ISP98 未涉及或另有明确规定的情况下，才可依据 UCP 的原则解释和处理有关条款。

ISP98 有 10 条规则，共 89 款。10 条规则分别为：①总则；②责任；③交单；④审单；⑤通知拒付、放弃拒付及单据处理；⑥转让、让渡及依法转让；⑦取消；⑧偿付责任；⑨时间规定；⑩联合参与。

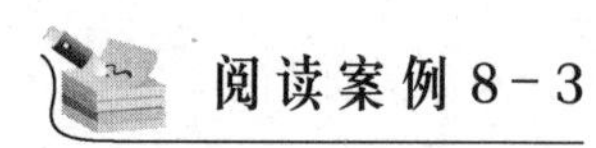

阅读案例 8-3

备用信用证适用条件

案情简介

中国 A 公司与国外 B 公司签订补偿贸易合同，约定由 A 公司从 B 公司引进某生产线，价格为 100 万美元，A 公司以 20%现金及该生产线生产的产品作为价款，合同履行期限为 4 年。为了保证 A 公司履行合同，B 公司要求 A 公司以备用信用证形式提供担保。A 公司向国内 C 银行申请开立备用信用证。C 银行根据 A 公司的请求，开出一份以 B 公司为受益人，金额 80 万美元的备用信用证。该备用信用证受国际商会 2007 年修订的 UCP600 约束。在 C 银行开立的备用信用证的担保下，中国 A 公司与国外 B 公司签订的补偿贸易合同生效。后来，A 公司未能在合同规定的时间内履约，B 公司声明提交 C 银行，要求其支付备用信用证项下的款项。C 银行对 B 公司提交的汇票和声明进行审核后认为单证一致，便向 B 公司偿付了 80 万美元。

案例分析

本案例涉及一种特殊的信用证——备用信用证。开证行保证在开证申请人不履行其义务时即由开证行付款，如果开证申请人履约，该信用证就不使用。因此，备用信用证对于受益人来说，只是在开证申请人违约时取得补偿的一种方式，具有担保的作用。同时，备用信用证具有信用证的法律特点，开证行处理的是与信用证有关的文件，与贸易合同无关。

资料来源：许南，2015. 国际结算案例与分析 [M]. 北京：中国人民大学出版社.

8.2.3 备用信用证与跟单信用证和银行保函的比较

备用信用证、跟单信用证和银行保函都是国际贸易中常用的结算工具，在贸易结算和融资担保中扮演重要的角色。三者无论是在理论上还是实践中，既有相同之处，又存在明显差异。

1. 备用证信用证与跟单信用证的比较

(1) 备用信用证与跟单信用证的相同点

① 备用信用证与跟单信用证都具有独立性。两者都是不依附于交易合同而独立存在的保证付款凭证，即使它们包含有关交易合同的任何援引，也不受交易合同条款的约束，其当事人只受本证自身条款的约束。

② 备用信用证与跟单信用证在业务处理上都是以单据为凭，而不是以合同或货物为凭。开证人作为中介，没有义务证实和担保单据的真实性和有效性，也不关心受益人与申请人之间的争端和纠纷。同时，对于提交的非信用证规定的单据和非单据条款，银行不予理会。

③ 备用信用证与跟单信用证都有符合惯例的基本格式和内容。

④ 备用信用证与跟单信用证对于可撤销与否的判断准则是一样的。

ISP98 第 1.06 条明确规定，本惯例所指的备用证是不可撤销的，并且无须如此写明。

但是，并不排除在各方均能接受的情况下允许使用可撤销备用证。因为 ISP98 第 1.01 条 c 款规定，“适用于本规则的承诺，可以明确地变更或排除其条款的适用”，根据这一规定，一个备用证既可以声明是依据本惯例开立，又可以声明第 1.06 条关于备用证不可撤销的规定不适用，这样，该备用证就成了适用于 ISP98 且可以撤销的备用证。而 UCP600 规定：信用证是不可撤销的，即使信用证中对此未作指示也是如此。（A credit is irrevocable even if there is no indication to that effect.）因此，除非备用证另有规定，或者经过各方当事人的同意，备用证开证人的义务不能修改和撤销。

（2）备用信用证与跟单信用证的不同点

① 依 ISP98 开立的备用信用证与跟单信用证遵循的惯例不同。即便是依照 UCP600 开立的备用信用证，对 UCP600 条款的适用性也不同。

② 两者所要求的单据不同。备用信用证一般仅以受益人所出具的关于开证申请人不履行合同的书面声明或证明文件为付款依据；而跟单信用证一般是以严格符合信用证要求的货运单据作为付款的依据。

③ 跟单信用证是第一性付款责任的银行保付凭证；而备用信用证则为第二性的付款承诺文件。跟单信用证是受益人履行交货义务后银行付款；而备用信用证则是在申请人未能履约时由开证人赔款。可见，尽管备用信用证的开证人形式上承担着见索即付的第一性付款责任，但其开立意图实质上是第二性。

④ 两者的作用和用途不同。备用信用证有多种多样的用途，广泛适用于各种形式的融资或履约交易，如用于借款、投标、履约及赊购、赊销等业务，或用于赔偿金的支付，还可用于为发行商业票据作保等。跟单信用证一般只用于进出口货物贸易的结算领域，所以备用信用证的适用范围更广更宽。在欧洲，跟单信用证已处于被淘汰的地步；而在世界范围内，备用信用证的业务量却日益增加。

⑤ 两者的操作过程和业务处理有所不同。备用证信用往往是备而不用的凭证，一般只在债务人违约时才使用；而跟单信用证是相应的进出口交易中必用的结算工具。在其他一些具体的业务处理上，ISP98 中有许多细节的规定，也是与 UCP 不同的。

2. 备用信用证与银行保函的比较

（1）备用信用证与银行保函的相同点

① 两者的性质和作用相同，都是在申请人的履约能力和资信有问题时，由担保行给受益人提供银行信用以弥补商业信用的不足。银行根据申请人的请求，以自己的信誉对受益人作出付款担保。一旦债务人未按合同履约，受益人可凭所规定的单据等得到开证人的赔付。

② 两者对单据的处理原则相同，都只对单据表面真实性负责，而对单据的伪造、遗失、延误概不负责。且只处理单据不处理货物，不受申请人与受益人之间的商务合同的制约。

③ 两者由于都没有货物保证基础，因此一般都不可以作为融资的抵押品，也不由第三家银行办理议付。

（2）备用信用证与银行保函的不同点

① 两者适用的惯例和规则不同。备用信用证适用于 ISP98，而保函则适用于各国有关的担保法律以及国际商会针对保函制定的 URDG758，除非保函明确声明依据 ISP98 开立。

② 付款依据不同。备用信用证一般要求受益人在索赔时提交即期汇票及申请人未能履

【拓展知识 美国备用信用证的演进与借鉴】

约的书面声明，开证行即验单付款。而保函则并不要求受益人提交汇票，通常担保行仅凭受益人提交的书面索偿及证明申请人违约的声明付款。

③ 可撤销性质不同。备用信用证一般是不可撤销的，但也不排除特别声明可撤销的情况。但保函都是不可撤销的，因为可撤销的保函是不能起到担保作用的。

④ 银行付款责任不同。备用信用证的开证行承担第一性付款责任，但为次债务人；而保函的担保行既可承担第一性付款责任，也可承担第二性付款责任。

本章小结

银行保函和备用信用证因其使用灵活、便利，在国际结算实务中被广泛采纳，成为发展非常迅速的一种新型结算方式。银行保函是商业银行根据申请人的要求向受益人开出的，以银行信用担保申请人正常履行合同义务的书面证明。保函的基本当事人包括申请人、受益人和担保行，根据需要还会涉及其他当事人，如通知行、转开行、保兑行、反保兑行。

保函就法律性质不同，可分为从属性保函和独立性保函两种；保函按结构划分，可分为直接保函和间接保函；按功能和作用，可分为融资类保函、投标保函、履约保函、付款保函、维修质量保函、还款保函等。虽然保函的格式不同，但都是根据交易合同的规定来开立的。

由于美国禁止其国内商业银行开立保函，备用信用证应运而生，备用信用证和跟单信用证一样，只要受益人提交了与信用证规定相符的单据，即可取得开证行的偿付。银行保函和备用信用证的性质和作用相同，都是为了担保申请人的履约能力和资信，给受益人提供银行信用以弥补商业信用的不足；都只对单据表面真实性负责，而对单据的伪造、遗失、延误概不负责；一般都不可以作为融资的抵押品，也不由第三家银行办理议付。但是，两者适用的惯例和规则不同，备用信用证适用于ISP98，而保函则适用于各国有关的担保法律以及国际商会针对保函制定的URDG758；备用信用证一般要求受益人在索赔时提交即期汇票及申请人未能履约的书面声明，开证行即验单付款，而保函则并不要求受益人提交汇票，通常担保行仅凭受益人提交的书面索偿及证明申请人违约的声明付款；备用信用证的开证行承担第一性付款责任，但为次债务人；而保函的担保行既可承担第一性付款责任，也可承担第二性付款责任。在实务中，应根据业务的实际情况选择使用合适的结算方式。

关键术语

银行保函　Bank Letter of Guarantee
从属性保函　Accessory L/G
独立保函　Independent L/G
申请人　Principal
受益人　Beneficiary
担保人　Guarantor
通知行　Advising Bank
备用信用证　Standby Letter of Credit
付款保函　Payment Guarantee
延期付款保函　Deferred Payment Guarantee
融资租赁保函　Leasing Guarantee
投标保函　Tender Guarantee
履约保函　Performance Guarantee
留置金保函　Retention Guarantee

转开行 Reissuing Bank
反担保人 Counter Guarantor
维修质量保函 Maintenance/Warranty Guarantee
借款保函 Loan Guarantee
透支保函 Overdraft Guarantee
还款保函 Repayment Guarantee

【第8章 在线测试】

【扩展知识 投标保函样本】

综合练习

一、简答题

1. 银行保函的含义和性质是什么？
2. 保兑行在保函中承担怎样的责任？
3. 银行保函的主要内容是什么？
4. 开立保函应注意的问题是什么？
5. 简述备用信用证和跟单信用证的异同。
6. 简述备用信用证和银行保函的异同。
7. 实务中常用的银行保函有哪些风险？

二、案例分析题

A公司签订了向B公司出售设备的合同。应A公司的要求，Y银行给B公司开立了保函，规定见索即付，该保函是担保A公司按照贸易合同向B公司出售机器设备，如违约，支付一定的赔偿金。随后B公司提交了书面索偿书，随附关于A公司违约的书面声明，指出A公司未能按合同规定完成交货责任。根据URDG758第21条规定，Y银行将该声明转递给A公司，A公司否认声明的准确性，要求Y银行对抗B公司的索偿。请问根据URDG758，Y银行应如何处理？为什么？

三、实际操作题

出口商A公司与中国进口商B公司订立了数量为“1 000台冰箱，每台300美元（CIF Shanghai）”，总金融为30万美元托收方式结算的贸易合同。应A公司的要求，Y银行给B公司开立了额度30万美元的付款保函。请协助出口商A公司完成该项业务，画出该业务的流程图。

【第8章 习题参考答案】

第 9 章　国际贸易融资

学习目标

通过本章学习，了解国际贸易融资的概念，掌握跟单托收项下的贸易融资方式、信用证项下主要的贸易融资方式，理解国际保理业务的含义、主要服务内容及办理程序，熟悉包买票据业务的含义、特点、办理程序以及相关风险的防范。

教学要求

知识要点	能力要求	相关知识
跟单托收项下的贸易融资	能够掌握跟单托收项下主要的贸易融资方式和跟单托收出口押汇的基本做法，在实际业务中能够采用担保方式提货	出口押汇的含义、特点与基本做法，信托收据的含义，担保提货的含义与基本做法
信用证项下的贸易融资	在国际贸易中能够办理信用证打包放款和信用证出口押汇业务，能够根据图示阐述卖方和买方远期信用证融资程序，能够掌握开证授信额度的含义与分类	出口信用证下的贸易融资种类及融资程序，进口信用证项下的融资种类及融资程序
国际保理业务	能够根据图示阐述双保理机制的业务程序，能够学会办理保理业务	国际保理业务的含义、主要服务内容，国际保理业务的种类，双保理机制的业务程序
包买票据业务	能够根据图示阐述包买票据业务的办理程序，在实际业务中能够办理包买票据业务，能够运用所掌握的风险与防范知识规避风险	包买票据业务的含义与特点，包买票据业务的办理程序，包买票据业务的风险与防范

思维导图

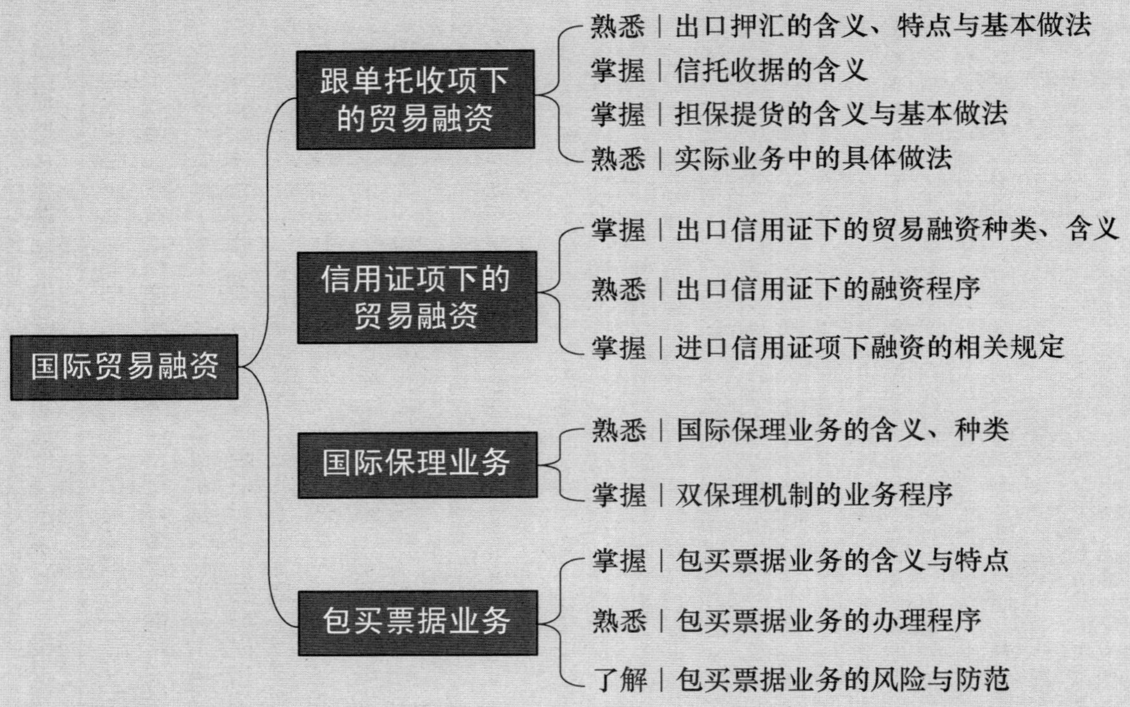

- 国际贸易融资
  - 跟单托收项下的贸易融资
    - 熟悉 | 出口押汇的含义、特点与基本做法
    - 掌握 | 信托收据的含义
    - 掌握 | 担保提货的含义与基本做法
    - 熟悉 | 实际业务中的具体做法
  - 信用证项下的贸易融资
    - 掌握 | 出口信用证下的贸易融资种类、含义
    - 熟悉 | 出口信用证下的融资程序
    - 掌握 | 进口信用证项下融资的相关规定
  - 国际保理业务
    - 熟悉 | 国际保理业务的含义、种类
    - 掌握 | 双保理机制的业务程序
  - 包买票据业务
    - 掌握 | 包买票据业务的含义与特点
    - 熟悉 | 包买票据业务的办理程序
    - 了解 | 包买票据业务的风险与防范

在“一带一路”倡议下，我国大型商业银行积极响应国家政策，让金融机构更好地服务企业融资以及实体经济。近年来，中国银行一直将“一带一路”倡议作为国际业务发展的关键一步，积极拓展“一带一路”沿线市场，加大对沿线国家国际贸易融资业务的创新。

厦工机械股份有限公司（以下简称“厦工”）在福建省内属于规模化的一流生产工程机械产品及配件制造公司，在机械设备出口业务方面发展良好。近年来，公司意识到国际出口机械设备市场的巨大发展空间，积极向海外领域拓展。而“一带一路”倡议实施后，更是打开了亚、非区域相关机械出口市场。2015年，厦工参与马来西亚大型机械设备招标项目，这一项目任务共涉及1.2亿元机械设备的生产及出口，设备用于马来西亚道路工程重建。业主期望由厦工予以垫资，投标环节中，作为选择合作方时的衡量条件之一，融资策略应当同其他投标资料共同递交。业主要求厦工从项目最初的招投标到最终的验收结束应出具一系列银行保函来担保。然而，厦工并没有较多延付类工程机械出口的实务经历，因而出现了较多业务纠纷。

对此，中国银行抓住时机推荐厦工购买国际贸易融资产品服务，而中国出口信用保险公司也参与其中，中国银行关于对控制隐患、融资途径选择等给予对比分析给出了相关建议。中国银行认为应当从特险项入手，并对贸易融资中的出口买方信贷、量单融资等融资方案予以重点推荐。经沟通厦工慢慢形成了自身独有的融资方法，在关于大型机械设备出口马来西亚并用于马来西亚铁路项目建设这一出口贸易中，公司主动为国际客户提供建议，将买方信贷介绍给相关业主。厦工迅速同中国银行和中国进出口信用保险公司合作，形成承保、融资等的优选策略。中国银行意识到这属于主权项目范畴，因而其款项偿付者为马来西亚有关方，其财力显然达到了中国银行承保规格。于是，在项目条件、业主期望、工程类别等综合考量的基础上，买方信贷融资策略初步形成。

通过上述案例，我们可以认识到：随着国际贸易融资业务的不断发展，除传统的银行贷款外，企业还可以借助国际贸易融资这一途径在一定程度上摆脱融资难的困境。

资料来源：http：//www.sinotf.com/GB/Trade_Finance/1184/2018－12－03/xNMDAwMDMyNzYxNw.html.（2021-05-13）

所谓国际贸易融资，是指围绕国际贸易结算的各个环节发生的资金和信用融通活动，其关键就是银行依托对物流、资金流的控制，或对有实力关联方的责任和信誉捆绑，在有效控制授信资金风险的前提下对进出口商进行的授信。国际贸易融资的对象不仅包括大中型优质生产企业，也包括一般的中小生产企业和贸易企业。

国际贸易融资是国际结算中的重要内容，无论在理论还是在实务方面，都占有非常重要的地位。特别是近些年来，随着国际贸易竞争的加剧，国际贸易融资的重要性也日益凸显。本章将就国际贸易融资问题从理论和实务两方面进行介绍，重点介绍跟单托收项下的贸易融资方式、信用证项下的贸易融资方式、国际保理业务以及包买票据业务的相关知识。

9.1 跟单托收项下的贸易融资

9.1.1 跟单托收出口押汇

1. 出口押汇的含义与特点

(1) 出口押汇的含义

出口押汇是跟单托收和信用证方式下，出口商向银行融资的主要方式，因此出口押汇主要包括跟单托收项下的出口押汇和信用证项下的出口押汇。

所谓出口押汇，是指出口商将代表物权的提单及其他单据抵押给办理该项业务的商业银行，并从该银行得到扣除押汇利息及手续费用后的有追索权的垫款的方式。但是，从办理该项业务的商业银行角度看，出口押汇就是指银行有追索权地向出口商购买跟单汇票或全套物权单据的行为。

（2）出口押汇的特点

① 出口押汇是以融资为直接目的的双赢型银行业务。通过办理出口押汇，相当于出口商通过向银行融入资金尽快收回了货款，银行则可通过融出资金而增加收入。

② 出口押汇以购买或抵押全套物权单据为基础。银行叙做出口押汇，相当于买入出口商开立的以进口商为付款人的跟单汇票及所附的商业单据。虽然URC522规定银行对托收单据无审单义务，但银行在做出口托收押汇时有必要根据贸易合同审查单据与合同、单据与单据之间的一致性，以避免进口商拒付。

③ 出口押汇是有追索权的资金融通方式。押汇银行的垫款一般应向付款人收回，一旦出现付款人拒付，则押汇银行有权向出口商追索已垫付款项。

④ 押汇金额并非全部货款。押汇金额为出口收款额扣减有关费用，即收款额预先倒扣利息和费用后的净额。

阅读案例9-1

纺织进出口企业办理出口押汇业务缓解资金紧张

案情简介

江苏胥城纺织品进出口公司为苏州本地的中小贸易公司，注册资本300万元，年营业额超过5亿元人民币。公司常年向美国出口毛纺产品，经营能力较强，信誉状况良好。公司属于典型的外贸公司，自有资本很少，通常在组织货物出口后一段时间才能收到回款，而公司订单较多，在连续组织出口后，流动资金经常出现紧张情况，因此一般选择银行办理押汇。

江苏胥城纺织品进出口公司是某国有商业银行南京分行的重点客户，20××年6月在按美国××银行开来的金额为200万美元，期限为提单后90天付款的远期信用证出运货物后，公司将全套单据提交给某国有商业银行南京分行，申请办理出口押汇业务。某国有商业银行南京分行将单据寄往美国××银行后，美国××银行向银行开来承兑电，承诺到期付汇。某国有商业银行南京分行与客户协商以人民币押汇（免除客户的汇率风险，但是银行需要做好掉期交易），在扣除自贴现日至预计收汇日期间利息及有关银行费用后，总计押汇额度1 400万元人民币，提供700万元人民币贷款，700万元银行承兑汇票额度支付给出口商。进口信用证到期，某国有商业银行南京分行将汇票提交开证行托收，收到信用证项下款项并归还银行押汇融资后，尚有一些余款，某国有商业银行南京分行划入江苏胥城纺织品进出口公司账户。通过信用证出口议付，银行支持了江苏胥城纺织品进出口公司的业务。

案例分析

出口押汇业务属于非常传统的国际业务，竞争的手段无外乎融资成本的降低。在传统的业务品种中加入一些现代流行的创新品种，往往会取得非常好的营销效果。如在融资组合中不再是单一的流动资金贷款融资，而可以改成银行承兑汇票、保贴的商业承兑汇票、透支账户等，可以降低企业的资金使用成本。

资料来源：刘铁敏，2018. 国际结算［M］. 2版. 北京：清华大学出版社.

2. 跟单托收出口押汇的含义与基本做法

(1) 跟单托收出口押汇的含义

跟单托收出口押汇是指采用托收结算方式的出口商在提交单据时，要求托收银行以出口商的汇票和货运单据做抵押，预先支付部分或全部货款，待收回汇票款项后再将款项归还给托收行的一种资金融通方式。

(2) 跟单托收出口押汇的基本做法

出口商按合同规定装运货物后，缮制全套符合合同规定的单据，开立以进口商为付款人的汇票，而后携带相关单据和票据到托收行，请求托收行办理出口托收押汇；经审查，托收行买入跟单汇票，按照汇票金额扣除自付款日（托收行买入跟单汇票日期）到预计收到票款日期的利息和手续费，将约定的款项交给出口商。

需要特别说明的是，对押汇银行而言，办理出口押汇风险较大。因此，银行一般不太愿意做出口托收押汇，或对出口托收押汇的要求很严格，还要收取较高的押汇利息和手续费。

3. 银行受理跟单托收出口押汇业务的审查条件

(1) 出口商的资信状况、履约能力和清偿能力

跟单托收是基于商业信用的一种结算方式，出口商的资信状况和履约能力直接关系着货款能否按期正常收回。如出口商在商品质量、发货期限等方面存在违约行为，则托收款项很可能遭到拒付或迟付。而银行审核出口商清偿能力的目的主要在于保证在单据遭到拒付的情况下，能够从出口商那里追回垫款。为控制出口托收押汇风险，银行还应核定相应的融资授信额度，仅在信用额度内叙做托收出口押汇。

(2) 进口商的资信状况与代收行的选择

跟单托收出口押汇的实质是由进口商凭商业信用归还押汇，故了解进口商的资信状况也同样重要。此外，押汇行还应选择一家资信状况良好、合作较佳的银行作为代收行，从而保证国际惯例的遵守和各种代收指示的执行，顺利收取款项以减少风险。

(3) 选择何种交单方式

承兑交单方式下，代收行凭进口商对汇票的承兑即可放单，但对到期是否付款不承担任何责任，收汇风险较大，所以承兑交单方式下核定的出口托收押汇限额也相应较严；与承兑交单方式相比，付款交单方式收汇风险相对较小，因此付款交单方式下核定的出口托收押汇限额可控制稍松。

(4) 是否投保货物运输保险

银行应检查跟单托收单据中有无保险单据，保险金额是否等于或大于110%的发票金额。如没有保险单据，原则上应要求出口商安排相应的货物运输保险。一旦货物在运输途中或在目的地仓库发生灭失或损坏时，可通过向保险公司索赔来保障自身的权益。

9.1.2 跟单托收凭信托收据借单提货

1. 信托收据的含义

信托收据是进口商以信托的方式向银行借出全套商业单据时出具的一种保证书。信托收

据具有借据及保证书的双重性质，不仅适用于跟单托收项下的贸易融资，也适用于信用证项下的贸易融资。

与信托收据有关的当事人包括以下两项。

(1) 信托人——银行，在进口商付款赎回信托收据之前，代表委托人掌握货权。

(2) 被信托人或受托人——进口商，代表信托人办理提货、报关、存仓、保险等手续。如果货物出售，则应将货款如数存入银行，并在汇票到期时向银行偿付票款，收回汇票，赎回信托收据。

2. 跟单托收中D/P·T/R的使用

D/P·T/R是指在远期付款交单托收业务中，当货物、单据到达目的地，而付款期限未到时，进口商为尽早提货可通过出具信托收据向代收行借出单据，其实质是进口商向银行进行融资。在使用信托收据过程中，作为信托人，银行有权随时取消信托，收回货物或货款；作为受托人，进口商应以银行的名义保护货物，如办理仓储、投保货险等，出售货物所得款项应如数交给银行或以银行名义单独保管，货物也不能抵押给他人。这种方式是以代收行提供信用为前提，使进口方得到了资金融通。在实际业务中，受托人（进口商）有可能违反信托规定，不愿或无力退还货物或货款。一旦发生这种情况，如果该项融资经出口商的同意或授权，则风险由出口商承担；如未经出口商同意，而是由充当信托人的银行单方面提供这项融资业务，则风险由银行承担，届时银行必须支付货款，视同进口商已经支付。因此，在办理信托收据业务时，银行应严格审查进口商的资信等级，避免承担借出单据不获付款的风险。为了控制风险，代收行一般仅在付款人（进口商）信誉较好时才愿借出单据。

9.1.3 跟单托收凭银行保函提货

1. 担保提货的含义

担保提货是指在进口贸易结算中，在货物运抵目的港（地）后，包括提单在内的单据尚未寄到的情况下，进口商在征得运输公司（承运人）的同意后，凭银行保证书提货的方式。担保提货是进口商向银行融资的一种方式，不仅适用于跟单托收项下的贸易融资，也适用于信用证项下的贸易融资。

2. 担保提货的基本做法

货到目的港（地）延期提货会使进口商增加额外开支，或者承担进口商品行情下跌、市价回落的风险，因此进口商可以向开证行或代收行签具“申请担保提货书”、进口商自己的担保信（又称联合保证书），以及轮船公司发出的货到通知书、商业发票、进出口合同副本，以求通过银行的担保及时通关提货；在接到担保提货的申请后，银行应再审查申请书及有关文件资料，并按实际货价收取全额保证金后开具担保提货保证书，以便进口商及时报关。为防止进口商凭借担保骗取货物，银行应对进口商进行审查，确信其为该批货物的收货人，并且可以要求进口商提供担保或是交纳保证金或抵押品，以降低自身风险。

3. 申请担保提货书的主要内容

进口商向银行申请担保提货时，应向银行提交申请担保提货书，其主要内容包括货物名称、唛头、船名、发货人、装运地点及日期、合同号、金额、保证条款、进口商签字盖章等。其中，进口商向银行的保证条款是必不可少的内容，具体如下。

① 不以任何理由拒付或延付货款。

② 单据到达后立即履行承兑付款义务以取得单据，以单据向运输公司换回提货担保书并退还给银行。

③ 承担银行因出具提货担保书而遭受的任何损失。

9.2 信用证项下的贸易融资

在信用证结算中，无论是出口方银行还是进口方银行，都能利用结算环节向客户提供贸易融资。信用证项下的融资是商业银行一项影响较大、利润丰厚、风险较小、周转期短的融资业务。

9.2.1 出口信用证项下的贸易融资

1. 信用证打包放款

(1) 信用证打包放款的含义和特点

信用证打包放款简称打包放款，是指出口商在提供货运单据之前，以供货合同或从国外银行收到的、以自己为受益人的信用证正本，向当地银行做抵押，从而取得生产或采购出口货物所需的周转资金的融资行为。这种融资方式最初是指出口商接到信用证后，因货物包装出现资金压力，而凭信用证向当地银行融资，银行为协助客户缓解资金困难，使货物早日装运，在一定的保证下给予出口商资金融通的便利。它包括根据预支信用证提供的打包放款和以其他信用证为抵押发放的贷款。因打包放款周转快、使用效率高、申请手续简便，目前已不仅局限于货物包装方面的融资了。打包放款具有以下特点。

① 打包放款的发放时间是出口商接受信用证之后，发货和交单之前。

② 打包放款的目的是向出口商提供备货、发货的周转资金。

③ 打包放款的金额是信用证的部分金额，通常为总货款的70%～80%，不超过90%，融资具体金额由打包放款银行根据出口商的资信状况、清偿能力、抵押品及其在本行的业务来确定。

④ 打包放款的期限不超过打包放款银行向开证行寄单收款之日。银行提供打包放款的实质是以抵押正本信用证为前提，承担了议付义务，议付行收到出口商交来的单据后应立即寄开证行，收到开证行支付的货款后即可扣除贷款本息，然后将余额付给出口商。因此，打包放款的期限一般是自信用证抵押之日至收到开证行支付货款之日。

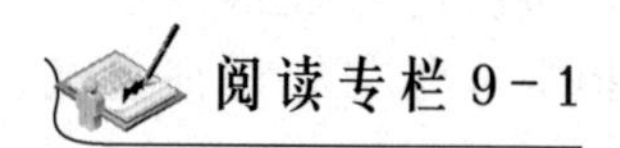
阅读专栏 9-1

信用证打包放款协议

信用证打包放款协议是出口方银行与出口商签订以确定打包放款中双方责任和义务的契

约，其主要内容如下。

（1）融资金额及支付方式。通常银行应根据客户的资信状况和清偿能力为其核定相应的打包放款额度，供其循环使用。

（2）融资用途。出口商通过打包放款所得款项仅限于抵押信用证项下的出口商品的备货和出运，不得挪用。

（3）融资期限。融资期限由银行根据出口商品的生产周期和交货时间而定，最长不超过一年。

（4）融资利率。可由双方参照银行同期贷款利率协商确定。

（5）贷款货币。一般以人民币为主，特殊情况下，如需支付外汇运费，也可融通发放少量外汇打包放款。

（6）融资的偿还。一般由贷款银行直接从信用证项下货款中扣还，必要时可从出口商在银行开立的账户中扣还。

（7）保证条款。出口商应进行如下类似保证。

① 协议项下的全部出口商品必须向银行认可的保险公司投保，如有意外，保险赔偿金应优先用于支付贷款本息。

② 银行有权检查、监督出口商对打包放款所得款项的使用。

③ 出口商在协议条款等变更前应先征得银行同意。

（8）违约责任。出口商如不按协议规定使用贷款及不按期归还贷款本息，银行有权从出口商在任何银行中的账户中扣收，并在原定利率基础上加收罚息。

（2）打包放款的风险和银行应注意的问题

① 打包放款的风险与责任划分。虽然银行是以正本信用证为抵押前提向出口商办理打包放款业务，但银行不能仅凭国外信用证就借款给出口商，因为信用证本身只是一个有条件的银行信用保证，如果由于某种原因，出口商未能满足信用证的全部条件和要求，或出口商根本就未能履约，那么开证行的付款承诺也就相应难以得到实现。在这种情况下，信用证就只是一张废纸，单纯依靠信用证为抵押而叙做的打包放款，也就演化成了一种无抵押信用放款。此外，还应谨防“一证多贷”问题，即出口商用信用证正本在放款行做打包，又用副本到他行贷款并担保交单，甚至到他行做托收，导致放款行得不到单据而无法从开证行获得相应款项。因此，银行必须十分谨慎地办理该项业务。

如果打包放款是根据预支信用证进行的，则融资风险应由开证行承担。如果受益人不能按期提交与信用证规定相符的单据，以便融资银行从开证行处收款，融资银行可要求开证行偿还贷款本息；如果打包放款是以其他类型信用证为抵押进行的，则融资风险应由融资银行承担，与开证行无关。

② 银行办理打包放款业务时应注意的问题具体如下。

a. 要求出口商应具备相应的打包放款条件。为保证借出款项的安全性，放款银行往往会要求出口商具备一系列的打包放款条件。例如：需持有效的正本信用证，有时还要求信用证是由资信良好的海外银行开出的；出口商品不违反本国禁令；信用证条款清楚合理，无“陷阱条款”，出口商保证能履行；出口商与银行签订融资合同，明确双方的责任，或要求出口商出具总质权书，以其所采购或存储的商品作为抵押；有些还规定该信用证项下的出口单据必须交放款银行议付。

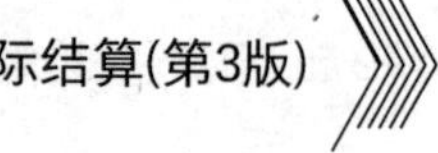

b. 银行应加强对打包放款的审查。银行对打包放款的审查分为确定总额度时的审查和对信用证的审查两项内容。前者是指银行在签订打包放款协议之前对出口商确定信用额度时的审查，主要是审查出口商的资信状况，给受益人核定一个打包放款信用额度，该额度可循环使用，对于没有确定信用额度的客户，可凭担保逐笔发放贷款。后者是指对某一打包放款业务中信用证条款是否清楚合理、开证行资信状况、有无对出口商不利的“陷阱条款”和出口商难以履行的规定及出口商品市场前景进行的审查。

c. 银行应与出口商保持密切联系。为保证安全、及时地收回贷放资金，在贷款期间，放款银行应与客户保持密切联系，随时了解业务的进展和有关合同的执行情况，督促客户及时发货交单，用所得款项归还银行借款。如出口商在信用证过期后仍未能提交单据，则银行应根据贷款协议的有关规定，要求客户立即归还全部贷款本息。

2. 信用证出口押汇

(1) 信用证出口押汇的含义与特点

信用证出口押汇是指当出口商凭进口地银行开来的信用证将货物发运后，按照信用证要求缮制单据并提交其往来银行要求议付，即以出口单据为抵押，要求往来银行提供的在途资金融通。信用证出口押汇是以出口贸易为背景，以代表物权的单据作为质押的自偿性贷款，具有期限短、操作简便、安全系数较高等优点。信用证出口押汇的特点主要表现在以下几方面。

① 押汇银行享有来自开证行的确定的付款承诺。对不可撤销的信用证而言，在其规定的单据全部提交指定的银行或开证行，并符合“单证一致，单单相符”的条件下，便构成开证行确定的付款承诺。银行叙做押汇业务，便成了善意持票人，从而拥有了优于前手的权利，有效地降低了押汇银行的收汇风险。

② 押汇银行保留了追索权。票款一旦遭开证行的拒付，银行可以马上行使追索权，向出票人追回押汇本息。

③ 押汇银行控制了物权。如遇开证行拒绝付汇，押汇银行可以扣留代表物权的单据，必要时可转卖给新的买主以收回部分或全部货款。

(2) 信用证出口押汇的基本做法

出口商要求银行议付其出口单据时，首先应填写申请书，连同信用证正本和全套单据提交银行。银行核对申请书印鉴并验收单据后开始审查单据，除根据信用证条款和规定审查单据以确定是否严格相符外，通常还应对开证行所在国家的政治及经济状况、开证行的资信状况、信用证条款是否符合国际惯例、对物权的控制、出口商的资信状况等方面进行审查。收到押汇申请的银行完成审核单据及上述审查后，如单证严格相符，就可以立即议付单据，叙做出口押汇，从货款中扣除押汇利息后付给出口商；如单证不符，则议付银行可以用电报或电传方式征询开证行的意见，如开证行同意接受不符点，议付行可视同单证一致立即叙做出口押汇。除电提外，押汇银行还可考虑凭受益人出具的担保书，对存在不符点的单据进行担保议付，但银行通常只对资信良好或能提供一定抵押品的受益人提供担保议付。

3. 卖方远期信用证融资

卖方远期信用证又称真远期信用证，是付款期限与贸易合同规定一致的远期信用证。采用卖方远期信用证融资主要是指出口地银行通过远期汇票的承兑与贴现向出口商提供资金融通便利。由于付款周期较长，合同金额较大，远期信用证融通方式蕴含着较大风险。因此，有关当事人都必须对交易及融资方的资信状况进行详细了解，并采取相应措施，以降低和防范风险。

（1）银行承兑的含义

银行承兑是指银行在具有贸易背景的远期汇票上签署“承兑”字样，使持票人能够凭此在公开市场转让及贴现其票据的行为。银行承兑汇票时，无须垫付本行资金，而只是将银行信用借出，增强被承兑汇票的流通性或可接受性，使持票人能够在二级市场上取得短期融资的便利。银行对远期汇票予以承兑后便成为汇票的主义务人，到期应承担付款责任。

（2）票据贴现的含义

票据贴现是指票据持有人在票据到期前为获取现款而向银行贴付一定利息所进行的票据转让。票据贴现业务的基本条件是：出口商向贴现银行提交已经国外进口商、开证行或其他汇票付款人承兑的汇票。票据贴现能使出口商立即取得现款，因此它也是国际贸易融资的一种方式。

在办理贴现业务时，银行通常要与出口商签订质权书，确定双方的责任和义务。银行根据贴现费率扣减贴现利息和手续费后买下票据，票据到期时收回票款，偿还垫款，余下部分即贴现收益。如果到期银行不能从票据付款人处收回票款，则银行有权对贴现人进行追索。此外，银行还应对贴现票据的付款人和承兑人的资信状况进行审查，只有在确认符合条件后才予以贴现。

与银行承兑汇票不同，银行通过票据贴现是银行直接放款给出口商，即动用自身资产向出口商提供资金融通便利。

（3）卖方远期信用证融资程序

出口商发运货物后，即可通过银行将全套单据交开证行，经该行承兑汇票并退还寄单行（通知行）后，寄单行就可以以贴现方式购买全套汇票并向出口商融资。寄单行因此成为承兑汇票的正当持票人，它既可留汇票，于远期汇票到期日向开证行（承兑人）索偿，也可将汇票转让，进行再贴现。卖方远期信用证融资流程如图 9.1 所示。

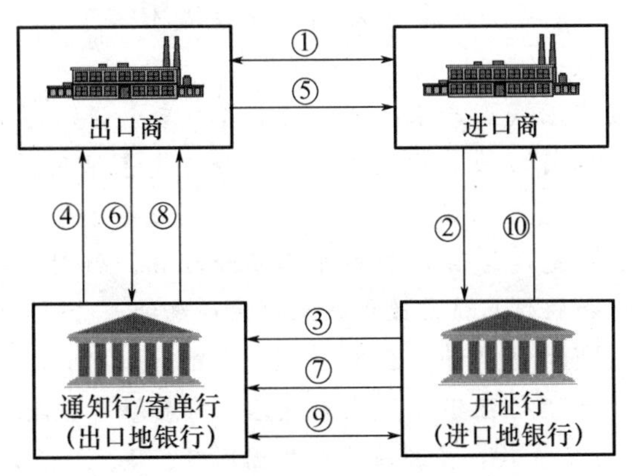

图 9.1　卖方远期信用证融资流程

在图 9.1 中：

① 进出口双方签订贸易合同，确定以卖方远期信用证方式进行结算。

② 进口商向开证行申请开立卖方远期信用证。

③ 经审查合格并同意进口商的开证申请后，开证行开出卖方远期信用证，并将信用证内容发送给出口商所在地的联行或代理行。

④ 出口地银行通知或转递信用证。

⑤ 出口商备货出运。

⑥ 出口商向寄单行交单。

⑦ 寄单行向开证行寄单，开证行承兑汇票并将承兑汇票寄回寄单行。

⑧ 寄单行贴现承兑汇票，出口商得到资金融通。

⑨ 寄单行于远期汇票到期日提示承兑汇票，开证行（承兑人）付款。

⑩ 进口商付款赎单。

阅读案例 9-2

谨防不法商人利用远期信用证变相套取银行资金

案情简介

2017 年 8 月，天津 A 公司，经过近两个月不断的报价、寄样、还价、再报价，几轮磋商下来，终于与德国 G 公司达成了一份出口 16 吨氟苯的合同，采用 CIF 价格术语，以即期不可撤销议付信用证结算。9 月，德国 G 公司如约开来信用证，审证时发现，所有内容都与合同相符，只有付款条件改为延期 60 天付款信用证，即开证行收到单据后 60 天付款。天津 A 公司请来业务专家指导，在专家的指导下，采取了 3 个步骤：首先，与德国 G 公司进行沟通，希望其依据合同修改信用证；其次，对该笔业务再次进行详细核算；最后，通过法国巴黎国民银行 BNP 天津分行对开证行和德国 G 公司进行调查。

与德国 G 公司沟通无果；经过核算认为，尽管付款期延迟 60 天，公司要承担额外的利息，但是这笔业务依然可以做；同时，银行针对天津 A 公司委托进行的资信调查回复，开证行德意志银行为德国最大的银行，信誉非常好，德国 G 公司为世界某化工巨头的子公司。鉴于以上情况，天津 A 公司决定接受信用证，并积极组织货源，准备装运货物。

谁知没过几天，德国 G 公司驻南京办事处的人员打来电话，通知天津 A 公司氟苯合同由于价格过高拒绝。随即德国 G 公司通过中行天津分行发来信用证修改通知书，内容为撤销该信用证。面对德国 G 公司的强势态度，天津 A 公司业务员打电话与该公司沟通，希望能够通过友好协商解决。但是，德国 G 公司根本不予理睬。针对这一业务情况，公司经过认真分析，决定通知银行拒收信用证修改件，原信用证继续履行，同时将信用证交法国巴黎国民银行 BNP 天津分行进行打包贷款。2017 年 10 月货物如期装船，天津 A 公司业务员认真缮制信用证项下的各项单据，经银行审核无误后，寄往德意志银行，德意志银行审单无误，收到单据后 60 天支付了货款，偿还法国巴黎国民银行 BNP 天津分行的贷款，余款划入天津 A 公司账户，办理了退税，一笔业务顺利完成。

案例分析

本案例中，合同规定采用即期可议付信用证，方便出口商及时安全收汇，而德国G公司将即期改为延期60天付款信用证，其目的是便于其融通资金，延迟了天津A公司收汇时间至少60天，虽然远期付款信用证也可以押汇，但需出口商承担押汇贷款利息，变相减少了出口商利润。天津A公司通过对业务再次进行核算，认为利润可以消化掉延期60天付款的利息，其中最为关键的一点是，开证行的信誉良好，故决定接受信用证。可以说，在这一环节中开证行的信誉是出口商承担风险的底线。另外，尽管德国G公司态度强势，但是作为信用证受益人的天津A公司，熟知信用证修改通知书的效力及其处理规范，明确通知银行，拒绝接受信用证修改通知书，成功化解了对方撤销信用证的风险。本案例中，天津A公司通过打包贷款这一方式，把自己和银行紧密联系起来，形成战略联盟，共同应对信用证条款风险。

资料来源：张志，2019. 从一则氟苯出口案例看延期付款信用证业务中的风险［J］. 对外经贸实务，(3)：58－60.

9.2.2 进口信用证项下的贸易融资

1. 开证授信额度

（1）开证授信额度的含义与分类

① 开证授信额度的含义。跟单信用证的主要作用是通过银行中介来调解和消除买卖双方之间互不信任的心理。由于开证银行代进口商承担了有条件的付款责任，所以出口商只要满足了信用证的规定和要求，提交了符合信用证规定的全套单据，便可保证收回货款。因此，开证行均把开立信用证视为一种授信业务。通常情况下，银行在进口商（即开证申请人）申请开立信用证时，会要求其提交开证申请书并提供保证金或抵押金，存入银行专门账户，以便单据到后对外付款，或要求进口商提供反担保及抵押品，保证合格单据到后付款赎单，以降低自身风险。但对资信良好的长期往来客户，为简化手续，提供优惠服务，增强吸引力和竞争力，银行通常可根据客户的授信记录及信用水准、财务状况、管理水平、发展前景，确定一个限额，即开证授信额度，只要进口商申请开立信用证的金额不超过这一限额，银行就可以免收保证金、抵押品，或不要求办理反担保，从而减轻进口商的资金压力。

② 开证授信额度的分类。根据客户资信和业务性质不同，授信额度可分为循环使用授信额度和一次性使用授信额度。前者是指银行订立额度后，客户可以无限次地在额度内委托银行对外开出信用证，额度可循环使用，银行根据客户的资信变化和业务需求变动随时对额度进行必要的调整。此类授信额度多用于在银行开立账户并与银行长期保持良好业务关系的进口商。后者是指银行为客户的一个或几个贸易合同核定的一次性开证授信额度，不得循环使用，主要针对银行对其资信有一定了解，但业务往来不多的进口商。通过一次性开证授信额度能够弥补循环授信额度不能满足大宗交易需要这一不足，也可避免因循环授信额度的大量占用对进口商正常经营可能带来的影响。

（2）开证授信额度的基本操作程序

① 进口商提出申请。需申请开证授信额度的进口商应按银行规定格式填写授信额度申

请书，表明申请授信额度的总额、种类、期限等。

② 银行审查并确定授信额度。银行根据进口商填写的申请书，审查其资信状况、经营情况、内部管理情况、财务状况以及以往的有关业务记录，确定对该进口商的授信额度。

③ 签订授信额度协议书。银行与进口商签订开证授信额度协议书，以确定双方的权利义务。

④ 建立业务档案。协议签订后，进口商即可使用开证授信额度；银行则应对该进口商建立业务档案，并根据协议规定的总额度，对进口商的开证金额实行余额控制。

⑤ 调整授信额度。在进口商使用授信额度一段时间后，如果总额度不能满足其实际需要，进口商还可向银行提出增加授信额度的申请，批准与否由银行决定；反之，如果银行认为进口商资信水平有所下降，也可以减少甚至取消该进口商的授信额度。

2. 进口押汇

(1) 进口押汇的含义

在正常情况下，作为信用证开证申请人的进口商在得到开证行单到付款的通知后，应立即将款项交开证行赎单，在付款以前是得不到单据从而不能提货的。但是，如果进口商的资信较好，并且信用证项下单据所代表的货物市场销售行情较好，能在短期内收回货款，则开证行可以根据有关协议代进口商先对外支付货款，并将单据提供给进口商以便其提货、销货，待押汇期满后，进口商将押汇本息一并归还银行，开证行的上述做法就是进口押汇。

(2) 进口押汇的基本操作程序

① 进口商申请与银行审查。如需办理进口押汇，进口商应首先向银行提出书面申请，银行要对进口押汇申请进行严格审查，并根据进口商的资信等情况确定押汇金额。

② 开证行与进口商之间签订进口押汇协议。进口押汇协议是开证行与进口商之间签订的确定双方权利义务的书面契约，其基本内容包括：a. 押汇金额及进口商的付款义务；b. 押汇期限及利率；c. 进口商的保证条款，进口商应保证在押汇到期日前归还银行押汇本息，否则，银行有权对其收取罚息，或处理押汇项下的货物；d. 物权及其转移条款，押汇项下进口货物的物权在进口商未能还清银行押汇本息之前应属于银行；e. 违约条款，如遇进口商违约，银行有权对其提出法律诉讼，或冻结其在银行的其他账户，或停止进口商在银行办理的一切融资业务，等等。

③ 开证行对外付款。开证行在收到出口方银行寄来的单据以后，应严格审单，如果“单证一致、单单相符”，即可对外付款。

④ 进口商凭信托收据向开证行借单。在进口押汇业务中，进口商在未付款之前可凭信托收据（T/R）向银行借取物权单据。由于开证行在借出单据后，即失去了对物权的控制，所以也只有在申请人信誉足够好的情况下，才会同意借单。

⑤ 进口商凭单据提货及销售货物。进口商在向银行借出物权单据后，即可凭单据向承运人提货，并可销售货物或对货物进行其他处理。

⑥ 进口商归还押汇本息以换回信托收据。在约定的还款日之前，进口商应向银行偿还

押汇本息，并于还清本息后收回信托收据，解除还款责任。押汇银行从垫款之日起开始收取押汇利息，利率一般高于市场利率，按回收期长短而分为几个档次，时间越长，利率就越高，也可根据不同客户的具体情况而定。

3. 买方远期信用证融资

（1）买方远期信用证的含义

相对于卖方远期信用证而言，买方远期信用证又称假远期信用证，是信用证项下远期汇票付款按即期付款办理的信用证。买方远期信用证是出口方银行（议付行）通过开证行向开证申请人（进口商）提供短期融资的一种方式。

（2）买方远期信用证融资与卖方远期信用证融资的比较

相同点为两种融资都是通过远期信用证项下远期汇票的承兑与贴现来实现的。

不同点具体如下。

① 开立前提有所不同。以信用证方式进行贸易结算是进出口双方合同约定的条件之一。卖方远期信用证是出口方同意远期收汇，进口商承诺远期付款；买方远期信用证是出口商要求即期收回货款，而进口商则承诺远期付款。

② 贸易合同规定的付款期限有所不同。一般而言，贸易合同是信用证开立的基础。卖方远期信用证符合这一条件，信用证与合同的付款期限相同，都是远期付款；买方远期信用证却不符合这一条件，信用证是远期付款，合同却是即期付款。出口商通常不愿接受与合同付款条款不一致的信用证，之所以接受买方远期信用证，主要是为了给进口商从银行融资提供便利。

【拓展知识 工行湖北分行助推国际贸易融资业务发展】

③ 贴息支付者有所不同。卖方远期信用证从银行贴现到银行实际付款这段时间产生的贴现费用和贴现利息一般由远期汇票的受益人来支付。买方远期信用证是开证行提供给进口方的融资，因此买方远期信用证中的远期汇票的贴现费用和利息由进口方承担。

9.3 国际保理业务

9.3.1 国际保理业务概述

1. 国际保理业务的含义

国际保理业务又称国际保付代理、承购出口应收账款业务等，是商业银行或其附属机构通过收购消费品出口债权而向出口商提供的一项综合性金融业务。其核心内容是以收购出口债权的方式向出口商提供出口融资和风险担保。其特色在于，将一揽子服务综合起来由一个窗口提供，并可根据客户需求提供灵活的服务项目组合。

提供保理业务的机构即保理公司或保理商，保理商通常是国际上一些资信良好、实力雄厚的跨国银行或其全资附属公司。

2. 国际保理业务的主要服务内容

(1) 坏账/风险担保

保理商通过无追索权地收购出口商所拥有的出口债权而进行风险担保。保理商可在收购出口债权时预先向出口商付款，也可在收到货款后再付款，一旦出现进口商在付款到期日拒付货款的情况，则出口保理商会在付款到期后90天无条件地向出口商支付所收购的价款。

保理商收购的出口债权可以是出口商品全部价款，也可以是部分价款。如果保理商认为收购全部债权风险太大，它可只在所核准的信用额度内收购，对已核准应收账款提供100%的坏账担保，对超过核准信用额度的价款金额则不承担责任。

对于由贸易纠纷引起的呆账、坏账，保理商不承担信用风险。这样做的目的是敦促出口商交付合格的货物，严格履行合同义务，不可借保理商的风险担保而交付不合格货物。保理商为保证自己不受不法出口商的欺骗，通常要求出口商提供货物检验和运输等方面的保证。因此，在通常情况下，只要出口商将对每个客户的销售量控制在保理商核定的信用额度内，就能有效地消除因买方信用造成的坏账风险。

(2) 贸易融资

根据提供融资与否，保理业务可分为到期保付代理和融资保付代理。

到期保付代理是一种比较原始的保理业务。在到期保付代理业务中，出口商将出口单据卖给保理机构，该机构承诺并同意于到期日将应收账款即单据的票面金额的收购价款无追索权地付给出口商。至于能否按期收回价款，与出口商无关。

标准的保理业务是融资保付代理，也称预支保理。出口商在发货或提供服务后，将代表应收账款的销售发票交给保理商，就可以立即获得不超过80%发票净额的有追索权预付款融资，余下的收购价款于货款收妥后再进行清算，这样就基本上解决了在途和信用销售的资金占用问题。

贸易融资可通过有追索权收购提供，也可通过无追索权收购提供。有追索权收购的主要功能是提供融资，欧洲大陆国家的保理商主要采用该收购方式；无追索权收购时，只要保理商预先垫付资金，就意味着同时提供了风险担保和贸易融资的双重服务，欧洲大陆国家以外的其他国家或地区多以该收购方式为主。

保理业务最大的优点是能够提供风险担保及有追索权或无追索权的短期贸易融资，而且手续方便，简单易行。它既不像抵押放款那样需要办理抵押品的移交和过户手续，也不像信用放款那样需要办理复杂的审批手续，而且出口商可以将保理融资作为正常的销售收入对待，不必像银行贷款那样显示在资产负债表的负债方，由此可以改善代表公司清偿能力的资产负债比例，有助于提高出口商的资信等级和清偿能力。

(3) 核定进口商信用额度

对出口商而言，在国际贸易中随时掌握客户的资信状况，并根据资信变化情况核定进口商信用额度和采取必要的防范措施，是极为重要的。除非出口商有四通八达、渠道畅通的信息网来收集信息，否则很难做到这一点。保理商除在收购出口债权时为自己核准进口商的信用额度外，还可专门为出口商提供该项服务。保理商可以利用保理商联合会广泛的代理网络和官方及民间的商情咨询机构，也可以利用其母银行广泛的分支机构和代理网络，通过多种渠道和手段获取有关进口商资信变化的最新动态资料，以及对进口商资信有直接影响的进口商所在国外汇管制、外贸体系、金融政策、国家政局等方面的变化，帮助出口商核定并随时告知适合客户的信用销售额度，制定相应的营销策略，快速应对进口商被迫清盘、破产倒闭等突发事件，从而将坏账风险降到最低限度。

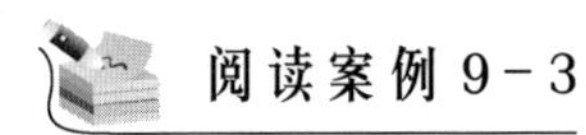
阅读案例 9-3

保理商未批准信用额度就应三思而后行

案情简介

浙江某进出口公司准备于2006年6月初出口一批女式全棉针衣到韩国，由于对进口商知之甚少，5月20日，该公司申请保理业务。发货前韩国 INDUSTRIAL BANK OF KOREA 答复中行浙江分行此债务人资信不佳，不能批准信用额度，也劝告出口商不要与之交易。但因听信韩商花言巧语，且货已备好，该公司在6月初发出价值20万美元的货物，付款方式 T/T 收货后15天。结果债务人到期不付货款，反而提出货物质量有问题，但货物却已被提走，当时正在出售。

案例分析

在保理商未批准信用额度的情况下，意味着进口商信用风险较大，此时不应采用信用方式出口。即使出口，也应采取其他债权保障措施，如保险、担保、抵押等。

资料来源：http：//max. book118. com/html/2020/0506/5220221021002243. shtm.

(2020-05-06)

(4) 销售分户账管理

通过分析销售分户账所反映的财务信息，企业相关人员可以确切地知道每一个客户所欠公司的货款、有争议款项的存在及其根源，立即发现问题并着手解决，据此分析和判断客户的资信和公司流动资金的现状。但是，实现完善的账务管理却是一项细致、烦琐的工作，并非每一个企业都力所能及。作为大商业银行的附属机构，保理商具备其母公司在账务管理方面的各种有利条件，拥有完善的账务管理制度、先进的管理技术和丰富的管理经验，因此完全有能力向客户提供优质高效的账务管理服务。

保理商收到出口商交来的销售发票后，在计算机中设立有关分户账，并输入必要的信息和参考数据，专用计算机可自动进行诸如记账、催收、清算、计息、收费、统计报表打印等工作，并可根据客户的要求，随时或定期提供按产品、客户、国家和地区等分别统计的各种数字和资料。而出口商将售后账务管理交给保理商代管后，既可有效节约相应的财务费用，又可集中精力于具体的生产经营和销售活动。

(5) 债款催收

赊销或提供买方信用已成为国际贸易市场竞争的手段之一，但随之而来的跨国债款催收就并非易事了。由于缺乏债款催收所需的技术和知识，许多出口商只得望洋兴叹，一旦通过正常途径无法收取债款，出口商就不得不在对法律条文不太熟悉的情况下请律师打官司，开始持久的诉讼程序，支付高额的律师费，给企业带来难以承受的资金负担。相比之下，保理商拥有专门的收债技术和丰富的收债经验，并可运用其母公司作为资本雄厚的大银行的影响力，敦促进口商遵守信用按时付款。特别是在通行的双保理机制中，出口地的保理商与进口

【拓展知识 有关保理业务的国际规则】

地的保理商往往签订相互合作的协定，这就使得跨国度收债转变为境内收债，降低了债款催收的难度，增大了债务按期偿还的可能性。此外，保理商一般都设有专门的部门处理法律事务，并可随时提供一流的律师服务，对处理债款催收更有经验。

9.3.2 国际保理业务的种类及其运作

在国际保理业务的发展过程中，按照不同的分类标准，可将保理业务分成不同的种类。例如，按保理商承购应收账款的付款时间划分，保理业务可分为在一个固定的到期日付款的保理和随收随付的保理；按保理商承购应收账款的类别划分，保理业务可分为承购所有应收账款的保理和只承购特定应收账款的保理。从实际需要的角度考虑，本书仅根据涉及的当事人及其权利和义务的不同对保理业务进行分类并予以阐释。按这一分类标准，可将国际保理业务分为以下 5 种类型。

1. 双保理机制

(1) 双保理机制的当事人及其相互关系

在双保理机制中，参加国际保理业务的有关当事人主要有进口商、出口商、进口保理商和出口保理商。4 个当事人之间均是单线联系。

出口保理商接受出口商申请向其提供包括预付款融资在内的全部保理业务，出口商仅与出口保理商一方打交道。

进口保理商不直接接受出口商的委托，而是受出口保理商委托，直接向债务人（进口商）收款，并在核准的信用限额内提供坏账担保。进口保理商在提供服务时，应被认为是按照签订的代理协议代表出口保理商行事，并不对出口商承担任何责任，与出口商没有直接契约关系。

(2) 双保理机制的业务程序

在国际保理业务的运作机制中，双保理机制是最重要，也是运用最广泛的一种。以O/A (Open Account，赊销）为基础的双保理业务流程如图 9.2 所示。

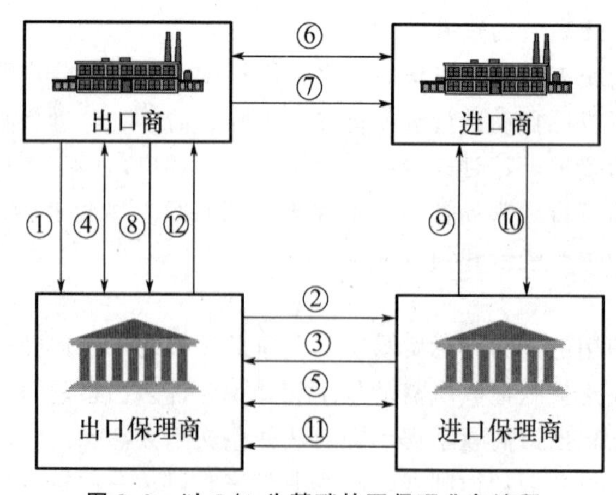

图 9.2 以 O/A 为基础的双保理业务流程

在图 9.2 中：

① 出口商在签订贸易合同之前向出口保理商提出业务申请，并询价。出口商提出申请的同时，一般还应随申请书提供一份进口商的清单，列明每个进口商的名称、地址及出口商所掌握的客户资信和经营状况，作为进口保理商为进口商核定信用额度的参考。

② 出口保理商根据进口商的分布情况选择进口保理商，将进口商的名称、地址、资信状况、经营情况及有关信用额度的申请告知进口保理商，并请其报价。

③ 进口保理商核定进口商的信用额度，在此基础上确定自己的条件和报价，并将批准和报价情况通知出口保理商。

④ 出口保理商在进口保理商批准的信用额度及报价基础上决定自己的条件和报价，并将结果通知出口商。出口商在接受条件与报价后，还可根据自身需要选择合适的"保理业务组合"，与出口保理商签订保理协议。

⑤ 进口保理商与出口保理商签订保理协议。通过协议，出口保理商将债权转让给进口保理商，由后者负责向进口商收款并承担相应责任。

⑥ 出口商与进口商以 O/A 方式签订贸易合同。

⑦ 出口商发货后，出口商应在汇票或发票及装运单据正本上加注经保理商认可的过户通知文句，通知进口商（也可不通知）有关债权已直接出售或转让给了进口保理商，有关应收账款应于到期日直接付给进口保理商。

⑧ 出口商向出口保理商提供上述票据的副本两套，一套交出口保理商，一套由出口保理商转交进口保理商，作为出售和转让债权的依据。出口保理商向出口商提供包括预付款融资在内的全部保理业务。

【拓展知识 双保理制度助力"一带一路"】

⑨ 出口保理商在进行相关账务处理后，将一套票据副本转寄进口保理商；进口保理商进行相关账务处理，并直接向债务人（进口商）收款。

⑩ 进口商向进口保理商付款。

⑪ 进口保理商将收到的全部发票金额立即划转给出口保理商。

⑫ 出口保理商扣除垫付款项后，向出口商支付余款。

2. 单保理机制

（1）单保理机制的当事人及其相互关系

在单保理机制中，参加业务的主要当事人也包括出口商、进口商、出口保理商和进口保理商。单保理机制中有关当事人的相互关系与双保理机制下大致相同。单保理机制是在双保理机制上派生出来的一种新机制，由于并未取消进口保理商的服务，而只是免除了进口保理商的部分责任，因而单保理机制也被更形象地称为一个半保理机制。因此，完全可以在理解了双保理运行机制的基础上，进一步学习单保理运行机制。

（2）单保理机制与双保理机制的区别

① 进口保理商的责任不同。单保理机制项下，进口保理商仍需负责提供坏账担保、催收账款，并协助出口商和出口保理商处理因贸易纠纷而导致的诉讼，但在双保理机制项下的收款和划款责任则被免去。

② 债权的转让不同。在出口商发货、向出口保理商转让债权后，出口保理商并不对进

口保理商进行债权的再转让，而是由出口保理商直接向进口商收款。

3. 直接进口保理机制

直接进口保理机制只涉及三方当事人，即出口商、进口商和进口保理商。在直接进口保理机制中，由出口商和进口保理商直接签订保理协议，出口商发货后，将发票直接寄给进口保理商，由进口保理商负责收取债款和提供坏账担保。与双保理机制和单保理机制相比，直接进口保理免去了出口保理商这一环节，具有操作简捷、效率高、收费较低等优点。但其缺点也是显而易见的：首先，由于没有出口保理商对出口商的经营和资信状况进行监督，进口保理商的业务风险加大；其次，进口保理商将直接面对出口商所在国的语言、法律、政策及有关商业习惯等方面与自身存在的差异。因此，直接进口保理机制适应于出口商与进口保理商之间没有语言障碍，有类似法律、政策及商业习惯等背景，能保证正常的业务联系和通信往来，进、出口商双方存在经常性业务往来关系，且资信状况良好的国际贸易。

4. 直接出口保理机制

直接出口保理机制最初源于国内保理业务，后逐渐发展并用于国际结算。双保理机制出现以后，该机制受到了很大的冲击，目前仅有少部分保理商保留了这种做法。

直接出口保理机制涉及三方当事人，即出口商、进口商和出口保理商。出口商在发货后，将发票寄给出口保理商，由出口保理商负责向债务人收取债款并提供坏账担保。直接出口保理机制可有效消除双保理机制付款速度慢、重复劳动、重复收费等弊端，又克服了直接进口保理机制中出口商与保理商之间存在的语言、法律、政策及商业习惯等方面的障碍。但直接出口保理存在的缺点却不容小视，这也是为什么在双保理机制产生后，直接出口保理机制逐渐为其所代替的根本原因。直接出口保理机制的缺点如下。

(1) 债权转让的难度加大

出口保理商必须持非常谨慎的态度对待债权的转让，以保证转让符合本国及债务人所在国家的法律，使债权与法律不相冲突或受第三者权益阻碍。在进口商分属不同的国家和地区的情况下，出口保理商还必须对各国的政策、法律和商业惯例进行逐一研究并作出判断，这是一项复杂烦琐的工作。即使完成了上述工作，也无法做到完全规避债权转让风险。

(2) 进口商信用风险加大

出口保理商无法有效了解和监控进口商的资信状况和经营状况，一旦进口商发生信用危机，出口保理商就必须跨国催债，其收款能力显然弱于进口保理商。为降低信用风险，出口保理商往往采用以自己的名义收购信用保险单的方法，对因进口商偿债能力不足而造成的呆账、坏账进行保险。虽然这样做能够在一定程度上减少信用风险，但增加了保理商的工作量和保理成本。

(3) 存在汇率波动而导致的收汇风险

对于实行外汇管制的国家，外汇管制条例往往会成为出口保理商及时收回债款的障碍。由于出口保理商收购债权是即期付款，进口商偿清债务却需要在一定时间之后，因此出口保理商不得不承担在此期间内因汇率波动可能产生的收汇风险。

(4) 处理贸易纠纷不易

由于没有进口商所在国保理机构的协助，出口保理商在跨国处理贸易纠纷以及由此而产生的法律诉讼等问题上处于更加不利的地位。

5. 背对背保理机制

在背对背保理机制中涉及5方当事人，即出口商、出口保理商、进口保理商、经销商和进口商。背对背保理机制中出口商、出口保理商、进口保理商之间的相互关系与双保理机制下的关系相同。

理解背对背保理机制的关键是理解经销商在其中扮演的角色。经销商是出口商设在进口国的附属或代理机构，或其他类型的中间商，主要负责进口货物并在进口国将货物销售给实际的进口商。经销商一方面要筹集资金组织进口，另一方面又要进行进口国国内销售，资金压力较大。在银行信用贷款满足不了资金需求的情况下，经销商往往会与进口保理商签订保理协议，以其销售债权为抵押，获取一定比例的融资以维持正常运转。在这种机制下，出口商在整个业务中并不直接与债务人发生业务往来，而是由经销商充当中介，故称这种保理机制为背对背保理机制。

9.4 包买票据业务

9.4.1 包买票据业务概述

1. 包买票据业务的含义

“Forfaiting”源于法语“aforfait”，意即放弃权利，在此是买断或无追索权购买之意，这正反映出了包买票据业务的精髓。因此，通过包买票据业务，一方面出口商将放弃因提供商品或劳务而产生的对进口商的债权，获得由包买商支付的对价，提前收回货款，包买商则成为新的债权人；另一方面意味着包买商买入票据时，放弃对出口商追索的权利，并因此承担到期索偿的全部责任和风险，而免去出口商远期收款的风险。

包买票据业务根据其音译又被业界称为福费廷业务，指出口地的商业银行或作为银行附属机构的专门包买商对出口商持有并经银行担保的债权凭证进行无追索权购买（贴现）的业务活动。包买票据业务是一种独具特色的金融服务业务和重要的中长期贸易融资方式，它主要适用于资本货物的出口。

包买票据中最常见的债权凭证是汇票和本票，它们代表着出口收款权。汇票由出口商出具，由作为汇票付款人的进口商以承兑方式确认其债务责任；本票由进口商出具，出口商为本票收款人。在通常情况下，汇票或本票应由进口商邀请当地知名银行担保。

2. 包买票据业务的主要当事人

在一笔包买票据业务中，主要涉及以下4方当事人。

① 出口商，即提供商品或劳务并将应收票据出售给包买商的当事人。

② 进口商，即包买票据业务中的债务人，承担到期支付款项的主要责任。

③ 包买商，即出口地提供包买票据融资的商业银行或金融机构。如果业务金额巨大，单个包买商出于财力和信用额度的限制，或出于分散风险的考虑，可以联合多个包买商构成包买辛迪加，共同承做包买票据业务。如果存在包买票据二级市场，则会出现二级包买商。

④ 担保行，即为进口商的按期付款提供担保的当事人，通常为进口商所在地银行。由于包买票据业务具有不可追索的特点，因此包买商的风险很大。为降低风险，除非进口商是资信毫无问题的一流债务人，否则包买商将要求包买票据债务具有背书形式的担保，或包买商能接受的不可撤销的、无条件的银行担保，以应对可能出现的进口商恶意拒付或确实无清偿能力的情形。

为了消除业务风险，包买商还可以邀请当地一家或几家实力雄厚的银行对自己打算叙做的或已经叙做的包买票据业务提供风险担保，即通常所说的“风险参与”，接受邀请提供风险担保的银行称为风险参与银行。需要强调的是，风险参与银行所提供的担保是独立于进口地担保行提供的担保之外的完整的法律文件，对由任何信用风险（如买方信用风险和国家信用风险）造成的票据迟付或拒付负有不可撤销的和无条件的赔付责任。风险参与的实质相当于投保了出口信用保险，包买商因此享有了本地风险参与银行和进口地担保银行的双重担保，但两类银行的担保责任是不同的：担保行承担第一性付款责任，而风险参与银行承担的是第二性付款责任，只有在担保行违约的前提下才履行其付款责任。

9.4.2 包买票据业务的特点及其与其他融资方式的比较

1. 包买票据业务的主要特点

(1) 主要提供中长期贸易融资

包买票据业务是一种非常重要的中长期融资业务，融资期限至少半年，以5～6年的居多，最长可达10年。在实践中，包买商还根据市场条件及其对特定交易的风险水平估计决定融资期限。

(2) 债权凭证的购买无追索权

即使包买商到期不能从进口商或担保行收回票款，也不能要求出口商退还所付款项，收不到票款的损失由包买商自己承担。

(3) 融资金额一般较大

包买商购买的票据金额一般应在100万美元以上，金额越大越好。如果金额过小，不仅会增加客户的融资成本，而且会抵消包买票据业务的长处，使之失去竞争力和吸引力。所以，大银行通常只愿意做500万美元以上的交易，但当金额超过5 000万美元时，则肯定要由包买辛迪加来联合融资。

(4) 债权凭证须经担保

除非进口商是信誉卓著的政府机构或跨国公司，否则债权凭证必须由能使包买商接受的银行或其他机构无条件地、不可撤销地进行保付或提供独立担保。担保人通常是包买商熟悉的某家国际上活跃的银行，绝大多数情况下，该银行位于进口商所在地，掌握进口商资信状况的第一手资料，能够对进口商的资信状况和清偿能力进行独立的风险评估。

（5）按规定的时间间隔出具债权凭证

包买商与出口商叙做包买票据业务的同时，理应同意向进口商提供期限为6个月至5年或更长时间的信贷融资，并同意进口商以分期付款方式支付款项。包买票据业务融资中，通常采用一系列半年期的票据，进口商以分期付款方式支付货款，每半年还款一次，而在出票时也应以此为基础，按融资期限分成金额相等的若干张票据，每半年有一张到期。

（6）主要以美元、欧元及英镑作为计价货币

理论上，凡是以货币市场上可自由交易或兑换的货币计价的商品交易均可叙做包买票据业务，如美元、日元、欧元、英镑等。但在实践中，大部分包买票据业务的交易都是以美元、欧元及英镑作为计价货币，因为这几种货币是欧洲金融市场上最通用的货币，且交易量大，有利于包买商匹配资金，消除利率风险和汇率风险。

（7）业务项下的商品交易主要是资本性商品交易

包买票据业务起源于第二次世界大战后东西方国家之间的谷物贸易，后来逐渐转向资本性商品交易，除了资本性商品贸易量增长的因素外，融资期限也是主要原因。普通商品交易的融资期限一般在6个月以下，而像机械、电子或成套设备等资本性商品交易，交易金额大，进口商延期付款的期限越来越长，更适合叙做包买票据业务。但只要包买商有能力、技术上又可行，任何类型的、融资期限从几个月到几年的商品交易、服务贸易也都可以利用包买票据业务实现资金融通。

（8）绝大多数包买票据业务的债务以各种汇票或本票形式出现

绝大多数包买票据业务票据采用由收款人开具的以债务人为付款人并由债务人承兑的汇票形式，或者采用由债务人开具的以收款人为受益人的本票形式。

汇票和本票之所以成为最主要的包买票据业务债权凭证形式，一方面是由于这两种结算工具不仅操作简单，而且具有流通性，便于背书转让；另一方面是由于世界各国有着较为统一的票据公约，公约的存在为开展业务提供了一个清楚的业务守则，避免了不必要的争议和纠纷，保障了业务的正常进行。

2. 包买票据业务与其他融资方式的比较

包买票据业务是一种新型的结算融资方式，将它与其他融资方式进行比较分析，可以进一步认识该业务所具有的特点。

（1）与商业贷款的比较

在国际资本市场上，利率波动较为频繁，相互之间的影响作用也在不断扩大，往往一种货币的利率变化会引起国际金融市场上其他货币利率的连锁反应，因此银行对中长期融资一般仅提供浮动利率的商业贷款，根据贷款人的资信状况、贷款金额、贷款期限以及担保或抵押情况决定利率水平。即使提供固定利率贷款，银行也会加大利差，以避免或减少利率上浮给银行造成利率倒挂的损失。而无论何种类型的商业贷款，银行都会要求贷款人提供担保、抵押品，或对贷款人的资产实行固定或浮动抵押。与之相比，包买票据业务可以提供固定利率的中期贸易融资，能够满足客户控制利率风险、

确定融资成本的需要，而且仅需出口商提供进口商银行担保就能够提供100%的坏账担保。

(2) 与卖方信贷的比较

卖方信贷是出口信贷的一种重要形式，是一国政府为鼓励本国资本性货物出口而提供的一种带利息补贴性质的融资服务，是以出口信贷保险为基础的，保险与银行贷款相融合的一种资金融通方式。其主要形式是出口商所在地银行对本国出口商提供的优惠贷款。这种贷款的利息低于国际市场的浮动利率，利率的差额部分由政府补贴给指定的商业银行，实际上政府给出口商以利息补贴。

卖方信贷是出口企业获得中长期融资的重要途径，其贷款条件也相对较为严格。例如，在信贷资金流向方面，我国政府目前重点保证和支持的是成套设备、船舶、飞机等高技术含量、高附加值机电产品及对外卫星发射等技术项目。而且在卖方信贷中，一般会要求出口商投保，对延期付款金额还要求出口商必须有担保或是提供财产抵押。保险公司一般只承保应收账款90%左右的出口信用险，且直到应收账款变为呆账后6个月才予以赔付，若通过法律程序索偿，赔付期可能会更长，而出口商欠银行的贷款却必须到期归还，不得延续。所以在卖方信贷融资中，出口商会承担一定的收汇风险。较之卖方信贷，包买票据业务方式的好处是没有严格的项目条件限制，出口商不用承担收汇风险，手续也更为简便。

(3) 与国际保理业务的比较

无论是办理国际保理业务，还是办理包买票据业务，出口商都可以在贸易合同规定的收款期之前获得部分或全部货款，而且所获融资均是无追索权的。但它们又各具特点，有着贸易领域和融资期限方面的互补性，风险承担方式也有所不同。

① 国际保理业务主要适用于以生活消费品、零部件或劳务为标的物的一般性交易，每笔交易的金额都相对较小，且一般是经常性持续进行的；包买票据业务主要针对资本性货物的进出口贸易，金额较大并且都是一次性交易。

② 国际保理业务的融资期限取决于赊销期限，一般为发货后1～6个月，个别可长达9个月，属于短期贸易融资；而包买票据业务的融资期限至少6个月，一般长达数年，属于中长期贸易融资。

③ 因融资金额较小、融资期限较短，保理商承担的业务风险相对于包买商也较小。因此保理商主要以设定信用额度的办法来控制风险，无须另外提供担保；而包买商必须要有第三者提供担保。

【拓展知识 福费廷业务的创新与应用】

④ 国际保理业务中，一般出口商最多只能得到发票金额80%～90%的融资，这部分金额可以免除利率和汇率风险，但余额部分须在赊账到期日才能获得支付，所以出口商须承担有关汇价和迟付方面的残留风险。而在包买票据业务中，由于出口商是以无追索权的形式将远期票据出售给包买商的，因此出口商不但可按票面金额获得融资，而且在远期票据出售以后就无须再承担任何风险了。

9.4.3　包买票据业务的办理程序及成本与费用

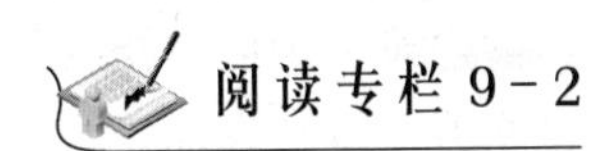

阅读专栏 9-2

福费廷业务在我国的发展状况

福费廷业务在我国开展较晚，直到20世纪90年代中期，由银行设在境外的分支机构开始办理福费廷融资的相关业务。1994年，我国成立了第一家支持国际贸易合作的政策性银行——中国进出口银行，直到2001年中国银行的江苏分行办理了第一笔短期的福费廷业务，才标志着福费廷业务在我国境内正式开展。此后，我国其他商业银行也紧随中国银行的步伐，陆续开展了福费廷业务。

2005年，国际福费廷协会（IFA）东北亚地区委员会在北京正式成立，该委员会的成立标志着我国银行的福费廷融资业务迈入新阶段。2008年金融危机爆发后，从事国际贸易的出口企业的收汇风险增加，为了规避风险，大多数出口企业逐渐选择福费廷融资业务。与此同时，随着国内贸易的迅速发展，福费廷业务开始在从事国内贸易的企业中展开。2007年，中国银行最早推出以内销业务信用证结算方式为基础的福费廷融资服务。2019年，《中国银行业协会商业银行福费廷业务指引》发布，福费廷业务开始有了正式的业务指导文件，为福费廷业务健康有序开展提供了制度保障。经过二十几年的发展，福费廷业务也得到了大多数银行和企业的认可，逐渐成为许多中小型银行贸易融资的主打产品。

经过二十几年的发展，福费廷业务开始在中国市场不断扩大，开始被越来越多的银行认可并接受，并逐渐发展其贸易融资业务。福费廷业务是传统信贷业务的一种补充，既可以规避境外收汇风险，也可以有效利用同业的授信额度，不仅是大企业的一种融资选择，现在逐渐成为中小型银行贸易融资的一种重要产品。但是由于新政策的颁布，开始规范福费廷业务的有序操作，大银行也开始抢占产品融资服务，目前，福费廷业务市场价格逐渐回归理性。同时福费廷客源也在不断减少，出现境内福费廷业务的资产荒现象。从国际环境来看，由于经济发展缓慢，境外收汇信用风险提高，交易背景的真实性和进口企业操作合规性的审核成本提高，福费廷业务的交易成本也逐渐提高。

资料来源：唐娜，2020. 我国福费廷业务现状与发展创新 [J]. 产业与科技论坛，19 (21)：62 - 64.

1. 包买票据业务的办理程序

（1）出口商询价

一般说来，出口商在与进口商洽谈贸易时应做好融资的准备。为了争取订单，出口商往往主动或被动同意向进口商提供远期信用融资，并将延付利率计入产品成本。为了确保能按时得到融资，并且不承担利率损失，出口商应在与进口商进行贸易洽谈的早期阶段，就主动和包买商联系，得到包买商的正式答复及报价后核算包买票据业务融资成本。如果出口商在签订买卖合同之后才去找包买商做包买票据业务，有可能发现承诺进口商延期付款的延付利率低于包买商报的贴现率，出口商势必会因此而蒙受损失。

（2）包买商报价

包买商接到出口商的询价后，应从以下几个方面来考虑是否承做这笔业务：分析进口商所在国的政治风险、商业风险和外汇汇出风险是否在能承受的范围内；核定对该国的信用额度，是否有足够的额度来承做这笔交易；考核担保人的资信状况、偿付能力；审核商品交易本身是否属于正常的国际贸易，合同金额、期限是否能接受；检查有无对买卖双方资信状况产生不利影响的记载和报告，能否以有利可图的价格在二级市场上转卖票据。如果愿意承做，包买商就应根据国际包买票据市场情况作出报价，报价内容就是包买票据业务的成本和费用。

（3）签订包买合同

当包买商的报价被出口商接受后，双方即可正式签订包买合同。包买合同主要内容包括项目概况、债权凭证、贴现金额、货币和期限、贴现率与费用、当事人责任与义务等。订立包买合同意味着包买商承担了将来按某种价格向出口商购买某种票据的责任和义务。

（4）签订贸易合同

出口商将已确定的融资费用计入成本，向进口商报价，只要报价被对方接受，即可正式签订贸易合同。

（5）出口商发货、寄单和出具汇票

贸易合同签订后，出口商即可发运货物，备齐单据，并将单据寄交进口方银行。如果合同规定债权凭证为汇票，那么出口商还应签发汇票并寄给进口商。如果合同规定债权凭证为本票，则出口商不必签发汇票而由进口商签发本票。

（6）进口商申请银行担保

进口商收到出口商寄来的汇票后应予以承兑并申请银行担保。如果合同规定债权凭证为本票，则进口商开立本票后申请银行担保。

（7）进口商借单提货

接到出口银行寄送的单据后，进口方银行可在一定条件下，如通过 T/R 将单据借给进口商，进口商即可凭单提货。

（8）包买商购进债权凭证

出口商收到经银行担保的债权凭证后，即可按包买协议规定出售给包买商，一次性提前收回货款。包买商购进债权凭证后应持有票据，按不同到期日依次向进口商或担保行索偿，或在二级市场上售出。

（9）到期票据的清算

在票据即将到期前，包买商应把即将到期的票据直接寄给担保人或保付人。担保人或保付人则于到期日按包买商的指示汇付票款。一旦发生担保人迟付的情况，包买商可酌情收取罚息；一旦发生担保人拒付的情况，包买商应尽快做成拒绝证书，这种将通过法律程序追讨债款的暗示会起到足够的威慑作用，促使担保人尽快履行付款责任。需要强调的是，当发生迟付或拒付情况时，只能认定担保人对到期提示的某一期票据出现了违约，而不能以此推断并宣称担保人对其他所有未到期票据发生了违约，尽管它们属于同一笔交易并由同一担保人担保。包买票据业务流程如图 9.3 所示。

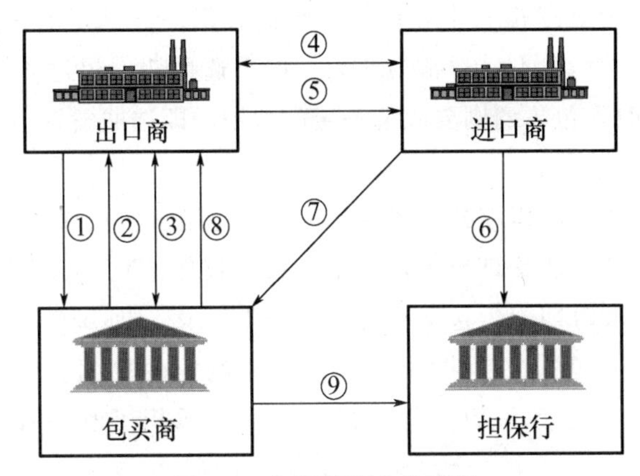

图 9.3 包买票据业务流程

在图 9.3 中：

① 出口商向包买商询价。

② 包买商向出口商报价。

③ 出口商与包买商签订包买合同。

④ 出口商与进口商签订贸易合同。

⑤ 出口商发货、寄单和出具汇票。

⑥ 进口商申请银行担保、借单提货。

⑦ 进口商向包买商寄交担保债权凭证。

⑧ 包买商向出口商无追索权贴现付款。

⑨ 到期票据的清算。

2. 包买票据业务的成本与费用

包买商在与出口商签订包买协议之前，要计算因办理这项业务而产生的额外成本。包买票据业务涉及的成本与费用主要包括贴现率与贴息、选期费、承担费、担保费和宽限期贴息等。

（1）贴现率与贴息

贴现率一般是固定的，其高低由进口国的综合风险系数、融资期限长短、融资货币的筹资成本等决定。具体而言，贴现率通常是按包买合同签订日或交割日的 LIBOR（伦敦银行同业拆放利率）计算，并加计利差得出的。利差是包买商根据融资成本、所承担的风险和所希望得到的利润来确定的。贴息是根据融资总额和贴现率计算出来的融资成本。

（2）选期费

选期费即包买商收取的选择期补偿费用。当出口商向包买商申请包买票据业务交易时，包买商如果同意叙做，就会给出一个报价，而出口商还需将这个已确定的融资费用计入成本再向进口商提出报价，直至进口商接受报价确认成交。在这段时间，出口商并不能确定是否接受包买商的发盘，这是一个选择期（从签订包买合同至签订贸易合同），对此，包买商要收取所谓的选期费，作为对承担利率和汇价风险的补偿。选择期的长短根据交易商品的类别、金额大小不一，正常情况下，通常为5天。如果选择期不超过48小时，包买商一般不收费；如果超过48小时，包买商则要收取一定的费用，即选期费。

（3）承担费

承担费是包买商收取的承担期补偿费用。承担期是指从包买双方达成交易到实际交付债权凭证进行贴现这段时期（从签订包买合同至交付债权凭证）。承诺期不是事先固定的，一般为6个月左右。在这段时期内，包买商必须恪守其承诺，即到某一约定日期按一个固定贴现率对一定的票据进行融资，同时出口商应提交约定的单据。包买商因对该项交易承担了融资责任而相应限制了其承担其他交易的能力并承担了利率和汇价风险，所以要收取一定的费用，即承担费。承担费率一般为年率0.5%～2.0%。

（4）担保费

担保费是进口方银行因出具保函或对票据加保而向进口商收取的风险费和手续费。

（5）宽限期贴息

宽限期又叫多收期，指从票据到期日至实际收款日的估计延期天数。由于各国法律规定的不同和各个银行工作效率的差异以及其他因素，可能造成票款的迟付，增加收款人成本。包买商为弥补可能发生的损失，通常要在报价时加算几日（一般为3～7天）的贴息，即宽限期贴息。

除担保费外，以上费用表面上都是由出口商承担的，但由于出口商向包买商询价在先，出口商将已确定的融资费用计入成本，才向进口商报价，只有报价被进口商接受，买卖双方才正式签订贸易合同，因此出口商早已将这些费用通过加价转嫁给了进口商，故实际上是进口商承担了主要成本和费用。

9.4.4 包买票据业务对各当事人的影响

包买票据业务是一种快捷方便、简便灵活的出口贸易融资方式，但它对各当事人的影响有所不同。

1. 对出口商的影响

总体上看，包买票据业务对出口商比较有利。

① 在商务谈判中，由于借助包买票据业务方式为进口商提供了延期付款的信贷条件，从而增强了商品的出口竞争力。

② 变远期票据为即期收汇，变延期付款为现金交易，避免资金被长期占用，有利于改善资金流动状况，提高资金使用效率。

③ 不再承担应收账款回收工作与费用。

④ 以无追索权方式买断远期票据，将与票据支付有关的政治、商业、利率和汇率风险转嫁给了包买商，又将转嫁风险所付的代价通过商品价格或延付利息转嫁给了进口商。

⑤ 融资方式操作简单快捷，可用全部或部分票面金额来获得融资，无须受到预付定金比例的限制，效率较高。

⑥ 在出口商的资产负债表中，可以减少国外的负债金额，提高企业资信水平，改善流动资金状况，有利于其有价证券的发行。

⑦ 包买票据业务的保密程度好，有利于保护出口商的商业机密。

虽然包买票据业务对出口商提供了很多便利，但其不利之处也是显而易见的：包买票据业务属于批发性融资工具，最适合于100万美元以上的大中型出口合同，对金额小的项目而言，其优越性不但不明显，反而会因为融资成本的增加而导致出口成本的提高，并最终影响到出口产品价格，进而影响到产品的出口竞争力。

2. 对进口商的影响

进口商从中获得的主要益处是：不但可以获得贸易项下延期付款的便利，而且可以取得出口商提供的100%合同价款的贸易融资；融资简单、灵活，还款计划和利率可视进口商和进口国家的规定而定，也可以按现金流量需要而定。

但是，出口商往往将延付利息和所有费用负担均计入产品成本，并在此基础上向进口商报价，所以包买票据业务项下的商品较一般交易商品的价格要高。而且进口商要寻找一流的银行来对出口商开出的远期汇票或自己开出的本票进行担保，这时进口商必须向担保行支付一定的保费和抵押品。

3. 对包买商的影响

对包买商而言，有利之处是业务的流程较为简单，可以使其获取较高的收益，并可将债权凭证在二级市场上出售，收回融出资金；不利之处是包买商在融资中承担了所有的汇价、利率、信用和国家风险，并且没有追索权。

4. 对担保行的影响

对担保行而言，有利之处是通过对票据加保或出具保函能够获得相当可观的保费收入，并且融资文件简单、省时省力；不利之处是承担了一定的业务风险，一旦进口商破产或无力支付，其对外的付款可能无法收回。

9.4.5 包买票据业务的风险与防范

在包买票据业务中，有关当事人将面临来自不同方面的不同程度的风险，所以有必要对这些风险加以识别，并有的放矢地加以防范。

1. 出口商面临的风险与防范

出口商面临的风险主要是指出口商向包买商出售债权凭证之前这段时间内存在的各种风险，主要涉及以下几方面。

(1) 利率风险

利率风险是指在签订包买合同与签订贸易合同之间这一时间段内，交易计价货币的利率存在下调的可能性，利率下调势必会增加出口商的融资成本，而出口商对进口商的报价又早已确定而无法更改，由此将对出口商的实际收益造成负面影响。所以，出口商在签订贸易合同前应及时与包买商联系洽谈，取得其报价和包买承诺，即可将融资成本计入商品价格，从而有效消除利率风险。

(2) 履约风险

履约风险是指在承担期内，由于种种主、客观因素，可能会发生贸易合同无法继续履行、出口商无法向包买商提供有效票据的情况，即由于贸易合同不能履行而导致的包买合同不能履行，由此将给包买商造成损失。一旦出现上述风险，出口商有责任对包买商因此而产生的费用和遭受的损失予以补偿。但在实务中，出于与客户维护长远关系的考虑，包买商往往会以宽容的态度对待此事，通常仅是象征性收费或不收费。

(3) 币别风险（汇价风险）

币别风险是指出口商在承担期内收到进口商交来票据的币别不是原来合同中规定的货币，出口商将面临因此产生的汇价风险，即计价货币贬值的风险。币别风险（汇价风险）可以通过在贸易合同中增加特殊条款来消除，如商品价格随有关货币的汇率变化而变化，必要时还可通过购买有关货币的远期外汇买卖合同来消除风险。

2. 进口商面临的风险与防范

进口商面临的主要风险是汇价风险，即如果交易计价货币是外币，进口商就面临着本币贬值或外币升值而多支付本币的风险。这种风险通常可以通过远期外汇买卖合同加以消除，但如果进口商所在国的法定货币是不可自由兑换货币，这种汇价风险就无法消除。

3. 包买商面临的风险与防范

在提供选择期至票款到期收回的整个期间，包买商一直承担着各种风险，主要包括以下几方面。

(1) 利率风险

这里的利率风险主要是指在选择期和承担期中，由于利率上升而导致包买商融资成本上升的风险。控制和消除利率风险的主要手段是应尽量做到资金完全匹配。

(2) 担保行的信用风险

担保行的信用风险是指担保行在票据到期日履行付款责任时由于某些原因而出现迟付的情况。应对此类风险的办法是对担保行核定相应的信用额度。值得注意的是，包买商通常仅是银行的一个部门，不能独立考虑其信用额度问题，而应将整个银行对该担保行所发生的业务进行通盘考虑。

(3) 国家风险

国家风险通常指担保行所在国的国家风险。控制和防范国家风险的主要办法是核定信用额度及投保国家信用险，此外还可邀请有关银行进行风险担保。

(4) 单据和票据缺陷风险

票据和票据在有效性方面存在任何缺陷都可能会给包买商带来风险，因此包买商应严格审查有关单据、票据，并做好记载。此外，包买商还应加强对单据的保管，因为单据保管不善，如发生丢失、火烧、水渍等也会影响包买商的权益。

(5) 托收与清偿风险

托收与清偿风险指由于人为的疏忽和失误，致使票据未能于到期日前及时寄出而造成的迟收货款风险。应对该风险的措施是严格加强内部管理，由专人负责保管单据及寄单。此外，包买商应要求出口商在交易中以美元、欧元和英磅为计价货币，因为这几种货币在欧洲市场上被广泛使用，对包买商来说可以避免使用其他货币可能产生的再融资的困难。

4. 担保行面临的风险与防范

担保行面临的主要风险是进口商的违约风险，即因进口商违约、破产等原因使担保行的对外垫款得不到偿还，利益受到损害。应对此类风险的有效办法是核定信用额度，要求进口商提供抵押品或反担保函。如果进口商与担保行不在同一国家，担保行还要承担国家信用风险。对该风险的防范办法是核定该国信用额度。

本章小结

国际贸易融资是指围绕国际贸易结算的各个环节发生的资金和信用融通活动。国际贸易融资的业务种类繁多，随着国际贸易和金融业的发展还在不断涌现新的业务品种。跟单托收结算中，国际贸易融资开始出现，托收出口押汇、凭信托收据借单提货、凭银行保函提货就是该方式项下的 3 种融资方式。信用证结算中，贸易融资更为便利，其中：出口融资包括信用证打包放款、信用证出口押汇、卖方远期信用证融资；进口融资包括开证授信额度、进口押汇、买方远期信用证融资。国际保理业务是 20 世纪六七十年代在国际上得到迅速发展的一种综合型国际结算与融资方式，因其解决了 O/A、D/A 方式下的出口商收款风险和贸易融资问题而深受贸易商人的青睐，各类保理商也因此拓展了业务空间。与国际保理业务相近的包买票据业务也是 20 世纪 60 年代以后在国际上得到迅速发展的一种主要的国际结算与融资方式，具有很多其他融资方式难以比拟的优势。

关键术语

出口押汇 Outward Bills
打包放款 Packing Credit
议付 Negotiation
信托收据 Trust Receipt
银行承兑 Banker's Acceptance
票据贴现 Discounting
进口押汇 Inward Bills
国际保理业务 International Factoring
保理商 Factor
坏账担保 Protection against Bad Debts
债款催收 Collection from Debtors
已核准应收账款 Approved Receivables
未核准应收账款 Unapproved Receivables
销售分户账管理 Maintenance of The Sales Ledger
寄售 Consignment
双保理机制 Tow Factor System
单保理机制 Single Factor System
背对背保理机制 Back-to-Back Factoring System
直接进口保理抽制 Direct Import Factoring System
直接出口保理机制 Direct Export Factoring System

国际保理商联合会　Factors Chain International，FCI
包买票据　Forfaiting　　包买商　Forfaiter
贴现率　Discount Rate　　选择期　Option Period
承担期　Commitment Period　　宽限期　Grace Days
《国际保理业务惯例规则》　Code of International Factoring Customs
《国际保付代理公约》　Unidroit Convention on International Factoring

【拓展知识　附录9-1～9-3】

【第9章　在线测试】

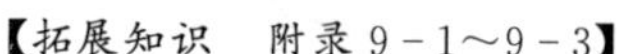

综合练习

一、简答题

1. 什么是出口押汇？出口托收押汇与出口信用证押汇的区别是什么？
2. 试述信托收据在跟单托收与信用证业务中的运用。
3. 什么是打包放款？出口商申请打包放款时，应满足哪些主要条件？
4. 国际保理业务的服务内容有哪些？
5. 试分析包买票据业务对各有关当事人的利弊。
6. 保理业务与包买票据业务有何异同点？

二、案例分析题

1. 托收款无法收回案

2018年12月10日，某市A公司与德国B公司签订了一份出口地毯的合同，合同总价值为5万美元，收货人为B公司，付款条件为D/A 30天。2018年12月20日，A公司按照合同的要求备齐货物发运。在取得空运提单和原产地证之后，A公司会同已缮制好的汇票、发票、单据一起交到该市C银行。因A公司近期资金紧张，随即以此单向C银行申请办理押汇。C银行考虑虽然托收风险大，但A公司资信状况良好，与本行有良好的合作关系，无不良记录，就为A公司办理了出口押汇，押汇金额为5万美元，押汇期限为50天，到期日为2019年2月9日。同日C银行将此款项转到A公司账户，随后A公司便支用了该笔款项。2019年1月12日，C银行收到国外提示行电传，声称客户已经承兑，并取走了该套单据。到期日为2019年2月9日，但是到期日之后，却迟迟未见该笔款项划转过来。经A公司与C银行协商，由A公司与买方联系，买方声称已将该笔款项转到银行。2019年3月25日，C银行发电至代收行查询，代收行未有任何答复。此时，A公司再与B公司联系，B公司一直没有回电。到2019年9月，B公司突然来电声称自己破产，已无偿还能力。至此，该笔托收款已无收回的可能。C银行随即向A公司追讨，但A公司一直寻找借口，拖欠不还。C银行见A公司无归还的诚意，就将A公司告上法庭，要求A公司清偿所欠的银行债务。

在本案例中，托收款无法收回的损失最终应由谁承担？C 银行承担了哪一方的信用风险？C 银行和出口商共同承担着怎样的欺诈风险？这些风险应如何妥善规避？

2. 保理的风险

我国某出口商就电视机出口到新加坡向某保理商申请 100 万美元信用额度。保理商在调查评估进口商资信的基础上批准 20 万美元的信用额度。出口商遂与新加坡进口商签订 23 万美元的出口合同。发货后出口商向保理商申请融资。保理商预付 16 万美元。到期日进口商以货物质量有问题为由拒付（理由是该批货物与以前所购货物为同一型号，而前批货物有问题）。进口保理商以贸易纠纷为由免除坏账担保责任。出口商认为对方拒付理由不成立，并进一步了解到对方拒付的实际理由是新加坡进口商的下家土耳其进口商破产，货物被银行控制，新加坡进口商无法收回货款。因此，出口方要求新加坡进口商提供质检证，未果。90 天赔付期过后，进口保理商仍未能付款。出口方委托进口保理商在新加坡起诉进口商。但进口保理商态度十分消极，仅凭新加坡进口商的一家之言就认同存在贸易纠纷，结果败诉。

试对本案例进行分析并谈谈启示。

3. 福费廷业务的风险

瑞士某汽轮机制造公司向拉脱维亚某能源公司出售汽轮机，价值 300 万美元。因当时汽轮机市场很不景气，而拉脱维亚公司坚持延期付款，因而瑞士公司找到其往来银行 ABC 银行寻求福费廷融资。该银行表示只要拉脱维亚公司能提供拉脱维亚 XYZ 银行出具的票据担保即可。在获悉拉脱维亚 XYZ 银行同意出保之后，ABC 银行与瑞士公司签署包买票据合约，贴现条件是：6 张 50 万美元的汇票，每隔 6 个月一个到期日，第一张汇票在装货后的 6 个月到期，贴现率为 9.75% p.a.，宽限期为 25 天。瑞士公司于××年 12 月 30 日装货，签发全套 6 张汇票寄往拉脱维亚公司。汇票于次年 1 月 8 日经拉脱维亚公司承兑并交拉脱维亚 XYZ 银行出具保函担保后，连同保函一同寄给 ABC 银行。该银行于 1 月 15 日贴现全套汇票。由于汽轮机的质量有问题，拉脱维亚公司拒绝支付到期的第一张汇票，拉脱维亚 XYZ 银行因保函签发人越权签发保函并且出保前未得到中央银行用汇许可而声明保函无效，并根据拉脱维亚法律，保函未注明“不可撤销”，即可撤销保函。而此时，瑞士公司因另一场官司败诉，资不抵债而倒闭。

试对本案例进行分析并谈谈启示。

三、实际操作题

A collection is in the terms of D/P at 30 days after sight. Upon presentation of drafts and documents to the buyers, Perl & Treiber GMBH Co., 6831 Plankstadt, Germany, that payment of the draft will be deferred pending their sale and delivery of 30 cases porcelain (pre s. s. Victoria) for DEM60,678.00 to a new purchaser. They request that the collecting bank, DCH Bank Ltd., Germany, will deliver documents to them against a trust receipt issued by themselves. After obtaining collecting bank's agreement the buyers issue a trust receipt dated 8 Oct. 202× to be guaranteed by XYZ Company, 39 Prince Road, Germany. Please fill in the receipt as follows to meet the above requirements.

TRUST RECEIPT

TO:________________

Received from the said Bank (a full set of shipping documents evidencing) the merchandise having an invoice value of____________say________________________as follows:

MARKS AND NUMBERS	QUANTITY	DESCRIPTION OF MERCHANDISE	STEAMER

In consideration of such delivery in trust, the undersigned here by undertakes to land, pay customs duty and/or other charges or expenses, store, hold and sell and deliver to purchasers the merchandise specified here in, and to receive the proceeds as Trustee for the said Bank, and the undersigned promises and agrees not to sell the said merchandise or any part there of on credit, but only for cash and for a total amount not less than the invoice value specified above unless otherwise authorized by the said Bank in writing.

The undersigned also undertakes to……………………………………………………….....

The undersigned further acknowledges assents and agrees that in the event the whole or any part of the merchandise specified here in is sold or delivered to a purchaser or purchasers any proceeds derived or to be derived from such sale or delivery shall be considered the property of the said Bank and the undersigned here by grants to the said Bank full authority to collect such proceeds directly from the purchaser or purchasers without reference to the undersigned.

The guarantor, as another undersigned, guarantees to the said Bank the faith and proper fulfillment of the terms and conditions of this Trust Receipt.

Guaranteed by: ________________________________

Signed by: ________________________________

【第 9 章 习题参考答案】

第10章 跨境贸易人民币结算

学习目标

通过本章的学习，理解跨境贸易人民币结算业务的含义及意义；了解跨境贸易人民币结算的有关政策规定，掌握跨境贸易人民币结算的业务流程；理解的跨境贸易人民币融资业务。

教学要求

知识要点	能力要求	相关知识
跨境贸易人民币结算业务概述	在实际业务中能够注意理解跨境贸易人民币结算含义的要点	跨境贸易人民币结算的含义及要点、跨境贸易人民币结算的意义
跨境贸易人民币结算业务流程	在国际贸易中能够掌握银行、企业和个人办理跨境贸易人民币结算业务流程，能够根据图示阐述清算行模式和代理行模式的跨境贸易人民币结算程序	银行、企业和个人办理跨境贸易人民币结算业务流程，跨境贸易人民币结算与传统的外币结算的比较，跨境贸易人民币结算模式的发展方向
跨境贸易人民币融资	能够了解跨境贸易人民币融资产品的现状及作用，熟悉跨境贸易人民币协议融资的操作流程	跨境贸易人民币融资产品的现状，开展跨境贸易人民币融资的正向效应，协议融资在跨境贸易人民币融资中的应用

思维导图

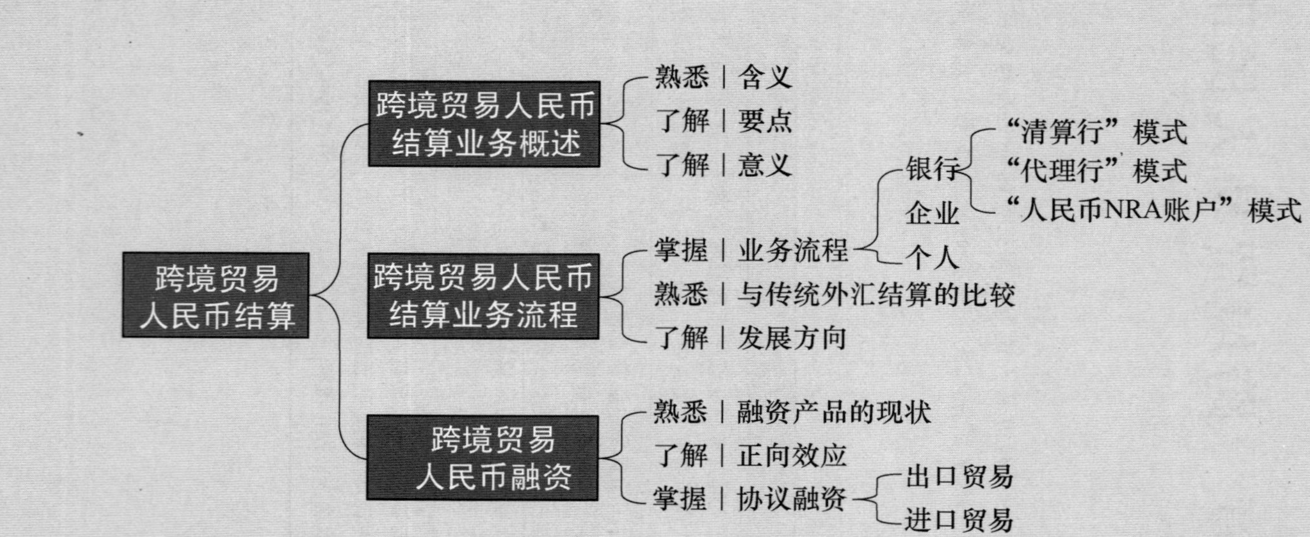

跨境贸易人民币结算
跨境贸易人民币结算业务概述
熟悉 | 含义
了解 | 要点
了解 | 意义
跨境贸易人民币结算业务流程
掌握 | 业务流程
银行
“清算行”模式
“代理行”模式
“人民币NRA账户”模式
企业
个人
熟悉 | 与传统外汇结算的比较
了解 | 发展方向
跨境贸易人民币融资
熟悉 | 融资产品的现状
了解 | 正向效应
掌握 | 协议融资
出口贸易
进口贸易

自中国“一带一路”共建倡议提出以来，“政策沟通、设施联通、贸易畅通、资金融通、民心相通”不断持续深入，给中国和沿线各国都带来新机遇、新景象、新收获、新发展。资金融通作为“一带一路”建设的中的重要一环，国际业务结算金额快速增长。2013—2018年间，中国与“一带一路”沿线国家进出口总额达64 691.9亿美元，新签对外承包工程合同金额超过5 000亿美元，对外直接投资超过800亿美元。新机遇伴随着新挑战，随着走出去的企业不断增多，走出去的过程中也隐藏着风险。

近年来，部分国家货币对美元持续贬值，进口商在开立信用证、安排船期等环节耗时较多、周期较长，致使汇率风险加大，极易引发贸易纠纷。个别国家外汇管制较严，外汇资金短缺，官方汇率与市场汇率严重偏离。

案例一：2017年，商务部曾发布×国预警信息，中国企业投诉×国进口商，称在货物发至×国后，×国进口商既不提货，也不付款，导致货物产生大量的滞港费。有的进口商甚至要求中国企业签发电放提单待其转卖货物后再付款给中国企业，此时中国企业往往进退维艰，造成巨大损失。

案例二：我国企业投资的某电力项目，与T国签署的项目执行协议中规定“所有的投资和财务结余可自由换汇”，但T国央行外汇管理手册规定“每年仅有本金和利息+300万元美元的项目运营维护的换汇额度”。项目签署的执行协议和T国央行业务操作存在矛盾，企业向央行提出自由换汇申请，但协调困难，导致以T国货币结算的电费收益不能及时换汇，企业面临巨额汇率损失。

中国企业应充分考虑汇兑损失，运用金融工具合理规避汇率风险。在贸易合同中订立保值条款，或利用与东道国签署的货币互换协议，积极推动人民币结算。随着中国企业走出去，中资金融机构也紧跟中国企业的步伐，在24个国家设立各类机构102家，2018年人民币跨境支付系统覆盖41个“一带一路”国家165家银行，系统二期已可支持跨境人民币贸易、投融资业务，跨境人民币资金池、金融市场业务等的结算，为中国企业“一带一路”相关贸易和投融资使用人民币结算提供了便利。截至2019年7月末，中国与136个国家和30个国际组织签署了194份共建“一带一路”合作文件，与20多个沿线国家建立了双边本币互换安排，与7个国家建立了人民币清算安排。

掌握东道国金融变化趋势，财政赤字、国际收支、商业性外债以及外汇相关政策制度，在其法律规定范围内开展业务。例如，国家外汇管理局发布的《“一带一路”国家外汇管理政策概览》等政策汇编，为中国企业自身理性开展贸易投资活动，维护自身合法权益提供政策参考。

合理灵活运用不同市场交易工具和衍生工具帮助企业锁定外汇风险，包括自然对冲、远期、掉期、期权和套期保值等金融工具，规避可能的外汇损失。

资料来源：陈成，2019. 从典型案例分析“一带一路”国家 国际结算风险分析与对策 [EB/OL] (2019-10-09) [2021-05-13]. http://www.sinotf.com/GB/e×perts/2019-10-09/3MMDAwMDMzODg3Mw.html.

跨境贸易人民币结算是当今国际结算发展新趋势——结算货币多样化的具体表现之一。跨境贸易人民币结算自2009年试点以来，在国际贸易结算和国际投资中的使用量稳步上升。截至2014年年底，人民币已成为世界第二大贸易结算和融资货币、第五大支付货币、第六大外汇交易货币。跨境贸易人民币结算标志着人民币从计价货币升级到结算货币，还会渐进为投资货币和国际储备货币。2015年11月末，国际货币基金组织宣布将人民币纳入“特别提款权”(Special Drawing Right，SDR) 货币篮子，于2016年10月1日正式生效，成为可自由使用的货币。这标志着人民币成为第一个被纳入SDR货币篮子的新兴市场国家货币，同时成为继美元、欧元、英镑和日元之后的全球主要储备货币。这有助于我国在国际金融界话语权的提高和我国整体形象的提升。

党的二十大报告中提出要有序推进人民币国际化，深度参与全球产业分工和合作，维护

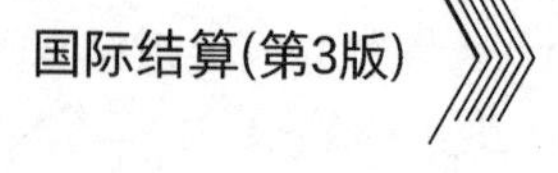

多元稳定的国际经济格局和经贸关系。

党的二十大为人民币国际化指明了方向，并提出了具体战略部署，这将有助于推动我国货币体系的完善和人民币国际化进程的稳步推进。

本章主要讲述跨境贸易人民币结算的含义及意义，结合“清算行”模式与“代理行”模式，详细梳理跨境贸易人民币结算业务流程，进一步介绍新型跨境贸易人民币融资产品现状，重点介绍协议融资在跨境贸易人民币融资中的应用。

10.1 跨境贸易人民币结算业务概述

10.1.1 跨境贸易人民币结算的含义

1. 含义

首先来了解以下几个专有名词。

跨境，是指我国与境外各经济体之间，也即居民与非居民之间。

跨境贸易人民币业务，是指用人民币开展的各类跨境业务，包括资产、负债和中间业务。

跨境贸易人民币结算，是指用人民币结算的各类跨境业务，按国际收支平衡表，可分为经常账户和资本账户两大类。

所谓跨境贸易人民币结算，是指以人民币报关并使用人民币对货物贸易、服务贸易以及其他经常项下的贸易活动进行结算。跨境贸易人民币结算的本质就是在国际贸易中使用人民币进行计价和结算。

因此，跨境贸易人民币结算也可以说是在国际贸易中，居民与非居民进行商品和服务交易时，进出口合同与发票的计价和结算货币为人民币；居民以人民币向非居民支付进口款项，非居民被允许持有并通过人民币存款账户向中国支付进口款项。

通俗一点讲，就是在对外贸易和投资中以人民币作为支付手段。它是人民币“走出去”的重要起步，也是人民币“走出去”的切入点。

2. 跨境贸易人民币结算含义的要点

① 从事跨境贸易人民币结算的企业须符合规定条件。根据《跨境贸易人民币结算试点管理办法》的规定，申请企业须通过所在地省级政府协调当地有关部门推荐，并由中国人民银行会同相关管理部门审核同意后，方可从事跨境贸易人民币结算业务。这样规定的主要目的是希望在试点起步阶段确保业务的风险可控。

② 从事该项业务应满足自愿原则。因此，即便企业可以从事该项业务，也可以在跨境贸易收支中使用外币，相关管理部门既不能强制也不能无故禁止企业从事跨境贸易人民币结算。

【拓展知识 跨境贸易人民币结算试点管理办法】

③ 企业应通过规定的结算模式实现人民币的跨境收支。为便于统一管理，目前只有两类结算模式可供选择，即“清算行”模式与“代理行”模式。但随着业务的开展，未来会有越来越多的结算模式可供选择。例如，2010 年 8 月 31 日，中国人民银行发布了《境外机构人民币银行结算账户管理办法》，明确境外机构可在境内银行申请开立人民币结算账户，用于依法开展的各类跨境贸易人民币结算业务。

在国际市场上，进出口贸易以一国货币计价结算，反映了该国在国际经济交流中的重要性和该国货币在世界货币格局中的地位，同时也取决于国际市场的习惯及融资的便利性。因此，进出口贸易如果能以人民币计价，说明我国经济在世界经济中的重要性，人民币在世界货币体系中取得了重要的地位。

阅读案例

跨境贸易人民币结算违反规定案例

案情简介

A企业是一家从事轻工产品生产加工及出口的外商独资企业，其客户遍布世界各地，A企业是首批成为跨境贸易人民币结算试点的企业。2019年8月，中国人民银行当地分支机构对A企业的人民币结算业务进行了例行检查，发现有两笔业务涉嫌违规。

第一笔涉及来料加工业务。2018年10月，A企业与境外B企业签订来料加工合同。根据合同，B企业将向A企业提供生产资料，A企业则按要求生产产品并出口至B企业，A企业按合同金额的40.5%收取加工费。2019年3月，在A企业将产品出口至B企业后，B企业却向其支付了占合同金额50%的加工费。境内结算银行在未经询问证实的情况下，就擅自为A企业办理了人民币款项的入账手续。

第二笔涉及一般出口业务。2018年11月，A企业向境外C企业出口了一批货物，但A企业始终未在境内收取该笔款项，也不向相关管理部门汇报。直至检查期间，A企业才匆忙从境外收取该货款，而银行的SWIFT报文显示，付款人却是境外D企业。

案例分析

这两笔业务中，企业或银行都违反了相关规定。在第一笔业务中，根据《跨境贸易人民币结算试点管理办法》（以下简称《办法》）及其实施细则的规定，试点企业从事来料加工业务，如收取人民币资金超过合同金额的30%，应自收到境外人民币货款之日起10个工作日内向其境内结算银行补交规定的说明材料与凭证。若未在规定时间内补交规定的说明材料与凭证，境内结算银行不得为其继续办理超过合同金额30%的人民币资金收付。事实上，《办法》及其实施细则之所以规定30%的比例，是因为根据目前的来料加工惯例，加工费一般不会超过合同金额的30%，即便超过该比例，只要交易合理合法，且能提供证明材料，也可为其办理收款手续。

根据以上规定，A企业在收到合同金额50%的加工费后，应及时补交规定的说明材料与凭证。同时，在收到补充说明材料前，境内结算银行不得为其办理超比例的人民币资金收付。经调查发现，A企业之所以实际收取的加工费比例高于合同比例，是因为B企业是其境外关联企业，基于境内投机套利目的，B企业利用高报加工费率方式向境内转移资金，并由A企业代其运作。因此，在此案中，无论是A企业还是境内结算银行均涉嫌违规。

在第二笔业务中，根据《办法》及其实施细则的规定，试点企业在货物出口后210天时，如仍未将人民币款项汇回境内，应当在5个工作日内通过境内结算银行向人民币跨境收付信息系统报送该笔货物的未收回货物的金额及对应的出口报关单号，并向境内结算银行提供相关资料。如该企业拟将出口人民币收入存放境外，应通过其境内结算行向中国人民银行当地分支机构备案，并向人民币跨境收付信息系统报送存放境外的人民币资金金额、开户银行、账号、用途及对应的出口报关单号等信息。

根据以上规定，A企业的收款期限已明显超过了210天，同时也不向人民币跨境收付信息系统及境内结算银行进行报备。经调查发现，A 企业擅自将出口人民币款项拆借给境外 D 企业（A 企业的关联企业）。因此，A 企业不仅违反了《办法》，还严重违反了现行资本项目管理规定（向境外拆借须得到外汇管理局的批准）。

资料来源：徐进亮，李俊，2016. 国际结算 [M]. 北京：机械工业出版社.

10.1.2 跨境贸易人民币结算的意义

不论是企业、银行还是国家，都将从跨境贸易人民币结算中获得相应的收益。

1. 降低汇率风险，帮助企业节约成本

人民币实现跨境贸易结算，在一定程度上摆脱了对以美元为主的国际货币的依赖。在以后的国际贸易中，用人民币作为结算货币，减少汇率折算的环节，避免汇率变动带来的风险，能够使企业锁定成本，并对收益拥有相对稳定的预期，从而掌握财务规划的主动权，有利于加强企业的财务管理。除此，为了规避汇率风险，进出口企业一般委托银行对应收或应付的外汇进行套期保值的交易。据调研，为了规避汇率风险而进行套期保值外汇交易的费用占企业收入的 2%～3%。以往，我国的国际结算大多采用美元、欧元、日元等外国货币，汇率风险主要由境内企业承担。为了规避汇率风险，我国企业支付了大量交易费用，增加了企业的交易成本。采用人民币作为结算货币，中国企业为规避汇率风险所承担的费用支出可以大大减少，从而节约财务成本，提高企业的经济效益。

2. 加快结算速度，提高企业资金使用率

企业在办理用人民币结算的跨境贸易报关和出口货物退（免）税时，不需要提供外汇核销单等，简化了出口程序，提高了工作效率；同时，因减少了外汇兑换手续，缩短了结算过程，减少了资金流动的相关环节，不仅节省了外汇成本，而且提高了资金使用效率。

3. 有利于商业银行开拓金融业务和金融监管部门提高监管能力

人民币走出国门，实现跨境结算，各种结算和清算银行发挥着重要的作用。各银行通过开展人民币在全球范围内的结算、清算、贸易融资、海外投资等业务，拓展了人民币服务范围，并针对国际市场需求的变化，积极推广和研发新的人民币金融产品，从而促进人民币金融产品和金融服务的不断创新，促进我国金融业的进一步发展。

跨境贸易人民币结算业务不断扩大，会形成我国人民币在世界各地的债权。随着这种债权的逐步积累，我国在货币供应的调控政策上应采取更加审慎的态度，这对我国金融监管部门的调控水平和金融监管能力提出了更高的要求。

4. 提升了人民币的国际地位，有利于减少我国外汇储备的压力

长期以来，我国对外贸易大多用美元结算。进/出口总额占 GDP 的比重越大，我国收进的美元也越多。截至 2018 年年底，我国外汇储备已达 30 727 亿美元，而且每年还在增加。如何让来之不易的外汇储备保值且增值，真正服务于中国经济的发展，成为我国急需解决的问题。随着美元外汇储备的增加，我国遭受美元贬值的损失也在不断增加。跨境贸易人民币结算，一方面解决了国际贸易与海外投资对外汇资金的需求；另一方面也在一定程度上遏止了外汇储备的增长速度，为我国进一步优化外汇储备的结构，保持外汇市场的稳定，减少巨

额外汇储备对货币政策的制约奠定了基础。

10.2 跨境贸易人民币结算业务流程

10.2.1 银行、企业和个人办理跨境贸易人民币结算业务流程

跨境贸易人民币结算的业务流程，分别从银行、企业和个人3个角度来理解。

1. 银行办理跨境贸易人民币结算的业务流程

跨境贸易人民币结算可以通过境外清算银行、境内代理银行及人民币NRA账户这3种渠道进行，即所谓的跨境贸易人民币结算的“清算行”模式、“代理行”模式和“人民币NRA账户”模式。

商业银行开展跨境贸易人民币结算业务有两种操作模式，即“清算行”模式和“代理行”模式，如图10.1所示。

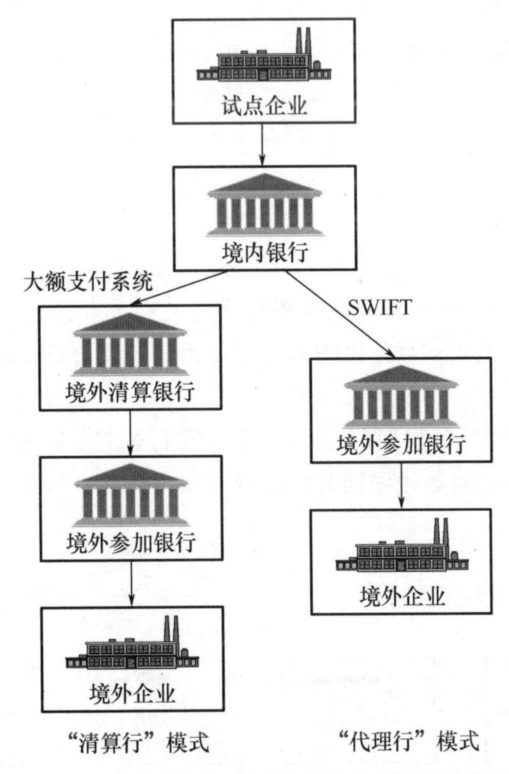

图10.1 商业银行办理跨境贸易人民币结算模式

（1）“清算行”模式

“清算行”模式主要是指在中资行境内总行和境外分支行之间进行的业务，即境外企业在中资行境外分行开设人民币账户，具体操作是通过我国香港、澳门地区人民币业务清算行（以下简称港澳人民币清算行）进行人民币资金的跨境清算和结算。“清算行”模式的人民币跨境结算流程如图10.2所示。

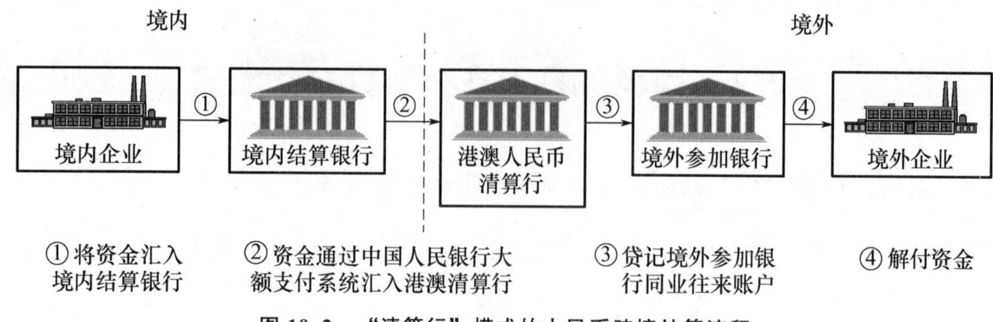

图 10.2 “清算行”模式的人民币跨境结算流程

“清算行”模式的人民币跨境结算流程如下。

① 境内企业将资金汇入境内结算银行。

② 这笔资金通过中国人民银行大额支付系统汇入港澳人民币清算行。

③ 港澳人民币清算行贷记境外参加银行同业往来账户。

④ 境外参加银行为境外企业解付资金。

“清算行”模式下，境外参加银行进行人民币清算必须获得人民银行分配中国现代化支付系统行名和行号，其方式是境外参加银行在港澳人民币清算行开户的同时提交相关申请书，由港澳人民币清算行通过中国人民银行深圳中心支行接入中国现代化支付系统（China National Advanced Paymet System，CNAPS)，并与境内结算银行之间通过中国现代化支付系统完成清算。

（2）“代理行”模式

“代理行”模式主要是指中资行委托外资行作为其海外代理行，境外企业在中资企业的委托行开设人民币账户的模式，具体操作是通过境内商业银行代理境外地区商业银行进行人民币资金的跨境结算和清算。

“代理行”模式下，境外参加银行与境内代理银行通过 SWIFT 的系统发送交易指示。境内代理银行与境内同业之间通过中国人民银行中国现代化支付系统完成清算。具体流程如图 10.3 所示。

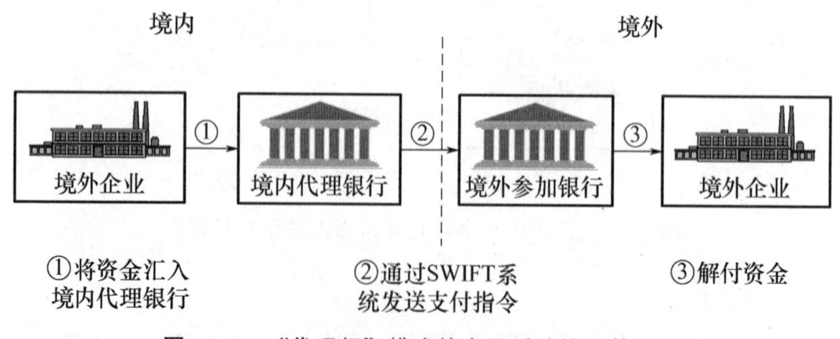

图 10.3 “代理行”模式的人民币跨境结算流程

“代理行”模式的人民币跨境结算流程如下。

① 具备国际结算业务能力的商业银行（即境内代理银行）与境外参加银行签订人

民币代理结算协议，为其开立人民币同业往来账户，并可提供人民币购售、账户融资等服务。境内代理银行可以同时作为境外结算银行，为境内企业开立结算账户。

② 在进口贸易下，境内企业首先将资金汇入境内代理银行，境内代理银行将支付指令通过SWIFT系统发送至境外参加银行，然后由境外参加银行将资金（人民币或兑付为其他货币）解付给境外地区企业。在出口贸易下，人民币资金汇划按上述流程反向处理。

③ 人民币跨境流动信息由境内代理银行或境内结算银行报送人民币跨境收付信息管理系统。

(3)“人民币NRA账户”模式

所谓NRA，即境内非居民账户（Non-Resident Account）。经中国人民银行当地分支机构核准，境外企业可申请在境内结算银行开立非居民银行人民币结算账户，直接通过境内结算银行清算系统或人民银行跨行支付系统进行人民币资金的跨境清算和结算。

这一清算模式的主要特点是：境外客户跨境在境内结算银行开立人民币账户，整个银行间清算链条完全处于境内，清算环节少，手续简便，如境内客户与境外客户在同一家境内结算银行开户，则在该行系统内转账即可完成清算。“人民币NRA账户”模式的人民币跨境结算流程如图10.4所示。

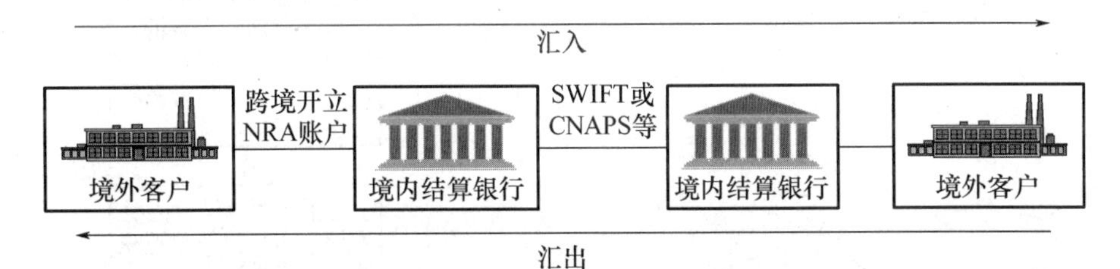

图10.4 “人民币NRA账户”模式的人民币跨境结算流程

(4)“清算行”模式与“代理行”模式的比较

① 相似点体现在，第一，两种模式均通过境外中资或境内结算银行作为人民币跨境收支通道。“清算行”模式是通过中国银行在香港与澳门的分支机构，“代理行”模式则是全部通过境内结算银行。这样做的好处是可以确保风险可控，一旦国际收支出现不利变动，中国人民银行能迅速进行控制；第二，境外参加银行均需在港澳人民币清算行或境内代理银行开立人民币账户，并利用该账户实现人民币收支。

② 不同点体现在，第一，“清算行”模式实质上是代理行模式，因为港澳人民币清算行均位于港澳地区，均受“港澳货币当局”的监管；第二，结算路径长短存在差异。“清算行”模式的结算路径长于“代理行”模式，这会造成结算费用与结算时间的差异；第三，管理风险不同。“代理行”模式的管理风险明显高于“清算行”模式，这是因为境内代理银行数量远高于港澳地区的清算行数量，对管理部门的监管能力要求较高。

2. 企业办理跨境贸易人民币结算的业务流程

境内企业首次办理跨境贸易人民币结算业务时，通过办理业务的银行机构向中国人民银行当地分支机构报送企业基本信息情况，中国人民银行当地分支机构将企业基本信息录入人民币跨境收付信息管理系统（RMB Cross Border Payment & Receipt Management Information System，简称 RCPMIS）并激活，银行机构可通过 RCPMIS 将企业办理业务的情况向中国人民银行报送。

企业人民币跨境结算的操作流程如图 10.5 所示。

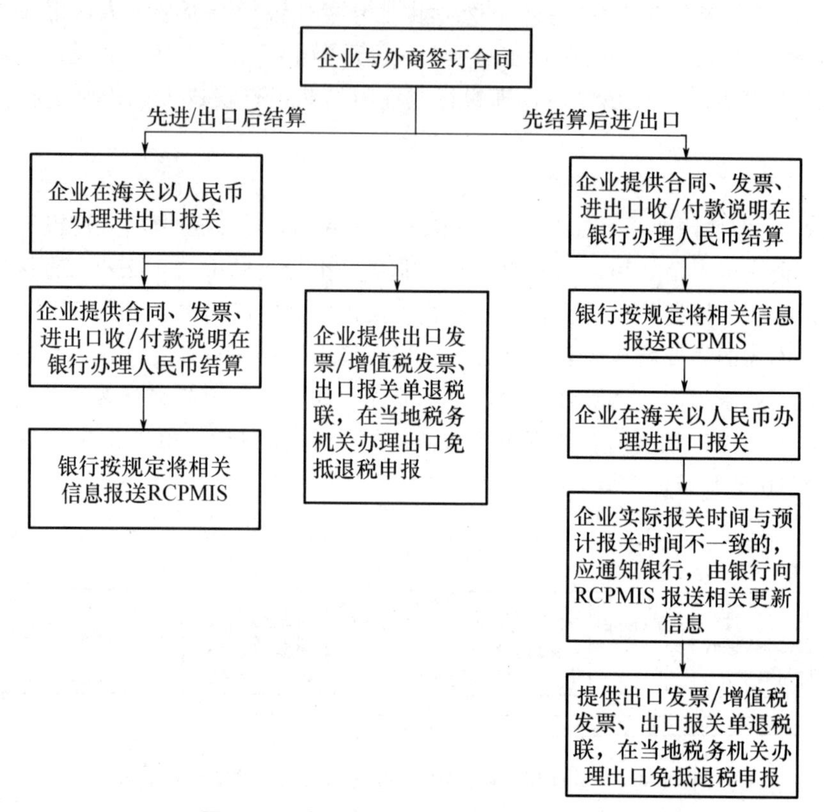

图 10.5　企业人民币跨境结算的操作流程

上图中左侧为办理流程——先进/出口后结算：

签订合同—发货并以人民币报关—办理退税—在银行办理收付款。

在先进/出口后结算的情况下，企业应当向境内结算银行提供进出口报关时间，办理业务的流程如下。

① 境内企业与外方签订人民币计价结算的贸易合同，并按合同的约定进行生产和交货。

② 按照合同的规定以及货物装船到（发）货的情况，使用人民币向海关报关。

③ 按照税务机关的相关规定，企业凭出口发票/增值税发票和出口报关单退税联向当地税务机关办理出口免抵退税的申报。

④ 企业向银行提供合同、发票、进出口收/付款说明，在银行办理收款入账或付款。银行按规定将相关信息报送 RCPMIS。

上图中右侧为办理流程——先结算后进/出口：

签订合同—向银行提交合同等资料—办理预收（付），录入预计报关时间—发货，人民币报关—报关时间与预计不一致的通知银行更新—办理退税。

在先结算后进/出口的情况下，企业应当向境内结算银行提供预计报关时间及有关进出口交易信息，并连同有关商业单据和有效凭证一并提交境内结算银行，配合银行对交易单证的真实性及其与人民币收支的一致性进行合理审查。企业办理业务的流程如下。

① 企业与外方签订人民币计价结算的贸易合同，并按合同约定进行生产和交货。

② 企业向银行提供合同、发票、进出口收/付款说明，在银行办理预收款入账或预付款，银行按规定将相关信息报送 RCPMIS。

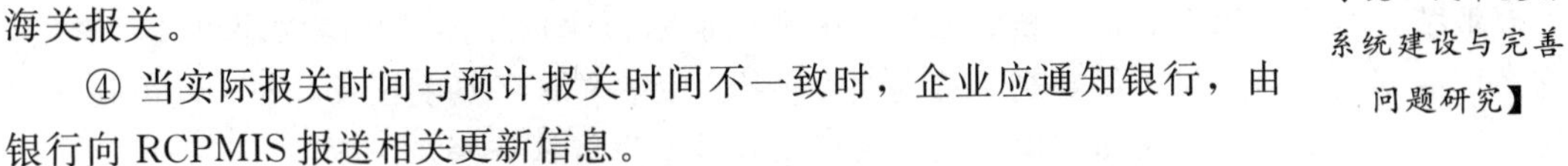

【拓展知识 跨境人民币支付系统建设与完善问题研究】

③ 按照合同规定及货物装船到（发）货的情况，企业使用人民币向海关报关。

④ 当实际报关时间与预计报关时间不一致时，企业应通知银行，由银行向 RCPMIS 报送相关更新信息。

⑤ 按照税务机关相关规定，企业凭出口发票/增值税发票和出口报关单退税联向当地税务机关办理出口免抵退税的申报。

3. 个人跨境贸易人民币结算

个人开展的货物贸易、服务贸易可向银行申请办理跨境人民币结算。银行业金融机构在“了解你的客户”“了解你的业务”“尽职审查”三项原则的基础上，可凭个人有效身份证件或者工商营业执照直接为客户办理跨境贸易人民币结算业务，必要时可要求客户提交相关业务凭证。

① 香港与内地间个人同名账户可通过跨境贸易人民币汇款，限额：每人每天 8 万元人民币。

② 澳门与内地间个人同名账户可通过跨境贸易人民币汇款，限额：每人每天 8 万元人民币。

③ 台湾个人向大陆同名或非同名个人账户人民币汇款，限额：每人每天 8 万元人民币。

10.2.2 跨境贸易人民币结算与传统外汇结算的比较

1. 企业准入

外汇结算需要进/出口经营权，进/出口经营权是指拥有进出口权的企业，可依法自主地从事进出口业务。无进出口经营权的企业，可自行选择外贸代理企业，并可参与外贸谈判等。跨境贸易人民币结算已经扩展至全国，但可以进行人民币结算的企业还是需要审批。

2. 企业备案

如果首次用外汇结算办理业务，应先到外汇局办理出口单位备案/进口单位名录备案；如果是跨境贸易人民币结算，企业无须到外汇局备案，首次办理跨境贸易人民币结算业务时，由银行将相关企业材料及信息报送当地人民银行。

3. 货物报关

如果用外汇结算，用对应的外币报关；如果是跨境贸易人民币结算，可直接以人民币办理报关，可不提供外汇核销单，如出现的报关币种和结算币种不一致的情况，由人民银行和外汇管理局协调解决，确保企业及时收付货款。

4. 真实性审查、国际收支申报以及出口退税

人民币结算与外汇结算都是一致的。在出口退税时，外汇结算是在外汇局办理出口核销后，税务局审核出口退税电子数据办理出口退税；而跨境贸易人民币结算享受出口货物退（免）税政策，办理出口货物退（免）税时无须向税务部门提供外汇核销单，出口报关也无

须打印出口货物报关单外汇证明联。

5. 外汇核销管理

外汇结算实行核销管理，需领取核销单，办理报关时需向海关提供外汇核销单。但跨境贸易人民币结算不纳入外汇核销管理，企业无须办理进出口收付汇核销手续。

6. 出口资金入账

外汇结算是先入出口收汇待核查账户，由银行根据企业贸易类别扣减对应可收汇额后，办理结汇或划出。但人民币结算则是境内结算银行对交易单证的真实性及其与人民币收支的一致性进行合理审查后，直接入账，出口人民币收款不进待核查账户。

7. 远期收汇

外汇结算中，对预计收汇日期超过报关日期 180 天（含 180 天）以上的远期收汇，出口单位应在货物出口报关后 60 天内持相关材料到外汇局办理远期收汇备案。但是，若货物出口后 210 天时未收回货款的，企业应向银行报告该笔货物的未收回货款金额及对应的报关单号，并提交书面情况说明和相关未收款证明材料。

8. 出口资金是否可以存放境外

为满足企业实际要求，试点企业可以将出口人民币收入存放境外，但应当通过其主报告银行向中国人民银行当地分支机构备案，提交包括存放境外的人民币资金金额、开户单位名称、开户银行、账号、用途及对应的出口报关单号等信息的书面情况说明。而外汇结算应调回境内核销。跨境贸易人民币结算与传统外汇结算的比较见表 10－1。

表 10－1　跨境贸易人民币结算与传统的外汇结算的比较

比较项目	跨境贸易人民币结算	传统的外汇结算
企业准入	向主报告行申请，经中国人民银行、财政、商务、海关、税务、中国银行保险监督管理委员会等部门审核成为试点企业	进出口经营权（中华人民共和国对外贸易经济合作部）
企业备案	中国人民银行	国家外汇管理局
货物报关	人民币	外汇
真实性审查	有	有
国际收支申报	有	有
出口退税	有	有
外汇核销管理	无	有
出口资金入账	直接入账	先入出口收汇待核查账户，再办理结汇或划出
远期收汇	210 天	180 天
出口资金是否可以存放境外	是	否

10.2.3　跨境贸易人民币结算模式的发展方向

目前，“清算行”模式与“代理行”模式对促进跨境贸易人民币结算的发展均发挥了积极作用。但这两类模式无疑均存在缺陷，特别是两种结算模式均受制于国内银行的营业时间，无法实现跨境贸易人民币结算 24 小时全天候的办理。

因此，我国有必要建立独立的人民币支付结算系统。在借鉴国际经验的基础上，2012 年年初，中国人民银行决定组织开发独立的人民币跨境支付系统（CIPS），进一步整合现有跨境贸易人民币结算渠道和资源，提高结算效率，满足各主要时区人民币业务发展的需要。2015 年 10 月，作为人民币国际化道路的必备基础设施，CIPS（一期）成功上线运行，CIPS（二期）于 2018 年 3 月投产试运行，10 家中外资银行同步试点上线。下一步，人民银行将继续组织推动 CIPS 功能的完善，并做好相关配套安排。

CIPS 是我国央行为跨境贸易人民币支付业务开发的资金结算系统，为境内外金融机构人民币跨境和离岸业务提供资金结算与清算服务，包括跨境贸易人民币结算、跨境资本项目结算、跨境金融机构与个人汇款支付结算等。在此以前，人民币跨境交易均通过 CNAPS 系统进行。但是 CNAPS 只支持中文输入，与使用英文的 SWIFT 系统不兼容。CIPS 有助于提高人民币在全球的接受程度。CIPS 的上线运行标志着人民币国内支付和国际支付统筹兼顾的现代化支付体系建设取得重要进展。其主要特点如下。

① CIPS（一期）采用实时全额结算方式处理客户存款和金融机构汇款业务 CIPS（二期）引入混合结算方式，延长系统对外服务时间，拓展全球的人民币支付清算网络。

② 各直接参与者一点接入，集中清算业务，缩短清算路径，提高清算效率。

③ 采用国际通用报文标准，便于参与者跨境业务的直通处理。

④ 运行时间基本覆盖全球各时区工作时间。

⑤ 为境内直接参与者提供专线接入方式。

CIPS 的上线运行，有力地推动了人民币国际化的进程，也代表我国推进人民币国际化的决心。

【拓展知识
跨境人民币
实施细则】

10.3　跨境贸易人民币融资

跨境贸易人民币结算业务开展几年来，业务广度不断扩展，参与业务的银行、企业以及境外涉及区域的数量不断增加；同时，随着结算量的增加，业务深度也有长足发展，业务种类不断丰富，人民币资金跨境流动逐步形成良性循环，经常项目与资本项目互相促进的可持续发展局面正在形成。随着跨境贸易人民币结算业务的开展，市场相继涌现出一系列跨境贸易人民币结算的融资产品，引起经济主体及监管部门的广泛关注。这一方面反映了市场各方主体对跨境贸易人民币融资产品的客观需求，另一方面也体现了商业银行跨境贸易人民币业务模式已开始从单纯结算向提供相关配套金融服务转变。

跨境贸易人民币融资可以分为进口贸易融资和出口贸易融资，融资方式与传统外币融资并无显著差异，例如打包贷款、信用证押汇、托收押汇、福费廷、出口信贷等，在此不再赘述。但近年来，有一种人民币贸易融资方式——协议融资，在跨境贸易人民币融资领域得到了广泛应用，本节将重点对此进行阐述。

10.3.1 跨境贸易人民币融资产品的现状

从相关业务的发展情况来看，目前市场出现的跨境贸易人民币融资形式包括以下四大类：一是境内外银行基于跨境贸易人民币结算提供融资；二是以跨境贸易人民币股东贷款的方式开展；三是境内企业在外债额度内借入海外人民币融资开展境内业务；四是境内企业以自身人民币资金为担保为境外关联方获得海外融资。

1. 贸易融资类

从本质上来看，跨境贸易人民币融资只是在传统贸易融资产品中使用人民币为计价、结算币种，主要的贸易融资方式包括信用证、托收（代收）、海外代付以及贴现、福费廷等再融资行为。一般情况下，跨境贸易人民币融资产品对应的贸易单据也使用人民币计价。但在一些情况下，境内外银行也可能就外币货物贸易合同提供人民币的贸易融资服务，银行和企业可在该融资模式下同时获得境内外汇差和利差两方面收益。

除上述典型的贸易融资方式外，境内外关联企业还可能通过组合类贸易融资产品（如信用证融资叙做人民币 NDF 业务），实现整体收益最大化。这种组合类贸易融资业务较适合于贸易背景下在境外有关联公司的进口商，在进行正常贸易往来和结算的同时，使交易对手（境外关联公司）在境外低成本获取融资，形成双赢局面。

2. 股东及关联方借款类

自 2011 年《外商直接投资人民币结算业务管理办法》颁布以来，境外主体可申请使用人民币在境内设立外商投资企业或为其注资等。境内外商投资企业可在一定额度（如“投注差”）范围内向其境外母公司或关联方公司借入人民币贷款，弥补资本金不足的状况。同样，根据《境外直接投资人民币结算试点管理办法》及《中国人民银行关于境内银行业金融机构境外项目人民币贷款的指导意见》，境内母公司和境内结算银行可为“走出去”企业的境外项目提供人民币贷款。

3. 借入外债类

自 2010 年 7 月以来，基于数千亿规模的人民币存量，我国香港地区逐渐形成了人民币债券市场，俗称“点心债”。发行者既有香港本地企业，也有在我国境内有投资业务的跨国经营企业。这些企业利用香港地区市场人民币利率较低的条件发行债券募集人民币资金，在额度允许范围内汇入境内供其关联企业使用，债券到期后以境内获得的人民币收入偿还。

4. 内保外贷类

境内外关联企业、跨国公司，以及有境外投资、设厂等需求的“走出去”企业，利用境内外利率和汇率的差异，配套相关的产品，达到锁定汇率风险并实现融资、理财的目的。首先由境内企业的境外贸易对手或关联机构在境外银行申请融资额度，待额度获批后，境内结算银行通过授信或保证金形式为境内企业开立跨境贸易人民币备用证或保函，由境外银行对境外企业提供外币融资，并办理境外理财锁定远期售汇价格。融资到期日，境内企业可通知境外关联方偿还外币贷款，或汇出人民币资金跨境购汇偿还境外融资。

10.3.2 开展跨境贸易人民币融资的正向效应

1. 有助于满足企业正常融资需求，缓解国内银行贷款压力

受宏观调控影响，国内银行贷款规模普遍趋紧。对有些企业的正常贸易融资需求无法满

足。相比而言，境外银行的人民币融资环境相对宽松，加之政策的支持，使这些企业转而向境外银行进行融资，也为业务的创新奠定了基础。目前，中国的信贷市场还是一个相对封闭的市场，通过开展跨境贸易人民币融资业务，一方面可以满足企业的正常融资需求；另一方面在向境外银行进行人民币融资的过程中有利于引进国际信贷市场先进经验和管理技术，对国内信贷市场的制度规范、运作方式、信用评级和支付清算等有重要的借鉴意义。

2. 有助于拓宽人民币流动渠道，促进人民币进入良性循环

开展贸易项下的跨境贸易人民币融资业务，不仅为人民币资金跨境流动提供了新的结算方式与通道，促进跨境贸易人民币业务结算量的增长，而且由于牵涉人民币资金跨境流动的一来一回，提高了人民币资金跨境流动次数和流动频率，从长远看，有助于人民币流出和回笼机制的建立健全，从而促使人民币步入良性循环发展轨道。

3. 有助于增强持有人民币的动力，促进人民币的境外运用

随着跨境贸易人民币业务的发展，人民币越来越多被境外银行使用，用于支付跨境贸易的正常往来支出。不仅如此，某些境外银行为了提高经营收益，沉淀的人民币资金必然会产生资金运用需求，而进行贷款融资则无疑是境外银行实现利益最大化的重要方式。从目前来看，由于人民币在境外的使用还不是很广泛，向国内这些经营实力强、与境外有贸易往来且资金短缺的国内出口商贷款则是最佳选择。由于人民币和美元、日元等货币比较属于高息货币，因此开展出口项下的跨境融资业务，能够有效增加境外银行的贷款利息收入，提高经营效益。以扩大盈利为目标，境外机构对人民币的持有信心和动力会不断增强，从而会提高人民币的境外可接受度，促进人民币境外使用范围的不断扩大，逐步提高人民币的国际地位。

10.3.3 协议融资在跨境贸易人民币融资中的应用

1. 人民币协议融资的概念及特点

人民币协议融资是指在传统国际贸易融资产品的基础上，境内进/出口商通过与境外银行签署融资协议，调用境外银行人民币资金为境内进（出）口商提供贸易项下资金融通的行为。人民币协议融资主要有以下几个特点。

① 融资协议是由境内进（出）口商与境外银行签订，境内结算银行提供融资担保。一旦未来融资出现损失，境内结算银行需要代境内进（出）口商向境外银行偿还融资。因此，在这种融资中，境内结算银行往往选择自己的海外分行作为境外银行。

② 境内结算银行需要帮助境外银行审核进（出）口商资信状况、经营资格和交易背景，并以此获得相应的费用收入。此外，境内结算银行还承担结算中转站功能，代为划转融资项下的人民币资金。

③ 协议融资不占用境内结算银行的信贷额度和外债指标，境外银行也可以通过这种融资方式，建立向境内企业提供贷款的可行性通道。

④ 目前，境外人民币融资利率普遍低于境内，通过协议融资方式，境内企业可以有效降低融资成本。

2. 出口贸易人民币协议融资

出口贸易人民币协议融资流程如图10.6所示。

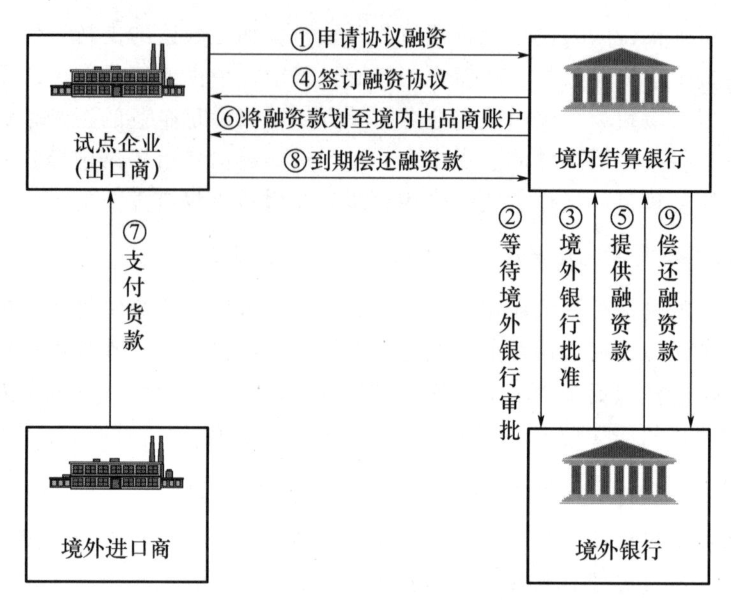

图 10.6 出口贸易人民币协议融资流程

① 境内出口商向境内结算银行提出协议融资申请，申请内容包括由境内结算银行代为确定一家境外银行（或者预先已经由境内出口商确定的境外银行），由境外银行向该企业提供出口贸易人民币协议融资，且境内结算银行提供融资担保。

② 境内结算银行联系境外银行询价并提供境内出口商及出口贸易的相关材料，等待境外银行审批。

③ 境外银行审核材料后决定批准向境内出口商提供融资。

④ 境内结算银行代表境外银行与境内出口商签订融资协议。

⑤ 境外银行针对出口贸易需求向境内结算银行提供融资款。

⑥ 境内结算银行将境外银行提供的融资款，划至境内出口商账户。

⑦ 境外进口商收到货物后，将人民币货款支付给境内出口商。

⑧ 境内出口商到期偿还融资款，将人民币本息支付给境内结算银行。

⑨ 境内结算银行代境内出口商将融资款偿还给境外银行。

协议融资的签订主体是境外银行和境内出口商，境内结算银行承担对境外融资的保证义务。

3. 进口贸易人民币协议融资

进口贸易人民币协议融资流程如图 10.7 所示。

① 境内进口商向境内结算银行提出协议融资申请，申请内容包括由境内结算银行代为联系确定一家境外银行（或者预先已经由境内进口商确定的境外银行），由境外银行向该企业提供进口贸易人民币协议融资，且境内结算银行提供融资担保。

② 境内结算银行联系境外银行询价并提供境内进口商及进口贸易的相关材料，等待境外银行审批。

③ 境外银行审核材料后决定批准向境内进口商提供融资款。

④ 境内结算银行代表境外银行与境内进口商签订融资协议。

⑤ 境外银行向境外出口商支付货款。

⑥ 境内进口商到期偿还融资款，将人民币本息支付给境内结算银行。

⑦ 境内结算银行代境内进口商将融资款偿还给境外银行。

协议融资的签订主体是境外银行和境内进口商，境内结算银行承担对境外融资的保证义务。

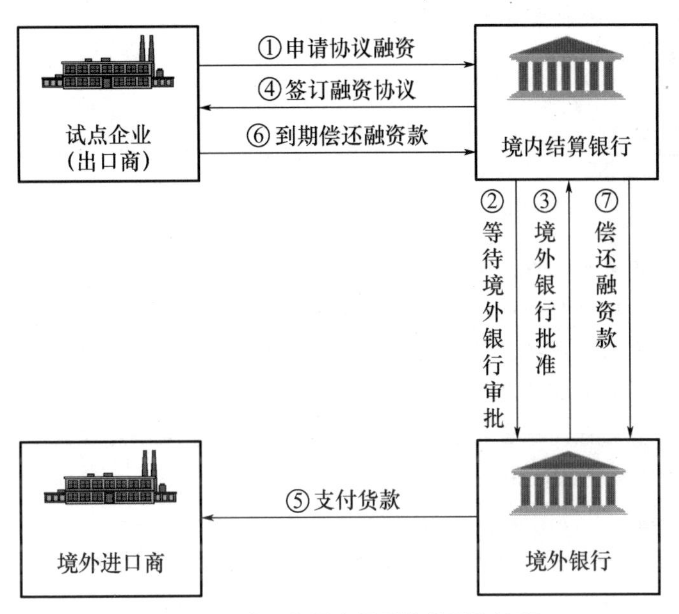

图 10.7　进口贸易人民币协议融资流程

本章小结

跨境贸易人民币结算的实施彻底改变了传统的外币结算方式，对有效降低境内企业汇兑风险，增强产品竞争力，最终提升人民币的国际地位将发挥积极作用。

为进一步规范业务的操作与管理，我国政府给予跨境贸易人民币结算大力支持，自2009年以来，中国人民银行联合其他管理部门共同下发了《跨境贸易人民币结算试点管理办法》(以下简称《办法》)及其他补充规定等一系列的政策法规，指导和规范这一业务健康发展，对跨境贸易人民币结算中涉及的主体业务程序以及信息监测与监管等多项内容进行了规定。

现阶段，跨境贸易人民币结算主要采取两种操作，即“清算行”模式与“代理行”模式。这两种操作模式各有优缺点，但未来的人民币结算渠道会向“多元化”方向发展。

自《办法》及其实施细则颁布以来，有一种人民币贸易融资方式——协议融资在跨境贸易人民币融资领域得到了广泛应用。该融资方式有效降低了企业融资成本，为境外银行打通了境内融资渠道，节约了境内结算银行宝贵的信贷额度与外债指标，对促进涉外经济发展发挥了重要作用。

关键术语

跨境贸易人民币结算　RMB Settlement of Cross-border Trade

结算货币　Settlement Currency

【第 10 章
在线测试】

计价货币　Quote Currency
特别提款权　Special Drawing Right，SDR
非居民账户　Non-Resident Account，NRA
境内代理银行 Domestic Correspondent Bank
清算行　Clearing Bank

综合练习

一、简答题

1. 什么是跨境贸易人民币结算？实施跨境贸易人民币结算有何意义？
2. 简要介绍目前广泛应用的两类跨境贸易人民币结算模式。两者有何异同？
3. 未来跨境贸易人民币结算模式的发展方向是什么？请说明原因。
4. 跨境贸易人民币融资产品有哪些种类？
5. 查阅相关书籍资料，结合跨境贸易人民币结算，谈谈你对人民币国际化的看法，试阐述人民币国际化日趋成熟的条件。

二、案例分析题

1. 2019 年 3 月，A 公司向银行咨询办理跨境贸易人民币对外直接投资业务。经了解，该企业成立于 2018 年年初，注册资本为 50 万元人民币，与其拟对外投资的金额（1 000 万元人民币）差异较大。鉴于其存在“母小子大”和境内母公司成立时间不足一年的异常情况，银行要求企业进一步提供真实性证明材料，包括公司最近一期经审计的财务报表和银行对账单，以证明此笔对外投资的资金来源。企业表示当前无法提供经审计的财务报表，其账户中目前也没有足够支付该笔投资款的人民币资金。试分析银行和企业应该如何解决这一问题？

2. 2020 年年初，某境内企业 B 向银行咨询境外直接投资跨境贸易人民币业务，境外资金用途为支付一笔球员的俱乐部转会费用，金额约为等值 1 000 万美元人民币，且尚未取得商务委员会及发展和改革委员会的同意批复。B 企业称相关手续正在办理当中，希望通过银行办理对外投资登记并将资金汇出。试对案例进行简要分析。

【第 10 章
习题参考答案】

3. A 公司是一家实力雄厚的制造业企业，信誉良好，具有产品出口需求。境内结算银行 B 与境外银行 C 为 A 公司的出口提供了出口贸易人民币协议融资，金额为 10 亿元人民币，期限为 1 年。境内人民币融资利率为 6.31%，境外人民币融资利率为 2.49%，境外银行融资利率报价为 4.2%（除融资利率外还包括利息税和手续费），共计节约成本约 2 110 万元人民币。B 银行为该笔融资提供担保。从上述案例可以看出，出口贸易人民币协议融资可以获得哪些好处，可能面临什么样的风险？

第 11 章　互联网金融

学习目标

通过本章的学习，熟悉互联网金融的概念，掌握其特点；了解互联网金融产生及其兴起的原因；了解传统金融的概念及其尚存问题，掌握互联网金融与传统金融的区别；熟悉第三方支付模式，以及当前主流第三方支付平台；掌握国际结算电子化的含义、进程，了解 EDI 的运作方式；掌握全面电子化系统中信用证项下基本业务流程；掌握电子化支付清算系统的含义、种类、功能与国际支付体系的基本要素。

教学要求

知识要点	能力要求	相关知识
互联网金融中的支付与结算实践	熟悉互联网金融中的支付与结算实践，熟悉第三方支付模式，以及当前主流第三方支付平台	互联网金融的含义、特点，互联网金融发展历程，互联网金融与传统金融区别，第三方支付模式，以及当前主流第三方支付平台
国际结算电子化	能够了解 EDI 的运作方式，能够掌握全面电子化中电子信用证项下基本业务流程	国际结算电子化的含义，电子单据的含义、作用、特点，EDI 的运作方式，电子信用证的含义及业务流程，电子化支付清算系统的含义、种类、功能

思维导图

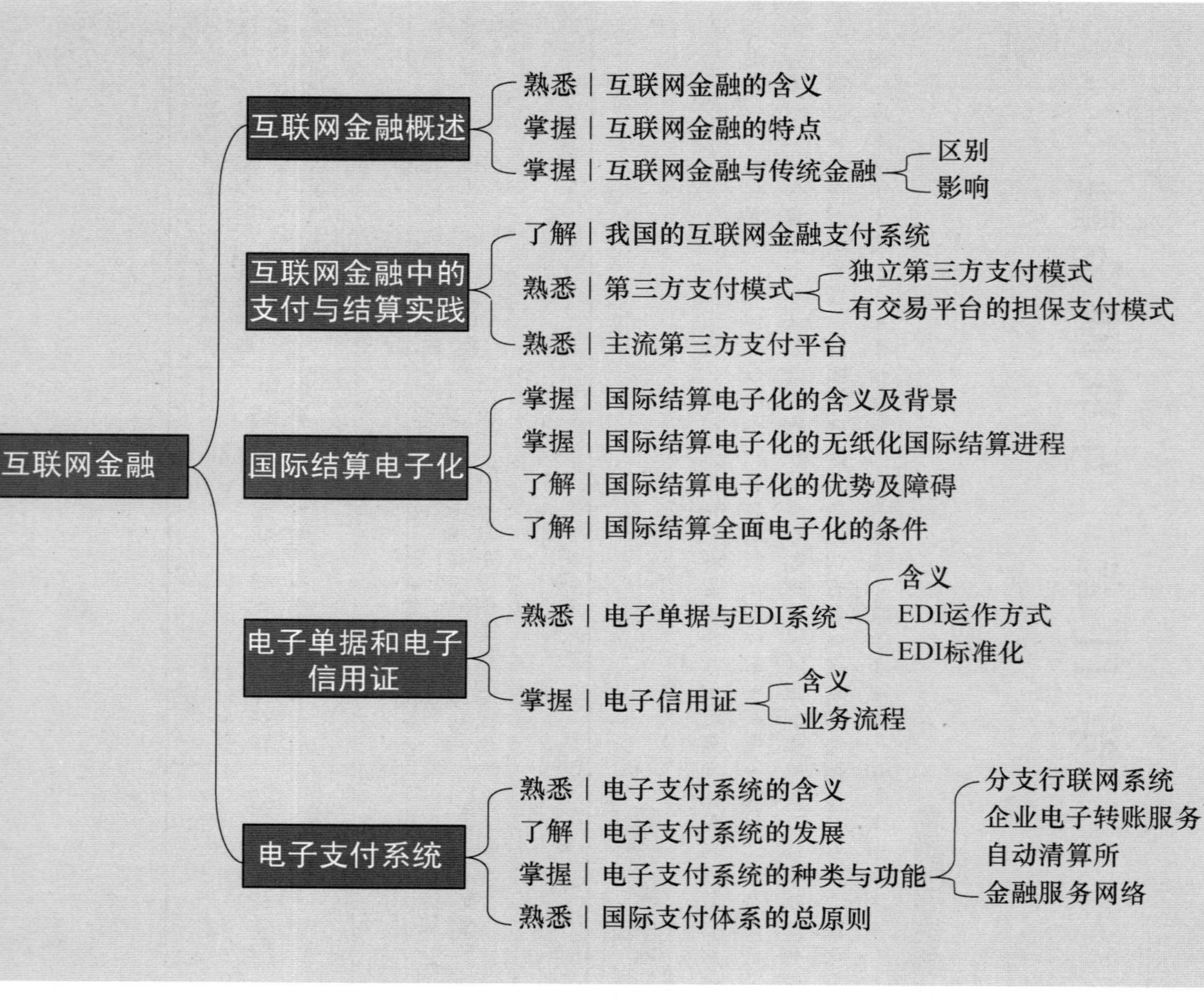
互联网金融
互联网金融概述
熟悉 | 互联网金融的含义
掌握 | 互联网金融的特点
掌握 | 互联网金融与传统金融
区别
影响
互联网金融中的支付与结算实践
了解 | 我国的互联网金融支付系统
熟悉 | 第三方支付模式
独立第三方支付模式
有交易平台的担保支付模式
熟悉 | 主流第三方支付平台
国际结算电子化
掌握 | 国际结算电子化的含义及背景
掌握 | 国际结算电子化的无纸化国际结算进程
了解 | 国际结算电子化的优势及障碍
了解 | 国际结算全面电子化的条件
电子单据和电子信用证
熟悉 | 电子单据与EDI系统
含义
EDI运作方式
EDI标准化
掌握 | 电子信用证
含义
业务流程
电子支付系统
熟悉 | 电子支付系统的含义
了解 | 电子支付系统的发展
掌握 | 电子支付系统的种类与功能
分支行联网系统
企业电子转账服务
自动清算所
金融服务网络
熟悉 | 国际支付体系的总原则

近年来，中国银行青岛市分行（以下简称青岛中行）不断尝试“互联网+”金融升级，电子交单就是对传统信用证纸质交单模式的一次革新。近日，青岛某大宗商品进口商与国外出口商——某世界知名矿业巨头洽谈最新一笔购货合同，在进口货物时，应国外出口商的要求，采用了行业最新的进口信用证项下电子交单模式结算，不仅提高了收单提货的速度，还加强了与出口商的合作关系，领先了行业结算模式。

“什么是电子交单，如何操作?”从未使用过电子交单业务的青岛某进口商一头雾水，只好求助一直合作的开证银行——青岛中行。据了解，青岛中行贸易金融部自2015年起就开始推广进口信用证项下电子交单业务，针对青岛进口商的这一需求为其进行了全面的介绍，最终成功为其叙做了多笔电子交单信用证。

青岛中行贸易金融部总经理介绍，电子交单简而言之就是信用证项下的交易各方通过电子交单平台实现电子单据的网络化流转。出口商安排船公司发货时，由船公司直接通过电子交单平台签发电子提单，并将信用证要求提交的单据全部以电子格式交单至开证行。这省去了传统模式下出口商银行交单需要通过快递邮寄纸质单据的时间和费用，大大提升了单据的流转速度，能让进口商在出口商交单后24小时内就可收到正本提货单据，实现尽快提货清关的目标。同时，纳入电子交单平台的交易各方都有严格的准入程序进行把关，且电子提单仅在电子交单平台内签发唯一一份正本，保证了单据的真实性和安全性，防范了利用伪造的纸质提单进行贸易欺诈的风险。

近年来，随着“互联网+”浪潮兴起，为了顺应市场发展和企业需求，中国银行在国际结算电子化、无纸化的进程中努力探索，尝试将信用证等传统结算产品优化升级，使其更加适应网络化、智能化的时代发展要求，以提升客户对时效性、便捷度方面的服务体验。进口信用证项下电子交单业务的推广，标志着中国银行在“互联网+”金融升级中的一次成功尝试。借助互联网平台对传统信用证纸质交单模式进行革新，顺应了国际上利用电子商务平台进行大宗商品等标准化交易的趋势，是对国际商会制定eUCP以适用电子化单证的应用，也符合国家外汇管理局促进外汇业务电子化发展的目标。

进口信用证项下电子交单以其高效、安全的特征，使信用证这一传统结算产品在“互联网+”时代焕发出新的生机与活力。今后，青岛中行将在国际结算产品创新道路上继续推陈出新，成为更具独特竞争力的贸易金融综合服务银行。

资料来源：编者根据青岛财经网相关资料整理。

过去十多年，贸易、通信、金融、音乐、商品零售等多个领域在互联网的影响下，发生了翻天覆地的变化。互联网技术和金融功能进行了有机结合，形成了互联网金融这种全新的金融业务模式。国际互联网的飞速发展促使金融电子化的应用迅速增长，使整个国际经济、金融市场从空间上得到了延展。作为国际债权债务清算的主要手段——国际结算，互联网金融在这个领域中的应用尤为重要。

11.1 互联网金融概述

11.1.1 互联网金融的基本问题

1. 互联网金融的含义

互联网金融指的是互联网技术和金融功能的有机结合，依托大数据和云计算在开放的互联网平台上形成的功能化金融业态及其服务体系，包括基于网络平台的金融市场体系、金融

服务体系、金融组织体系、金融产品体系及互联网金融监管体系等，并具有普惠金融、平台金融、信息金融和碎片金融等相异于传统金融的金融模式。

现阶段，我国互联网金融的模式主要有3种，分别为网银、构建贷款信用信息网络和P2P。第一种模式是利用互联网，银行为客户提供信息查询、咨询及网上银行服务的办理；第二种模式是借助互联网，收集与分析用户资金相关情况的数据，以此为依据评价其信用等级，将此评价反馈给银行，银行进而根据用户的信用情况，为其提供相应的贷款方案；第三种模式是采用对等网络，将闲置资金方与需求资金方进行有效的连接，在此基础上，闲置资金方的资金得到有效的利用，并通过贷出获得了一定的利息。

【拓展知识 互联网金融发展历程】

我国互联网金融产生的目的是利用互联网的非中心化、自由化与扁平化的特点，减少传统金融市场中信息不对称、逆向选择及道德风险等问题，提高金融体系的效率。

互联网金融不是互联网和金融业的简单结合，而是在实现安全、移动等网络技术水平上，被用户熟悉接受（尤其是对电子商务的接受）后，自然而然为适应新的需求而产生的新模式及新业务，是传统金融行业与互联网精神相结合的新兴领域。

互联网金融正以其独特的经营模式和价值创造方式影响着传统金融业务，逐步成为整个金融生态体系中不可忽视的新型业态。

党的二十大报告强调“加快发展数字经济，促进数字经济和实体经济深度融合”。数字金融是实现贸易金融业务数字化转型的核心。在推动贸易金融业务的发展时，商业银行需要着力推进数字化转型，要充分利用大数据和云计算等先进技术，提升业务处理的智能化水平，构建完善的数字金融生态体系。

2. 互联网金融的特点

互联网技术手段可以让金融机构脱离资金融通过程中曾经的主导型地位，成为从属的服务性中介，金融中介的作用也会不断地弱化。也就是说，互联网金融模式是一种努力尝试摆脱金融中介的行为。

从整体上看，我国互联网金融有以下特点。

（1）成本低

在互联网金融模式下，资金供求双方可以通过网络平台自行完成信息甄别、匹配、定价和交易，无传统中介、无交易成本、无垄断利润。一方面，金融机构可以避免开设营业网点的资金投入和运营成本；另一方面，消费者可以在开放透明的平台上快速找到适合自己的金融产品，削弱了信息不对称程度，更省时省力。

（2）效率高

互联网金融业务主要由计算机处理，操作流程完全标准化，客户不需要排队等候，业务处理速度更快，用户体验更好。如阿里小额贷款依托电商积累的信用数据库，经过数据挖掘和分析，引入风险分析和资信调查模型，商户从申请贷款到发放只需要几秒钟，日均可以完成贷款1万笔，成为真正的“信贷工厂”。

（3）覆盖广

在互联网金融模式下，客户能够突破时间和地域的约束，在互联网上寻找需要的金融资源，金融服务更直接，客户基础更广泛。此外，互联网金融的客户以小微企业为主，覆盖了部分传统金融业的金融服务盲区，有利于提升资源配置效率，促进实体经济发展。

(4) 发展快

依托于大数据和电子商务的发展，互联网金融得到了快速增长。以余额宝为例，2013年余额宝首次推出，上线18天累计用户人数已达到250多万，累计转入资金达到66亿元，余额宝很快成为普惠金融界的典型代表。数据显示，余额宝2020年第三季度末的规模为1.19万亿元，2020年第三季度单季利润为44.85亿元，基金为持有人创造了与风险相匹配的收益。

(5) 管理弱

一是风控弱。互联网金融还没有接入人民银行征信系统，也不存在信用信息共享机制，不具备类似银行的风控、合规和清收机制，容易发生各类风险问题，已有众贷网、网赢天下等P2P网贷平台宣布破产或停止服务。二是监管弱。互联网金融在中国处于起步阶段，还缺乏监管和法律约束，缺乏准入门槛和行业规范，整个行业面临诸多政策和法律风险。

(6) 风险大

一是信用风险大。现阶段我国信用体系尚不完善，互联网金融的相关法律还有待配套，互联网金融违约成本较低，容易诱发恶意骗贷、携款跑路等风险问题。特别是P2P网贷平台由于准入门槛低和缺乏监管，成为不法分子从事非法集资和诈骗犯罪活动的温床。近年来，e租宝、淘金贷、优易网、安泰卓越等P2P网贷平台先后曝出携款跑路事件。二是网络安全风险大，中国互联网安全问题突出，网络金融犯罪问题不容忽视。一旦遭遇黑客攻击，互联网金融的正常运作会受到影响，危及消费者的资金安全和个人信息安全。

11.1.2 互联网金融与传统金融

1. 互联网金融与传统金融的区别

简单来说，金融就是资金的融通。传统金融，主要是指只具备存款、贷款和结算三大传统业务的金融活动。

互联网金融与传统金融有以下方面区别。

(1) 参与者方面

在传统金融模式中，商业银行作为金融中介，除了股票等直接投资方式以外的所有投融资活动都以商业银行为中心进行展开。所以在传统金融模式中其参与者可分为三大类：投资者、银行、融资方。

而互联网金融的发展带动了金融脱媒的步伐。资本市场上，直接融资取代了间接融资，经济发展也从以银行为主导的经济格局转变为以市场为主导的格局。所以，在互联网金融模式中，银行丧失了其“霸主”地位，投融资方直接实现了资金对接。金融脱媒降低了投融资的成本，提高了投融资效率，迫使银行向中间业务转型。

(2) 操作平台方面

显而易见，传统金融模式的大部分业务来自消费者到金融机构网点的实体操作。客户必须亲自到银行或券商的营业网点办理有关的存取、买卖业务。

而在互联网金融时代，互联网平台给每一位用户都提供了自助化的财富管理通道。各家互联网金融商把金融超市开到了互联网大平台，跨越了时间和空间的限制，实现足不出户的财富管理目标，大大降低了理财成本，方便了群众的投资理财。

(3) 征信体系方面

人民银行的征信系统在经济和社会中发挥了重要作用，其统计的指标均是商业银行信贷业务审核的重要信息，所以商业银行信贷业务的开展对人民银行的征信体系有着较强的依赖性。

而互联网金融机构作为法律规定的非金融机构，无法加入人民银行的征信体系，更不准许使用征信系统的信息，这就大大增加了网贷企业的风险，无法实现线上线下信用信息的交换与更新。整个互联网金融行业缺乏一个覆盖面广泛、受众更宽的征信系统以解决整个行业的信用信息缺失问题。

(4) 信息处理方面

传统融资模式下，金融机构获得投资企业（特别是小微企业）的信息成本较高，需要花费较高的人力、时间成本，收益与成本不匹配。同时，在获得信息后，金融机构处理信用信息也需要花费较多的时间和精力，通常还要受到人为主观因素的影响，增加信贷风险。

【拓展知识 金融就是大数据】

大数据和云计算技术的发展极大地降低了互联网金融机构的信息不对称。随着人们与互联网关系的日益密切，客户在互联网上留下众多交易信息痕迹，在社交网络和电商中就生成了大数据。在信息搜集的过程中，强大的搜索引擎对数据进行有效筛选和组织，有针对性地满足信息需求。互联网金融企业在进行信贷审查的过程中就能够通过搜索引擎迅速寻找到目标信息，节省决策时间。在信息处理的过程中，云计算和云存储技术的利用有效地提高了大数据的分析处理效率和存储稳定性。

(5) 支付方式方面

与现金、票据和信用卡等传统的支付方式相比，互联网金融的支付方式以移动支付为基础。个人和机构都可在中央银行的支付中心（超级网银）开账户（存款和证券登记)。证券、现金等金融资产的支付和转移通过移动互联网络进行，支付清算电子化，替代现钞流通。

在互联网金融模式中，第三方支付业务异军突起。互联网第三方支付业务具有方便快捷、费用低廉及交易安全等优势，一方面解决了小额支付下产生的货款转账不便的问题；另一方面也大大降低了由信息不对称所导致的互联网交易的欺诈风险，充分保障了消费者的合法权益，促进了支付行业的健康发展。

(6) 信贷产品方面

各家商业银行的传统信贷产品，由于受到其运营模式的限制，产品大多同质化，期限不等但相对较长，缺乏灵活性，不能完全满足投资者的理财需要。

在互联网金融模式下，由于资金的供需双方能够直接对接，信息高度对称。这就有利于为客户量身打造完全符合其需求的信贷产品。在这种资源配置方式下，双方或多方交易可以同时进行，信息充分透明，定价完全竞争，因此最有效率。

(7) 信贷风险方面

无论是传统金融还是互联网金融模式，信贷风险的来源都是信息不对称。在传统金融模式中，信贷信息的搜集与审核易受到人为的影响和控制，由于在实际生活中能取得的数据信息有限以及缺乏处理数据的有力工具，传统金融在信贷风险的评估方面受到较大的限制。

互联网金融在大数据和云计算的支撑下，很大程度上解决了信息不对称的问题，大大降低了互联网金融企业的信贷风险。但是，在网络的虚拟世界仍然无法完全实现信息的对称，所以互联网金融也仍面临着信贷风险的有效防范问题。

（8）运行成本方面

与传统金融相比，互联网金融企业的运营成本如九牛一毛。互联网金融企业的成本主要集中在大数据的开发与维护，平台的研发与创新以及产品的创新上，省去了设置营业网点的费用，日常服务的职工工资以及网点的系统和设备维护费用，更节约了在信贷审核过程中的人力、时间成本，提高了企业的竞争力。

2. 互联网金融对传统金融的影响

互联网金融的出现不仅扩展了投资渠道，还改变了人们传统的理财方式。以余额宝为代表的支付平台不断增加，人们更倾向于既能用于支付消费，又能用来投资理财的平台，这类“一站式”的账户也极大地激发了人们对于理财产品购买的热情。另外，对于急需资金的中小企业，互联网金融为其提供了一些融资平台，帮助它们快速、安全地筹集到资金。

对于互联网企业而言，大数据的战略意义在于摆脱担保和抵押方式，将数据作为提供融资渠道的关键依据。以开放云平台为标志的电子金融服务模式已经成为降低成本、提高效率、拓展市场和创新经营模式的有效手段。互联网企业找准了小额贷款的切入点，并很好地把握了目前我国电子商务发展日趋成熟为金融网络化提供的环境基础。诸如人人贷、阿里小贷等平台的快速发展以及成功运行，给传统银行业提出新的竞争挑战，促使其调整业务并积极投入小微贷款这个业务中。可见互联网金融促进了商业银行的改革，也加快了传统金融业务与互联网的融合。

互联网企业向金融渗透的最大挑战在于对风险的把控。互联网企业从事金融业务的优势在于拥有数据信息和平台，但是最大的考验在于与传统金融机构相比，其对技术风险、市场风险、业务操作风险、流动性风险等互联网金融风险的预测和控制能力有待验证。互联网金融对传统金融的冲击见表11－1。

表11－1　互联网金融对传统金融的冲击

影响项目	传统金融	互联网金融
盈利模式	直接收费模式	免费模式
服务模式	渠道服务、销售服务	平台服务、定制服务、综合服务
目标客户	高端客户为主	碎片客户、长尾客户
组织结构	科层组织	扁平化、社区化、生态圈化
管理模式	泰勒式科学管理	宽松式创新管理
业务创新模式	销售产品创新	用户体验创新
产品推广模式	广告宣传为主	客户流量转化

11.2　互联网金融中的支付与结算实践

11.2.1　我国的互联网金融支付系统

1. 我国的支付生态圈

我国特定的国情决定了第三方支付机构及其竞争者、合作者，以及商户、消费者/用户、政府、监管机构等利益相关者，构成了共生、互生的支付生态圈。在支付生态圈中，各机构各司其职、互利共存、资源共享、竞争合作，共同维持这个支付商业系统的延续和发展。支付生态

圈的成员除了商户、消费者/用户以外，还有传统支付公司、创新型支付公司、商业银行（以及证券等金融机构)、通信运营商、底层外包服务商、支付软硬件供应商、监管机构七大类。

2. 创新型第三方支付机构

创新型第三方支付机构是互联网、移动互联网发展大潮席卷支付领域而催生的新兴力量。创新型第三方支付机构主要从互联网支付业务（含线上收单业务）发展而来，其特点是基于互联网技术创新，运用电子化货币甚至虚拟货币，面向中小微客户及个人客户端，服务于 C2C、B2C、B2B 交易或电子社交媒体、电子娱乐等支付需求。

创新型第三方支付机构主要有以下三大类。

第一类脱胎于成功的电子商务或电子社区、电子娱乐平台。例如，产生于淘宝 C2C 交易的支付宝、产生于腾讯社交平台的财付通和腾讯微生活、服务于盛大网络游戏支付的盛付通，以及服务于全球最大威客网站的易极付等互联网第三方支付机构。

百度的百付宝、新浪的新浪支付也于 2013 年获得第三方支付牌照。苏宁、京东等电商也在加紧布局第三方支付。例如，京东商城于 2012 年收购了网银在线，以实现电商、物流、采购、商户、买家之间的现金流转；同年，苏宁电器并购安徽华夏通，自己来进行原有与 11 家银行网银和第三方支付机构的网银接口开发。经过近几年发展，苏宁金融已打造了苏宁易付宝、苏宁理财、任性付、供应链融资、电器延保等一系列知名支付产品，力求为消费者和企业提供多场景的金融服务体验。

第二类独立于电子商务或其他电子平台，专注于行业细分领域的互联网支付，如汇付天下、快钱、平安壹钱包等互联网第三方支付机构。

第三类是移动电子商务的发展催生的北京拉卡拉、和包支付、翼支付、钱袋宝、乐富等跃入移动支付市场的机构。

11.2.2 第三方支付模式

第三方支付平台运用先进的信息技术，分别与银行和用户对接，将原本复杂的资金转移过程简单化、安全化，提高了企业的资金使用效率。目前市场上第三方支付公司的运营模式可以分为两大类：一类是以快钱为典型代表的独立第三方支付模式；另一类是以支付宝、财付通为首的依托于自有 B2C、C2C 电子商务网站，提供担保功能的第三方支付模式。

1. 独立第三方支付模式

独立第三方支付模式，是指第三方支付平台完全独立于电子商务网站，不附有担保功能，仅仅为用户提供支付服务和支付系统解决方案。平台前端有各种支付方法供网上商户和消费者选择。同时，平台后端连着众多的银行，平台负责与各银行之间的账务清算。独立的第三方支付平台实质上充当了支付网关的角色，但不同于早期的纯网关型公司，它们开设了类似于支付宝的虚拟账户，从而可以收集其所服务的商家信息，用作为客户提供支付结算功能之外的增值服务的依据。独立第三方支付平台主要面向 B2B、B2C 市场，为有结算需求的商户和政企单位提供支付解决方案。它们的直接客户是企业，通过企业间接吸引消费者。

独立第三方支付企业与依托电商网站的支付宝相比更为灵活，能够积极地响应不同企业、不同行业的个性化要求，面向大客户推出个性化的定制支付方案，从而方便行业上下游的资金周转，也使其客户的顾客能够便捷付款。独立第三方支付平台的线上业务规模远比不上支付宝和财付通，但其线下业务规模不容小觑。独立第三方支付平台的收益来自和银行的手续费分成以及为客户提供定制产品的收入。但是，该模式没有完善的信用评价体系，容易被同行复制。因此，迅速提升在行业中的覆盖率以及用户黏性是其制胜的关键。

2. 有交易平台的担保支付模式

有交易平台的担保支付模式，是指第三方支付平台捆绑着大型电子商务网站，并与银行建立合作关系，凭借其公司的实力和信誉充当交易双方的支付和信用中介，在商家与客户之间搭建安全、便捷、低成本的资金划拨通道。在这类支付模式中，买方在电商网站选购商品后，使用第三方支付平台提供的账户进行货款支付，此时货款暂由平台托管并由平台通知卖家货款到达、进行发货；待买方检验物品进行确认后，通知平台付款给卖家，此时第三方支付平台再将款项转至卖方账户。这种模式的实质是第三方支付平台作为买卖双方的信用中介，在买家收到商品前，代替买卖双方暂时保管货款，以防止出现欺诈和拒付行为。

支付宝和财付通由各自母公司的电商业务孕育而生，本是作为自有支付工具出现。在淘宝、拍拍等 C2C 电子商务网站上聚集的个人商户和小微企业商户没有技术实力来解决网络购物的支付问题，双方通过网络直接交易对消费者而言也缺乏信任感，这就需要中立于买卖双方、有技术实力又有担保信用的第三方来搭建这个桥梁，支付宝和财付通即在这种需求下应运而生。担保支付模式极大地促进了它们所依附的电商网站的交易量，电商网站上的消费者也成为支付平台的使用者。担保交易模式所打造的信任环境为其带来了庞大的用户群，这些海量的用户资源为这类第三方支付平台创造了强大的优势，这是如快钱这类的独立第三方支付平台难以企及的。

阅读专栏

B2B 平台支持中小企业发展

财付通商企付以企业支付为切入口，为 B2B 平台做好支付数字化助手的同时，也为平台上的中小微企业提供全维度的企业金融服务解决方案。

腾讯官网金融科技业务单元在 2020 年新增了“财付通商企付”这个新成员，其相关介绍显示，这是腾讯基于行业领先的金融科技能力，为 B2B 电商平台打造的一站式交易资金管理系统。财付通商企付为平台提供安全合规、完善灵活的企业账户管理体系、在线收付款、财务管理和智能风控等服务，助力平台实现信息流、物流、资金流三流合一，搭建金融服务体系，全面提升其行业竞争力。腾讯利用其金融科技及数字技术优势，快速响应新基建、产业链数字化建设的新趋势，试图助力传统产业链上下游的数字化升级、转型和再造过程。

财付通商企付为 B2B 电商平台和平台商户提供在线支付服务，其特点是全程合规、交易便捷、票据齐全，平台接入成本低、上线快。据了解，财付通商企付为产业电商平台提供在线担保交易、合单支付、分笔支付、智能分账、账单管理、权限管理等服务，在对接上可以做到灵活组合，可高效协助产业电商平台搭建符合自身场景需求的交易系统和支付网络。

事实上，财付通商企付这位新成员在金融科技应用上动作也颇为频繁。截至 2020 年 10 月，财付通商企付已先后与找钢网和江苏五城平台实现了产业数字金融合作。

在“互联网＋”时代，传统实体经济顺应经济大环境的变化，借助互联网实现产业升级

是大势所趋。财付通商企付首个B2B交易平台合作就锁定了找钢网。找钢网作为B2B垂直行业电商的代表，已建立起涵盖交易、物流、仓储、加工、供应链金融、大数据、SaaS等钢铁贸易价值链的整个产业链。此番财付通商企付与找钢网的合作将为产业链用户带来数字化的便捷金融服务，促进了企业资金链的快速流动，支持了中小企业的持续发展。

财付通商企付与江苏五城平台的合作，为化学产业金融服务探索了新道路。双方的合作促进了化工行业的南京、上海、临邑、深圳、重庆多地联动，为B2B线上支付提供了典范式应用场景。

凭借产品与投资布局，目前，腾讯金融科技已经构建了集流量平台、合作伙伴、产品服务、各行业商户等在内的B端生态，并与多家银行达成长期合作关系。完善的体系让腾讯金融科技旗下产品财付通商企付可以基于上述资源，为企业提供高效支付功能和企业金融服务，全方位助力提升电商平台上的中小企业资金管理效率。

资料来源：经济观察报，2020. 财付通强化B端支付能力 赋能B2B平台支持中小企业发展[EB/OL].(2020-12-01)[2021-05-13]. http://www.eeo.com.cn/2020/1201/440516.shtml.

3. 两种模式的对比分析

独立第三方支付立身于企业（B）端，担保模式的第三方支付平台则立身于个人（C）端，前者通过服务于企业客户间接覆盖客户的用户群，后者则凭借用户资源渗入行业。两者由于出身不同，走出了完全相反的路线，却又各有自身的优势。与担保模式的第三方支付公司相比，独立第三方支付公司的规模较小，但在保险、航空旅游、行政教育等行业应用领域也显示出了独特的生命力。

无论是支付宝、财付通这样的由大型电子商务交易平台价值链延伸的在线支付工具，还是快钱、易宝支付、汇付天下这样的独立第三方支付平台，其盈利模式都很相似，主要有交易手续费、行业解决方案收入和沉淀资金利息3种收入来源。一般来说，支付公司通过提供免费、便捷的服务来吸引付款者使用，支付公司收取商家一定比例的接入费、服务费和交易佣金，同时付给银行一定的费用，之后的差额即支付平台的盈利。

【拓展知识 第三方支付格局基本成型 牌照交易呈现买方市场】

同时，两类支付平台都已认同“虚拟账户”的价值，账户的支付信息和交易信息是支付平台提供增值服务的基础，而增值服务是未来新兴盈利点。对于所有第三方支付平台而言，最重要的生存法则就是扩展平台用户群并开拓市场。这可分为两大发展方向：一是沿着细分行业领域纵深发展，为企业客户的电子化支付提供专业的服务和支持；二是为用户提供安全、便捷的第三方支付服务，满足用户社会生活中方方面面的支付需求。在这一发展过程中，第三方支付服务平台开始探索增值服务，他们的触角已从支付结算领域延伸到资金融通领域。借助所积累的精准的交易信息，第三方支付平台不仅可以分析使用者的行为与偏好，还可以评估使用者的信用等级。第三方支付平台的金融化趋势日益凸显，向传统金融发起了全面冲击。

4. 主流第三方支付平台

（1）银联商务及其模式

银联商务有限公司（以下简称银联商务）是中国银联控股的，专门从事银行受理市场建设和提供综合支付服务的机构，成立于2002年12月，总部设在上海浦东新区。银联商务是首批获得中国人民银行“支付业务许可证”的支付机构，也是中国人民银行确定的21家重点支付机构之一。根据中国人民银行网站所公开的信息，银联商务的支付业务范围包括银行卡收单、互联网支付、预付卡受理3项。

银联商务是国内老牌的第三方支付机构，由于依托于中国银联，银联商务在线下收单市场始终占据着绝对的主导权。截至2018年11月末，银联商务已在全国除台湾地区以外的所有地区设立机构，市场网络覆盖全国337个地级以上城市，覆盖率为100%，服务特约商户821.2万家，维护POS终端918.2万台，服务ATM3.3万台，服务自助终端72万台，是国内最大的银行卡收单专业化服务机构。

与依靠互联网企业的财付通、支付宝等第三方支付机构不同，依托于银联体系的银联商务始终以线下收单为主营业务方向，因而一直活跃在传统的第三方支付领域。银联体系在互联网支付方面另有一家银联在线支付，银联商务目前是银联在线的单一股东。银联在线曾以其强大品牌、银行及银联的强大资源、产品齐全、安全性较高等优势，占据了在线市场相当大的份额。然而，固有的体制问题，使得市场拓展能力和服务质量阻碍了其发展。随着《非金融机构支付服务管理办法》的出台，监管机构正式认可了第三方支付行业的法律地位，更削弱了银联在线原有的公信力优势。

由于银联的强大背景和品牌优势，尽管目前银联企业在互联网在线支付领域已远远落后于支付宝、财付通，但银联商务并没有抱残守缺，而是积极仿效行业的领头企业，开发新产品，提高其服务品质。2013年，银联商务正式推出“全民付”产品，这也是银联商务首次涉足账户类的第三方支付业务。全民付有着各类终端形态：在线下，持卡人可以使用加载全民付业务的传统POS、ATM、多媒体自助终端完成便民缴费；在互联网上，可以通过计算机、平板电脑登录全民付在线便民支付平台；在家里，可以选择使用电话POS、全民付迷你终端、智能电视。

在目前最热门的移动支付领域，通过全民付的客户端，除了常见的银行卡支付和全民付账户支付外，还可以结合手机刷卡器，实现刷卡支付。自2014年以来，银联商务针对小微商户的移动收付款需求，推出了“全民付收银台”手机客户端和仅有名片盒大小的全民付POS刷卡终端，两者可通过蓝牙连接实现银行卡收付款、便民缴费及其他增值服务。

显然，银联商务并没有满足于线下收单服务的市场霸主地位，而是积极利用其已有的渠道优势和银联强大的品牌优势，在互联网支付领域不断模仿和追赶领头企业。银联商务势必会长期保持其在第三方支付领域的地位。

(2) 支付宝及其模式

支付宝的支付服务于2003年10月在淘宝网推出，2004年12月支付宝（中国）网络科技有限公司成立，支付宝网站正式上线运营。支付宝隶属于互联网巨头阿里巴巴集团，是目前知名度较高且使用较为广泛的第三方在线支付平台，也是国内首批获得“支付业务许可证”的企业之一。

在网络购物发展初期，由于全新的在线交易模式改变了传统的当面交易模式，买家在收到货物前，对于货物的真实状态完全不可知，而此时就对外付款，显然存在重大的风险。支付宝出现的初衷就是解决网购过程中的不安全性，为双方进行担保。一方面，买家在确认收货前，其货款不会支付给卖家；另一方面，如果卖家所发出的货物与其网络上的描述一致就能确保收到货款。

依托于淘宝网，支付宝迅速成长为国内市场份额排名第一的第三方在线支付平台。与此同时，由于其具有互联网企业的背景，也始终在业务创新和改善用户体验方面走在前列。支付宝自诞生以来，充分利用其用户规模大、用户黏性高、品牌知名度高、应用创新能力强、市场开拓能力强等优势，始终保持着行业领先的地位。尽管支付宝还面临着账户支付模式存在安全隐患、淘宝平台和支付宝客户（其他网购平台）有竞争关系、信用卡支付的套现瓶颈等对其发展不利的因素，但随着国内互联网消费规模的快速扩张和移动互联网支付业务的发展，以及对第三方支付需求的快速增长，支付宝的发展前景仍然十分广阔。

2013 年 6 月，支付宝推出账户余额增值服务“余额宝”。通过余额宝，用户不仅能够得到较高的收益，还能随时进行消费支付和转出，无须支付任何手续费。“一元起售，草根理财”的观念也随之深入人心。余额宝的出现是我国互联网金融发展的一个阶段性里程碑。

自 2013 年 11 月起，支付宝手机客户端“支付宝钱包”宣布作为独立品牌进行运作，将为用户提供更加便捷的移动支付服务。在线下，支付宝钱包不仅内置了余额宝，真正实现了随时随地“移动理财”，更以成熟的账户支付体系和创新的支付解决方案为线下商户提供了便捷完善的移动支付服务。支付宝创造了我国网上市场中介式的交易模式，培养了我国网民第三方支付的使用习惯，成为我国网民使用互联网的基本应用之一。支付宝庞大的用户规模成为其在市场获取方面的巨大优势。同时，其在技术研发和风险管控等方面也具有市场领先的水平，未来我国第三方支付市场的发展在很大程度上将与支付宝的发展相契合。

（3）财付通及其模式

财付通是腾讯集团旗下的第三方支付平台，自 2005 年成立开始，财付通就以“安全便捷”作为产品和服务的核心，不仅为个人用户创造了 200 多种便民服务和应用场景，还为 40 多万大中型企业提供了专业的资金结算解决方案。

经过多年的发展，截至 2018 年年底，财付通服务的个人用户已超过 8 亿，服务的企业客户也超过 120 万家，覆盖的行业包括游戏、航旅、电商、保险、电信、物流、基金等。结合行业特性，财付通提供了快捷支付、财付通余额支付、分期支付、委托代扣、EPOS 支付、微支付等多种支付产品。按交易量计算，财付通在第三方在线支付领域仅次于支付宝。

尽管没有中国银联的强大品牌优势，也没有支付宝的市场和创新优势，但由于背靠同为国内互联网企业巨头的腾讯集团，财付通具备现有用户和潜在用户规模大、用户黏性高、产品价格具有竞争力、腾讯多项业务（尤其是 QQ 及其周边业务）支持等其他第三方支付企业所不具有的优势。

由于缺乏淘宝网这种规模的网购平台的支持，财付通的销售及分销渠道较少，只能依靠价格优势与支付宝竞争。同时，财付通的品牌整体创新能力有待加强。截至 2018 年年底，财付通在与支付宝的竞争过程中，还没有出现过由财付通首创的具有重大影响的业务模式。虽然财付通也是独立的法人实体，但从运营方式而言，过于依赖腾讯集团而缺乏独立性。

腾讯集团互联网龙头企业的地位，意味着其在互联网领域的创新能力并不弱于专注于构建网络交易平台的阿里巴巴集团。一旦腾讯某项创新改变了互联网的生态环境和竞争格局，就会给财付通带来机会。

微信的出现对于中国互联网而言是跨时代的，尽管微信是作为一种即时通信工具出现的，但随着智能手机的普及和5G网络、Wi-Fi热点范围不断扩大，微信已成为目前移动程序中最为常用的程序之一，甚至直接冲击了传统移动通信中的短信服务。微信团队并不满足做普通的即时通信工具，而是逐步扩展其功能。微信在版本更新的过程中，也添加了钱包功能，其中集合了手机话费充值、信用卡还款、理财通、滴滴打车、Q币充值、微信红包、机票和火车票等常用功能。虽然其功能的广泛度不如支付宝，但微信的用户黏性决定了其与支付宝重叠的服务中，必定会对支付宝的已有用户产生冲击。

2014年，“滴滴打车”和“快的打车”在出租车服务市场上的一场大战，意味着腾讯正式开始在移动支付领域挑战阿里巴巴。通过这场“大战”，各方都看到了移动互联网时代用户习惯培养的重要性。借助于移动定位技术的进步，改变出租车原本的无序行驶状态，通过“点对点”的呼叫，极大地提高了叫车的成功率，从而提高了整个行业的效率。而大城市中原本存在的电话叫车平台则瞬间被击退。

应当看到的是，由于微信用户群的威力，尽管在网购支付领域，财付通目前还无法挑战支付宝，但在其他移动支付领域，财付通仍有非常大的发展空间。

（4）拉卡拉及其模式

拉卡拉公司（以下简称拉卡拉）是联想控股成员企业，成立于2005年。拉卡拉积极拓展综合业务，截至2019年年底，各类在运营App注册用户数和各微信公众号粉丝数合计超过3000万，旗下App月度活跃用户数超过300万。2019年，拉卡拉推出的主要新产品有云收单、云小店、收款码、汇管店。

拉卡拉面向小微商户提供收款宝、开店宝等产品，是一款基于社区金融及电子商务平台，具备支付、生活、网购、金融等功能的智能多媒体云POS，不仅可为商户提供POS收款服务，更融合了拉卡拉特有的便民支付业务。

与行业的三巨头不同，虽然拉卡拉也算出自名门，但它既没有QQ、微信等即时通信工具带来的强大用户黏性，又没有银联强大的品牌优势，更没有淘宝网之类网购平台的强大支持，但拉卡拉在第三方支付企业中始终占据重要的地位，其秘密就在于它的名字之中——拉卡拉支付。

拉卡拉成立之初就开发出中国第一个电子账单服务平台，并与中国银联合作推出“银联·拉卡拉”支付方式，开创了“网上购物，刷卡支付”的全新支付模式，这个平台理论上可以接入任何有收款和付款需要的商户及个人。随后，拉卡拉又与银联签署战略合作协议，推出电子账单支付服务及银联标准卡便民服务网点。拉卡拉充分利用了其与银联的特殊合作关系，从一开始就将其业务领域专注于银行卡收单支付，迅速地占据了几百个城市的数十万家便利店，大张旗鼓地提供跨平台信用卡还款服务和缴费服务，其终端设备不仅免费使用，还不加收手续费，致使其业务渠道和用户群迅速建立起来。

2012 年 5 月，拉卡拉手机刷卡器问世。自此，拉卡拉全面完成针对银行、商户、个人的第三方支付市场立体战略布局。2013 年 9 月，拉卡拉推出开店宝以及集“支付、生活、网购、金融”为一体的社区金融及电子商务平台，通过线下与线上的无缝融合，推进了社区便民电子商务的发展，拉卡拉正式步入 3.0 时代。

开店宝是一款基于社区金融及电子商务平台的多媒体智能终端，具有自助银行、便民缴费、生活服务、电子货架、POS 收单五大功能，能为小店周边居民提供终端网上购物、飞机票购买、转账汇款等百种便民增值服务。开店宝主要针对社区商铺，也广泛用于办公室、住宅、酒店、连锁超市等多种场所。用户可以在开店宝的在线商店中购买商品并完成支付，社区商铺负责收货，用户再从社区商铺取货。开店宝主要满足社区大部分年长用户或不方便上网购物的用户的需求，用以通过开店宝完成选购、支付和收货流程；对社区商铺来说，它们可以从商品利润中获得一定的提成。

拉卡拉凭借便民支付在线下数目庞大的支付终端及与各大电子商务网站之间的关系，逐渐将支付业务外延到电商领域、对外输出渠道和平台资源。开店宝终端的推出，意味着拉卡拉在电商中扮演的角色将从纯粹的支付工具扩展为“支付＋渠道”，使自身广泛的线下终端和支付功能成为一个平台优势，从线下与用户最贴近的便利商店和超市着手，起到了对电商流量的分发功能，并进一步深化了 O2O 模式。

拉卡拉的开店宝业务以社区为中心，而社区最强的竞争力在于拥有庞大的用户群和较强的用户关系链及用户强大的消费潜能。借助适合社区用户习惯和认知的产品，进行适当的引导和运营，就能将用户的潜在需求挖掘出来。

(5) 易宝支付及其模式

易宝支付的第三方支付服务于 2005 年 3 月开始推出，为第三方支付行业的新入者，其前身为北京通融通信息技术有限公司 2004 年推出的“如意付”电子支付产品。易宝支付上线后，陆续推出了网上在线支付、非银行卡支付、信用卡无卡支付、POS 支付、基金易购通、一键支付等创新产品，先后为数字娱乐、航空旅游、电信移动、行政教育、保险、基金、快消连锁、电商物流等众多行业提供了量身定制的行业解决方案。2011 年 5 月，易宝支付获得首批央行颁发的支付牌照；2012 年 3 月，易宝支付获得证监会颁发的基金销售支付结算许可证；2013 年 10 月，易宝支付获得国家外汇管理局批准的跨境支付业务许可证，并完成了全国第一笔跨境外汇支付交易；2016 年，易宝支付成为首批苹果公司认证通过的安全支付服务提供商，支持商户 App 实现 Apple Pay 服务；2018 年，易宝支付独家支持国航电子钱包上线；2019 年，易宝支付与阿联酋、德国相关企业签订战略合作协议，布局海外业务。

在电子支付市场发展初期，易宝支付重点发展的电话支付没有达到预期的规模，但在第三方支付市场爆发式发展的两年里，易宝支付依托航空、电信、教育等领域快速发展，再加上它在移动互联网方面的渗透，保证了一定的发展势头。

由于易宝支付的初期产品定位影响了本土化的进程，其业务模式并没有显著的特点。在支付宝、财付通占据了整个第三方支付市场的绝大多数份额后，易宝支付很难再形成规模优势。此外，与拉卡拉专注于刷卡支付不同，易宝支付与其他第三方支付机构的同质竞争非常激烈，所以其进一步拓展市场份额也具有相当大的难度。

因此，易宝支付将“聚焦关键行业”确立为其长期坚持的核心战略，面对移动互联网和互联网金融大潮，易宝支付确立了“支付＋金融＋营销”的升级战略。

易宝支付以标准化程度最高的 POS 机系统为硬件基础，推出了一款名为哆啦宝的营销类产品。这一产品的基本思路是，以支付数据对商户的反馈机制为基础，进行数据分析，作用于客户管理和精准营销。哆啦宝通常面向餐饮类商户，通过 POS 机中内置的系统采集用户交易数据进行客户管理。

哆啦宝主要与易宝支付在线下铺设 POS 机的商户合作，用户首次刷卡消费时，将生成红包信息，下次消费时，POS 机将自动识别并生成红包，如此循环。哆啦宝营销系统帮助易宝支付从支付环节走向用户管理，从后端渗透到前端用户的营销。

哆啦宝有两大创新产品：一是哆啦口袋，二是哆啦开店宝。哆啦口袋定位于“商圈白领一卡通”，是国内首个具有社交属性的生活服务类储值卡合买、分享的商圈 O2O 手机应用产品，由哆啦宝公司于 2014 年推出。哆啦口袋是集移动支付、LBS（位置服务）、社交、微众筹于一体的商圈 O2O 模式。商户可以通过哆啦口袋 App 平台实现精准、及时的社会化营销，提升品牌及服务，实现 24 小时全天候销售。用户可以在商圈内的合约商户中实现消费、享受一卡通用。哆啦开店宝除了与拉卡拉的开店宝有类似的功能外，还增加了多重营销功能，用户扫描二维码就可以轻松领取红包和积分，用于二次消费，帮助商家实现了精准的持续营销。同时，哆啦开店宝可完美实现 O2O 闭环，为团购、外卖等企业提供验券功能，便捷商户账目管理，使用户在线下消费中的体验更为流畅。

11.3　国际结算电子化

信息和通信技术正在改变我们的世界。在飞速发展的全球经济下，国际贸易采用电子技术后，每年可以节省数十亿美元。从纸制单据转化为电子单据，不仅增加了供应链的安全和透明，同时也为政府和私人部门带来了更高的收益。

电子信息更易处理也更为可靠，它降低了供应链的费用并且减少了时间的延误。货物的流动速度远逊于代表它们的电子信息，因此，加快信息交换将使得贸易更具竞争力和更高效。不断发展的无纸化贸易对国际贸易的各个环节提出了新的要求，作为其中重要环节的国际结算，亦出现了电子化的新趋势。

11.3.1　国际结算电子化概述

1. 国际结算电子化的含义

在国际货物贸易中，无纸化单据和处理方式越来越受到政府和企业的青睐。过去的十几年，随着电子商务的兴起和蓬勃发展，一些国际机构和组织开创了基于网络的无纸化贸易服务。而作为国际贸易重要环节的国际结算，其无纸化革命随之浮出水面。国际结算电子化，是指用电子数据交换系统替代纸制单据成为国际结算的主要形式。

国际结算电子化的核心是电子提单，注意，这里的电子提单是指能够代表货物物权的凭证，它不同于传统提单，是无纸单证，即按照一定规则组合而成的电子数据。各有关当事人凭密码通过 EDI 进行电子提单相关数据的流转，既解决了因传统提单晚于货物到达时间，

不便于收货人提取货物的问题，又具有一定的交易安全性。

2. 国际结算电子化的背景

近年来，电子网络技术的高速发展使国际贸易迈向了高效、安全、低成本的网上运作新阶段。目前，一个以互联网为基础，支持国际贸易流程参与各方传输、交换电子单据与数据的BOLERO（Bill of Lading Electronic Registry Organization）系统已建立并开始运作。

BOLERO的运作以互联网为支持，以一核心信息平台为主构架，是一个开放、中立、高度安全、合法的电子网络，致力于消除纸上贸易。使用者签署协议成为成员后，通过互联网交换单据、核查数据完成贸易过程。它的另一个特点是通过权利注册申请，允许在线转让货物的所有权。毫无疑问，BOLERO带来了一场贸易电子化革命，为国际贸易提高效率、提高安全性与管理水平、降低成本、减少欺诈及消除贸易障碍做出了巨大贡献。

11.3.2 无纸化国际结算进程

1. 国际结算支付系统的建立

国际结算电子化最早可以追溯到国际电子支付系统的建立。它实现了贸易结算资金的电子化转账和划拨，减少了现金和支票交易，加速了全球金融市场一体化和国际资本的流动。

2. BOLERO新系统的出现

当贸易电子化发展到供应链环节，必然需要一个系统能够连接贸易各方，包括出口商、进口商、承运人、银行等，从而实现与货物相关的单据电子化传递。BOLERO系统的出现使银行能为进出口客户提供一个更高效、更安全可靠的贸易环境，帮助贸易链中的各方降低成本、提高效率。

3. 我国国际结算的现状

我国国际结算方式以传统方式为主，特点是电子化程度不高、人工干预较多。虽然国内开展国际结算的银行都加入了SWIFT网，结算效率、自动化程度有了较大的提高，但目前的应用还是仅限于国际结算、收付清算、外汇资金买卖、国际汇兑等各种业务系统的通信上。在电子商务迅猛发展的冲击下，当前的结算自动化程度已不适应当今全球金融市场一体化的发展。新一代贸易、结算合一网——BOLERO已经运行，我国银行业应尽快加以研究并适应。

11.3.3 国际结算电子化的优势和障碍

1. 国际结算电子化的优势

传统国际贸易中的纸制单据存在以下问题：手工编制，误差难以完全避免；形式简单，容易仿冒；倒签、预借提单等提单欺诈行为时有发生；提单流转速度满足不了运输发展的需要，从而影响了正常的提货结汇等程序。电子单据的出现解决了上述问题。

首先从安全性角度来看，电子单据的收发不存在遗失问题，网络上点对点的传输确保信息安全地到达指定地址，电子认证服务和加密技术使得单据本身的防伪性很强，可以避免单据欺诈。

其次是高效性，采用电子单据可简化许多重复和烦琐的手续，提高工作效率，尤其是提高单据的流转速度，这对于近距离运输来说非常重要。

最后是正确性，电子单据可避免手工制单时的人工失误，即便有错误也可以立即由单据的签发方通过 EDI 系统进行更正，减少拒付事件。

电子化结算可以节约成本并提高贸易效率。新加坡推行贸易网络系统后，据报道政府每年能由此获得 10 亿美元的收益。在澳大利亚，电子化单据节省了通信费用，降低了纸张处理费用，减少了失误并更快地收到付款，减少了贸易融资费用，降低了库存等。

2. 国际结算电子化的障碍

虽然电子单据可以给国际贸易带来显著的成本节约和其他方面的好处，但政府和私营部门在创造一个无纸化的贸易环境时都面临一些障碍。这些障碍可以分为两个层面，即操作层面和法律层面。

（1）操作层面

① 建立一个普遍接受的无纸化贸易系统比较困难。

② 国际贸易往往涉及多个合同当事人以及不同阶段提供不同服务的非合同实体。一笔简单的交易至少涉及进口商、出口商、承运人、货运代理人或船舶代理、保险公司、银行和政府机构（如海关、税务、卫生和检疫机构等）。由此，就产生了包含提单（或类似运输单证）、保险单、报关单、订单、发票、发运通知、订舱和确认等的一套单据。这些单据都是由不同的实体提供和使用的，有着不同的法律效果，现实世界中缺乏一个将这些相关体连接在一起的系统。

③ 不同国家有不同的程序，对单据和信息的要求也不同。

④ 对安全性和潜在欺诈性的担忧。

（2）法律层面

缺少推行无纸化贸易方面的立法，以及在司法过程中，电子单据是否可以作为证据。

11.3.4 国际结算全面电子化的条件日趋成熟

1. 国际上已建成电子提单及相关服务的第三方系统平台

目前国际上具有一定影响力的外围第三方平台包括电子提单登记组织 BOLERO 和电子化船运问题解决公司（Electronic Shipping Solution，ESS）。BOLERO 由欧共体发起创立，由 TT CLUB（Through Transport Club，一家总部设在伦敦的运输业共同保险机构）与 SWIFT 组织于 1998 年 4 月合资成立，注册地在英国。ESS 成立于 2005 年，注册地在美国，专注于为贸易商、货运公司和商业银行提供电子提单相关服务。BOLERO、ESS 的用户包括国际贸易中的进出口商，银行，保险公司，运输行，货运公司（油轮、驳船、班轮、散货船），港务机构，海关，检验机构等。客户通过一个单一窗口，直接与全球化的物流及金融服务社群连接。

2. 国内银行及相关机构在国际结算全面电子化进程中已初具规模

(1) 银行方面

目前我国大部分银行的国际结算及贸易融资都实现了集中化处理，部分银行内部已建立客户管理系统、授信额度审批管理无纸化系统、客户信用评级系统、企业征信系统。部分银行已建立会计核算集中化系统。绝大部分银行已开通网上银行系统（或电子银行系统）及SWIFT系统。国内各家银行已同外汇管理局建立涉及外汇义务性报告的国家外汇管理局应用服务平台、反洗钱监测与分析系统、外汇收支申报联网系统（金宏工程系统）及网上报关业务系统。不少银行已开通人民币跨境收付信息管理系统和人民币国际结算系统，有些银行已加入BOLERO及ESS等系统。

(2) 客户方面

现阶段大多数客户使用了网银系统。尽管客户在申请办理国际结算及贸易融资业务时大多还只能通过纸质单据传递方式办理，但外贸企业ERP电子制单系统已经普及，部分客户已加入BOLERO等系统。

(3) 其他部门及机构

目前，其他部门及机构（除运输公司之外）加入BOLERO等系统的还很少，但电子提单和电子保单时有所见，海关已推行电子化报关系统，部分保险公司已开发电子保单系统，国内各主要供应链服务公司均拥有成熟的供应链管理系统。

(4) 国际贸易关联方

目前国际上大的运输公司大多已加入BOLERO系统，并能够出具电子提单。国际上已有部分银行、船公司、保险公司等加入了BOLERO系统。

(5) 法律体系的建立方

就实现国际结算及贸易融资全面电子化方面而言，应该是先有实践，后有相关的法律制定。目前已正式颁布实行的国际惯例是《跟单信用证统一惯例电子交单附则》（eUCP 2.0）和《托收统一规则（URC522）关于电子交单的附则》（eURC 1.0）；认可电子单证发行的《中华人民共和国电子签名法》。电子提单因其高效便捷和低成本等优点，已在海洋运输实务中得到广泛运用，我国现行的《中华人民共和国海商法》中也只对传统提单作了相应的规定，而电子提单的法律尚处于空白。针对电子提单是否具有物权凭证的属性，如何完成物权转移等问题都是我国现行法律的盲点。

11.4 电子单据和电子信用证

11.4.1 电子单据

1. 电子单据与EDI系统

国际结算中的电子单据指将国际结算业务中有关运输、海关、商检、保险、交易证明等方面的信息，通过EDI系统在客户与客户、客户与相关贸易部门、客户与银行、银行与银行以及银行内部各业务处理环节之间进行信息交换，以代替传统的纸制单据。

现代国际贸易结算绝大多数是通过单据的传递进行的，因而对单证制作质量要求极高。

EDI系统以电子数据代替以纸为介质的传统信息交换方式，以最少的人工介入自动实现数据与资料的处理、传递和存储，免除了烦琐的单据制作工作，使单证工作更加迅速、准确。EDI系统可以减少甚至消除贸易及结算过程中的纸面单据，因而使得国际贸易及结算向“无纸化”的趋势发展。

EDI系统在进出口单证工作中的使用，能更好地适应国际贸易迅速发展的形势，使本国的国际贸易和国际结算技术与国际接轨。

2. EDI系统的运作方式

EDI系统的运作方式可分为3种：一是进行用户之间的EDI；二是进行行业内的EDI；三是进行地区或全球性多业务行业之间的EDI。EDI电子制单系统提供了用户需要使用的EDI接口，将通过电子制单软件生成的各类单据的数据，按EDI标准报文格式进行转换，生成EDI标准格式的文件，然后调用通信程序将文件发送到指定的地点。

（1）EDI参数设置

单据发送前，用户必须先将EDI系统的信息补充完整，即通过“EDI参数设置”，输入相应内容。输入时应注意，企业在贸易促进委员会、海关、运输、保险、银行等的企业信箱号应一致，而审证机构信箱号应不同。

（2）选择通信方式

EDI参数设置完成之后，就必须选择通信方式。常用的通信方式为Windows拨号方式，需由用户手工完成；还有专线方式，快速而简捷，不需用户干预。

（3）EDI发送

选择了通信方式之后，接下来要进行的就是EDI文件的发送。在发送前应确认所要发送的单据文件已经被转换成EDI标准格式，然后选择发送地，进行发送。

（4）EDI接收

选择EDI菜单中的“EDI接收”，再在接收窗口中单选接收单位，如贸促会、商检、运输、保险、银行等，此时系统就可按用户设置的通信方式接收数据。

（5）EDI查询

选择EDI菜单中的“EDI查询”，用户可以对接收的EDI结果进行查询，根据用户的选择，编辑屏幕就会罗列出符合条件的单据，每张单据的内容包括产地证号、发票号、发票日期、处理结果等。

3. EDI的标准化

EDI的标准数据格式包括3个基本要素，即数据元、数据段和标准报文格式。由于EDI是国际范围计算机之间的通信，所以EDI应用的关键之一是被处理业务数据格式的国际标准化。在国际贸易中，为了让进出口双方及银行、海关、检验检疫机构、保险公司等相关业务部门的计算机能识别和处理这些电子单证，就必须制定出一种为各方都能理解和使用的协议标准。在这方面，目前国际上有两大标准体系：一是由联合国欧洲经济委员会（UN/ECE）制定的UN/EDIFACT（United Nations Rules for Electronic Data Interchange for Administration，Commerce and Transport）标准，适用于行政管理、贸易及交通运输等行业，主要在欧洲和亚洲国家使用，是目前国际上最为流行和最权威的EDI标准；二是由美国国家标准委员会（Amercian National Standards Institute，ANSI）制定的ANSIX.12标准，主要适用于北美国家。此外，还有一些现行的行业标准，如汽车工业行动小组（Automotive Industry Action Grop，AIAG），运输数据协调委员会（Transportation Data Coordinating Committee，TDCC）等，它们适用于某一行业部门的商业贸易和服务。

11.4.2 电子信用证

1. 电子信用证的含义

信用证支付方式是随着国际贸易的发展，在银行参与国际结算的过程中逐步形成的。由于货款的支付以取得符合信用证规定的货运单据为条件，避免了预付货款的风险。传统的信用证是在买方所在地银行开立的书面文件。但是，随着 SWIFT 的发展，信用证越来越多地以电子版传输。开立人将信用证的内容传输到卖方所在地的通知行，被打印出来的信用证用“正本”章戳上。贸易电子化使得电子信用证正逐步被人们接受。

电子信用证虽然已经出现了一段时间，但对其概念的界定一直都很模糊。人们经常提到的电子信用证，其实质只是网开信用证的替代说法。而真正意义上的电子信用证可以被理解为利用电子手段开展的信用证业务，它是集电子开证、电子通知、电子交单、电子审单、电子支付全过程的电子化运作，是信用证运作全过程、各环节的电子化。电子信用证因其方便、快捷、准确等优点，正逐步成为国际结算的新工具。

阅读案例

电子信用证审单问题

案情简介

A 国出口商收到 B 国开证行开出的一份信用证，信用证要求发票、提单、保单等单据提交电子单据，但由 A 国商务部出具的原产地证需要提交纸制正本单据，信用证适用 eUCP1.1。出口商安排货物运出后，制作电子发票，并将电子提单和保单以及其他单据一同发给开证行。正本原产地证则直接邮寄至开证行。开证行在收到所有单据并审核后拒付，理由是单据之间存在不符点，即提单装船日期和原产地证上显示的装船日期不一致。经检查，出口商发现电子提单上没有附加装船批注，且出具日期比实际装船日期晚一天。从该案中，出口商应吸取什么教训？为什么？

案例分析

根据 eUCP1.1 的规定，如果表明运输的电子记录没有注明装运或发运日期，则电子记录的出具日期将被认为是装运或发运日期。此案中，出口商一方面对eUCP 关于电子单据的出单日期和运输单据装运日的规定理解不够；另一方面忽略了交单前需仔细审核单据，除单证一致外，单单也应该相符，这也包括电子单据与纸质单据之间的一致性。

资料来源：徐进亮，李俊，2016. 国际结算［M］. 北京：机械工业出版社.

2. 全面电子化系统中信用证项下基本业务流程

国际结算及贸易融资业务品种繁多，且在很多方面存在相通性，在此不一一列举。本节仅对操作程序较复杂的进出口信用证全面电子化结算及贸易融资的全流程（从客户申请开立银行账户开始直至所有业务办理完毕的全电子化流程）进行简要介绍。

（1）客户申请开立银行账户

客户首先要申请成为BOLERO/ESS系统的会员。客户在自己的终端利用自己的柜员通过BOLERO/ESS系统向BOLERO/ESS系统会员银行递交开户申请及相关资料，该银行通过BOLERO/ESS系统接受客户申请资料并将有关信息导入银行核心系统（IT蓝图系统），通过银行系统核准（包括人民银行核准颁发开户许可证，客户在开户行预留电子印鉴等）后，该客户即可在该银行办理相关结算业务。

（2）客户申请信用评级及公司授信

客户在自己的终端利用自己的柜员通过BOLERO/ESS系统向BOLERO/ESS系统会员银行（同时是开户行）递交信用评级及公司授信申请等相关资料，该银行通过BOLERO/ESS系统接受客户申请资料（客户开户时提供的相同资料无须重复提供），并将有关信息导入银行信用评级系统及公司客户授信管理系统，通过银行内部系统完成客户信用评级及授信额度评定工作。

（3）电子信用证基本操作步骤

① 电子信用证的申请、开立。国际货物买卖双方当事人在合同中明确同意用电子信用证方式付款的前提下，开证申请人在自己的计算机系统上生成开证申请书，或者登录开证行的网页下载银行提供的通用开证申请书格式，通过网络与BOLERO/ESS系统连接，将电子信用证申请书发送到开证银行国际结算集中化系统，开证银行根据客户在本行的授信额度管理系统核定该客户的授信额度，在国际结算集中化系统中无须重新手工录入相关信用证条款就能快速开出电子信用证。

② 电子信用证的通知。开证行在核实客户的授信额度基础上，通过内部作业系统和外部网络的接口将信用证直接发送到受益人的计算机接收系统，或者通过受益人所在地的往来行通知受益人，在后一种情况下，开证行可以通过银行之间的内部作业系统将信用证发送到通知行的计算机信息系统。通知行核对印鉴无误后，将电子信用证等通过BOLERO/ESS系统连接转发到受益人的电子信箱，即完成了信用证的通知步骤。

③ 电子化制单、交单和融资。出口商用ERP系统自动审核信用证后，再通过网络与BOLERO/ESS系统将信用证相关信息连接传送至运输、保险、海关及商检机构等有关部门，并要求这些部门根据电子信用证的内容和实际货物的情况出具诸如提单、保险单、原产地证、检验证等电子单据。出口商按照电子信用证的规定发运货物以后，备制电子汇票、电子发票、电子装箱单等自制单据，连同从其他有关部门发送来的电子提单、电子保险单、电子原产地证明、电子检验证明等，通过BOLERO/ESS系统经交单行（议付行）转发给开证行或指定的付款行索偿。之前，出口商还可以通过BOLERO/ESS系统向指定银行（议付行）提交融资申请及签约，在获得指定行（议付行）同意后得到收款前的融资。开证行将从BOLERO/ESS系统接收的单据导入自身国际结算集中化系统进行处理，核对单据无误后，再通过SWIFT系统付款给议付行。开证行通过BOLERO/ESS系统通知进口商付款赎单，进口商通过网银系统直接付款后（或通过客户在BOLERO/ESS系统上递交资料给开证行办理进口押汇等融资方式对外付款），开证行将各类电子单据通过BOLERO/ESS系统转发承运商换取货物。

④ 电子外汇收支申报、义务性报告、反洗钱和报关。由于外汇收支申报、义务性报

告、反洗钱和报关系统通过BOLERO/ESS系统平台实现与银行的国际结算集中化系统对接，从而客户可以在完成上述业务基础上，通过自己的终端进一步完成有关的外汇收支申报、义务性报告、反洗钱及货物电子报关等系列工作。

在上述流程中，电子汇票、电子提单、电子保险单等通过电子数据加签及批注方式解决电子单据签发、背书及转让问题。同时，在单据电子化并未完全实现的情况下，会大量出现受益人将电子单据和纸质单据一起提交的情况，这就要求银行国际结算及贸易融资全面电子化系统对传统的有纸化单证业务也能实现兼容。

11.5 电子支付系统

11.5.1 电子支付系统的含义

银行要处理的支付关系可以分为两个不同的层次，即商业银行与客户的支付关系，以及商业银行相互之间的支付关系。自从纸币和票据出现以来，这两个层次的资金支付活动就一直存在。但是由于纸质票据的缓慢流通速度和繁重的数据处理工作严重阻碍了资金流通，没有形成现代意义上的支付体系。随着银行卡的出现、计算机技术的发展、各种电子资金转账的建立和推广，促使纸币发展为电子货币，通过资金流和信息流这两种电子信号流将资金支付活动的双方有机地联系起来，形成了各种电子支付系统。

电子支付系统是通过计算机和电子通信设备进行金融交易的系统，它无须任何实物形式的标记，以纯粹电子形式的货币（一般以许多二进制数字的方式）保存在计算机中。

11.5.2 电子支付系统的发展

电子支付系统的发展是与电子银行业务的发展密切相关的。从历史的角度来看，电子支付系统经历了5个发展阶段。

第一阶段：银行内部电子管理系统与其他金融机构的电子系统连接起来，如利用计算机处理银行之间的货币汇划、结算等业务。

第二阶段：银行计算机与其他机构的计算机之间资金的汇划，如代发工资等。

第三阶段：通过网络终端向客户提供各项自助银行服务，如ATM系统等。

第四阶段：利用网络技术为普通大众在商户消费时提供自动的扣款服务，如POS系统等。

第五阶段：网上支付方式，电子货币可随时随地通过网络直接转账、结算，形成电子商务环境。

目前最主要的电子支付创新是电子资金转账系统，即EFT系统的应用。EFT系统是银行同其客户进行数据通信的工具。通过它，银行可以把支付系统延伸到社会的各个角落，如零售商店、超级市场、企事业单位以至家庭，从而为客户支付账单、申请信贷、转账、咨询、交纳税金、进行房地产经营等金融活动提供便捷的服务。尤其在网络时代，EFT系统的应用已经发展成一个集Intranet、Extranet和Internet的广泛电子支付网络系统。

11.5.3 电子支付系统的种类与功能

电子支付系统主要包括3个子系统。第一个子系统是银行传输系统，包括分支行联网系统（On-Line Branch System，OBS）；第二个子系统是客户直接传输系统，包括自动提款机（Automated Teller Machine，ATM）、居家银行系统（Bank-at-home System）、零售点系统（Point-of-sale System）、企业电子转账服务（Corporate EFT Services，CEFTS）；第三个子系统是银行之间传输系统，包括自动清算所（Automated Clearing House，ACH）和金融服务网络（Financial Service Network，FSN）。

这些系统的外在形式虽然各不相同，但都是通过采用电子通信线路或网络把众多深入各个用户的终端与设在总行、电讯中心或者自动清算所的大型计算机联通，通过发挥计算机的存储和运算功能来处理各种业务。

1. 分支行联网系统

分支行联网系统，即一家大型银行在总行设中央计算机与该行所有分支机构的分机相联系，使银行可以当即处理存款、取款、止付或签发、查询、支付、出纳验证等各项业务。

2. 企业电子转账服务

通过企业电子转账服务，设在一个企业内部各办公室内的分机通过计算机网络同银行的计算机相连。这项服务的基本功能是辅助资金管理。企业通过CEFTS可以得到如下服务：存款情况报告、联网转账（国内转账与国际转账）、联网账务状态报告、工资直接转账支付、事先授权支付、投资管理、企业现金管理等。

3. 自动清算所

自动清算所实际上是在企业电子转账服务的基础上增加了不同客户。自动清算所可以为多个客户服务，而企业电子转账服务只为一家客户服务。在自动清算所中，各个不同的银行之间如果彼此间设有网络连接或有互开账户，可通过自动清算所的中央计算机来收付，贷记转账结算。它主要办理直接转账。

4. 金融服务网络

金融服务网络是一个综合性的网络，基本功能是金融服务数据的相互交流，具有如下功能。

① 网络服务，包括日常服务、信息控制及数据库控制。

② 网络管理，包括结算、审计或防护，数据后备，账务核算。

11.5.4　国际支付体系的总原则

货币跨国支付的形式很多，每种形式都会涉及一些基本的要素。国际银行之间的清算与支付对有些要素要求不严，对有些要素有极严格的要求，总的原则如下。

① 任何外币票据不能进入本币票据交换所。这就意味着一张外币票据，一定要进入票据面值所表示的货币发行国，才能进行清算，而且最好是在这种货币的发行和清算中心去交换。如一张美元汇票，应去纽约清算；一张日元汇票，应去东京清算，可以此类推。

② 跨国流动的票据，其出票人和收款人可以是全球任何地方的个人或企业，但是票据的付款人或担当付款的人必须是所付货币清算中心的银行。例如，中国向美国购买粮食，购买方是中国粮油进出口总公司（简称中粮总公司），该笔业务支付美元，其最终付款人肯定

是中粮总公司，但是美元的付款人或担当付出美元的人必须是在美元清算中心的一家银行，即由中国银行在纽约的分行或代理行来充当付款人才行。

③ 为了遵守国际支付系统对付款人的严格要求，各国银行纷纷将外币存款账户开设在该种外币的发行和清算中心，以便顺利地完成跨国的货币收付。

④ 在国际经济交往中，付款货币不同，所涉及的要素就有所不同。有的货币收付不用通过票据交换所，有的则必须通过票据交换所。

如付出口国货币，进口国的某银行在出口国某银行总行开有出口国货币的存款账户。出口国账户行在其来账上划转（借记），或通过交换进行转账。前者不涉及出口国的票据交换所，而后者要涉及出口国的票据交换所。

如付进口国货币，出口国的某银行在进口国某银行总行开有进口国货币的存款账户，出口国银行要求进口国的账户行把款项收进出口国银行的往来账上。进口国银行可直接收进（贷记），也可通过交换收进。同样，前者不涉及进口国的票据交换所，后者要涉及进口国的票据交换所。

如付第三国货币，如果进出口国的银行同在第三国同一家银行开有当地货币的存款账户，就形成了碰头行转账结算，由第三国银行直接借记进口国的第三国货币存款，转而贷记出口国的第三国货币存款，即不用通过票据交换所转账；如果进出口国的银行没有在第三国形成碰头，即在不同的代理行开立了存款账户，那么就要通过第三国的货币清算中心的票据交换所交换转账，完成收付。

以上几点是国际清算支付体系与国内清算支付体系的显著区别。

本章小结

互联网金融逐渐成为生活中必不可少的一种金融业务模式，由于互联网金融所具有的高效、快捷、精确等特点，极大地提高了金融体系的效率。

非金融机构运营的第三方支付业务已成为金融服务业的重要组成部分，第三方支付对金融业的影响不仅仅是将信息技术嫁接到金融服务上，推动金融业务格局和服务理念的变化，更重要的是完善了整个社会的金融功能。

随着互联网的发展，国际贸易正走向一个无纸化的世界。这一趋势引发了国际贸易各个环节的变革，尤其重要的是国际结算电子化。它利用 EDI 传递与货物交易相关的信息，并以此作为结算的主要形式。BOLERO 系统的出现，解决了国际结算电子化中所面临的保密性和安全性等问题，使得国际结算真正实现了无纸化运作。电子商务的应用，使得传统的纸质单据可由电子单据所代替。电子单据信息是通过电子数据交换系统完成的。电子信用证是集电子开证、电子通知、电子交单、电子审单、电子支付全过程的电子化运作，是信用证运作全过程、各环节的电子化，大大提高了结算的速度和准确性。电子支付系统主要包括 3 个子系统：分支行联网系统、客户直接传输系统、银行间传输系统。

关键术语

互联网金融　Internet Finance

传统金融　Traditional Finance

第三方支付　Third Party Payment

电子商务　Electronic Commerce

网上银行 Online Banking　　担保支付 Secure Payment

国际结算电子化 Electronic International Settlement

电子单据 Electronic Document

电子交单 Electronic Document Presentation

电子提单 Electronic Bill of Lading

电子信用证 Electronic Letter of Credit

电子数据交换 Electronic Data Interchange，EDI

【第11章在线测试】

综合练习

一、简答题

1. 请简要回答互联网金融的含义及其特点。
2. 互联网金融在我国为什么能够呈现迅速发展壮大之势？
3. 请简要分析互联网金融与传统金融的区别与联系。
4. 互联网金融对传统金融的哪些方面造成了冲击和影响？
5. 第三方支付的运营模式有哪些？
6. 独立第三方支付模式与有交易平台的担保模式有何区别？
7. 什么是电子信用证？请简述电子信用证的基本操作步骤。

二、案例分析题

1. 谷歌钱包推出于2011年，采用NFC技术，用户可以通过谷歌钱包绑定信用卡的功能，直接刷手机消费。谷歌钱包看上去确实很方便，买东西、吃饭、坐出租车时，只需掏出手机轻轻一刷，支付即可完成。但一年以后这款移动支付产品的推广相当不顺利，支持的运营商和手机机型寥寥无几，远未达到谷歌预期。后来甚至有传言称，谷歌准备放弃这款产品。请你查阅相关资料，分析谷歌钱包推广之难的原因。

2. 2009年3月下旬，银保监会向各大银行下发了《关于“支付宝”业务的风险提示》一文，该文中共提出五大风险，分别包括第三方支付机构信用风险、网络黑客盗用资金风险、信用卡非法套现风险、发生洗钱等犯罪行为风险和法律风险。请讨论分析这五大风险的内容及规避方法。

3. 某A国出口商收到B国开证行开出的一份电子信用证，该信用证标明受eUCP1.1约束。信用证要求发票、提单、保单等单据提交电子单据，但由A国商务部出具的原产地证需要提交纸质正本单据。信用证规定装运日期为5月3日，议付有效期为5月25日，后因受益人担心租船订舱有困难，征得相关当事人同意后开证人将信用证装运期修改为“Latest shipment is extended to 7th May，2011. Aii other terms and conditions remain unchanged”，但同时却将货物数量从先前的100吨减至80吨。出口商按合同要求，在5月7日安排100吨货物运出后，于5月8日制作电子发票，并将电子提单和保单以及其他单据一同发给开证行。正本原产地证（载明装船日期为5月7日）则直接寄至开证行。开证行系统于5月10日收到受益人提交的注明eUCP1.1约束、电子记录提交地点与纸质单据提交地点的电子单据。

5月11日开证行系统突遭病毒入侵，导致电子记录破损无法读出。应开证行的要求，受益人于5月11日重新提交了电子单据，但再次提交的电子单据没有注明受eUCP1.1约束，同时缺失电子记录提交地点与纸质单据提交地点。5月27日受益人提交5月7日签发的100吨提单单据向银行议付，却正逢当日银行停电歇业。5月28日（银行正常营业）受益人再次提交单据议付，开证行在收到所有单据并审核后拒付，理由是交单过期且单据之间存在不符点。请问开证行是否有义务付款？为什么？

【第11章
习题参考答案】

参考文献

陈爽，2017. 结合案例分析出口商使用电汇结算的风险及其防范 [J]. 智富时代，(11)：16.

陈岩，刘玲，2007. UCP600 与信用证精要 [M]. 北京：对外经济贸易大学出版社.

陈跃雪，尹成远，2005. 国际结算 [M]. 南京：东南大学出版社.

陈铮，2005. 国际结算 [M]. 上海：上海财经大学出版社.

高洁，2006. 国际结算案例评析 [M]. 北京：对外经济贸易大学出版社.

国际商会（ICC），2003a. 关于审核跟单信用证项下单据的国际标准银行实务（ISBP）[M]. 国际商会中国国家委员会（ICCC HINA），译. 北京：中国民主法制出版社.

国际商会（ICC），2003b. 国际商会托收统一规则（URC522）[M]. 国际商会中国国家委员会（ICC CHINA），译. 北京：中国民主法制出版社.

国际商会（ICC），2006. ICC 跟单信用证统一惯例（UCP600）（2007 年修订版）及关于电子交单的附则（eUCP）（版本 1.1）[M]. 国际商会中国国家委员会，译. 北京：中国民主法制出版社.

贺瑛，2006. 国际结算 [M]. 上海：复旦大学出版社.

侯迎春，张文娟，2019. 国际结算 [M]. 北京：中国金融出版社.

胡丹婷，2011. 国际贸易实务 [M]. 2 版. 北京：机械工业出版社.

蒋琴儿，秦定，2007. 国际结算：理论・实务・案例（双语教材）[M]. 北京：清华大学出版社.

李悦，2019. 一则信用证结算中开证行独立支付原则案例探究 [J]. 对外经贸实务，(7)：70－73.

梁琦，2014. 国际结算 [M]. 3 版. 北京：高等教育出版社.

刘铁敏，2018. 国际结算 [M]. 2 版. 北京：清华大学出版社.

刘阳，2016. 国际结算实务案例精析（2016）[M]. 上海：上海远东出版社.

庞红，尹继红，沈瑞年，2016. 国际结算 [M]. 5 版. 北京：中国人民大学出版社.

秦定，高蓉蓉，2010. 国际结算（英文版）[M]. 北京：清华大学出版社.

沈明其，2006. 国际结算 [M]. 北京：机械工业出版社.

苏宗祥，徐捷，2015. 国际结算 [M]. 6 版. 北京：中国金融出版社.

孙训爽，2019. 从一则案例看《UCP600》审单条款的适用 [J]. 对外经贸实务，(12)：75－77.

唐娜，2020. 我国福费廷业务现状与发展创新 [J]. 产业与科技论坛，(21)：62－64.

王菲，李庆利，2013. 国际贸易结算 [M]. 北京：经济管理出版社.

王善论，2007. UCP600 信用证领域的新规则 [N]. 国际商报，2007－01－05（006).

肖玉珍，姚金武，陈杏生，2003. 实用国际结算 [M]. 长沙：中南大学出版社.

辛立秋，2017. 国际结算：理论、实务与案例 [M]. 北京：人民邮电出版社.

徐春祥，等，2018. 国际贸易实务 [M]. 2 版. 北京：机械工业出版社.

徐进亮，2007. 国际结算惯例与案例（2007 年版）[M]. 北京：对外经济贸易大学出版社.

徐进亮，张炜，孟璇，等，2014. 最新国际结算与案例分析 [M]. 北京：对外经济贸易大学出版社.

徐英杰，2006. ISBP 的适用及案例研究 [J]. 济南职业学院学报，(1)：47－49＋54.

许南，2015. 国际结算案例与分析 [M]. 北京：中国人民大学出版社.

张东祥，2005. 国际结算 [M]. 北京：首都经济贸易大学出版社.

张恒安，郭丽春，2004. 从一则案例看 ISBP 关于不符点的处理规则 [J]. 黑龙江对外经贸，(9)：22－23.

张素珍，2008. 谈信用证新审单标准在国际贸易中的运用 [J]. 中国农业银行武汉培训学院学报，(2)：66－67.

张晓明，刘文广，2019. 国际结算 [M]. 2 版. 北京：清华大学出版社.

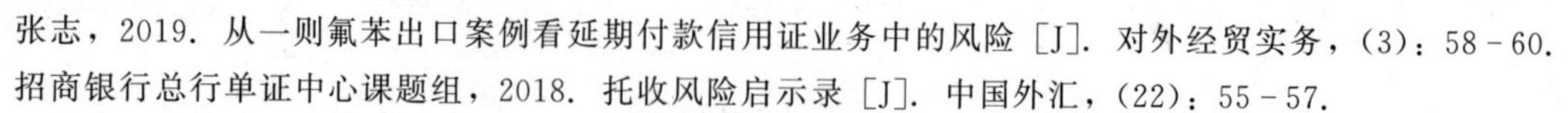

张志，2019. 从一则氟苯出口案例看延期付款信用证业务中的风险 [J]. 对外经贸实务，(3)：58 - 60.
招商银行总行单证中心课题组，2018. 托收风险启示录 [J]. 中国外汇，(22)：55 - 57.
赵明霄，2016. 国际结算 [M]. 北京：高等教育出版社.
赵若楠，2020. 如何应对拒付退单的特殊情况 [J]. 中国外汇，(17)：64 - 65.
郑培楠，2014. 关注国际结算新产品 BPO [J]. 农业发展与金融，(12)：89 - 90.
朱晓玥，2016. 关于非单据化条款的启示 [J]. 中国外汇，(21)：70.
庄乐梅，2005. 国际结算实务精要 [M]. 北京：中国纺织出版社.